普通高等学校工程管理系列教材

Construction Organization and Management of Highway

公路施工组织与管理

吕国仁　张宪堂　主　编
杨正凯　副主编

人民交通出版社股份有限公司
北　京

内 容 提 要

本书主要介绍了公路工程施工的流水作业和网络计划技术及其优化的方法；编制单位工程施工组织设计和施工组织总设计的原则、依据和具体方法，并附有单位工程施工组织设计的实例；施工过程的成本管理、进度管理、质量管理的方法；公路工程施工质量竣（交）工验收的标准构成、内容、组织和程序。最后对施工组织与管理的新方法做了介绍。

本书可作为普通高等学校道路桥梁与渡河工程专业、土木工程专业（路桥方向）及相关专业本科生的教材，亦可作为公路工程施工和管理人员的学习参考书。

图书在版编目（CIP）数据

公路施工组织与管理／吕国仁，张宪堂主编．—北京：人民交通出版社股份有限公司，2017.8

ISBN 978-7-114-14119-5

Ⅰ．①公… Ⅱ．①吕… ②张… Ⅲ．①道路施工—施工组织②道路施工—施工管理 Ⅳ．①U415

中国版本图书馆 CIP 数据核字（2017）第 213754 号

Gonglu Shigong Zuzhi yu Guanli

书　　名：公路施工组织与管理
著 作 者：吕国仁　张宪堂
责任编辑：李　喆
出版发行：人民交通出版社股份有限公司
地　　址：（100011）北京市朝阳区安定门外外馆斜街 3 号
网　　址：http://www.ccpcl.com.cn
销售电话：（010）59757973
总 经 销：人民交通出版社股份有限公司发行部
经　　销：各地新华书店
印　　刷：北京科印技术咨询服务有限公司数码印刷分部
开　　本：787×1092　1/16
印　　张：20
字　　数：478 千
版　　次：2017 年 8 月　第 1 版
印　　次：2024 年 7 月　第 6 次印刷
书　　号：ISBN 978-7-114-14119-5
定　　价：45.00 元

前言

本教材是根据教育部关于加强教材建设、确保高质量的教材进课堂的要求而组织编写的。其目的是为公路工程施工相关专业提供一部专业主干课程教材，培养学生掌握公路工程施工组织的理论和方法，具备从事公路工程施工组织和计划管理的知识，具有进行公路工程施工组织管理的初步能力。

本教材内容大致可分为三部分，共九章，第一部分介绍了公路工程施工的流水作业和网络计划技术及其优化的方法；第二部分详细介绍了编制单位工程施工组织设计和施工组织总设计的原则、依据和具体方法，以及施工平面图的设计步骤，并附有单位工程施工组织设计的实例；第三部分介绍了施工过程的成本管理、进度管理、质量管理的方法，公路工程施工质量竣(交)工验收的标准构成、内容、组织和程序。最后对施工组织与管理的新方法做了介绍。

本教材的核心是公路工程的施工组织与计划管理，关键方法是施工组织设计，而施工组织设计的科学原理是流水施工和网络计划原理。因此，本教材在编写过程中，详细介绍了流水施工的原理和组织方法，网络计划的原理、编制方法、网络计划的检查与调整，并充分考虑了知识的系统性、连贯性和先进性。

教材内容注重理论和实践相结合，有利于学生对理论的学习和实践技能的培养。通过理论、实践、课程设计和实习等各教学环节相互结合，构成了培养学生公路工程施工组织和计划管理能力的科学体系。本书可作为普通高等学校道路桥梁与渡河工程专业、土木工程专业(路桥方向)学生的教材,也可作为从事公路工程施工和管理人员的学习参考书。

本教材由山东建筑大学吕国仁和山东科技大学张宪堂主编,山东建筑大学杨正凯参加了第三章、第八章的编写。本书在编写过程中参考和引用了有关标准、资料和教材,在此,对相关人员与提供帮助的教师和现场管理人员致以衷心的感谢。

由于编者的水平有限,书中难免有不妥和错误之处,恳请读者批评指正。

编　者

2017 年 8 月

目录

第一章
概述

第一节　公路工程建设项目

一、公路工程建设项目组成

基本建设是利用各种形式资金进行投资的，以扩大生产能力和新增社会效益为主要目的的固定资产建设。具体来讲，就是把一定的建筑材料、设备等，通过购置、建造和安装等活动，转化为固定资产的过程，诸如铁路、港口、学校、医院等工程的建设，以及机具、车辆、各种设备等的添置和安装。公路工程项目建设也属于基本建设。

公路基本建设的内容构成主要有以下三部分：

（1）建筑安装工程。建筑工程，如路基、路面、桥梁、隧道、防护工程、沿线设施等；设备安装工程，如高速公路、大型桥梁所需各种机械、设备、仪器的安装、测试等。

（2）设备、工具、器具的购置。

（3）其他基本建设工作。如勘察、设计及与之相关的调查和技术研究工作，征用土地、青苗补偿、安置补助工作和建设单位管理费等。没有它们，基本建设就难以进行；或者工程建成后也无法投产和交付使用。

二、基本建设项目的构成

凡是按一个总体设计组织施工,建成后具有完整的运行系统,可以独立地形成生产能力或使用价值的建设工程,称为一个基本建设项目,简称建设项目。一个建设项目,可由几个或多个单项工程组成。我国基本建设工作中,通常以一个企业或一个独立工程作为一个建设项目,如运输建设方面的一条公路、一条铁路、一个港口;工业建设方面的一个矿井等。就其实物形态来说,每项基本建设工程都由许多部分组成,为了便于编制各种基本建设的施工组织设计和概、预算文件,必须对每项基本建设工程进行项目划分。基本建设项目可依次划分为:基本单项工程、单位工程、分部工程和分项工程。

一个建设项目,按其复杂程度,通常分成下列工程内容:

1. 单项工程(也称工程项目)

凡是具有独立的设计文件,竣工后可以独立发挥生产能力或效益的工程,称为一个单项工程。它是建设项目的组成部分。一个建设项目,可以是一个单项工程,也可以包括许多个单项工程。所谓单项工程是具有独立的设计文件,竣工后可以独立发挥生产能力或效益的工程,例如某公路建设项目中的独立大、中桥梁,隧道工程等。

2. 单位工程

凡是具有单独设计,可以独立施工,但完工后不能独立发挥生产能力或效益的工程,称为一个单位工程。如隧道单项工程,可分为土建工程、通风工程等单位工程;一条公路可分为路线工程、桥涵工程等单位工程。

3. 分部工程

分部工程是单位工程的组成部分,一般是按照单位工程的各个部分划分的,例如基础工程,桥梁上、下部工程等。

4. 分项工程

分项工程是分部工程的组成部分,是按照工程的不同结构、不同材料和不同施工方法等因素划分的,如基础工程可划分为围堰、挖基、砌筑基础、回填等分项工程。分项工程的独立存在是没有意义的,是为了组织施工以及为确定建筑安装工程造价而设定的。

三、公路基本建设程序

公路工程建设程序是指建设项目从计划决策、竣工验收到投入使用的整个建设过程中各项工作必须遵循的先后顺序。根据几十年基本建设工作实践经验,我国已逐步形成了一整套符合公路建设客观规律的建设程序。现行的公路工程建设程序可概括为“三个阶段”,即:决策阶段、准备阶段和实施阶段。

(一)决策阶段

这个阶段是根据国民经济长、中期发展规划,进行建设项目的可行性研究,编制建设项目的计划任务书(或设计任务书)。其主要工作包括调查研究、经济论证、选择与确定建设项目的地址、规模和时间要求等。

1. 可行性研究

可行性研究是建设项目决策阶段的核心组成,关系到整个建设项目的前途和命运,必须深入调查研究,认真进行分析,做出科学的评价。在这一工作阶段,一般包括可行性研究、编制可行性研究报告、审批可行性研究报告和成立项目法人四大环节。可行性报告主要包括下列内容:

(1)提出建设项目的背景和依据,进行建设项目的经济效益和社会效益分析。

(2)制订建设项目的规模或生产的产品方案。

(3)明确生产产品技术工艺、主要生产设备以及建设标准。

(4)确定资源、原材料、燃料供应、动力、运输、供水等协作配合条件。

(5)调研并确定建设地点、场区布置方案、占地面积等。

(6)确定与建设项目相关的协作或配套工程。

(7)制订劳动定员和人员培训计划。

(8)提出建设工期和实施进度的要求。

(9)确定投资估算和资金筹措方式。

2. 建设项目的设计方案

建设项目的设计方案是将建设项目的各项要求和目的等以文件的形式表达出来。它既是建设项目前期工作各项成果的表现,又是建设项目后续工作的指导性文件,是进行建设项目设计的依据。其内容主要包括:

(1)建设项目的设计指导思想,包括经济、技术方针,决策和政策、法规依据。

(2)建设项目的规模和标准,包括公路的起止点、长度、等级、总投资的组成等。

(3)公路建设的平纵初步方案、收费站及服务区、生活区规划设计的初步方案图。

(4)对公共辅助性设施(如矿产资源、原材料、供水、供电及运输条件等)和环境建设的要求。

(5)对建设项目环保、人防、防火、抗震以及“三废”治理和综合利用的要求。

(6)建设项目的占地和征地面积,以及地理环境、地形、地貌等特征。

(7)地质勘察的要求或地质资料。

(8)建设项目总概算书、主要技术经济指标以及建设工期要求等。

(9)建设项目建设的其他要求。

(二)准备阶段

这个阶段主要是根据批准的计划任务书,进行勘察设计,做好建设准备,安排建设计划。其主要工作包括:组织设计招投标,工程地质勘察,进行初步设计、技术设计(或扩大设计)和施工图设计,编制设计概算,进行设备订货,征地拆迁,编制年度(或季度)的投资及项目建设计划等。

1. 设计的招标与投标

建设项目的建设用地、规划管理及设计方案等各项报告经批准后,由建设单位或建设项目法人组织建设项目设计的招投标工作。在我国公路市场运行机制下,设计的招投标有利于促进设计方案的优化;有利于进行建设项目的投资控制;有利于缩短设计周期和降低工程费用;有利于进行设计方案全面的经济技术分析。中标的设计单位在接受委托后,应严格按设计任务书和设计合同的要求,认真履行职责,精心编制设计文件,保证设计质量,并严格控制建设项目的各项经济技术指标,保障建设项目顺利实施。

设计招标与投标的主要工作包括:召开设计招标会议,发布设计招标文件,勘察现场环境,初步设计(中小型建设项目进行方案设计),召开投标书开标会议,组织评审团对设计方案进行评议,签订设计合同等。

2. 初步设计阶段

初步设计阶段的任务,是进一步论证建设项目的技术可行性和经济合理性,解决工程建设中重要的技术和经济问题,确定公路规模和技术标准、施工方案、总体布置,编制总体施工组织设计和设计概算。初步设计文件经批准后,总体布置、公路面积、结构形式、主要设备、主要工艺过程、总概算等,无特殊情况,均不得随意修改、变更。

初步设计的主要内容包括:设计依据,指导思想,建设规模,工程方案确定依据,总体布置,总体施工组织设计,总概算,经济效益分析,对下阶段设计的要求等。

3. 技术设计阶段(也称扩大设计阶段)

技术设计阶段是根据已批准的初步设计来编制的。对于一般的中小型建设工程可不设置该设计阶段。而对于大中型建设项目,通常利用该阶段进一步解决初步设计中重大的技术问题,如生产的工艺流程、公路结构设计计算、设备的选型和数量的确定等。通过技术设计阶段使建设项目的设计更完善、更具体,在经济、技术、质量等各方面的指标做得更好。

4. 施工图设计阶段

施工图设计是按照初步设计和技术设计所确定的设计原则,对建设项目按所需的不同专业进行各专业的详细设计,并分别绘制各专业的工程施工图。各专业必须按设计合同的要求,按期完成设计任务,提交完善的施工图纸,保障建设项目后续工作的顺利实施。

施工图设计的主要内容包括:进行细部结构设计,绘制出正确、完整和尽可能详尽的工程施工图纸,编制施工方案和施工图概算。其设计的深度应满足:材料和设备订货、非标准设备的制作、加工和安装,编制具体施工措施和施工预算等的要求。

(三)实施阶段

这个阶段是建设项目历时最长、工作量最大、资源消耗最多的阶段,对于建设项目而言,能否达到建设项目的预期目标、发挥建设项目的投资效益,项目的实施阶段是关键。为此,在建设项目的实施阶段对建设项目的质量、进度、投资、安全等方面进行全面控制,对建设项目相关的各部门综合协调,配合项目施工顺利实施,保证建设计划的全面完成。建设项目实施阶段的主要工作包括:根据设计图纸和技术文件进行工程的招标与投标,签订工程施工合同,订购必要的设备和机具,组织公路工程项目的施工,进行交工和竣工验收,为公路交付运营做好准备。

项目施工前要认真做好图纸会审工作,编制施工图预算和施工组织设计文件,明确投资、进度、质量控制目标。施工中应严格按照施工图施工,如需要变动应取得建设单位和设计单位的同意。按施工组织设计的要求坚持合理的施工顺序,严格执行施工验收规范的规定,并按照《公路工程质量检验评定标准》(JTG/T F80)严格工程质量验收工作,确保工程质量。施工企业应严格执行施工合同规定,保质、保量按期完成工程施工任务,并在施工中尽量采用先进的施工技术和科学的施工管理措施,加快施工进度,保障施工安全,降低施工费用。

四、公路施工程序

公路施工程序是指在整个公路施工过程中各项工作必须遵循的先后顺序。它是多年来施工实践经验的总结,也反映了施工过程中必须遵循的客观施工规律。

大、中型公路建设项目的施工程序如图 1-1 所示。小型公路建设项目的施工程序则可以简单些;非生产性的建设项目,一般没有试生产的过程。

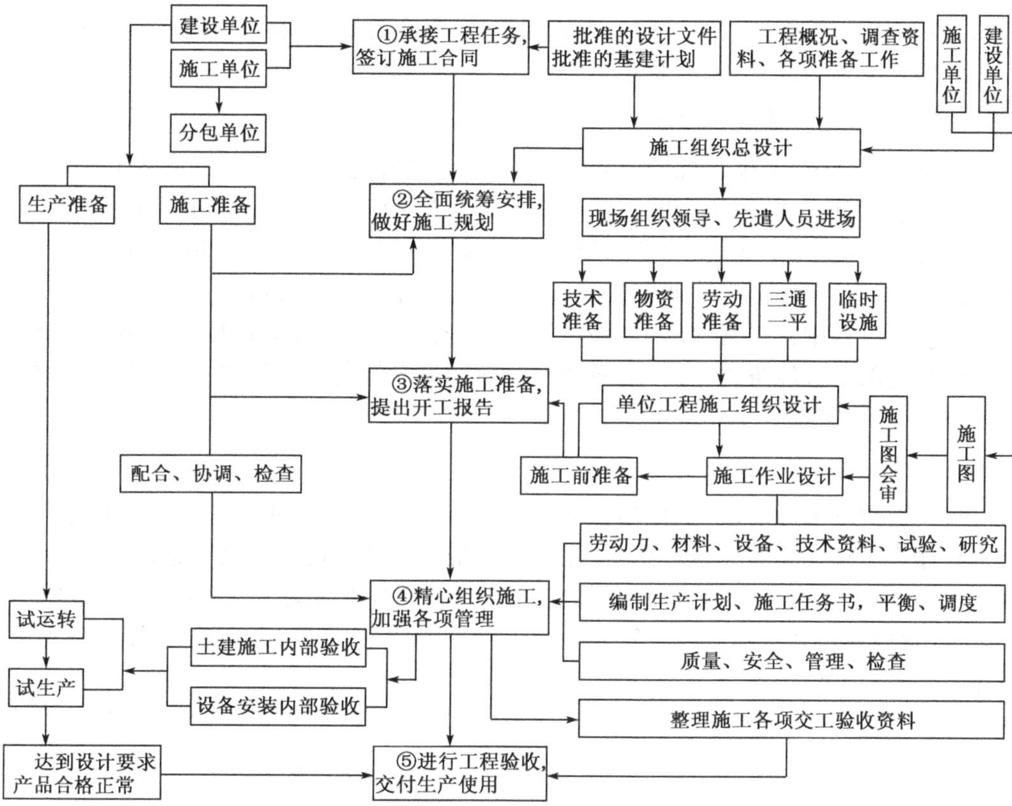

图 1-1　公路施工程序简图

施工程序,从承接施工任务开始到竣工验收为止,通常按下述 5 个步骤进行:

1. 承接施工任务,签订施工合同

施工单位承接任务的方式一般有 3 种:国家或上级主管部门正式下达的工程任务;接受建设单位邀请而承接的工程任务;通过投标,施工单位在中标以后而承接的工程施工任务。建设单位与施工单位应根据《中华人民共和国合同法》的有关规定及要求签订施工合同,它具有法律效力,须共同遵守。施工合同应规定承包范围、内容、要求、工期、质量、造价、技术资料、材料等供应以及合同双方应承担的义务和职责,以及各方应提供施工准备工作的要求(如土地征购、申请施工用地、施工执照、拆除现场障碍物、接通场外水源、电源、道路等),这是编制建设工程施工组织设计必须遵循的依据之一。

2. 全面统筹安排，做好施工规划

签订施工合同后，施工单位应全面了解工程性质、规模、特点、工期等，并进行各种技术、经济、社会调查，收集有关资料，编制施工组织总设计(或施工规划大纲)。

当施工组织总设计经批准后，施工单位应组织先遣人员进入施工现场，与建设单位密切配合，共同做好开工前的准备工作，为工程建设顺利开工创造条件。

3. 落实施工准备，提出开工报告

根据施工组织总设计的规划，对第一期施工的各单项(单位)工程，应抓紧落实各项施工准备工作，如会审图纸、编制单位工程施工组织设计、落实劳动力、材料、构件、施工机具及现场“三通一平”等。具备开工条件后，提出开工报告，经审查批准后，即可正式开工。

4. 精心组织施工，加强各项管理

一个建设项目，从整个施工现场全局来说，一般应坚持先全面后个别、先整体后局部、先场外后场内、先地下后地上的施工步骤。从一个单项(单位)工程的全局来说，除了按总的全局指导和安排之外，应坚持土建、安装密切配合，按照拟订的施工组织设计精心组织施工。加强各单位、各部门的配合与协作，协调解决各方面问题，使施工活动顺利开展。

同时在施工过程中，应加强技术、材料、质量、安全、进度及施工现场等各方面管理工作。落实施工单位内部承包经济责任制，全面做好各项经济核算与管理工作，严格执行各项技术、质量检验制度，抓紧工程收尾和竣工。

5. 进行工程验收，交付生产使用

这是项目建设的最后阶段，也是建设项目向生产或使用转移的必要环节。通过该阶段可以全面考核建设工程是否符合设计要求，施工质量是否合格。通常在交工验收前，施工单位内部应先进行预验收，检查各分部分项工程的施工质量，整理各项交工验收的技术经济资料；在此基础上，向建设单位及政府建设主管部门交工验收，验收合格后，办理验收签证书，即可交付生产使用。

第二节　施工组织设计的概念

施工组织设计是根据基本建设计划和实际要求编制的，用于规划和指导拟建工程项目从施工准备到竣工验收整个施工全过程的技术经济文件。公路工程施工组织设计根据公路产品及其生产的特点，按照公路施工的基本规律，运用先进合理的施工技术和施工组织原理与方法，使公路工程的施工得以实现有组织、有计划地连续均衡生产，从而达到安全生产、保质保量、缩短工期、降低成本的目的。

一、施工组织设计的作用

施工组织设计是公路工程项目施工生产活动的依据，是实行公路施工全过程科学管理的重要手段。施工组织设计的作用主要表现在以下几个方面：

(1)它是实现基本建设计划，沟通工程设计和施工之间的桥梁。既要体现拟建工程的设计和使用要求，又要符合公路施工的客观规律，对施工的全过程起战略部署或战术安排的作用。

(2)科学地进行施工组织,建立正常的施工程序,有计划地开展各项施工过程。

(3)保证各阶段施工准备工作及时地进行,是指导各项施工准备工作的依据。

(4)保证劳动力、机具设备、物资材料等各项资源的供应和使用。

(5)协调各协作单位、各施工单位、各工种、各种资源以及资金、时间和空间等各方面在施工程序、施工现场布置和使用上的相互关系。

(6)明确施工重点和影响工程进度的关键施工过程,并提出相应的技术、质量和安全施工措施,从而保证施工顺利进行,按期保质保量完成施工任务。

总之,一个科学的施工组织设计,如能够在工程施工中得到贯彻实施,必然能够统筹安排施工的各个环节,协调好各方面的关系,使复杂的公路施工过程有条不紊地按科学程序顺利进行,从而保证建设项目的各项指标得以实现。

二、施工组织设计的分类

施工组织设计是一个总的概念,根据基本建设各个不同阶段、建设工程的规模、工程特点以及工程的技术复杂程度等因素,可相应地编制各种类型与不同深度的施工组织设计。施工组织设计的类型,通常按施工组织设计编制的时间和编制的对象来划分。

(一)按施工组织设计编制时间分类

在我国公路市场运营机制下,承接公路工程施工的主要渠道是公路工程的招投标,为此,在编制施工组织设计时,通常依据招投标的时间,分别编制不同内容和要求的施工组织设计。

1. 标前施工组织设计

标前施工组织设计也称投标施工组织设计,是在公路工程投标之前编制的施工项目管理规划和实现各项目标的组织与技术措施的保证。标前施工组织设计主要依据招标文件进行编制,是对招标文件的响应与承诺。标前施工组织设计作为投标文件的主要内容,对标的进行统一的规划和决策。标前施工组织设计体现施工企业对投标工程的技术、施工管理等各方面的综合实力,是决定施工企业能否中标的关键因素,又是承包单位进行合同谈判、提出要约和承诺的根据和理由,也是拟定合同文本中相关条款的基础资料。标前施工组织设计主要追求的目标是中标和企业经济效益。

2. 标后施工组织设计

标后施工组织设计是在工程项目中标以后,以保证标前施工组织设计和已签订的施工合同中的要约和承诺为前提,以建设项目、施工企业以及施工方案等各项因素为依据编制的,是规划和指导拟建工程项目施工全过程的详细的实施性施工组织设计。标后施工组织设计追求的目标是施工效率和企业经济效益。

(二)按施工组织设计编制对象分类

基本建设项目依据建设规模和复杂程度,一般分为单项工程、单位工程和分部工程、分项工程等不同的工程内容,按上述划分对象的不同,施工组织设计一般可分为:施工组织总设计、单位工程施工组织设计和分部(分项)工程施工组织设计三类。

1. 施工组织总设计

公路施工组织总设计是以整个建设工程项目为对象编制的,用以指导整个建设项目施工全过程的各项施工活动的全局性、控制性的指导文件。在公路施工组织总设计的指导下,再深入研究总项目下的分项目(单位工程)施工组织设计。公路施工组织总设计一般在初步设计或扩大初步设计被批准后,由总承包企业的总工程师负责,会同建设、设计和分包单位的工程师共同编制。

2. 单位工程施工组织设计

单位工程施工组织设计是以一个单位工程为编制对象,用以规划和指导其施工全过程的各项施工活动的综合性技术经济文件。单位工程施工组织设计是根据施工图设计文件编制的,它是编制分部(分项)工程施工作业设计的依据。单位工程施工组织设计一般由工程承包单位根据施工图及实际施工条件负责编制,当该单位工程属于施工组织总设计中的一个项目时,则在编制该单位工程的施工组织设计中,还应考虑施工组织总设计中对该单位工程的约束条件,如工期、施工平面布置、运输、水电管网等。

单位工程施工组织设计的主要内容包括:工程概况、施工方案与施工方法、施工进度计划、施工准备工作及各项资源需要量计划、施工平面图、主要技术(如质量、安全、降低施工费用以及冬雨季施工等)组织措施及主要技术经济指标。

3. 分部(分项)工程施工组织设计

分部(分项)工程施工组织设计也称作分部(分项)工程施工作业设计,它是以单位工程中的某项分部分项工程为编制对象,用以具体指导和实施该分部分项工程施工全过程的各项施工活动的技术、经济和组织的综合性文件。通常情况下分部(分项)工程施工组织设计是针对某些重要的、技术复杂的、施工难度大的,或采用新工艺、新技术施工的分部分项工程编制的,是对单位工程施工组织设计的补充和细化。例如某钢筋混凝土框架的滑模施工,不可能在单位工程施工组织设计中将有关详细要求都包括进去,而必须在单项滑模施工作业设计中详述滑模的各种构造和设备图、施工工艺、操作方法与规则、垂直运输方法、施工进程、保证质量的措施及安全施工措施等。

分部(分项)工程施工作业设计的主要内容包括:工程概况、施工方案、施工机械的选择、施工准备、施工进度表、劳动力及材料和机具设备等的需求量计划、施工平面图以及技术(如质量、安全等)组织措施等。

分部(分项)工程施工组织设计是根据单位工程施工组织设计中对该分部(分项)工程的约束条件,并考虑其前后相邻分部(分项)工程对该分部(分项)工程的要求编制的,尽可能为其后的工程创造条件。

分部(分项)工程施工组织设计,往往是针对某项工程中的主体分部(分项)工程而言。如大型体育馆施工中的网架拼装和整体吊装工程,又如工业厂房中某些复杂的设备基础等的施工,都需要编制分部(分项)工程施工作业设计。而对一般性公路的分部(分项)工程不必专门编制施工作业设计,只需包括在单位工程施工组织设计中即可。尤其是对常规的施工方法,施工单位已十分熟悉的,只需加以说明即可。总之,一切从实际需要和效果出发。施工组织设计的深度与广度应随不同施工项目的不同要求而异。

第三节 组织工程项目施工的原则

施工组织设计是施工企业和施工项目部对施工项目进行全面施工管理的重要技术经济文件,是建设项目有计划、有目标顺利实施的重要保证。组织工程项目施工是施工组织设计在工程实际中的具体实施过程,为了更好地落实施工组织设计的各项计划和目标,保证建设项目高效益、高质量、高速度地圆满完成,根据多年以来工程项目施工的实践经验,结合公路产品的生产特点,在组织工程项目施工过程中应遵守以下几项基本原则。

一、贯彻执行国家工程建设的各项法律法规

基本建设是国民经济的支柱,是社会扩大再生产、提高人民物质文化生活水平、加强国防实力的重要手段。有计划、有秩序地进行基本建设,对于扩大和加强国民经济的物质技术基础,调整国民经济重大比例关系,促进各经济部门的协调发展,都具有十分重要的意义。为此,我国多年以来为规范和调控基本建设,促进公路业正常、持续地发展,制定了多项方针和政策以及法律、法规和操作规程,如施工许可制度、从业资格管理制度、招标投标制度、总承包制度、发包承包合同制度、工程监理制度、公路安全生产管理制度、工程质量责任制度、竣工验收制度等。在组织项目施工时,必须认真学习,充分理解、执行、运用相关法律法规和操作规程,保证项目施工过程高效、有序、保质保量地顺利实施。

二、认真执行工程建设程序,合理安排施工顺序

工程建设程序和施工顺序既不是人为任意安排的,也不是随着建设地点的改变而改变,而是由基本建设的规律所决定的。从工程建设的客观规律、工程特点、协作关系、工作内容来看,在多层次、多交叉、多关系、多要求的时间和空间里组织好工程建设,必须使工程项目建设中各阶段和各环节的工作紧密衔接,相互促进,避免不必要的重复工作,加快施工进度,缩短工期。

工程建设程序和施工顺序是公路产品生产过程中的固有规律。公路产品生产活动是在同一场地的不同空间和时间上,进行不同工序和工种的作业活动,各工种和工序或同时或前后交错搭接地进行,前一阶段的工作不完成,后一阶段的工作就不能开始。所以在组织工程项目施工过程中必须科学地安排施工程序和施工顺序。根据工程的性质、施工条件和使用要求,在安排施工程序时,通常应考虑以下几点:

(1)要及时完成有关的准备工作(如砍伐树木,清理场地,设置围墙,铺设施工需要的临时性道路以及供水、供电管网,建造临时性工房、行政办公房屋以及确定加工企业等),为正式施工创造良好条件。否则,必然会造成现场的混乱。正式施工也不是要求所有一切准备工作都做好再开始,只要准备工作能够做到基本上满足开工需要即可。因此,准备工作视施工的需要,可以是一次完成或是分期完成。

(2)正式施工时,在具备条件时应先进行全场性工程施工,然后再进行各个工程项目的施工。所谓全场性工程是指平整场地、铺设管网、修筑便道等。在正式施工之初完成这些工程,有利于工地内部的运输,利用永久性管网供水和排水,便于现场平面的布置和管理。在安排管线、道路施工程序时,一般宜先场外、后场内,场外由远而近;先主干、后分支;地下工程要先深

后浅，排水要先下游、再上游。

(3)可供施工期间使用的永久性结构物(如道路、各种管网、仓库、宿舍、堆场、办公房屋和饭厅等)一般应先建造，以便减少临时性设施工程，节省费用。

三、保证重点，统筹安排建设项目施工

公路施工企业和施工项目经理部一切生产经营活动的最终目标就是尽快地完成拟建工程项目的建造，使其早日投产或交付使用。这样对于施工企业的计划决策人员来说，先进行哪部分的施工，后进行哪部分的施工，就成为必须解决的决策性问题。通常情况下，根据拟建工程项目是否为重点工程、是否为有工期要求的工程，或是否为续建工程等进行统筹安排和分类排队，把有限的资源优先用于国家或建设单位最急需的重点工程项目，使其尽快地建成投产。同时照顾一般工程项目，把一般的工程项目和重点的工程项目结合起来。实践经验证明，在时间上分期和在项目上分批，保证重点和统筹安排，是公路施工企业和工程项目经理部在组织工程项目施工时必须执行的程序。尤其是对总工期较长的大型建设项目工程，应根据其生产工艺的需要，制订分期分批建设施工计划，以及配套投产计划，保证建设项目能够分期分批地投产使用，从而在工程建设上缩短工期，尽早地发挥建设投资的经济效益。

四、合理选择施工方案，采用先进的施工技术

先进的施工技术是提高劳动生产率、改善工程质量、加快施工速度、降低工程成本的重要源泉。因此，在组织项目施工时，必须注意结合具体的施工条件，广泛地吸收国内外先进的、成熟的施工方法和劳动组织等方面的经验，尽可能地采用先进的施工技术，提高项目施工的技术经济效益。

拟定施工方案通常包括确定施工方法、选择施工机具、安排施工顺序和组织流水施工等方面内容。每项工程的施工都可能存在多种可行的方案供选择，在选择时要注意从实际条件出发，在确保工程质量和生产安全的前提下，使方案在技术上是先进的，在经济上是合理的。

五、合理安排施工计划，组织有节奏、均衡、连续的施工

组织流水作业方法施工，是现代公路施工组织行之有效的施工组织方法。其特点主要表现在：生产专业化强，劳动效率高；易于达到熟练的操作程度，工程质量高；生产节奏性强，资源、劳动力以及机械使用均衡；工人能够连续作业，工期短、成本低等。组织流水作业施工可以使工程施工连续地、均衡地、有节奏地进行，能够合理地使用人力、物力和财力，能多、快、好、省、安全地完成工程建设任务。

用网络计划技术编制施工进度计划，逻辑严密，主要矛盾突出，有利于计划的优化、控制与调整。网络计划还有利于应用电子计算机技术，可以方便地进行网络计划优化和及时调整，能对施工进度计划进行动态的管理。

六、提高公路机械化程度

公路施工是消耗巨大社会劳动的物质生产部门之一。以机械化代替手工劳动，特别是大面积场地平整、大量土方、装卸、运输、吊装以及混凝土制作、墙体砌筑等繁重劳动的施工过程，实行机械化和装配化施工，可以减轻劳动强度、提高劳动生产率，有利于加快施工速度，是降低

工程成本,提高经济效益的有效手段。

目前,在我国为了提高公路机械化水平,提出了"四化一改"的革新途径,即:设计的标准化,构配件生产的工厂化,施工的机械化,现场管理的科学化以及墙体改革。在组织项目施工时,应因地制宜,从企业的实际情况出发,充分利用企业的现有机械。同时应努力提高企业的机械化水平,扩大企业的机械化施工范围,为施工企业创造更大的经济和社会效益。

七、科学地安排冬季和雨季施工项目

由于公路工程施工露天作业的特点,因此拟建工程项目的施工必然受气候和季节的影响,冬季的严寒和夏季的多雨,都不利于公路施工的正常进行。如果不采取相应的、可靠的施工技术组织措施,全年施工的均衡性、连续性就不能得到保证。

随着施工工艺及其技术的发展,已经完全可以在冬季、雨季进行正常施工,但是由于在冬雨季施工时,通常需要采取一些特殊的施工技术和组织措施,必然会增加一些费用。这些费用虽然可以通过工人窝工的减少,施工机具设备利用程度的提高,间接费用的节约等方面得到弥补,但仍然应当尽量减少这方面的费用。为避免工程成本过分提高,在安排施工进度时,应当注意季节性特点,恰当地安排冬雨季施工项目,通常情况下只把那些确有必要的,且不因冬雨季施工而使施工项目过分复杂化和过分提高造价的工程,列入冬雨季施工的范围,以增加全年的施工日,从而保证全年生产的均衡性和连续性。

八、坚持质量第一,保证施工安全

要贯彻"质量第一,预防为主"的方针,严格执行施工验收规范、操作规程和质量检验评定标准,从各方面制订保证质量的措施,预防和控制影响工程质量的各种因素,建造满足用户要求的优质工程。

要贯彻"安全为了生产、生产必须安全"的方针,建立健全各项安全管理制度,制订确保安全施工的措施,并在施工过程中经常地进行检查和督促。

九、合理布置施工现场平面图

合理进行施工现场的平面布置,是组织施工的重要环节,也是顺利执行施工组织设计各项措施的重要保证。在布置现场平面时,应尽量减少临时工程,减少施工用地,降低工程成本。尽量利用正式工程,原有或就近已有设施,做到暂设工程与既有设施相结合、与正式工程相结合。同时,要注意因地制宜,就地取材,减少消耗,降低生产成本。为此,可以采取下列措施:

(1)尽量利用原有的房屋和构筑物,满足施工的需要。

(2)在安排施工顺序时,应当注意把可为施工服务的正式工程(包括房屋、车间、道路、管网等)尽量提前施工。

(3)公路构件应当尽量安排在地区内原有的加工企业生产,只在确有必要时,才在工地上自行建立加工厂。

(4)广泛采用可以移动装拆的房屋和设备。

(5)优化现场物资储存量,合理确定物资储存方式,尽量减少库存量和物资损耗。

第四节　公路建设必须遵守的四项制度

一、项目法人制

(1)凡列入国家和地方基本建设计划项目必须实行项目法人责任制度,由项目法人对建设项目总负责,公路建设项目法人分为经营性公路建设项目法人和公益性公路建设项目法人。

(2)项目法人机构设置和技术,管理人员素质,必须满足工程建设管理的需要,符合公路建设市场准入条件。

(3)经营性公路建设项目法人应按照基建程序,履行以下职责:

①筹措建设资金。

②编制项目实施计划和年度计划。

③选择勘察设计、施工、监理单位和设备、材料供应单位。

④向交通运输主管部门办理开工报告。

⑤按照合同约定,对工程质量、进度、投资、安全生产和环境保护进行监督管理,审查施工组织设计、重要施工工艺和标准试验以及工程分包等事项,保证工程处于受控状态。

⑥接受交通运输主管部门和公路工程质量监督机构的监督检查,按时报送项目建设的有关信息资料。

⑦执行国家档案管理规定,建立健全建设项目的所有档案。

⑧及时组织交工验收,做好竣工验收的准备工作。

⑨组织项目后评价,提出项目后评价报告。

⑩按照有关技术标准和规范的要求,做好公路养护管理工作,负责收费管理,按期偿还贷款。公益性公路建设项目法人,根据交通主管部门授权,履行以上相应职责。

二、招标投标制

(1)公路建设项目除涉及国家安全、国家机密、抢险救灾或利用扶贫资金实行以工代赈、民工建勤、民办公助的项目不适宜招标外,达到下列规模标准之一的,必须进行招标:

①建设项目总投资额在3000万元人民币以上的。

②工程单项合同估算价在200万元人民币以上的。

③重要设备、材料等货物的采购,单项合同估算价在100万元人民币以上的。

④勘察、设计、监理等服务的采购,单项合同估算价在50万元人民币以上的。

(2)公路建设项目应实行公开招标,不宜公开招标的,由省政府批准,可实行邀请招标。

(3)公路建设项目招标一般按下列程序进行:

①编制招标文件。

②发布招标公告或发出投标邀请书。

③对潜在投标人进行资格审查。

④向合格的潜在投标人发售招标文件。

⑤组织潜在投标人勘察现场,召开标前会。

⑥接受投标人的投标文件,并公开开标。

⑦组建评标委员会评标,推荐中标候选人。

⑧确定中标人,发中标通知书。

⑨与中标人签订合同。

(4)分标段招标的,招标人应合理划分标段,合理确定工期。施工标段的确定应有利于施工单位的合理投入和机械化施工。

(5)参加公路建设项目投标的单位,必须符合公路建设市场准入条件。

三、工程监理制

(1)公路建设项目必须实行工程监理制度。

(2)公路建设项目的工程监理是由具有公路工程监理资格的监理单位,按国家有关规定受项目法人委托对施工承包合同的执行、工程质量、进度、费用等方面进行监督和管理。从事公路建设项目的工程监理单位,必须符合公路建设市场准入条件。

(3)承担工程监理任务的人应具备相应的能力和技术条件:项目总监、总监代表、高级驻地监理工程师,应具有高级工程师或高级经济师职称,并具有交通运输部颁发的监理工程师证书;专业监理工程师应具有工程师或经济职称和省级以上交通运输主管部门颁发的专业监理工程师证书;测量、试验和现场旁站等监理员应具有初级技术职称并经过专业技术培训和监理业务培训。

四、合同管理制

(1)公路建设项目的勘察设计、施工、监理以及与工程建设有关的重要设备、材料的采购,必须遵循诚实信用的原则,依法签订合同。公路建设项目合同包括勘察设计合同、施工合同、设备材料采购合同等。

(2)公路建设项目合同应采用交通运输主管部门颁布的有关合同范本,并可邀请公证机关公证。

(3)公路建设项目合同,必须符合国家和交通运输部制订的有关技术标准、规范、规程以及批准的设计,科学、合理地确定勘察设计周期、施工工期和供货安装期限。

(4)省交通运输厅依法对合同情况进行严格监督;对造成工程质量、安全事故或工程进度严重滞后的,根据公路建设市场管理的有关规定进行处罚。

【思考题】

1. 什么是基本建设? 基本建设的内容是什么?
2. 公路建设的内容包括哪些?
3. 公路基本建设的程序是什么?
4. 什么是施工项目? 施工项目管理的特点是什么?
5. 项目管理的内容和职能是什么?
6. 公路项目施工管理组织机构的类型有哪些?

第二章

流水施工的基本原理

公路工程的“流水施工”来源于工业生产的流水作业，它是组织施工的一种科学方法。组织流水施工，可以充分地利用时间和空间（工作面），连续、均衡、有节奏地进行施工，从而提高劳动生产率，缩短工期，节省施工费用，降低工程成本。

第一节　概　　述

任何一个公路工程都是由许多施工过程组成的，而每一个施工过程都可以组织一个或多个施工班组来进行施工。如何组织各施工班组的先后顺序或平行搭接施工，是组织施工中的一个最基本的问题。

一、组织施工的方式

根据公路工程的特点，公路施工作业可以采用多种方式，通常所采用的组织施工方式有依次（顺序）施工、平行施工和流水施工 3 种。

下面举例对 3 种组织施工方式进行分析比较。

例如：有 4 座相同的桥梁基础工程，根据施工图设计、施工班组的构成情况及工程量等，其施工过程划分、施工班组人数及工种构成、各施工过程的工程量、完成一个基础施工过程所需时间等,如表 2-1 所示。

基础工程的施工过程及其工程量等指标 表 2-1

施工过程	工 程 量		每工日产量	劳动量(工日)		每班人数	每天工作班数	施工天数	班组工种
	数量	单位		需要	采用				
基槽挖土	130	m^3	4.18	31	32	16	1	2	普工
混凝土垫层	38	m^3	1.22	31	30	30	1	1	普工、混凝土工
砌砖基础	75	m^3	1.28	59	60	20	1	3	普工、瓦工
基槽回填土	60	m^3	5.26	11	10	10	1	1	普工

(一)依次施工

依次施工也称顺序施工,通常有以下两种进度安排。

1. 按座(或施工段)依次施工

这种方式是一座桥梁基础工程的各施工过程全部完成后,再施工第二座桥梁,依次完成每座桥梁的施工任务。这种施工组织方式的施工进度安排如图 2-1 所示。图下为劳动力动态变化曲线,其纵坐标为每天施工班组人数,横坐标为施工进度(d)。将每天各施工班组投入的人数之和连接起来,即可绘出劳动力动态变化曲线。

如果用 $t_i(i=1,2,\cdots,n)$ 表示每个施工过程在一座桥梁中完成施工所需时间,则完成一座桥梁基础工程施工所需时间为 $\sum t_i$,完成 M 座桥梁基础工程所需总时间可按式(2-1)计算。

$$T = M\sum t_i \tag{2-1}$$

式中:M——桥梁座数(或施工段数);

t_i——某施工过程完成一座桥梁所需工作时间;

$\sum t_i$——各施工过程完成一座桥梁所需工作时间;

T——完成 M 座桥梁所需的工作总时间。

2. 按施工过程依次施工

这种方式是依次完成每座桥梁的第一个施工过程后,再开始第二个施工过程的施工,直至完成最后一个施工过程的施工任务,其施工进度安排如图 2-2 所示。按施工过程依次施工所需总时间与按座依次施工相同,但每天所需的劳动力不同。完成 M 座桥梁的基础工程所需总时间可按式(2-2)计算。

$$T = \sum Mt_i \tag{2-2}$$

式中:Mt_i——完成 M 座桥梁的基础工程的一个施工过程所需的时间;

其他符号含义同前。

从图 2-1 和图 2-2 中可以看出:依次施工的优点是每天投入施工的班组只有一个,现场的劳动力较少,机具、设备使用不很集中,材料供应单一,施工现场管理简单,便于组织和安排。当工程的规模较小,施工工作面又有限时,依次施工是较为适宜的。

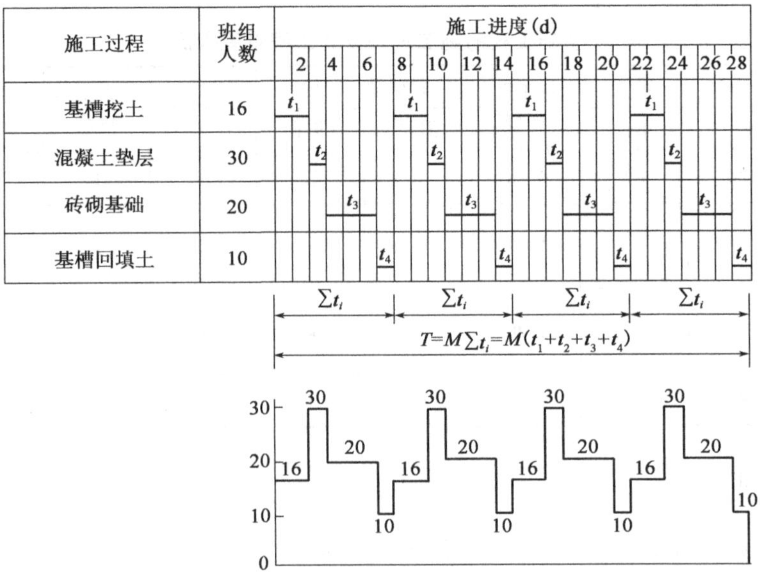

图 2-1 按座(或施工段)依次施工

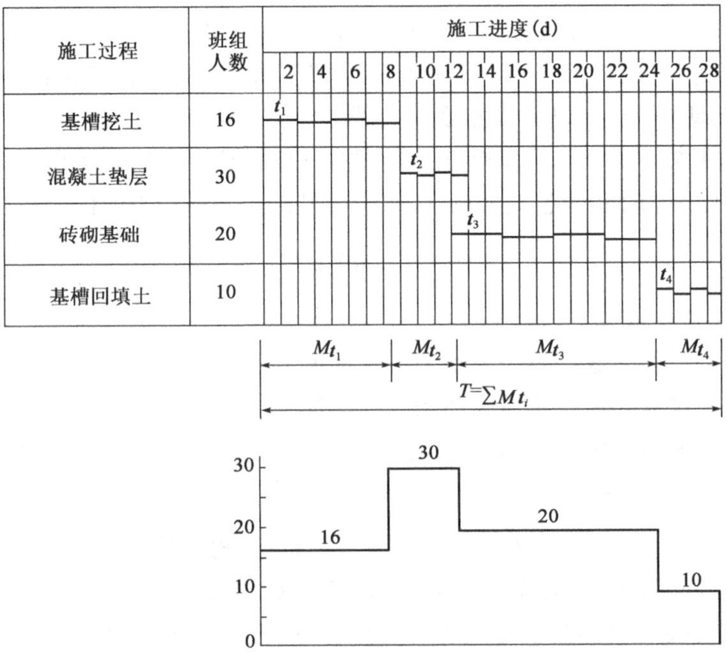

图 2-2 按施工过程依次施工

依次施工的缺点是:按座(或施工段)依次施工虽然能较早地完成一座桥梁基础工程的施工任务,为上部主体结构开始施工创造工作面,但各施工班组的施工时间都是间断的,施工班组不能实现专业化施工,不利于提高工程质量和劳动生产率,各施工班组的施工及材料供应无法保持连续和均衡,工人有窝工的情况;按施工过程依次施工,各施工班组虽然能连续施工,但完成每座桥梁的基础工程时间拖得较长,不能充分利用工作面。由此可知,采用依次施工不但工期较长，而且在组织安排上也不尽合理。

（二）平行施工

平行施工是指几个相同专业的独立施工班组，在同一时间不同的工作面上同时开工、同时竣工的一种施工组织方式。平行施工一般适用于工期要求较紧、各种资源供应有保障的情况。

$$T = \sum t_i \tag{2-3}$$

式中符号的含义同式（2-2）。

平行施工的组织方式具有以下特点：

（1）能够充分利用工作面，争取时间，可以缩短工期。

（2）施工班组不能实现专业化生产，不利于改进工人的操作方法和施工机具，不利于提高工程质量和劳动生产率。

（3）各专业施工班组及其工人不能连续作业，如果没有更多的工程任务，各施工班组在短期内完成工程任务后，就可能出现窝工现象。

（4）单位时间内投入施工的资源量成倍增加，现场的临时设施也相应增加，从而造成组织安排和施工现场管理的困难，增加施工管理的费用。

（三）流水施工

流水施工的组织方式是将拟建工程项目的施工分解为若干个施工过程，也就是划分成若干个工作性质相同的分部、分项工程或工序；同时将拟建工程项目在平面上划分成若干个劳动量大致相等的施工段；在竖向上划分成若干个施工层，按照施工过程分别建立相应的专业施工班组；各专业施工班组按照一定的施工顺序投入施工；完成第一个施工段上的施工任务后，在专业施工班组的人数、使用的机具和材料不变的情况下，依次地、连续地投入到第二、第三……直到最后一个施工段的施工，在规定的时间内，完成同样的施工任务；不同的专业施工班组在工作时间上最大限度地、合理地搭接起来；当第一个施工层各个施工段上的相应施工任务全部完成后，各专业施工班组依次地、连续地投入到第二、第三……施工层，保证工程项目的施工全过程在时间上、空间上有节奏、连续、均衡地进行下去，直到完成全部施工任务。

在上例中，如果采用流水施工组织方式，其施工进度计划的安排和劳动力动态变化曲线如图2-3所示。其施工的工期可按式（2-4）计算。

$$T = \sum K_{i,i+1} + Mt_{n,i} \tag{2-4}$$

式中：$K_{i,i+1}$——两个相邻的施工过程相继投入第一座桥梁施工的时间间隔；

M——桥梁座数（或施工段数）；

$t_{n,i}$——完成一座桥梁（施工段）最后一个施工过程所需的时间；

T——完成工程施工任务所需的总时间。

二、流水施工的特点

流水施工是一种以分工为基础的协作过程，是成批生产公路产品的一种优越的施工组织方式。它是在依次施工和平行施工的基础上产生的，它既克服了依次施工和平行施工组织方式的缺点，又具有它们两者的优点：

（1）科学合理地利用了工作面，争取了时间，有利于缩短施工工期，而且工期较为合理。

(2)能够保持各施工过程的连续性、均衡性,有利于提高施工管理水平和技术经济效益。

(3)由于实现了专业化施工,可使各施工班组在一定时期内保持相同的施工操作和连续、均衡的施工,更好地保证工程质量,提高劳动生产率。

(4)单位时间内投入施工的资源量较为均衡,有利于资源供应的组织工作。

(5)为文明施工和进行现场的科学管理创造了有利条件。

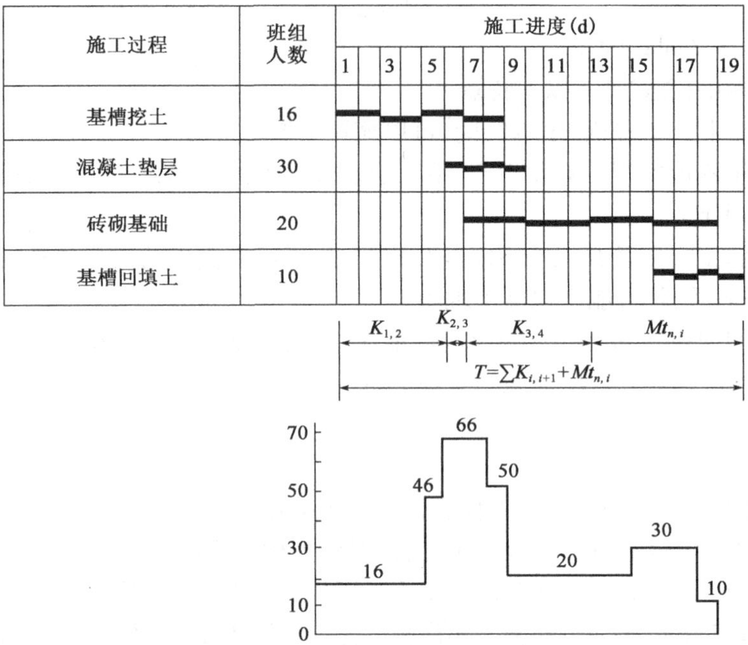

图 2-3　流水施工(施工过程全部连续)

三、流水施工的技术经济效果

流水施工在工艺划分、时间安排和空间布置上统筹考虑,必然会带来显著的经济效果,具体可归纳为以下几点:

(1)便于改善劳动组织,改进操作方法和施工机具,有利于提高劳动生产率。

(2)专业化的生产可提高工人的技术水平,使工程质量相应提高。

(3)工人技术水平和劳动生产率的提高,可以减少用工量和施工临时设施的建造量,降低工程成本,提高经济效益。

(4)可以保证施工机械和劳动力得到充分、合理的利用。

(5)由于流水施工的连续性,减少了专业施工班组的间歇时间,达到了缩短工期的目的,可使施工项目尽早竣工,交付使用,发挥投资效益。

(6)由于工期短、效率高、用工少、资源消耗均衡,可以减少现场管理费和物资消耗,实现合理储存与供应,有利于提高综合经济效益。

四、组织流水施工的要点

1. 划分分部(分项)工程

要组织流水施工,应根据工程特点及施工要求,将拟建工程划分为若干分部工程;每个分部工程又根据施工工艺要求、工程量大小、施工班组的组成情况，划分为若干施工过程（即分项工程）。

2. 划分施工段

根据组织流水施工的需要，将拟建工程在平面上或空间上，划分为工程量大致相等的若干个施工段。

3. 每个施工过程组织独立的施工班组

每个施工过程尽可能组织独立的施工班组，施工班组的形式可以是专业班组，也可以是混合班组，并配备必要的施工机具，按施工工艺的先后顺序，依次、连续、均衡地从一个施工段转移到另一个施工段，完成施工过程相同的施工操作。

4. 主要施工过程必须连续、均衡地进行

对工程量较大、施工时间较长的施工过程，必须组织连续、均衡的施工；对其他次要施工过程，可考虑与相邻的施工过程合并；如不能合并，为缩短工期，可安排间断施工。

5. 不同的施工过程尽可能组织平行搭接施工

根据施工顺序，不同的施工过程，在具有工作面的情况下，除必要的技术间歇和组织间歇时间（如混凝土的养护等）外，尽可能地组织平行搭接施工。

五、流水施工的表达方式

流水施工的表达方式主要有横道图、斜线图和网络图等。

1. 横道图

流水施工的横道图表达方式如图 2-3 所示，图表左边列出了各施工过程的名称，右边用水平线段在时间坐标下画出施工进度。

2. 斜线图

流水施工的进度计划用斜线图表示时，左边列出施工段，右边用斜线在时间坐标下画出施工进度，斜线图表达的施工进度计划如图 2-4 所示。

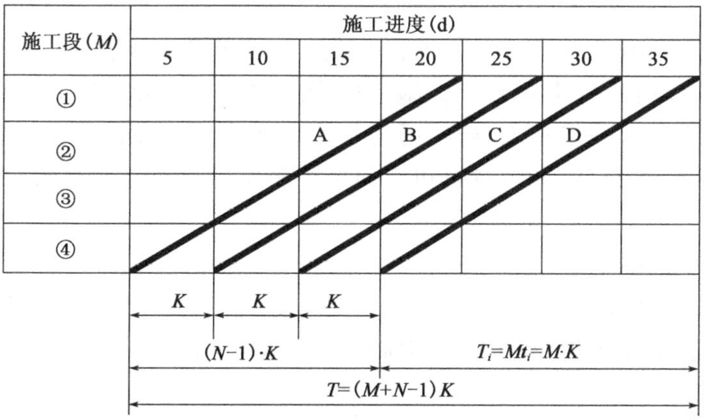

图 2-4　斜线图

3. 网络图

施工进度计划用网络图的表达方式详见第三章。

第二节　流水施工的主要参数

在组织工程项目流水施工时,用以表达流水施工在施工工艺、空间布置和时间安排方面开展状态的参数,统称为流水参数。流水施工的主要参数,按其性质的不同,一般可分为工艺参数、空间参数和时间参数3种。

一、工艺参数

在组织工程项目流水时,将拟建工程项目的整个建造过程分解为若干个施工部分称为施工过程,其数目一般用“N”表示。由于每一个施工过程一般由专业班组承担,故施工班组数等于N。

施工过程划分的粗细程度要根据构造物(如桥梁)复杂程度和施工方法来确定,与使用的定额相一致。当编制控制性施工进度计划时,施工过程可划分得粗一些,施工过程可以是单位工程,也可以是分部工程;当编制实施性施工进度计划时,施工过程可划分得细一些,施工过程可以是分项工程,甚至是将分项工程按照专业工种不同分解而成的施工工序。

在分解工程项目时根据实际情况,粗细程度要适中。划分太粗,则所编制的流水施工进度不能起到指导和控制作用;划分太细,则在组织流水作业时过于繁琐。施工过程划分的数目多少、粗细程度一般与下列因素有关:

(1)施工计划的性质和作用

对工程施工控制性计划,长期计划及公路群体规模大、结构复杂、施工期长的工程的施工进度计划,其施工过程划分可粗些,综合程度可高些。对中小型单位工程及施工期不长的工程施工的实施性计划,其施工过程可划分得细些、具体些,一般可划分至分项工程。对月度作业性计划,有些施工过程还可分解为工序,如安装模板、绑扎钢筋等。

(2)劳动组织及劳动量大小

施工过程的划分与施工班组及施工习惯有关。如安装玻璃、油漆施工可分也可合,因为有的是混合班组,有的是单一工种的班组。施工过程的划分还与劳动量的大小有关。劳动量小的施工过程,当组织流水施工有困难时,可与其他相连施工过程合并。如垫层的劳动量较小时,可与挖土合并为一个施工过程,这样可以使各个施工过程的劳动量大致相等,便于组织流水施工。

(3)劳动内容和范围

施工过程的划分与其劳动内容和范围有关。如直接在施工现场与工程对象上进行的施工过程可以划入流水施工过程,而场外劳动内容(如预制加工、运输等)可以不划入流水施工过程。

二、空间参数

在组织工程项目流水施工时,用以表达流水施工在空间布置上所处状态的参数,称为空间参数。空间参数一般包括施工工作面、施工段和施工层。

(一)施工工作面

施工工作面也称为工作前线,是指提供工人进行操作的地点范围和工作活动空间。工作面的大小表明了施工对象上能安置多少工人操作或布置施工机械、设备的面积。工作面的大小是根据相应工种的产量定额、公路安装工程操作规程和安全规程等要求确定的。工作面的单位是根据各施工过程的性质、施工方法和使用的工具、设备不同而确定的。

在流水施工中,有的施工过程在施工一开始,就在整个操作面上形成了施工工作面。例如人工开挖基槽就属此类工作面。但是,也有一些工作面的形成是随着前一个施工过程的结束而形成的。例如在现浇钢筋混凝土的流水作业中,支设模板、绑扎钢筋、浇筑混凝土等都是前一个施工过程的结束,为后一个施工过程提供了工作面。在确定一个施工过程的工作面时,不仅要考虑前一施工过程可能提供的工作面的大小,还要符合安全技术、施工技术规范的规定以及有利于提高劳动生产率等因素。总之,工作面的确定是否恰当,直接影响到安置施工人员的数量、施工方法和工期。

(二)施工段

在组织流水施工时,通常把施工对象在平面上划分为若干个劳动量大致相等的施工段落,这些施工段落称为施工段,一般以“M”表示。

划分施工段的目的,是为了组织流水施工,保证不同的施工班组能在不同的施工段上同时进行施工,并使各施工班组能按一定的时间间隔转移到另一个施工段进行连续施工,既消除等待、停歇现象,又互不干扰。

1. 划分施工段的原则

由于施工段内的施工任务由专业工作队依次完成,因而在两个施工段之间容易形成一个施工缝。同时,施工段数量的多少,将直接影响流水施工的效果。为使施工段划分得合理,一般应遵循下列原则:

(1)同一专业工作队在各个施工段上的劳动量应大致相等,相差幅度不宜超过10% ~15% 。

(2)每个施工段内要有足够的工作面,以保证相应数量的工人、主导施工机械的生产效率,满足合理劳动组织的要求。

(3)施工段的界限应尽可能与结构界限(如沉降缝、伸缩缝等)相吻合,或设在对建筑结构整体性影响小的部位,以保证建筑结构的整体性。

(4)施工段的数目要满足合理组织流水施工的要求。施工段数目过多,会降低施工速度,延长工期;施工段过少,不利于充分利用工作面,可能造成窝工。

(5)划分段数的多少,应考虑机械使用效能、工人的劳动组合、材料供应情况、施工规模大小等因素。

2. 施工段数目 M 与施工过程数目 N 的关系

在组织多个施工段的流水施工时,为使各施工班组能连续施工,上一段的施工必须在下一段对应部位完成后才能开始。因此,施工段数 M 必须大于或等于其施工过程数 N,即:

$$M \geq N \tag{2-5}$$

三、时间参数

在组织工程项目流水施工时，用于表达流水施工在时间排列上所处状态的参数，均称为时间参数。它包括：流水节拍、流水步距、技术间歇时间、组织间歇时间和平行搭接时间5种。

(一)流水节拍

在组织流水施工时，每个专业施工班组在各个施工段上完成各自的施工任务所需要的工作持续时间，称为流水节拍。通常以 t_i 表示，它是流水施工的基本参数之一。

流水节拍的大小，可以反映出流水施工速度的快慢、节奏感的强弱和资源消耗量的多少。根据其数值特征，一般将流水施工又分为等节拍专业流水、异节拍专业流水和无节奏专业流水等施工组织方式。

1. 流水节拍的计算

影响流水节拍数值大小的因素主要有：工程项目施工时所采取的施工方案，各施工段投入的劳动力人数或施工机械台班数，工作班次以及该施工段工程量的多少。为避免施工班组转移时浪费工时，流水节拍在数值上最好是半个工作班的整倍数。其数值的确定，可按以下各种方法进行：

(1)定额计算法。这是根据各施工段的工程量、能够投入的资源量(如工人数、机械台班数和材料量等)，按式(2-6)或式(2-7)进行计算。

$$t_i = \frac{Q_i}{S_i R_i N_i} = \frac{P_i}{R_i N_i} \tag{2-6}$$

或

$$t_i = \frac{Q_i H_i}{R_i N_i} = \frac{P_i}{R_i N_i} \tag{2-7}$$

$$P_i = \frac{Q_i}{S_i}(\text{或 } Q_i \times H_i)$$

式中：t_i——某专业施工班组在第 i 施工段的流水节拍；

Q_i——某专业施工班组在第 i 施工段上完成的工程量；

S_i——某专业施工班组的计划产量定额；

H_i——某专业施工班组的计划时间定额；

P_i——某专业施工班组在第 i 施工段需要的劳动量或机械台班数量；

R_i——某专业施工班组投入的工作人数或机械台数；

N_i——某专业施工班组的工作班次。

在式(2-6)和式(2-7)中，S_i 和 H_i 最好是该项目经理部的实际水平。

(2)经验估算法。它是根据以往的施工经验进行估算。一般为了提高其准确程度，往往先估算出该流水节拍的最长、最短和正常(即最可能)3 种时间，然后据此求出期望时间作为某专业施工班组在某施工段上的流水节拍。因此，该法也称为 3 种时间估算法。一般按式(2-8)进行计算。

$$t_i = \frac{a + 4c + b}{6} \tag{2-8}$$

式中：t_i——某施工过程在某施工段上的流水节拍；

a——某施工过程在某施工段上的最短估算时间；

b——某施工过程在某施工段上的最长估算时间；

c——某施工过程在某施工段上的正常估算时间。

这种方法多适用于采用新工艺、新方法和新材料等没有定额可循的工程。

(3)工期计算法。对某些施工任务在规定日期内必须完成的工程项目，往往采用倒排进度法。具体步骤如下：

①根据工期倒排进度，确定某施工过程的工作持续时间。

②确定某施工过程在某施工段上的流水节拍。若同一施工过程的流水节拍不等，则用估算法；若流水节拍相等，则按式(2-9)进行计算。

$$t = \frac{T}{M} \tag{2-9}$$

式中：t——流水节拍；

T——某施工过程的工作持续时间；

M——某施工过程划分的施工段数。

当施工段数确定后，流水节拍大，则工期相应的就长。因此，从理论上讲，总是希望流水节拍越小越好。但实际上由于受工作面的限制，每一施工过程在各施工段上都有最小的流水节拍，其数值可按式(2-10)计算：

$$t_{\min} = \frac{A_{\min} u}{S} \tag{2-10}$$

式中：$t_{\min}$——某施工过程在某施工段的最小流水节拍；

$A_{\min}$——每个工人所需最小工作面；

u——单位工作面的工程量含量；

S——产量定额。

式(2-9)计算出的数值，应取整数或半个工日的整倍数，根据工期计算的流水节拍，应大于最小流水节拍。

2. 确定流水节拍的要点

(1)施工班组人数应符合该施工过程最少劳动组合人数的要求。例如，现浇钢筋混凝土施工过程，包括上料、搅拌、运输、浇捣等施工操作环节，如果人数太少，是无法组织施工的。

(2)要考虑工作面的大小或某种条件的限制。施工班组人数也不能太多，每个工人的工作面要符合最小工作面的要求。否则，就不能发挥正常的施工效率或不利于安全生产。

(3)要考虑各种机械台班的效率(吊装次数)或机械台班产量的大小。

(4)要考虑各种材料、构件等施工现场堆放量、供应能力及其他有关条件的制约。

(5)要考虑施工及技术条件的要求。例如不能留施工缝必须连续浇筑的钢筋混凝土工程，有时要按三班制工作的条件决定流水节拍，以确保工程质量。

(6)确定一个分部工程施工过程的流水节拍时，首先应考虑主要的、工程量大的施工过程的节拍(它的节拍值最大，对工程起主要作用)，其次确定其他施工过程的节拍值。

(7)流水节拍值一般取整数，必要时可保留0.5d(台班)的小数值。

（二）流水步距

在组织工程项目流水施工时，相邻两个专业施工班组先后进入同一施工段开始施工时的合理时间间隔，称为流水步距。流水步距通常以 $K_{i,i+1}$ 表示，它是流水施工的重要参数之一。

1. 确定流水步距的原则

(1)流水步距要满足相邻两个专业施工班组，在施工顺序上的相互制约关系。

(2)流水步距要保证各专业施工班组都能连续作业。

(3)流水步距要保证相邻两个专业施工班组，在开工时间上最大限度地、合理地搭接，保证工程质量，满足安全生产。

2. 确定流水步距的方法

流水步距的确定方法很多，简捷而实用的方法主要有：图上分析法、分析计算法和“大差”法（潘特考夫斯基法）。下面主要介绍分析计算法和“大差”法。

(1)分析计算法。它是通过分析计算法公式确定流水步距的方法。

在流水施工中，如果同一施工过程在各施工段上的流水节拍相等，则各相邻施工过程之间的流水步距可按式(2-11)～式(2-13)计算：

$$K_{i,i+1}=t_i+(Z_{i,i+1}-C_{i,i+1}) \qquad (t_i \leqslant t_{i+1}) \tag{2-11}$$

$$K_{i,i+1}=t_i+(t_i-t_{i+1})(M-1)+(Z_{i,i+1}-C_{i,i+1}) \qquad (t_i > t_{i+1}) \tag{2-12}$$

或

$$K_{i,i+1}=Mt_i-(M-1)t_{i+1}+(Z_{i,i+1}-C_{i,i+1}) \tag{2-13}$$

式中：t_i——第 i 个施工过程的流水节拍；

t_{i+1}——第 $i+1$ 个施工过程的流水节拍；

$Z_{i,i+1}$——第 i 个施工过程与第 $i+1$ 个施工过程之间的技术间歇时间；

$C_{i,i+1}$——第 i 个施工过程与第 $i+1$ 个施工过程之间的平行搭接时间。

(2)“大差”法。它没有计算公式，其文字表达式为“累加数列错位相减取其最大差”。此法适用于同一施工过程在各施工段上的流水节拍不相等的情况下，即在组织无节奏专业流水施工时，其计算步骤如下：

①根据各专业施工班组在各施工段上的流水节拍，求累加数列。

②根据施工顺序，对所求相邻两个施工过程的两累加数列，错位相减。

③根据错位相减的结果，确定相邻两个专业施工班组之间的流水步距，即取相减结果中数值最大者为相邻两个专业施工班组之间的流水步距。

（三）技术间歇时间

在组织工程项目流水施工时，除要考虑相邻专业施工班组之间的流水步距外，有时要根据公路材料或现浇构件等的工艺性质，还要考虑合理的工艺等待间歇时间，这个等待时间称为技术间歇时间，如混凝土浇筑后的养护时间、砂浆抹面和油漆面的干燥时间等。技术间歇时间以 $Z_{i,i+1}$ 表示。

（四）组织间歇时间

在组织工程项目流水施工中，由于施工技术或施工组织的原因，造成的在流水步距以外增加的间歇时间，称为组织间歇时间，如墙体砌筑前的墙身位置弹线，施工人员、机械转移，回填土前地下管道的检查验收等。组织间歇时间以 $G_{i,i+1}$ 表示。

在组织工程项目流水施工时，技术间歇和组织间歇时间有时要统一考虑，有时要分别考虑，施工中可根据具体情况分别对待。但二者的概念、内容和作用是不同的，必须结合具体情况灵活处理。

（五）平行搭接时间

在组织工程项目流水施工时，相邻两个专业施工班组在同一施工段上的关系，一般是前后衔接关系，即前一施工班组完成全部任务后，后一施工班组才能开始。但有时为了缩短工期，在工作面允许的条件下，如果前一个专业施工班组完成部分施工任务后，能够提前为后一个专业施工班组提供工作面，使后者提前进入同一个施工段，两者在同一施工段上平行搭接施工，这个搭接的时间称为平行搭接时间，通常以 $C_{i,i+1}$ 表示。

（六）工期

工期是指完成一项工程任务或一个流水作业组施工所需的时间，一般可采用式(2-14)计算：

$$T = \sum K_{i,i+1} + T_N \tag{2-14}$$

式中：$\sum K_{i,i+1}$——流水施工中各施工过程的流水步距之和；

T_N——流水施工中最后一个施工过程在各施工段上的延续时间。

第三节　流水施工组织的方法

组织一个工程项目或某分部工程的流水施工，就是要使参与流水施工的各施工过程的专业施工班组，有节奏地从施工对象的各施工段，逐个连续施工。根据施工对象及施工过程的特点，流水施工按其流水节拍的特征不同可分为有节奏流水施工和无节奏流水施工等形式。

一、有节奏流水施工

有节奏流水施工是指参与流水施工的各专业施工班组，在各施工段上的工作持续时间（即流水节拍）相同。有节奏流水施工又可分为全等节拍流水施工和成倍节拍流水施工两种。

（一）全等节拍流水施工

全等节拍流水施工是指参与施工的所有施工过程在各施工段上的流水节拍全部相等的一种组织流水施工方式。

1. 基本特点

（1）所有的流水节拍都彼此相等，即 $t_1 = t_2 = \cdots = t_n = t$（常数）。

（2）所有的流水步距都彼此相等，而且等于流水节拍，即 $K_{1,2} = K_{2,3} = \cdots = K_{n-1,n} = K = t$。

（3）每个专业施工班组都能连续施工，施工段没有空闲。

（4）专业施工班组数等于施工过程数，即 $N_1 = N$。

2. 组织方法

(1)确定施工顺序,分解施工过程。

(2)确定工程项目的施工起点流向,划分施工段。施工段数目的确定方法如下:

①无层间关系或无施工层时,$M=N$。

②有层间关系或有施工层时,施工段的数目分两种情况确定:

a. 无技术间歇和组织间歇时,取 $M=N$。

b. 有技术间歇和组织间歇时,为了保证各专业施工班组能够连续施工,应取 $M>N$。此时,施工段的数目可按式(2-15)确定:

$$M=N+\frac{\sum Z_{i,i+1}+\sum G_{i,i+1}}{K}+\frac{Z_1+G_1}{K} \tag{2-15}$$

式中:$\sum Z_{i,i+1}+\sum G_{i,i+1}$——一个楼层内各施工过程之间的技术间歇与组织间歇时间之和,如果每层的 $\sum Z_{i,i+1}+\sum G_{i,i+1}$ 不完全相等,应取各层中的最大值;

Z_1+G_1——楼层间技术间歇与组织间歇时间之和,如果每层的 Z_1+G_1 不完全相等,应取各层中的最大值。

(3)确定主要施工过程的施工班组人数并计算其流水节拍。

(4)确定流水步距,即 $K=t$。

(5)计算流水施工的工期,如式(2-16)所示:

$$T=(M+N-1)t+\sum Z_{i,i+1}+\sum G_{i,i+1}-\sum C_{i,i+1} \tag{2-16}$$

(6)绘制流水施工进度图表。

在组织全等节拍流水施工时,根据流水步距的不同有下述两种情况:

(1)等节拍等步距流水施工,是指各施工过程的流水节拍以及各流水步距均相等,而且流水步距等于流水节拍。这种组织流水施工的方式是各施工过程之间没有技术与组织间歇时间,也不安排相邻施工过程在同一施工段上搭接施工。其流水施工的工期可按式(2-17)计算:

$$T=(N+M-1)K=(N+M-1)t \tag{2-17}$$

例如,某工程划分为 A、B、C 三个施工过程,每个施工过程划分为 4 个施工段,流水节拍均为 10d。则该工程流水施工进度安排如图 2-5 所示,其工期为:

$$T=(N+M-1)t=(3+4-1)\times10=60(\text{d})$$

(2)等节拍不等步距流水施工,是指各施工过程的流水节拍全部相等,而各流水步距不相等(有的流水步距等于流水节拍,有的流水步距不等于流水节拍)的流水施工组织方式。这是由于各施工过程之间,有的需要技术间歇与组织间歇时间,有的安排搭接施工造成的。其流水施工的工期可按式(2-16)计算。

如上例中,如果施工过程 B、C 之间有 10d 的技术间歇与组织间歇时间,则该工程流水施工进度安排如图 2-6 所示,其工期为:

$$T=(M+N-1)t+\sum Z_{i,i+1}+\sum G_{i,i+1}-\sum C_{i,i+1}=(3+4-1)\times10+10=70(\text{d})$$

【例题 2-1】 某桥梁的 3 个基础工程,每个工程量分别为挖土 187m^3,垫层 11m^3,绑扎钢筋 2.53t,浇筑混凝土 50m^3,砌筑基础 90m^3,回填土 130m^3。以上施工过程的每工产量见表 2-2。在浇筑混凝土后,应养护 3d 才能进行基础墙砌筑。试组织全等节拍流水施工。

解 (1)划分施工过程。由于垫层工程量较小,将其与挖土合并为一个“挖土及垫层”施工过程;绑扎钢筋和浇筑混凝土也合并为一个“钢筋混凝土基础”施工过程。

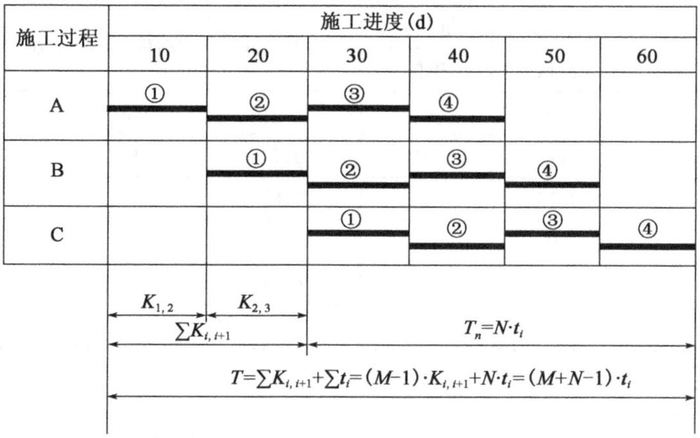

图 2-5　某工程全等节拍流水施工进度

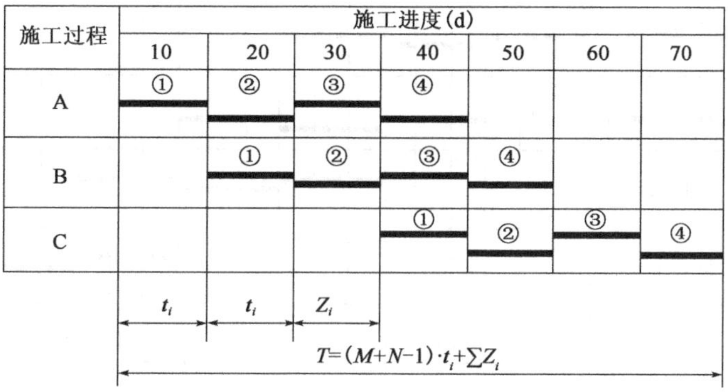

图 2-6　全等节拍流水施工有技术与组织间歇时间的进度安排

(2)确定施工段。根据公路施工的特征,可按房屋的单元分界,划分为 3 个施工段,采用一班制施工。

(3)确定主要施工过程的施工人数并计算其流水节拍。本例主要施工过程为挖土及垫层,配备施工班组人数为 21 人,有:

$$t_i=\frac{Q_i}{S_iR_iN_i}=\frac{P_i}{R_iN_i}=\frac{\frac{187}{3.5}+\frac{11}{1.2}}{21}=3(\text{d})$$

其中 $N_i=1$。

根据主要施工过程的流水节拍,应用以上公式可计算出其他施工过程的施工班组人数,其结果见表 2-2。

流水步距为:

$$K_{i,i+1}=t_i=3(\text{d})$$

(4)计算工期。由式(2-16)可得:

$$T=(M+N-1)t+\sum Z_{i,i+1}+\sum G_{i,i+1}-\sum C_{i,i+1}=(3+4-1)\times3+3=21(\text{d})$$

(5)绘制流水施工进度,如图 2-7 所示。

各施工过程的流水节拍及施工班组人数　　表 2-2

施工过程	工程量		每工产量	劳动量(工日)	施工班组人数	流水节拍
	数量	单位				
挖土	187	m^3	3.5	53	18	3
垫层	11	m^3	1.2	9	3	
绑扎钢筋	2.53	t	0.45	6	2	3
浇筑混凝土基础	50	m^3	1.5	33	11	
砌基础墙	90	m^3	1.25	72	24	3
回填土	130	m^3	4.0	33	11	3

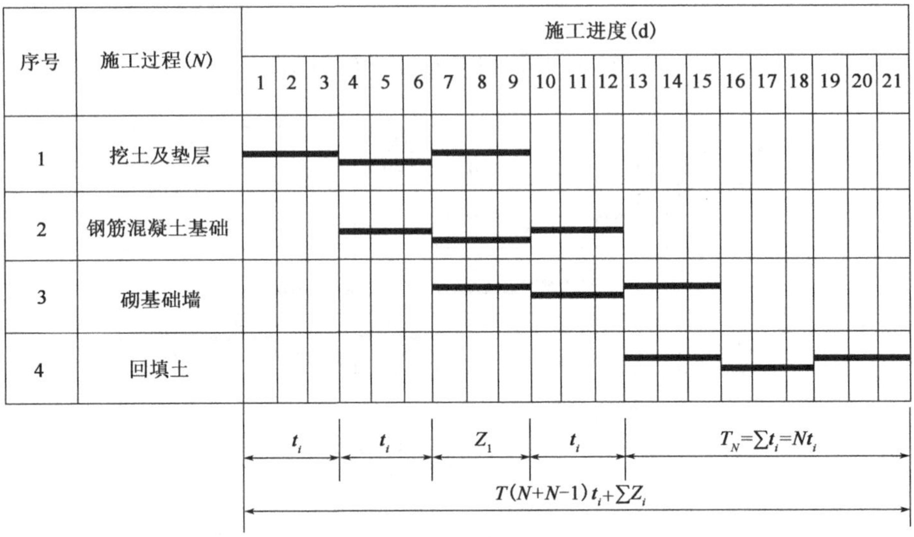

图 2-7　某工程的基础工程流水施工进度

(二)成倍节拍流水施工

成倍节拍流水(也称异节拍流水)是指同一施工过程在各个施工段上的流水节拍都相等,而各施工过程彼此之间的流水节拍全部或部分不相等,但各施工过程的流水节拍均为其中最小流水节拍的整数倍的流水施工组织方式。

在组织等节拍专业流水施工时,有时由于各施工过程的性质、复杂程度不同,可能会出现某些施工过程所需要的人数或机械台数超出施工段上工作面所能容纳数量的情况。这时,只能按施工段所能容纳的人数或机械台数确定这些施工过程的流水节拍,这可能使某些施工过程的流水节拍为其他施工过程流水节拍的倍数,从而形成成倍节拍专业流水。

1. 基本特点

(1)同一施工过程在各个施工段上的流水节拍都彼此相等,不同施工过程在同一施工段上的流水节拍彼此不同。

(2)流水步距彼此相等,且等于各个流水节拍的最大公约数;该流水步距在数值上应小于最大的流水节拍,并要大于1;只有最大公约数等于1时,该流水步距才能等于1。

(3)每个专业施工班组都能够连续作业,施工段都没有空闲。

(4)专业施工班组数目大于施工过程数目,即 $N_1 > N$。

2. 组织方法

(1)确定施工顺序,分解施工过程。

(2)确定施工起点流向,划分施工段。

①不分施工层时,可按施工段划分的原则确定施工段数。

②分施工层时,每层施工段的数目可按式(2-18)确定:

$$M = N_1 + \frac{\sum Z_{i,i+1} + \sum G_{i,i+1}}{K_b} + \frac{Z_1/G_1}{K_b} \tag{2-18}$$

式中:N_1——专业施工班组的总数;

K_b——成倍节拍流水施工的流水步距。

其他符号的含义同前。

(3)按成倍节拍流水施工的要求,确定各施工过程的流水节拍。

(4)确定成倍节拍流水施工的流水步距,如式(2-19)所示:

$$K_b = \text{最大公约数}\{t_1, t_2, \cdots, t_n\} \tag{2-19}$$

(5)确定专业施工班组的数目,如式(2-20)和式(2-21)所示:

$$b_i = \frac{t_i}{K_b} \tag{2-20}$$

$$N_1 = \sum b_i \tag{2-21}$$

式中:t_i——施工过程 i 在各施工段上的流水节拍;

b_i——施工过程 i 的专业施工班组数目。

(6)确定计划总工期,如式(2-22)所示:

$$T = (M + N_1 - 1)K_b + \sum Z_{i,i+1} + \sum G_{i,i+1} - \sum C_{i,i+1} \tag{2-22}$$

(7)绘制流水施工进度计划表。

二、无节奏流水施工(分别流水施工)

在工程项目的实际施工中,通常每个施工过程在各个施工段上的工程量彼此不相等,各施工班组的生产效率相差较大,导致大多数的流水节拍也彼此不相等,这时不可能组织全等节拍专业流水或成倍节拍专业流水。在这种情况下,可按照流水施工的基本概念,在保证施工工艺、满足施工顺序要求的前提下,按照一定的计算方法,确定相邻专业施工班组之间的流水步距,使相邻两个专业施工班组在开工时间上最大限度地、合理地搭接起来,形成每个专业施工班组都能连续作业的非节奏流水施工,这种流水施工的组织方式,称为无节奏流水施工,也称分别流水施工。它是流水施工的普通形式。

(一)基本特点

(1)每个施工过程在各个施工段上的流水节拍,通常多数不相等。
(2)流水步距与流水节拍之间,存在某种函数关系,流水步距也多数不相等。
(3)每个专业施工班组都能够连续作业,个别施工段可能有空闲。
(4)专业施工班组数目等于施工过程数目,即 $N_1=N$。

(二)组织方法

(1)确定施工起点流向,划分施工段。
(2)确定施工顺序,分解施工过程。
(3)计算每个施工过程在各个施工段上的流水节拍。
(4)用“大差法”计算相邻两个专业施工班组之间的流水步距。
(5)确定流水施工的计划总工期,如式(2-23)所示:

$$T=\sum K_{i,i+1}+T_N+\sum Z_{i,i+1}+\sum G_{i,i+1}-\sum C_{i,i+1} \tag{2-23}$$

(6)绘制流水施工进度计划表。

【例题 2-2】 某工程组织流水时由 3 个施工过程组成,在平面上划分为 4 个施工段,每个施工过程的流水节拍如表 2-3 所示,试编制流水施工方案。

某工程施工时的流水节拍 表 2-3

施工过程名称	流水节拍(d)			
	Ⅰ	Ⅱ	Ⅲ	Ⅳ
A	2	4	3	2
B	3	3	2	2
C	4	2	3	2

解 根据题设条件,本例只能组织分别流水施工。

1. 确定流水步距

(1)将每个施工过程的流水节拍逐段累加,求得累加数列:

A:2 6 9 11

B:3 6 8 10

C:4 6 9 11

(2)相邻两个施工过程的流水节拍的累加数列错位相减:

A、B	2	6	9	11	
	−	3	6	8	10
	2	3	3	3	−10

B、C　　3　6　8　10

　　　　–　4　6　9　11

　　　　―――――――――

　　　　3　2　2　1　–11

(3)取差值最大者作为流水步距,则:

$$K_{A,B} = \max\{2,3,3,3,-10\} = 3(d)$$

$$K_{B,C} = \max\{3,2,2,1,-11\} = 3(d)$$

2. 计算该工程的计划工期

由式(2-23)得:

$$T = \sum K_{i,i+1} + T_N + \sum Z_{i,i+1} + \sum G_{i,i+1} - \sum C_{i,i+1} = (3+3) + (4+2+3+2) = 17(d)$$

3. 绘制流水施工进度计划表,如图 2-8 所示

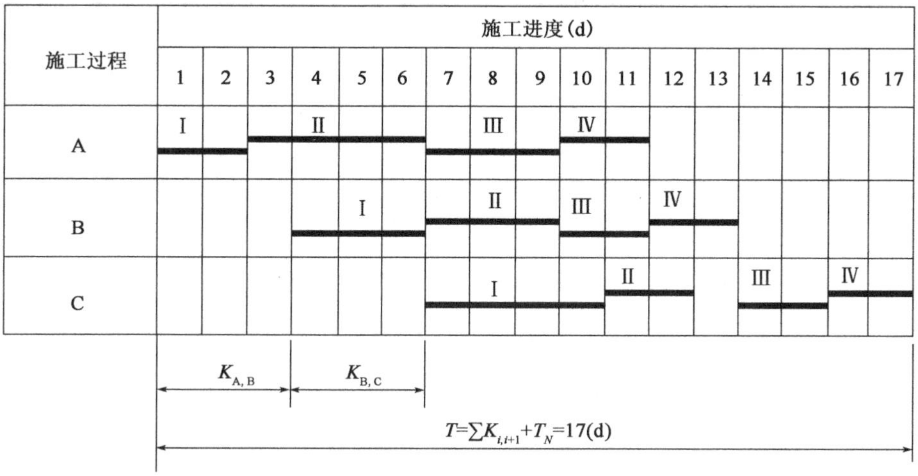

图 2-8　无节奏流水施工进度计划表

【思考题】

1. 组织施工有哪几种方式?试述各自的特点。
2. 简述流水施工组织方法的要点。
3. 流水施工的主要参数有哪些?简述它们的含义。
4. 施工段划分的基本要求是什么?如何正确划分?
5. 何谓流水节拍?确定流水节拍时要考虑哪些因素?
6. 何谓流水步距?确定流水步距的原则是什么?如何计算?
7. 何谓技术间歇和组织间歇时间?施工中为何要考虑这种间歇时间?
8. 流水施工按节拍特征不同可分为哪几种方式?各有什么特点?

9. 如何组织全等节拍流水？如何组织成倍节拍流水？

10. 何谓分别流水法？有何特点？如何组织？

11. 某工程有A、B、C三个施工过程，每个施工过程划分为四个施工段。设流水节拍均为3d，试确定流水步距、计算工期，并绘制流水施工进度表。

12. 根据表2-4所列各工序在各施工段上的流水节拍，计算流水步距和工期，并绘制流水进度表。

某工程的流水节拍 表2-4

施工过程	流水节拍(d)			
	①	②	③	④
A	4	3	2	2
B	2	4	3	2
C	3	3	2	2

第三章

网络计划技术

第一节　概　　述

网络计划技术既是一种科学的计划方法,又是一种有效的生产管理方法。网络计划技术是随着现代科学技术和工业生产的发展而产生的,20 世纪 50 年代后期出现于美国,目前在工业发达国家已广泛应用,成为一种比较盛行的现代生产管理的科学方法,可以运用计算机进行网络计划绘图、计算优化、分析和控制。许多国家将网络技术用于投标、签订合同及拨款业务;在资源和成本优化等方面应用也较多。美国、日本、德国和俄罗斯等国公路业公认为是当前最先进的计划管理方法。由于这种方法主要用于进行规划、计划和实施控制,因此,在缩短建设周期、提高工效、降低造价以及提高生产管理水平方面取得了显著的效果。

网络计划技术,几乎每两三年就出现一些新的模式,当前公路业应用最广泛和有代表性的是关键线路法(CPM)和计划评审法(PERT)。关键线路法是 1956 年由美国杜邦公司提出,并在 1957 年首先应用于一个价值 1000 多万美元的化工厂建设工程,取得了良好的效果。关键线路法在解决杜邦化学公司的扩建和修理问题时,使杜邦公司维修停产的时间由过去的 125h 降到 74h,一年就节约了 100 多万美元。计划评审法是 1958 年由美国海军部武器局的特别计划室提出,首先应用于制定美国海军北极星导弹研制计划,它使制造北极星导弹的时间缩短了 3 年,节约了大量资金。由于效果极为显著,故而引起了世界性的轰动,各国广泛采用。

1962 年美国国防部规定,凡承包有关工程的单位都要采用网络计划方法安排计划。1965 年,美国 400 家最大的公路企业中使用 CPM 的达 47% ,1970 年达到 80% 。苏联 1964 年颁布了一系列应用网络计划方法的法令性文件,规定所有大的公路工程均必须采用网络计划方法进行管理,并把网络计划作为一项必须推广的新技术列入国民经济发展计划。美国采用网络计划方法较为普遍,除公路业外,工业方面也应用,他们要求各级管理人员都能懂得或运用这种管理方法。世界银行规定,使用世行贷款的工程均应使用网络计划技术。

我国从 20 世纪 60 年代中期,在已故著名数学家华罗庚教授的倡导下,开始在国民经济各部门试点应用网络计划方法。当时为结合我国国情,并根据“统筹兼顾、全面安排”的指导思想,将这种方法命名为“统筹方法”。此后,在工农业生产实践中卓有成效地推广起来。为了推行网络计划技术,全国各省市在大量举办网络计划技术学习班,培训在职工程技术及管理人员达几万人,全国近 50 所高等院校的土木和管理专业都开设了网络计划技术课。从事网络计划研究的企业、学校、研究机构和研究生很多。我国推行工程项目管理和工程建设监理的企业和人员均进行网络计划技术学习和应用。网络计划技术是工程进度控制的最有效方法。许多工程的招标文件要求必须在投标书中编制网络计划。目前,已较好地实现了工程网络计划技术应用全过程的计算机化,即用计算机绘图、计算、优化、检查、调整与统计。我国还大力研究将网络计划与设计、报价、统计、成本核算及结算等形成系统,做到资源共享。网络计划技术与工程管理已经密不可分。网络计划技术的应用价值已远远超过了它诞生时对其价值的认识,而网络计划技术价值的提高,则必须依赖计算机在其全过程中的应用。

一、网络计划的基本原理

网络计划是以网络模型的形式来表达工程的进度计划,在网络模型中可确切地表明各项工作的相互联系和制约关系。

(1)首先将一项工程的全部建造过程分解成若干个施工过程,按照各项工作开展顺序和相互制约、相互依赖的关系,将其绘制成网络图形。也就是说,各施工过程之间的逻辑关系,在网络图中能按生产工艺严密地表达出来。

(2)通过网络图时间参数的计算,找出关键工作和关键线路。即可以根据绘制的网络图计算出工程中各项工作的最早或最晚开始时间,从而可以找出工程的关键工作和关键线路。所谓关键工作就是网络计划中机动时间最少的工作。而关键线路是指在该工程施工中,自始至终全部由关键工作组成的线路。在肯定型网络计划中是指线路上工作总持续时间最长的线路;在非肯定型网络计划中是指按估计工期完成可能性最小的线路。

(3)利用最优化原理,不断改进网络计划初始方案,并寻求其最优方案。例如工期最短;各种资源最均衡;在某种有限制的资源条件下,编出最优的网络计划;在各种不同工期下,选择工程成本最低的网络计划等。所有这些均称网络计划的优化。

(4)在网络计划执行过程中,对其进行有效的监督和控制,合理地安排各项资源,以最少的资源消耗,获得最大的经济效益。也就是在工程实施中,根据工程实际情况和客观条件不断地变化,可随时调整网络计划,使得计划永远处于最切合实际的最佳状态。总之,就是要保证该项工程以最小的消耗,取得最大的经济效益。

二、网络计划的特点

网络计划技术作为一种计划的编制和表达方法与我们一般常用的横道计划法具有同样的功能。对一项工程的施工安排，用这两种计划方法中的任何一种都可以把它表达出来，成为一定形式的书面计划。但是由于表达形式不同，它们所发挥的作用也就各具特点。

横道计划以横向线条结合时间坐标来表示工程中各工作的施工起讫时间和先后顺序，整个计划由一系列的横道组成。而网络计划则是以加注作业持续时间的箭线（双代号表示法）和节点组成的网状图形来表示工程施工的进度。例如，有一项分三段施工的钢筋混凝土工程，用两种不同的计划方法表达出来，内容虽完全一样，但形式却各不相同（图 3-1、图 3-2）。

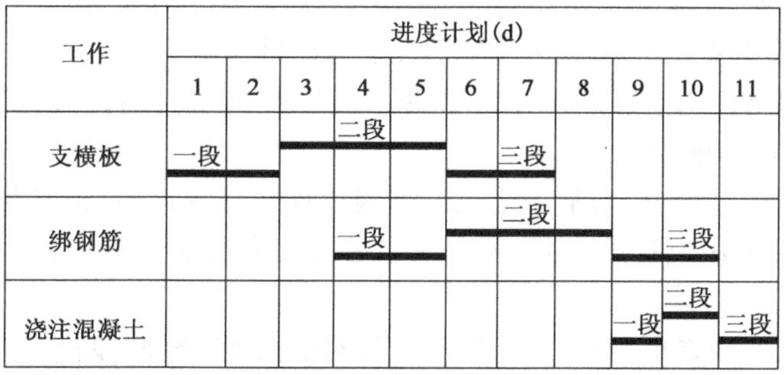

图 3-1　横道计划

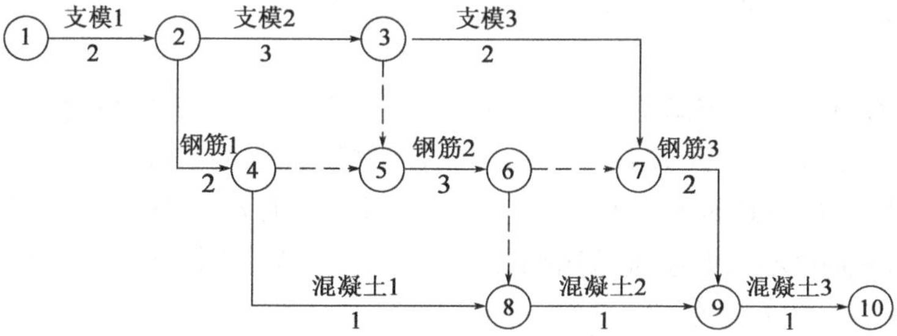

图 3-2　双代号网络计划

（一）横道计划的优缺点

由图 3-1 所示以及第二章所述横道计划的内容可知：

（1）横道计划编制比较容易，绘图比较简单，排列整齐有序，表达形象直观。

（2）便于统计劳动力、材料及机具的需要量。

（3）因为有时间坐标，各项工作的施工起讫时间、作业持续时间、工作进度、总工期以及流水作业的情况等都能表示得清楚明确，一目了然。

（4）不能全面地反映各施工过程之间的相互制约、相互联系、相互依赖的逻辑关系。

（5）不能明确表明突出工作的重点，即不能明确表明某个施工过程的推迟或提前完成对整个工程任务完成的影响程度。

（6）不能计算每个施工过程的各项时间指标，即不能指出在总工期不变的情况下某些施工过程存在的机动时间，也不能指出计划安排的潜力有多大。

(7)不能应用电子计算机进行计算，更不能对计划进行科学的调整与优化，因此，对改进和加强施工管理工作是不利的。

(二)网络计划的优缺点

网络计划与横道计划相比，具有以下一些优点：

(1)网络计划能全面而明确地反映各个施工过程之间的相互制约和相互依赖的逻辑关系，使各个施工过程构成一个有机的整体。

(2)由于各施工过程之间的逻辑关系明确，便于进行各种时间参数的计算，有助于进行定量分析，能在工作繁多、错综复杂的计划中找出影响工程进度的关键施工过程，便于管理人员集中精力抓施工中的主要矛盾，确保按期竣工，避免盲目抢工。

(3)通过利用网络计划中反映出来的各施工过程的机动时间，可以更好地运用和调配人力和设备，达到降低成本的目的。

(4)在计划的执行过程中，当某一施工过程因故提前或拖后时，能从计划中预见到它对其他施工过程及总工期的影响程度，便于及时采取措施以充分利用有利的条件或有效地消除不利的因素。

(5)可以利用电子计算机对复杂的计划进行绘图、计算、检查、调整与优化，实现计划管理的科学化。

网络计划虽然具有以上的优点，但还存在一些缺点，如表达计划不直观，不易看懂，从图上很难清晰地看出流水施工的情况，也难以根据一般网络图算出人力及资源需要量的变化情况等。

网络计划技术的最大特点就在于它能够提供施工管理所需的多种信息，有利于加强工程管理。所以，网络计划技术已不仅仅是一种编制计划的方法，而且还是一种科学的工程管理方法。它有助于管理人员合理地组织生产，使他们做到心中有数，知道管理的重点应放在何处，怎样缩短工期，在哪里挖掘潜力，如何降低成本。在工程管理中提高应用网络计划技术的水平，必能进一步提高工程管理的水平。

根据以上分析可以看出，采用网络计划技术和采用横道计划一样，并不需要什么特别的物质技术条件。采用网络计划技术能加强管理，取得好快省的全面效果，但也不是单纯地为了求快。

网络计划技术虽与施工技术有密切的联系，但两者的性质却是完全不同的。

施工技术是指某项工程或某项工作在一定的自然条件、物资(如材料、设备等)条件和技术条件下采用的工程实施技术，如桁架的吊装技术、高炉基础的浇筑技术、多层无梁结构现浇或提升技术等。这中间包括机械的选择、工艺的确定、顺序的安排和流水的组织等，这些都必须在综合考虑当时、当地的具体条件后才能做出适当的决定，也只有具备了相应的条件之后才有可能实现原来的设想。这也就是说，选择使用什么样的施工技术是需要一定物质技术条件的。

而网络计划技术则不同，它只是一种计划表达方法与管理方法。只要施工技术确定了，运用网络计划技术就一定可以把施工组织设计人员设想的施工安排，用网络图的形式在书面上正确地表达出来并应用于管理，运用网络计划技术不需要任何为决定施工技术所需的物质技术条件作为前提,在这一点上它和横道计划是完全一样的,在任何条件下都可应用。

从网络计划技术的性质和特点来看,并非应用网络计划技术就一定能使施工进度加快到某种程度,因为物质技术条件和计划安排得是否合理对进度都有一定影响。网络计划技术只能反映在一定物质技术条件下做出的进度安排,它的作用实际上只限于给管理人员提供应在哪些工作上合理赶工以及工期与成本的关系等信息,以使增加的费用最少,成本最低,并避免盲目抢工。至于赶工能否实现,最终还是取决于施工组织方法,特别是物质技术条件,计划方法本身是无能为力的。

只要我们应用网络计划技术,它就一定能为我们提供对加强和改进工程管理大有用处的一些信息。利用这些信息,就可能在现有条件下合理地调整计划以加快工程进度,或者是在现有的条件下通过调整以节约人力和物力,降低工程成本。利用这些信息就可以使我们心中有数,胸有全局,分得清重点与一般,能预见到情况变化将要造成的影响,使我们经常处于主动地位。

三、网络图的分类

(一)按表示方法分类

1. 单代号网络图

单代号网络图是以单代号表示法绘制的网络图。在这种网络图中,每个节点表示一项工作,箭线只表示各项工作之间相互制约和相互依赖的关系,它是最基本的网络图形之一。

2. 双代号网络图

双代号网络图是以双代号表示法绘制的网络图。这种网络图是由若干表示工作的箭线和节点所组成的,其中每一项工作都用一根箭线和两个节点来表示,每个节点都编以号码,箭线前后两个节点的号码即代表该箭线所表示的工作,"双代号"的名称即由此而来。它可以更加形象地表示工程项目的施工进度,也是最基本的网络图形之一。

(二)按最终目标分类

1. 单目标网络图

单目标网络图是只具有一个最终目标的网络图。在这种网络图中,只有一个结束节点。

2. 多目标网络图

多目标网络图是具有若干个独立最终目标的网络图。在这种网络图中,有两个或两个以上的结束节点。对于每个结束节点,都有与其相应的关键线路。在每个工作箭线下面,除了注明工作持续时间外,还要注明工作的目标属性。

(三)按工作持续时间类型分类

1. 肯定型网络图

肯定型网络图是由具有肯定持续时间的工作组成的网络图。在这种网络图中,各项工作的持续时间都有确定的单一数值,整个网络图有确定的计算总工期。

2. 非肯定型网络图

非肯定型网络图是由不具有肯定持续时间的工作组成的网络图。在这种网络图中,各项工作的持续时间只能按概率方法确定出3个数值,整个网络图没有确定的计算总工期。如概率(计划评审)网络图(PERT)和随机网络图(CERT)。

(四)按有无时间坐标分类

1. 有时间坐标网络图

有时间坐标的网络图是附有时间坐标的网络图,也称日历网络图。在这种网络图中,每项工作箭线的水平投影长度,与其持续时间成正比例。它主要用于编制资源优化的网络图。

2. 无时间坐标网络图

无时间坐标的网络图是不附有时间坐标的网络图。在这种网络图中,工作箭线长度与持续时间无关,通常工作箭线长短按需要画出。

(五)按工作衔接特点分类

1. 普通网络图

普通网络图是按前导工作结束和后续工作才能开始方式绘制的网络图。如单代号网络图和双代号网络图。在普通网络图中,工作之间关系是首尾衔接,无论何时只要前导工作没有全部完成,后续工作就不能开始。

2. 搭接网络图

搭接网络图是按照各种规定的搭接时距绘制的网络图。如前导网络图(PDM)、梅特拉位势法(MPM)和组合网络图(BKN)。这种网络图既能反映各种搭接关系,又能反映各工作之间的逻辑关系。

(六)按编制对象范围分类

1. 群体网络图

群体网络图是以一个建设项目或公路群体为对象编制的网络图。它往往是多目标网络图,如公路、桥梁、隧道,分期分批完成的群体网络图,它们就是多目标的群体网络图。

2. 单项工程网络图

单项工程网络图是以一个以单项工程为对象编制的网络图。

3. 局部工程网络图

局部工程网络图是以一个单位工程或分部工程为对象而编制的网络图。

第二节　双代号网络计划

一、双代号网络图构成

双代号网络图是以双代号表示法绘制成的网络图,它由箭线(工作)、节点和线路3个基本要素构成。

（一）箭线

在双代号网络图中，一条箭线代表一项工作（或称工序、作业、活动）。工作就是计划任务按需要的粗细程度划分而成的一个消耗时间或也消耗资源的子项目或子任务。它是网络图的组成要素之一，用一根箭线和两个圆圈来表示。工作的名称标注在箭线的上面，工作持续时间标注在箭线的下面，箭线的箭尾节点表示工作的开始，箭头节点表示工作的结束。圆圈中的两个号码代表这项工作的名称，由于是两个代号表示一项工作，故称为双代号表示法，由双代号表示法构成的网络图称为双代号网络计划图，如图3-2所示。

1. 箭线的种类

在双代号网络图中，一条箭线代表一项工作，而工作可分为实工作和虚工作。实工作是指既要消耗时间，又要消耗资源的工作，如墙体砌筑等；或只消耗时间而不消耗资源的工作，如混凝土的养护等。在双代号网络图中，实工作用实箭线表示。虚工作是指既不消耗时间也不消耗资源的工作，只表示相邻工作之间相互制约、相互依赖的逻辑关系。在双代号网络图中，虚工作用虚箭线表示。

（1）在双代号网络图中，一条箭线与其两端的节点表示一项工作，它所包括的工作范围可大可小，视情况而定，因此可用来表示一项分部工程，一项工程的主体结构，装修工程，甚至某一项工程的全部施工过程。

（2）在无时标的网络图中，箭线的长短并不反映该工作占用时间的长短。原则上讲，箭线的形状怎么画都行，可以是水平直线，也可以画成折线或斜线，但是不得中断。在同一张网络图上，箭线的画法要求统一，图面要求整齐醒目，最好都画成水平直线或带水平直线的折线。

（3）箭线所指的方向表示工作进行的方向，箭线的箭尾表示该工作的开始，箭头表示该工作的结束，一条箭线表示工作的全部内容。工作名称应标注在箭线水平部分的上方，工作的持续时间（也称作业时间）则标注在箭线下方，如图3-3所示。

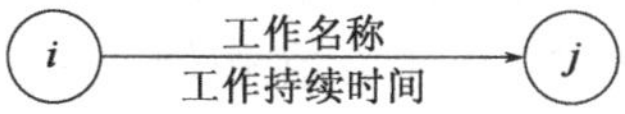

图3-3　双代号网络图表示法

（4）两项工作前后连续进行时，代表两项工作的箭线也要前后连续画下去。工程施工时还经常出现平行工作，平行的工作其箭线也要平行地绘制。就某工作而言，紧靠其前面的工作称为紧前工作，紧靠其后面的工作称为紧后工作，与之平行的称为平行工作，该工作本身则可称为“本工作”，如图3-4所示。

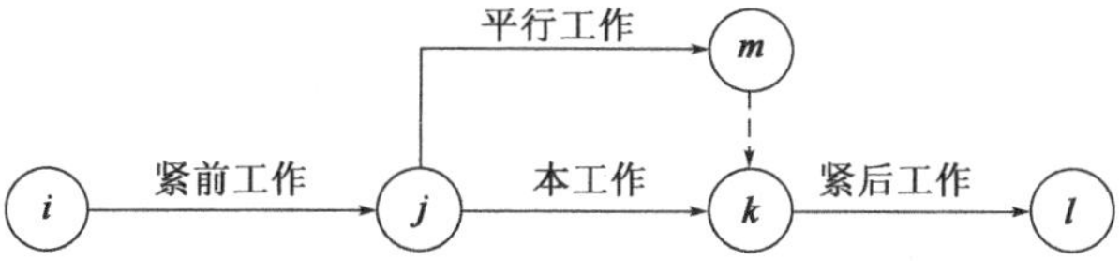

图3-4　双代号网络图中的工作关系

（5）在双代号网络图中，除有表示工作的实箭线外，还有一种一端带箭头的虚线，称为虚箭线，它表示一项虚工作。虚工作是虚拟的，工程中实际并不存在，因此它没有工作名称，不占用时间，不消耗资源，它的主要作用是在网络图中解决工作之间的连接关系问题。虚工作的表示方法如图 3-5 所示。

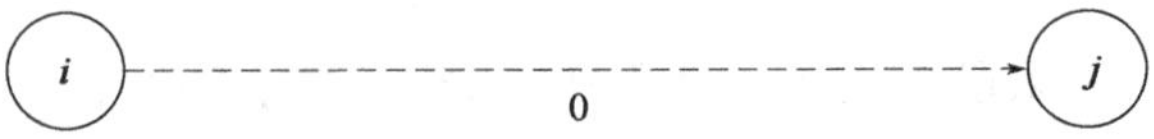

图 3-5　双代号网络图中虚工作表示法

2. 虚箭线的作用

虚箭线不是一项正式的工作，而是在绘制网络图时根据逻辑关系的需要而增设的。虚箭线的作用主要是帮助正确表达各工作间的逻辑关系，避免逻辑错误。

(1)虚箭线对工作的逻辑连接作用

绘制网络图时，经常会遇到图 3-6 中的情况，A 工作结束后可同时进行 B、D 两项工作，C 工作结束后进行 D 工作。从这 4 项工作的逻辑关系可以看出，A 的紧后工作为 B，C 的紧后工作为 D，但 D 又是 A 的紧后工作，为了把 A、D 两项工作紧前紧后的关系表达出来，这时就需要引入虚箭线。因虚箭线的持续时间是零，虽然 A、D 间隔有一条虚箭线，又有两个节点，但二者的关系仍是在 A 工作完成后，D 工作才可以开始。

(2)虚箭线对工作的逻辑"断路"作用

绘制双代号网络图时，最容易产生的错误是把本来没有逻辑关系的工作联系起来了，使网络图发生逻辑上的错误。这时就必须使用虚箭线在图上加以处理，以隔断不应有的工作联系。用虚箭线隔断网络图中无逻辑关系的各项工作的方法称为"断路法"。产生错误的地方总是在同时有多条内向或外向箭线的节点处，画图时应特别注意，只有一条内向或外向箭线之处是不会出错的。

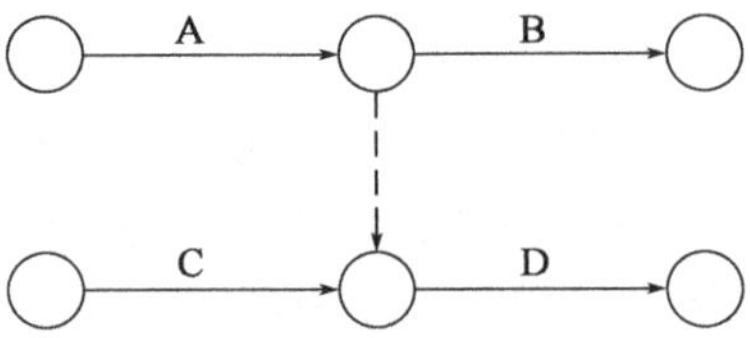

图 3-6　虚箭线作用之一

例如，绘制某基础工程的网络图，该基础共划分为 4 项工作(挖槽、垫层、墙基、回填土)，分两段施工，如绘制成图 3-7 的形式那就错了。因为第二施工段的挖槽(即挖槽 2)与第一施工段的墙基(即墙基 1)没有逻辑上的关系(图中用粗线表示)，同样第一施工段的回填土(回填土 1)与第二施工段的垫层(垫层 2)也不存在逻辑上的关系(图中用双线表示)，但是，在图 3-7中却都发生了关系，直接联系起来了，这是网络图的原则性错误，它将会导致以后计算

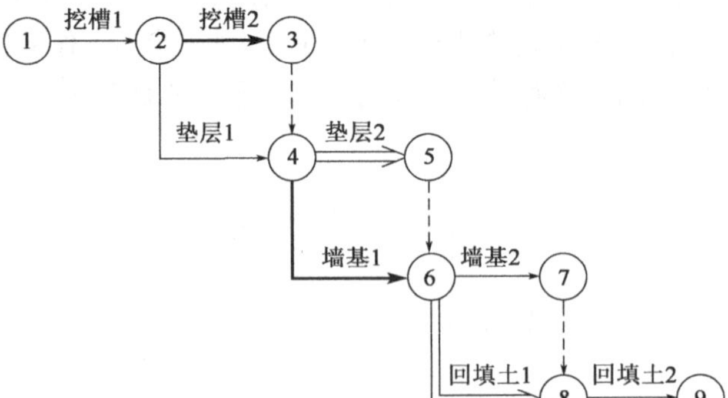

图 3-7　逻辑关系表达错误的网络图

中的一系列错误。上述情况如要避免,必须运用断路法,增加虚箭线来加以分隔,使墙基 1 仅为垫层 1 的紧后工作,而与挖槽 2 断路;使回填土 1 仅为墙基 1 的紧后工作,而与垫层 2 断路。正确的网络图应如图 3-8 所示。这种断路法在组织分段流水作业的网络图中使用很多,十分重要。

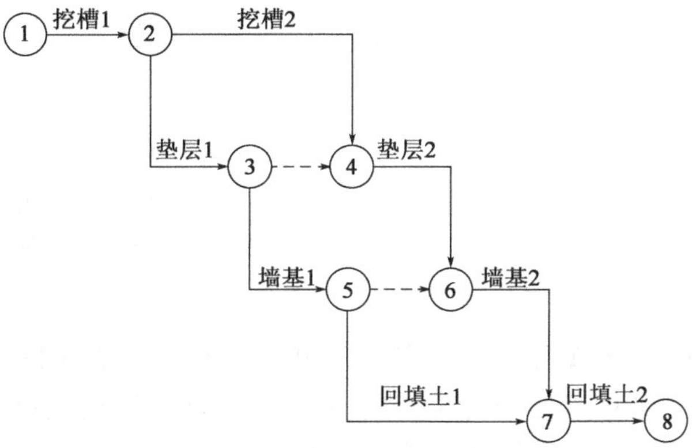

图 3-8 逻辑关系表达正确的网络图

(3)虚箭线在两项或两项以上的工作同时开始和同时完成时的连接作用

两项或两项以上的工作同时开始和同时完成时,必须引进虚箭线,以免造成混乱。

图 3-9a)中,A、B 两项工作的箭线共用①、②两个节点,1-2 代号既表示 A 工作又表示 B 工作,代号不清,就会在工作中造成混乱。而图 3-9b)中引进了虚箭线,即图中的 2-3,这样 1-2 表示 A 工作,2-3 表示 B 工作,前面那种两项工作共用一个双代号的现象就消除了。

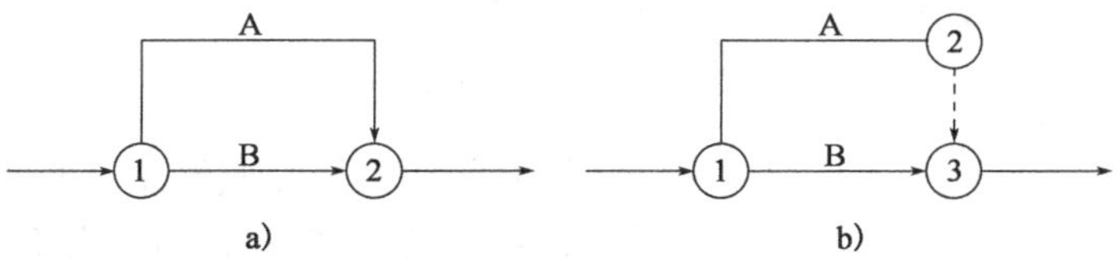

图 3-9 虚箭线的连接作用

a)错误连接;b)正确连接

(二)节点

节点是指网络图中箭线端部的圆圈或其他形状的封闭图形。在双代号网络图中,它表示工作之间的逻辑关系;在单代号网络图中,它表示一项工作。节点表示一项工作的开始或结束,只是一个"瞬间",它既不消耗时间,也不消耗资源。任何一项工作的名称,都可以用其箭线两端节点的编号表示。

1. 节点的种类

(1)对于任何一项工作(i,j)而言,箭线尾部的节点(i)称为起点节点,又称为开始节点,它表示一项工作或任务的开始;箭线头部的节点(j)称为终点节点,又称结束节点,它表示一项工作或任务的结束;对于任何相邻两项工作(i,j)和(j,k)而言,除了每项工作的起点节点和终点节点外,两项工作连接处的节点(j)称为中间节点,如图 3-10 所示。

(2)在网络图中,对一个节点来讲,可能有许多箭线通向该节点,这些箭线就称为“内向箭线”(或内向工作);同样也可能有许多箭线由同一节点发出,这些箭线就称为“外向箭线”(或外向工作),如图 3-11 所示。

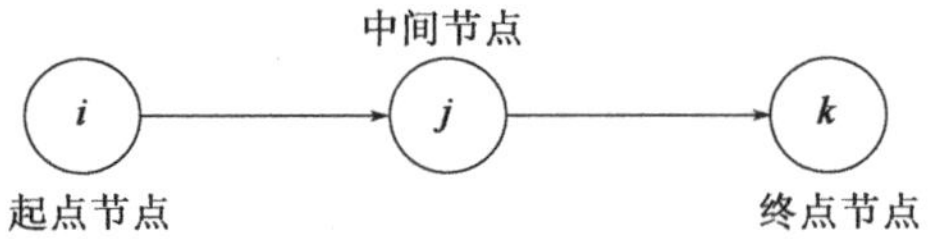

图 3-10 节点示意图

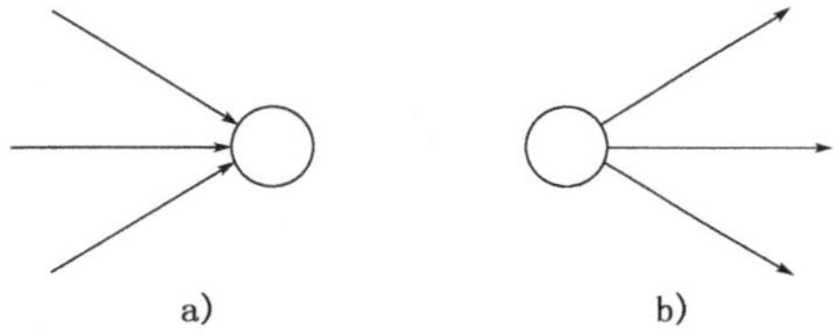

图 3-11 内向箭线和外向箭线

a)内向箭线;b)外向箭线

2. 节点的编号

在双代号网络图中,一项工作是由一条箭线和两个节点来表示的,为了使网络图便于检查、识别各项工作和计算各项工作的时间参数,以及编制网络计划电算程序,必须对每个节点进行编号。节点编号必须满足:箭尾节点编号小于箭头节点编号,即 $i<j$;不重号、不漏编。

节点编号方法主要有:沿水平方向编号、沿垂直方向编号、连续编号(按自然数的顺序进行编号)和间断编号。采用间断编号,主要是为了适应计划的调整,考虑增添工作的需要,编号留有余地。上述编号均应遵循:从左至右,先上后下;由起点节点开始,直到终点节点为止。

(三)线路

从网络图的起点节点出发,沿着箭线方向连续通过一系列箭线与节点,最后到达终点节点的通路称为线路。

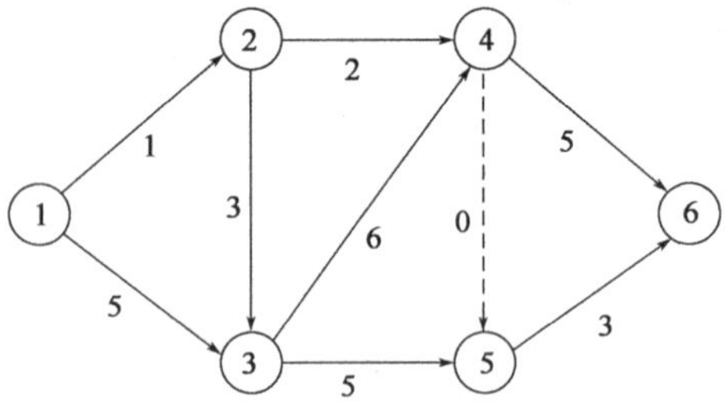

图 3-12 双代号网络计划

1. 线路时间

线路时间是指完成网络计划图中某条线路的全部工作所必需的持续时间的总和,它代表该条线路的计算工期。现以图 3-12 为例,说明线路条数和线路时间的计算。

第 1 条	①→②→④→⑥	$T_1=8$(d)
第 2 条	①→②→④→⑤→⑥	$T_2=6$(d)
第 3 条	①→②→③→④→⑥	$T_3=15$(d)
第 4 条	①→②→③→④→⑤→⑥	$T_4=13$(d)
第 5 条	①→②→③→⑤→⑥	$T_5=12$(d)
第 6 条	①→③→④→⑥	$T_6=16$(d)
第 7 条	①→③→④→⑤→⑥	$T_7=14$(d)
第 8 条	①→③→⑤→⑥	$T_8=13$(d)

2. 线路种类

在双代号网络图中,线路可分为关键线路和非关键线路两种。

(1)关键线路。在网络图中,线路时间总和最长的线路,称为关键线路。如图 3-12 第 6 条线路。关键线路具有以下性质：

①关键线路的线路时间代表整个网络图的计算总工期，并以 T_N 表示。

②关键线路上的工作，均为关键工作。

③关键工作均没有机动时间。

④在同一网络图中，关键线路可能同时存在多条，但至少应有一条。

⑤如果缩短某些关键工作持续时间，关键线路可能转化为非关键线路。

(2)非关键线路。在网络图中，除了关键线路之外，其余线路均称为非关键线路。如图3-12的其余7条线路。非关键线路具有以下性质：

①非关键线路的线路时间，只代表该条线路的计算工期。

②非关键线路上的工作，除了关键工作之外，其余均为非关键工作。

③非关键工作均有机动时间，可利用机动时间调整资源。

④在同一网络图中，除了关键线路之外，其余线路均为非关键线路。

⑤如果拖延了某些非关键工作的持续时间，非关键线路可能转化为关键线路。

二、双代号网络图绘制方法

网络图的绘制是网络计划方法应用的关键，要正确绘制网络图，必须正确反映网络计划中各工作之间的逻辑关系，并遵守绘图的基本规则。

(一)双代号网络图各种逻辑关系的正确表示方法

1.逻辑关系

逻辑关系，是指工作进行时客观上存在的一种相互制约或依赖的关系，也就是先后顺序关系。在表示工程施工计划的网络图中，根据施工工艺和施工组织的要求，应正确反映各项工作之间的相互依赖和相互制约的关系，这也是网络图与横道图的最大不同之点。各工作间的逻辑关系是否表示得正确，是网络图能否反映工程实际情况的关键。如果逻辑关系错了，网络图中各种时间参数的计算就会发生错误，关键线路和工程任务的计算工期跟着也将发生错误。

要画出一个正确的反映工程逻辑关系的网络图，首先就要搞清楚各项工作之间的逻辑关系，也就是要具体解决每项工作的下面三个问题：

①该工作必须在哪些工作之前进行？

②该工作必须在哪些工作之后进行？

③该工作可以与哪些工作平行进行？

逻辑关系可划分为两大类：一类是施工工艺的关系，称为工艺逻辑关系；另一类是组织上的关系，称为组织逻辑关系。

(1)工艺逻辑关系

工艺逻辑关系是由施工工艺所决定的各个施工过程之间客观上存在的先后顺序关系。对于一个具体的分部工程来说，当确定了施工方法以后，则该分部工程的各个施工过程的先后顺序一般是固定的，有些是绝对不能颠倒的。

(2)组织逻辑关系

组织逻辑关系是施工组织安排中，考虑劳动力、机具、材料或工期等影响，在各施工过程之间主观上安排的先后顺序关系。这种关系不受施工工艺的限制，不是工程性质本身决定的，而是在保证施工质量、安全和工期的前提下，可以人为安排的顺序关系。

2. 各种逻辑关系的正确表示方法

在网络图中，各工作之间在逻辑上的关系是变化多端的，表 3-1 所列的是网络图中常见的一些逻辑关系及其表示方法。表中的工作名称均以字母来表示。

网络图中常见的各种工作逻辑关系表示方法 表 3-1

<table>
<tr><th>序号</th><th>逻 辑 关 系</th><th>双代号表示方法</th><th>单代号表示方法</th></tr>
<tr><td>1</td><td>A 完成后进行 B，B 完成后进行 C</td><td>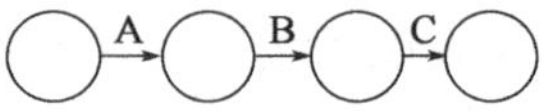
</td><td>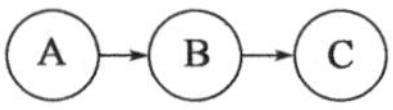
</td></tr>
<tr><td>2</td><td>A 完成后同时进行 B 和 C</td><td>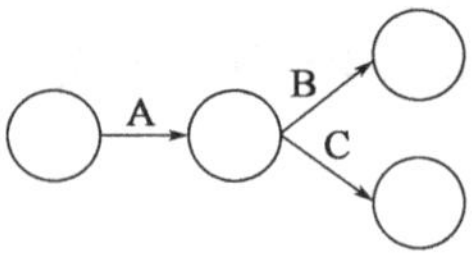
</td><td>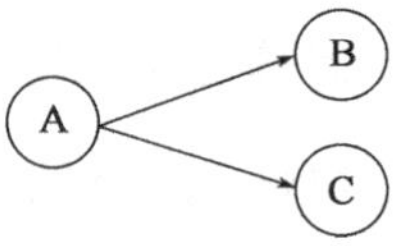
</td></tr>
<tr><td>3</td><td>A 和 B 都完成后进行 C</td><td>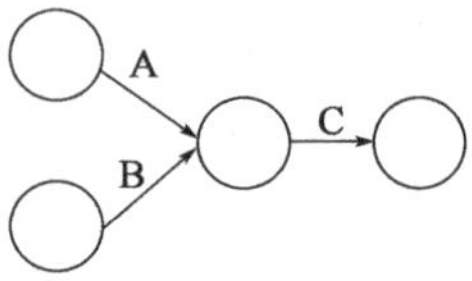
</td><td>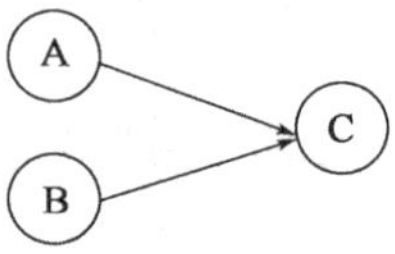
</td></tr>
<tr><td>4</td><td>A 和 B 都完成后同时进行 C、D</td><td>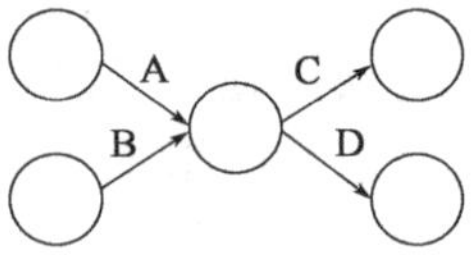
</td><td>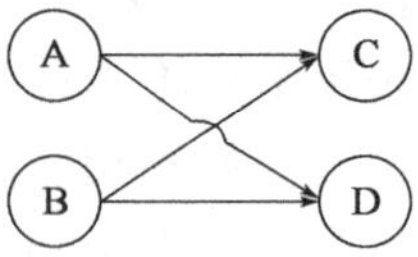
</td></tr>
<tr><td>5</td><td>A 完成后进行 C，A 和 B 都完成后进行 D</td><td>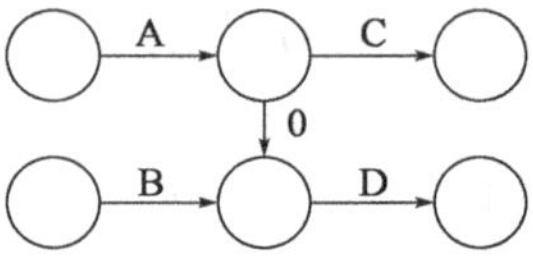
</td><td>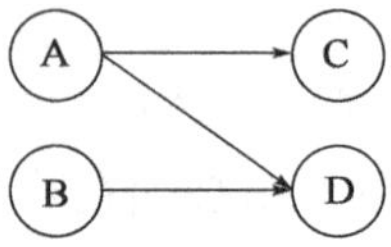
</td></tr>
<tr><td>6</td><td>A、B 都完成后进行 C，B、D 都完成后进行 E</td><td>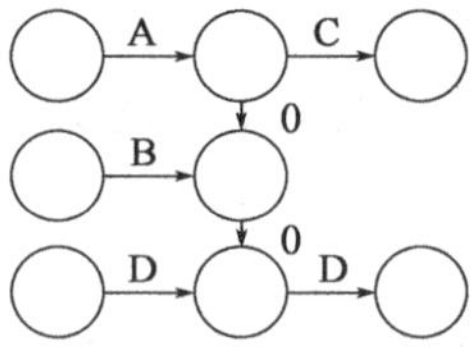
</td><td>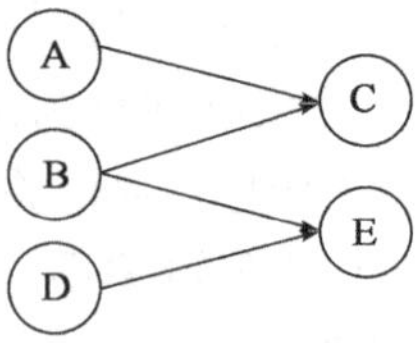
</td></tr>
<tr><td>7</td><td>A 完成后进行 C，A、B 都完成后进行 D，B 完成后进行 E</td><td>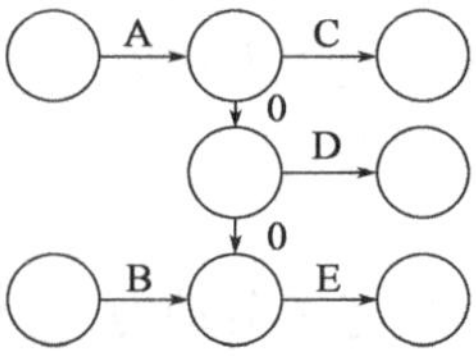
</td><td>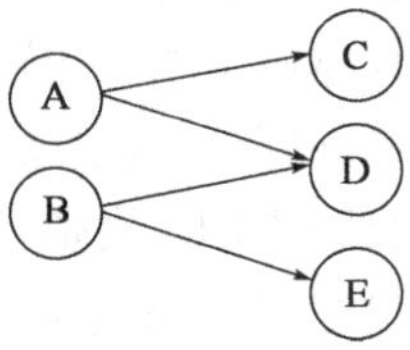
</td></tr>
</table>

续上表

序号	逻 辑 关 系	双代号表示方法	单代号表示方法
8	A、B 两项先后进行的工作，各分为三段进行。A_1 完成后进行 A_2、B_1。A_2 完成后进行 A_3、B_2。B_1 完成后进行 B_2。A_3、B_2 完成后进行 B_3	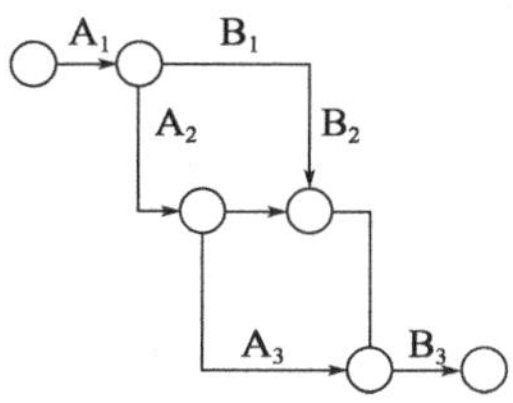	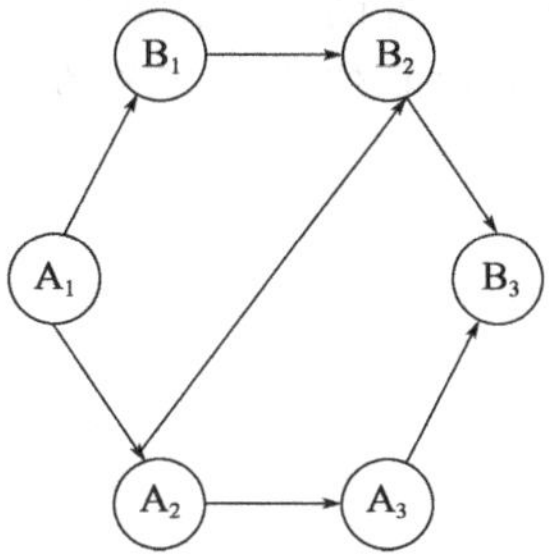

（二）绘制双代号网络图的基本规则

绘制双代号网络图时，要正确地表示各工作之间的逻辑关系和遵循有关绘图的基本规则。否则，就不能正确反映工程的工作流程和进行时间计算。绘制双代号网络图一般必须遵循以下基本规则：

（1）双代号网络图必须正确表达已定的逻辑关系。

绘制网络图之前，要正确确定工作顺序，明确各工作之间的衔接关系，根据工作的先后顺序逐步把代表各项工作的箭线连接起来，绘制成网络图。

（2）双代号网络图中，严禁出现循环网络。

在网络图中如果从一个节点出发顺着某一线路又能回到原出发点，这种线路称为循环回路。如图 3-13 中的②→③→⑤→②就是循环回路，它表示的逻辑关系是错误的，在工艺顺序上是相互矛盾的。

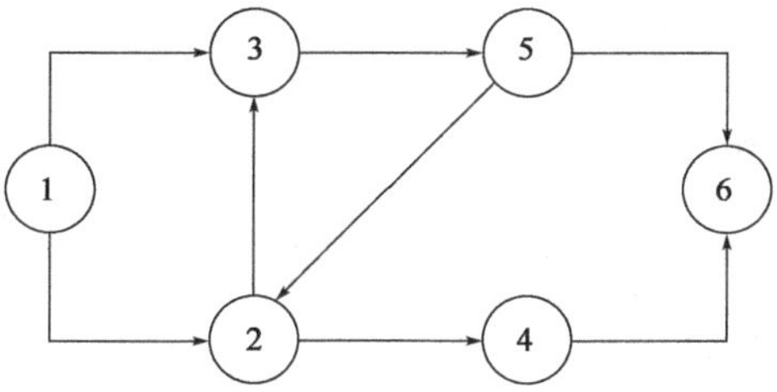

图 3-13 出现循环错误的网络图

（3）双代号网络图中，在节点之间严禁出现带双向箭头或无箭头的箭线。

用于表示工程计划的网络图是一种有序有向的网络图，沿着箭头指引的方向进行，因此一条箭线只有一个箭头，不允许出现方向矛盾的双箭头箭线和无方向的无箭头箭线，如图 3-14 中的 2-4 就是双箭头箭线。

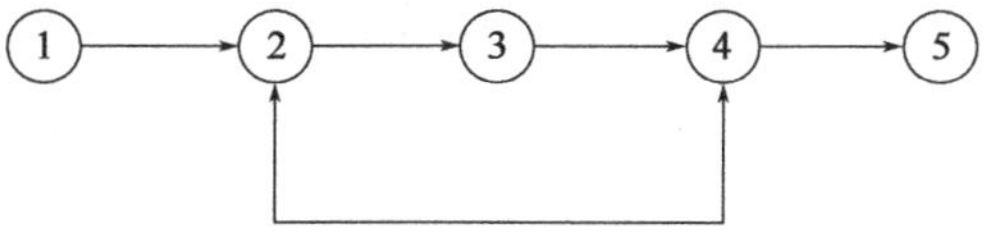

图 3-14 出现双向箭头箭线错误的网络图

(4)在双代号网络图中,严禁出现没有箭头节点或没有箭尾节点的箭线。

图3-15中,a)中出现了没有箭头节点的箭线;b)中出现了没有箭尾节点的箭线,都是不允许的。没有箭头节点的箭线,不能表示它所代表的工作在何处完成;没有箭尾节点的箭线,不能表示它所代表的工作在何时开始。

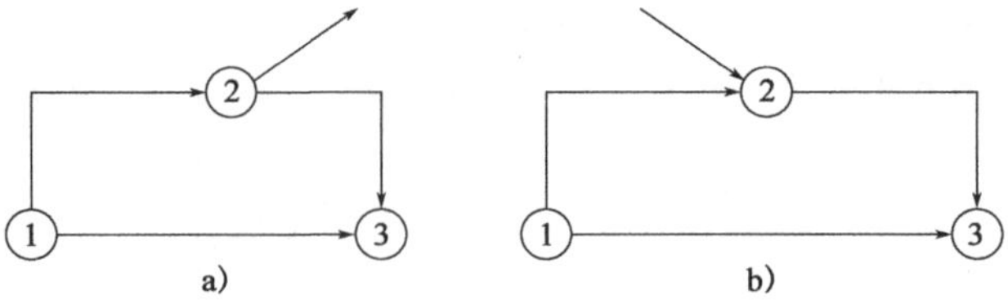

图3-15 没有箭头节点的箭线和没有箭尾节点的箭线的错误网络图

(5)当双代号网络图的某些节点有多条内向箭线或多条外向箭线时,在不违反"一项工作应只有唯一的一条箭线和相应的一对节点编号"的规定的前提下,可使用母线法绘图。

当箭线线型不同时,可在母线上引出的支线上标出。图3-16是母线的表示方法,a)是多条外向箭线用母线绘制的示意图;b)是多条内向箭线用母线绘制的示意图。

(6)绘制网络图时,箭线不宜交叉,当交叉不可避免时,可用过桥法或指向法。图3-17中,a)为过桥法,b)为指向法。

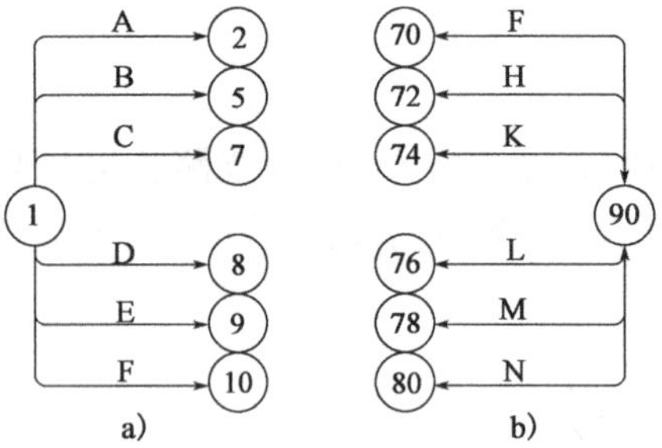

图3-16 母线的表示方法

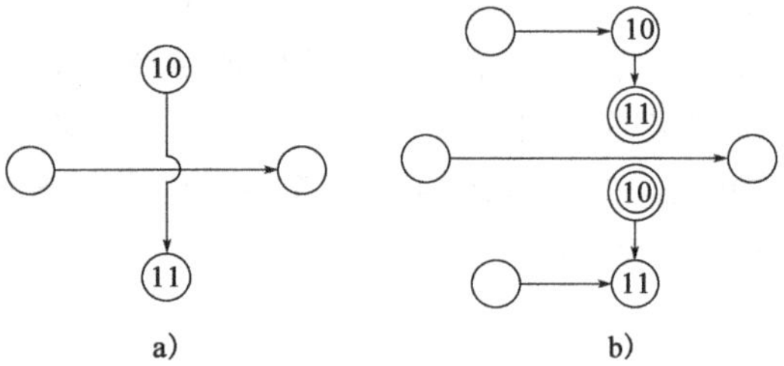

图3-17 箭线交叉时的处理

a)过桥法;b)指向法

(7)在双代号网络图中,应只有一个起点节点和一个终点节点(分期完成任务的网络图除外);而其他所有节点均应是中间节点。

如图3-18a)中出现①、②两个起点节点,⑧、⑨、⑩三个终点节点是错误的。该网络图正确的画法如图3-18b)所示,将①、②两个节点合并成一个起点节点,将⑧、⑨、⑩三个节点合并成一个终点节点。

(8)在双代号网络图中,不允许出现重复编号的箭线。

在网络图中一条箭线和其相关的节点只能代表一项工作,不允许代表多项工作。如图3-19a)中的A、B两项工作,其编号均是1-2,当我们说1-2工作时,究竟指A还是指B,不清楚,遇到这种情况,增加一个节点和一条虚箭线,如图3-19b)、c)都是正确的。

(三)绘图基本方法

1.网络图绘制技巧

(1)在保证网络图逻辑关系正确的前提下,要力求做到:图面布局合理,层次清晰和重点突出。

(2)关键工作及关键线路,均应以粗箭线或双箭线画出。

(3)密切相关的工作,要尽可能相邻布置,以便减少箭线交叉。如无法避免箭线交叉时,可采用过桥法或指向法表示。

(4)尽量采用水平箭线或折线箭线,尽量少采用倾斜箭线。

(5)为使图面清晰,应尽可能地减少不必要的虚工作。

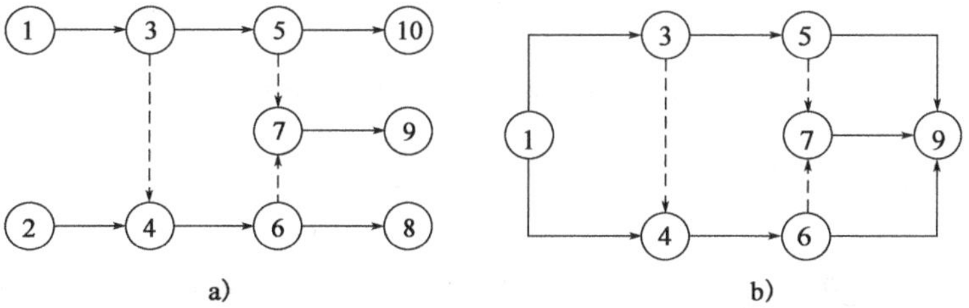

图 3-18 只允许有一个起点节点和终点节点

a)表达错误的网络图;b)表达正确的网络图

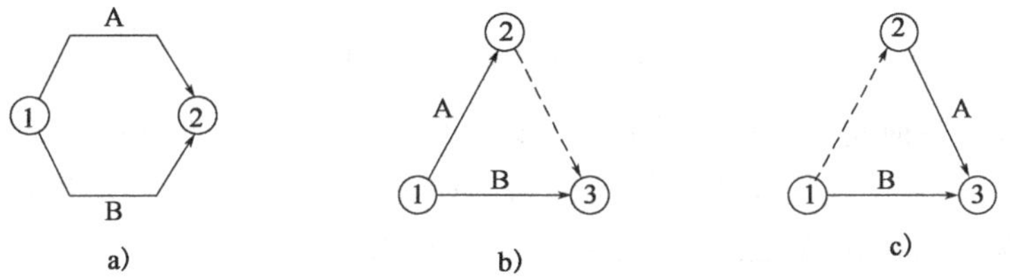

图 3-19 重复编号的工作示意图

a)错误;b)正确;c)正确

2. 判断网络图正确性的依据

(1)网络图必须符合工艺逻辑关系要求。

(2)网络图必须符合施工组织程序要求。

(3)网络图必须满足空间逻辑关系要求。

绘制网络图时,工艺逻辑关系和施工组织程序一般不会产生错误,但是对于不发生逻辑关系的工作就容易产生错误。遇到这种情况时,采用虚箭线在线路上隔断无逻辑关系的各项工作,这种方法称为“断路法”。

【例题 3-1】 某基础工程由挖地槽、砌基础和回填土 3 个分项工程组成。它在平面上划分为Ⅰ、Ⅱ、Ⅲ 3 个施工段,各分项工程在各个施工段上的持续时间依次为:6d、4d 和 2d。其双代号网络图如图 3-20 所示,试判断该网络图的正确性。

解 由图 3-20 可以看出:该网络图符合工艺逻辑关系和施工组织程序要求,但不满足空间逻辑关系要求。因为回填土Ⅰ不应该受挖地槽Ⅱ的控制,回填土Ⅱ也不应该受挖地槽Ⅲ的控制,这是空间逻辑关系表达错误。改正逻辑错误的方法,是在网络图的横(水平)方向,采用虚箭线将没有逻辑关系的某些工作隔断。图 3-20 经过“断路法”修正后,如图 3-21 所示。

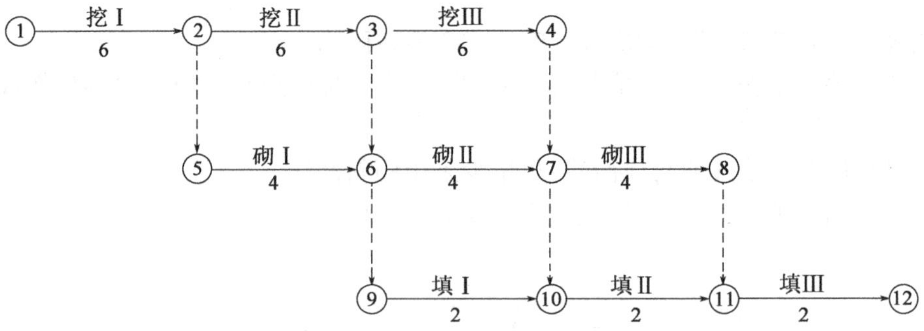

图 3-20　某基础工程双代号网络图

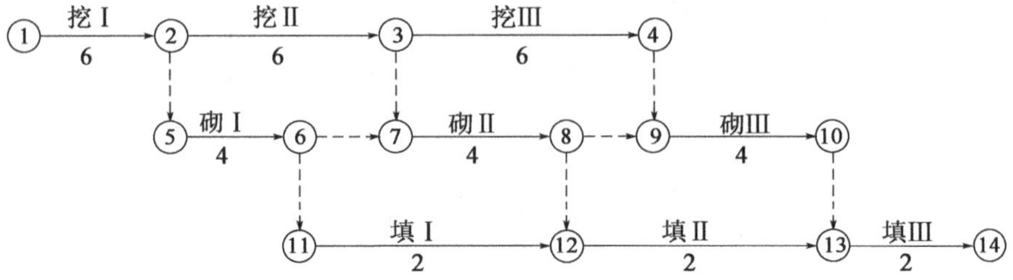

图 3-21　横向断路法示意图

断路法有两种:在横向(水平向)用虚箭线切断无逻辑关系的各项工作,称为“横向断路法”,如图 3-21 所示,它主要用于无时标的网络图中;在纵向(竖直向)用虚箭线切断无逻辑关系的各项工作,称为“纵向断路法”,它主要用于时标网络图中。

按照绘图技巧要求,图 3-21 中虚工作②→⑤、④→⑨、⑥→11 和⑩→13 为多余的,应该去掉,如图 3-22 所示。

3. 工程网络图的排列方法

(1)按工种排列法,它是将同一工种各项工作排列在同一水平方向上的方法。如图 3-22 所示。

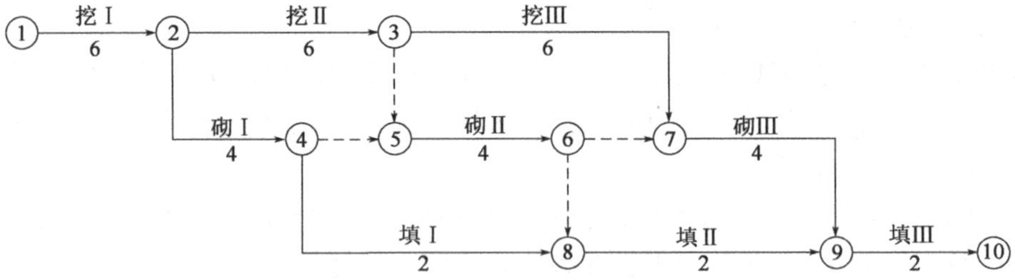

图 3-22　基础工程按工种排列法示意图

(2)按施工段排列法,它是将同一施工段各项工作排列在同一水平方向上的方法,如图 3-23所示。

(3)按施工层排列法,它是将同一施工层各项工作排列在同一水平方向上的方法,内装修工程常以楼层为施工层,如某三层房屋室内装修的网络图如图 3-24 所示。

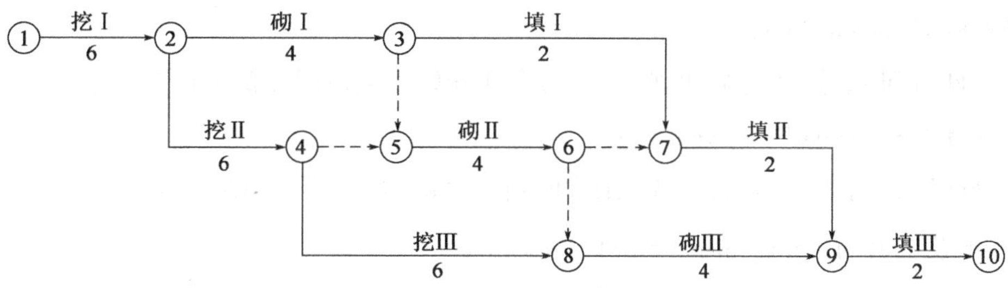

图 3-23　按施工段排列法示意图

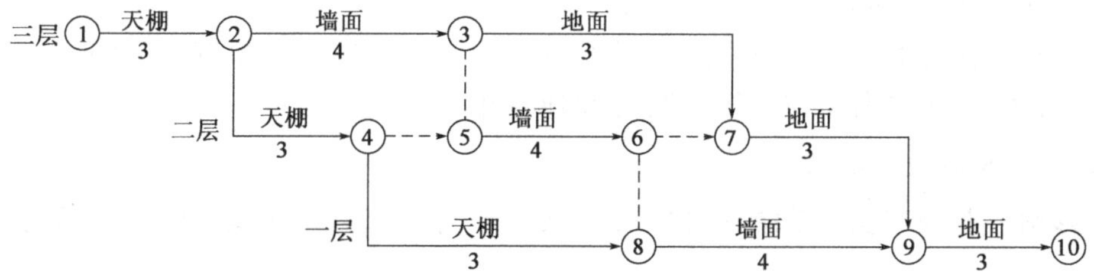

图 3-24　按施工层排列法示意图

(4)其他排列法,网络图其他排列法主要有按施工单位、施工项目和施工部位等。

三、双代号网络图时间参数计算

(一)时间参数概念

1. 时限(time limitation)

网络计划或其中的工作因外界因素影响而在时间安排上所受到的某种限制。

2. 工作持续时间(duration)

对一项工作规定的从开始到完成的时间,以符号 $D_{i\text{-}j}$(用于双代号网络计划,下同)和 D_i(用于单代号网络计划,下同)表示。

3. 工作的最早开始时间(earliest start time)

在紧前工作和有关时限的约束下,工作有可能开始的最早时刻,以符号 $ES_{i\text{-}j}$、ES_i 表示。

4. 工作的最早完成时间(earliest finish time)

在紧前工作和有关时限的约束下,工作有可能完成的最早时刻,以符号 $EF_{i\text{-}j}$、EF_i 表示。

5. 工作的最迟开始时间(latest start time)

在不影响任务按期完成和有关时限约束的条件下,工作最迟必须开始的时刻,以符号 $LS_{i\text{-}j}$、LS_i 表示。

6. 工作的最迟完成时间(latest finish time)

在不影响任务按期完成和有关时限约束的条件下,工作最迟必须完成的时刻,以符号 $LF_{i\text{-}j}$、LF_i 表示。

7. 事件(event)

双代号网络图中,工作开始或完成的时间点。

8. 节点时间(event time)

也称事件时间,双代号网络计划中,表明事件开始或完成时刻的时间参数。

9. 节点最早时间(earliest event time)

双代号网络计划中,该节点后各工作的最早开始时刻,以符号 ET_i 表示。

10. 节点最迟时间(latest event time)

双代号网络计划中,该节点前各工作的最迟完成时刻,以符号 LT_i 表示。

11. 时间间隔(time lag)

单代号网络计划中,一项工作的最早完成时间与其紧后工作最早开始时间可能存在的差值,以符号 $LAG_{i,j}$ 表示工作 i 与工作 j 之间的时间间隔。

12. 工作的总时差(total float)

在不影响工期和有关时限的前提下,一项工作可以利用的机动时间,以符号 $TF_{i\text{-}j}$、TF_i 表示。

13. 工作的自由时差(free float)

在不影响其紧后工作最早开始时间和有关时限的前提下,一项工作可以利用的机动时间,以符号 $FF_{i\text{-}j}$、FF_i 表示。

14. 相关时差(dependent float)

可以与紧后工作共同利用的机动时间,以符号 $DF_{i\text{-}j}$、DF_i 表示。

15. 线路时差(path float)

非关键线路中可以利用的自由时差总量。

16. 计算工期(calculated project duration)

根据网络计划时间参数计算出来的工期,以符号 T_c 表示。

17. 要求工期(specifical project duration)

任务委托人所要求的工期,以符号 T_r 表示。

18. 计划工期(planned project duration)

在要求工期和计算工期的基础上综合考虑需要和可能而确定的工期,以符号 T_p 表示。

(二)时间参数计算方法

通过网络计划时间参数的计算,可以为网络计划优化、执行与控制、监督与调整过程,提供明确的时间依据。时间参数的计算方法主要有:

1. 工作计算法

它是根据绘制的网络图以及各工作的开始时间、持续时间之间的相互关系,利用计算公式和程序计算网络计划时间参数的方法。

2. 节点计算法

它是根据绘制的网络图以及各节点的时间、工作持续时间之间的相互关系,利用计算公式和程序计算网络计划时间参数的方法。

3. 图上计算法

它是按照各项时间参数的计算公式及程序，直接在网络图上计算时间参数的方法。

4. 表上计算法

它是列出各项时间参数的计算表格，按照时间参数计算公式及程序，直接在表格上计算各项时间参数的方法。

5. 矩阵法

它是根据网络图事件的数目 n，列出 $n \times n$ 阶矩阵表，再按照各项时间参数计算公式及程序，直接在矩阵表上计算各项时间参数的方法。

6. 电算法

它是根据网络图的网络逻辑关系和数据，采用相应算法语言，编制网络计划相应电算程序，利用电子计算机进行各项时间参数计算和优化。

（三）时间参数标注形式

网络计划时间参数的计算应在确定各项工作持续时间之后进行。双代号网络计划中时间参数的基本内容和形式的标注应符合以下规定：

1. 按工作计算法时间参数的标注形式

按工作计算法时间参数的标注形式如图 3-25 和图 3-26 所示。

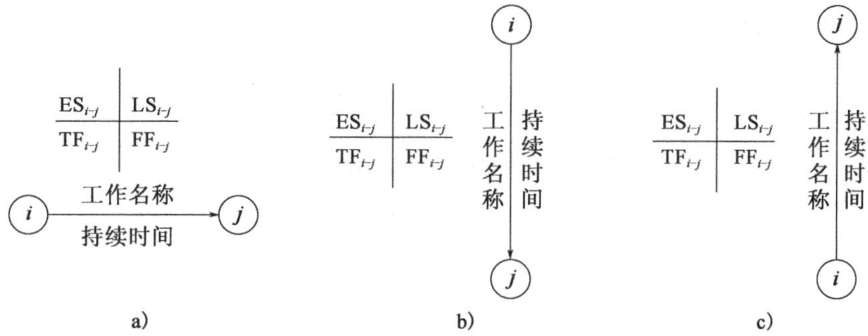

图 3-25 双代号网络计划时间参数标注形式（一）

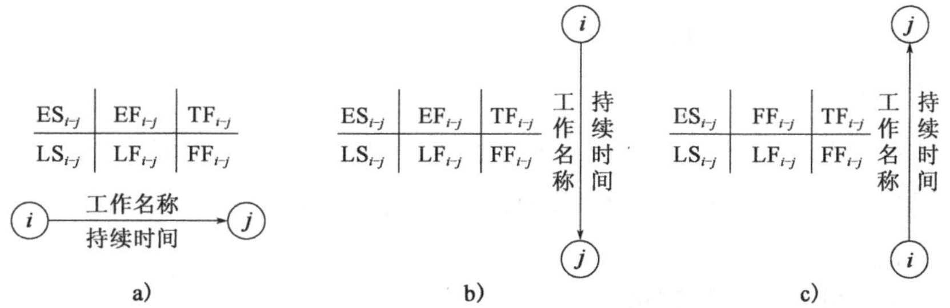

图 3-26 双代号网络计划时间参数标注形式（二）

2. 按节点计算法时间参数的标注形式

按节点计算法时间参数的标注形式如图 3-27 所示。

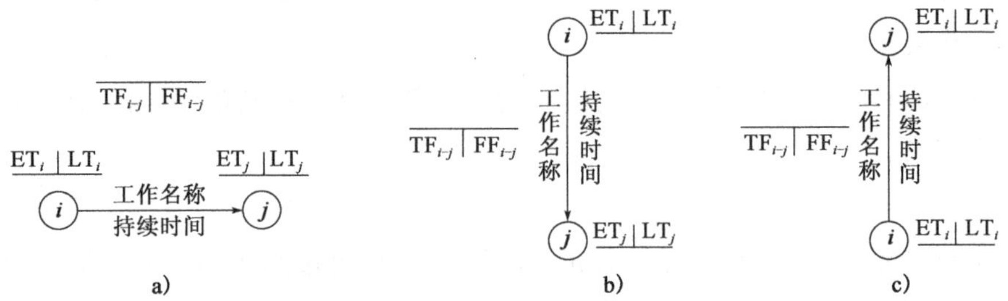

图 3-27　双代号网络计划时间参数标注形式(三)

(四)按工作计算法计算时间参数

1. 工作持续时间的计算

工作持续时间的计算方法有两种:一是定额计算法;二是经验估算法(三时估计法)。

(1)定额计算法。定额计算法的计算公式见式(3-1)。

$$D_{i-j} = \frac{Q_{i-j}}{RSb} \tag{3-1}$$

式中:D_{i-j}——i-j 工作持续时间;

Q_{i-j}——i-j 工作的工程量;

R——施工班组的人数;

S——劳动定额(产量定额);

b——工作班数。

(2)三时估计法。当工作持续时间不能用定额计算法计算时,便可采用三时估计法,其计算公式见式(3-2)。

$$D_{i-j} = \frac{a + 4c + b}{6} \tag{3-2}$$

式中:a——工作的乐观(最短)持续时间估计值;

b——工作的悲观(最长)持续时间估计值;

c——工作的最可能持续时间估计值。

虚工作必须视同工作进行计算,其持续时间为零。

2. 工作最早开始时间的计算

(1)计算规则。工作 i-j 的最早开始时间 ES_{i-j} 的计算应符合下列规定:

工作 i-j 的最早开始时间 ES_{i-j} 应从网络计划的起点节点开始,顺着箭线方向依次逐项计算,直至终点节点。

(2)计算方法。可按下列步骤进行:

①以起点节点 i 为箭尾节点的工作 i-j,当未规定其最早开始时间 ES_{i-j} 时,其值应等于零,即

$$ES_{i\text{-}j}=0(i=1) \tag{3-3}$$

②当工作 $i\text{-}j$ 只有一项紧前工作 $h\text{-}i$ 时，其最早开始时间 $ES_{i\text{-}j}$ 应为：

$$ES_{i\text{-}j}=ES_{h\text{-}i}+D_{h\text{-}i} \tag{3-4}$$

式中：$ES_{h\text{-}i}$——工作 $i\text{-}j$ 的紧前工作 $h\text{-}i$ 的最早开始时间；

$D_{h\text{-}i}$——工作 $i\text{-}j$ 的紧前工作 $h\text{-}i$ 的持续时间。

③当工作 $i\text{-}j$ 有多个紧前工作时，其最早开始时间 $ES_{i\text{-}j}$ 应为：

$$ES_{i\text{-}j}=\max\{ES_{h\text{-}i}+D_{h\text{-}i}\} \tag{3-5}$$

3. 工作最早完成时间的计算

工作 $i\text{-}j$ 的最早完成时间 $EF_{i\text{-}j}$ 的计算应按式(3-6)的规定进行计算：

$$EF_{i\text{-}j}=ES_{i\text{-}j}+D_{i\text{-}j} \tag{3-6}$$

4. 网络计划工期的计算

(1)网络计划的计算工期是指根据网络计划的时间参数计算得到的工期，它应按式(3-7)计算：

$$T_c=\max\{EF_{i\text{-}n}\} \tag{3-7}$$

式中：$EF_{i\text{-}n}$——以终点节点($j=n$)为箭头节点的工作 $i\text{-}n$ 的最早完成时间；

T_c——网络计划的计算工期。

(2)网络计划的计划工期是指按要求工期和计算工期确定的作为实施目标的工期。应按下述规定进行确定：

①当已规定了要求工期 T_r 时，则有：

$$T_p \leqslant T_r \tag{3-8}$$

②当未规定要求工期时，则有：

$$T_p=T_c \tag{3-9}$$

此工期标注在终点节点之右侧，并用方框框起来。

5. 工作最迟完成时间的计算

(1)计算规则。工作 $i\text{-}j$ 的最迟完成时间 $LF_{i\text{-}j}$ 应从网络计划的终点节点开始，逆着箭线方向依次逐项计算，直至起点节点。当部分工作分期完成时，有关工作必须从分期完成的节点开始逆着箭线方向逐项计算。

(2)计算方法。可按下列步骤进行：

①以终点节点($j=n$)为箭头节点的工作的最迟完成时间 $LF_{i\text{-}n}$ 应按网络计划的计划工期 T_p 确定，即

$$LF_{i\text{-}n}=T_p \tag{3-10}$$

以分期完成的节点为箭头节点的工作的最迟完成时间应等于分期完成的时刻。

②其他工作 $i\text{-}j$ 的最迟完成时间 $LF_{i\text{-}j}$ 应为其诸紧后工作最迟完成时间与该紧后工作的持续时间之差中的最小值，应按式(3-11)计算：

$$LF_{i\text{-}j}=\min\{LF_{j\text{-}k}-D_{j\text{-}k}\} \tag{3-11}$$

式中：$LF_{j\text{-}k}$——工作 $i\text{-}j$ 的各项紧后工作 $j\text{-}k$ 的最迟完成时间；

$D_{j\text{-}k}$——工作 $i\text{-}j$ 的各项紧后工作 $j\text{-}k$ 的持续时间。

6. 工作最迟开始时间的计算

工作 $i\text{-}j$ 的最迟开始时间 $LS_{i\text{-}j}$ 应按式(3-12)的规定计算，即

$$LS_{i\text{-}j} = LF_{i\text{-}j} - D_{i\text{-}j} \tag{3-12}$$

7. 工作总时差的计算

工作 $i\text{-}j$ 的总时差 $TF_{i\text{-}j}$ 是指在不影响总工期的前提下，本工作可以利用的机动时间。该时间应按式(3-13)和式(3-14)的规定计算，即

$$TF_{i\text{-}j} = LS_{i\text{-}j} - ES_{i\text{-}j} \tag{3-13}$$

$$TF_{i\text{-}j} = LF_{i\text{-}j} - EF_{i\text{-}j} \tag{3-14}$$

8. 工作自由时差的计算

工作 $i\text{-}j$ 的自由时差 $FF_{i\text{-}j}$ 是指在不影响其紧后工作最早开始时间的前提下，本工作可以利用的机动时间，工作 $i\text{-}j$ 的自由时差 $FF_{i\text{-}j}$ 的计算应符合下列规定：

(1)当工作 $i\text{-}j$ 有紧后工作 $j\text{-}k$ 时，其自由时差应为：

$$FF_{i\text{-}j} = ES_{j\text{-}k} - ES_{i\text{-}j} - D_{i\text{-}j} \tag{3-15}$$

或

$$FF_{i\text{-}j} = ES_{j\text{-}k} - EF_{i\text{-}j} \tag{3-16}$$

(2)终点节点($j = n$)为箭头节点的工作，其自由时差 $FF_{i\text{-}j}$ 应按网络计划的计划工期 T_p 确定，即

$$FF_{i\text{-}n} = T_p - ES_{i\text{-}n} - D_{i\text{-}n} \tag{3-17}$$

或

$$FF_{i\text{-}n} = T_p - EF_{i\text{-}n} \tag{3-18}$$

9. 关键工作和关键线路的确定

(1)关键工作的确定

网络计划中机动时间最少的工作称为关键工作，因此，网络计划中工作总时差最小的工作也就是关键工作。

①当计划工期等于计算工期时，“最小值”为 0，即总时差为零的工作就是关键工作。

②当计划工期小于计算工期时，“最小值”为负，即关键工作的总时差为负值，说明应制订更多措施以缩短计算工期。

③当计划工期大于计算工期时，“最小值”为正，即关键工作的总时差为正值，说明计划已留有余地，进度控制主动了。

(2)关键线路的确定

网络计划中自始至终全部由关键工作组成的线路称为关键线路。在肯定型网络计划中是指线路上工作总持续时间最长的线路。关键线路在网络图中宜用粗线、双线或彩色线标注。

①双代号网络计划关键线路的确定。从起点节点到终点节点观察，将关键工作连接起来形成的通路就是关键线路。

②单代号网络计划关键线路的确定。将相邻两项关键工作之间的间隔时间为 0 的关键工作连接起来而形成的自起点节点到终点节点的通路就是关键线路。

【例题 3-2】 按工作法计算图 3-28 所示的双代号网络计划各工作的时间参数，计算结果标注在图 3-28 上。

解 计算方法和步骤如下：

(1)计算各工作的最早开始时间

工作的最早开始时间应从网络图的起点节点开始的工作算起,顺着箭线方向依次逐项计算,直到以终点节点为结束节点的工作计算完毕为止。必须先计算其紧前工作,然后才能计算本工作。

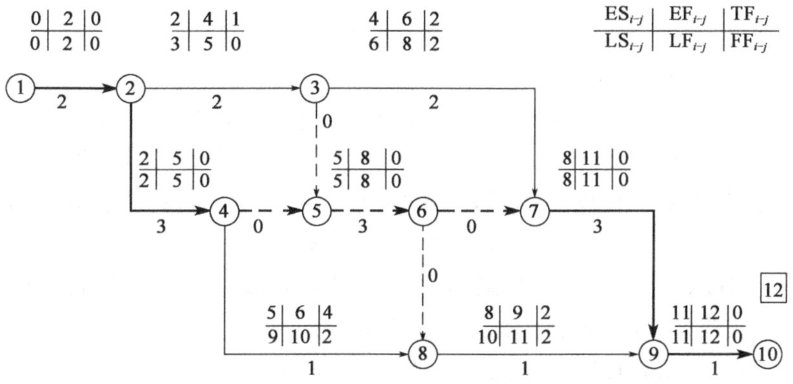

图 3-28 双代号网络计划按工作法计算示例

在图 3-28 中,以起点节点①为箭尾节点的工作 1-2,因为未规定其最早开始时间,按式(3-3)其值等于零,即

$$ES_{1\text{-}2}=0$$

其他工作 i-j 的最早开始时间按式(3-5)进行计算,因此得到:

$$ES_{2\text{-}3}=\max\{ES_{1\text{-}2}+D_{1\text{-}2}\}=0+2=2$$

$$ES_{2\text{-}4}=\max\{ES_{1\text{-}2}+D_{1\text{-}2}\}=0+2=2$$

$$ES_{3\text{-}7}=\max\{ES_{2\text{-}3}+D_{2\text{-}3}\}=2+2=4$$

$$ES_{5\text{-}6}=\max\{ES_{2\text{-}3}+D_{2\text{-}3},ES_{2\text{-}4}+D_{2\text{-}4}\}=\max\{2+2,2+3\}=5$$

$$ES_{4\text{-}8}=\max\{ES_{2\text{-}4}+D_{2\text{-}4}\}=2+3=5$$

$$ES_{8\text{-}9}=\max\{ES_{5\text{-}6}+D_{5\text{-}6},ES_{4\text{-}8}+D_{4\text{-}8}\}=\max\{5+3,5+1\}=8$$

$$ES_{7\text{-}9}=\max\{ES_{5\text{-}6}+D_{5\text{-}6},ES_{3\text{-}7}+D_{3\text{-}7}\}=\max\{5+3,4+2\}=8$$

$$ES_{9\text{-}10}=\max\{ES_{7\text{-}9}+D_{7\text{-}9},ES_{7\text{-}9}+D_{7\text{-}9}\}=\max\{8+3,8+1\}=11$$

(2)计算各工作的最早完成时间

工作 i-j 的最早完成时间 $EF_{i\text{-}j}$ 按式(3-6)进行计算,因此可得到:

$$EF_{1\text{-}2}=ES_{1\text{-}2}+D_{1\text{-}2}=0+2=2$$

$$EF_{2\text{-}3}=ES_{2\text{-}3}+D_{2\text{-}3}=2+2=4$$

$$EF_{2\text{-}4}=ES_{2\text{-}4}+D_{2\text{-}4}=2+3=5$$

$$EF_{3\text{-}7}=ES_{3\text{-}7}+D_{3\text{-}7}=4+2=6$$

$$EF_{5\text{-}6}=ES_{5\text{-}6}+D_{5\text{-}6}=5+3=8$$

$$EF_{4\text{-}8}=ES_{4\text{-}8}+D_{4\text{-}8}=5+1=6$$

$$EF_{8\text{-}9}=ES_{8\text{-}9}+D_{8\text{-}9}=8+1=9$$

$$EF_{7\text{-}9}=ES_{7\text{-}9}+D_{7\text{-}9}=8+3=11$$

$$EF_{9\text{-}10}=ES_{9\text{-}10}+D_{9\text{-}10}=11+1=12$$

(3)计算网络计划的工期

①网络计划的计算工期 T_c 的计算按式(3-7)进行,因此可得到:

$$T_c = \max\{FF_{9\text{-}10}\} = 12$$

②网络计划的计划工期 T_p,由于未规定要求工期 T_r,所以该网络计划的计划工期可按式(3-9)确定,即

$$T_p = T_c = 12$$

(4)工作最迟完成时间的计算

工作最迟完成时间应从网络图的终点节点开始,逆着箭线的方向,自右至左进行计算,直到以起点节点为开始节点的工作计算完毕为止。必须先计算紧后工作,然后才能计算本工作。以终点节点为箭头节点的工作的最迟开始时间应按式(3-10)进行计算,因此可得到:

$$LF_{i\text{-}n} = T_p = LF_{9\text{-}10} = 12$$

其他工作 i-j 的最迟完成时间是其诸紧后工作最迟完成时间与该紧后工作的持续时间之差的最小值,故应按式(3-11)进行计算,因此可得到:

$$LF_{7\text{-}9} = \min\{LF_{9\text{-}10} - D_{9\text{-}10}\} = \{12-1\} = 11$$
$$LF_{8\text{-}9} = \min\{LF_{9\text{-}10} - D_{9\text{-}10}\} = \{12-1\} = 11$$
$$LF_{3\text{-}7} = \min\{LF_{7\text{-}9} - D_{7\text{-}9}\} = \{11-3\} = 8$$
$$LF_{5\text{-}6} = \min\{LF_{7\text{-}9} - D_{7\text{-}9}, LF_{8\text{-}9} - D_{8\text{-}9}\} = \min\{11-3, 11-1\} = 8$$
$$LF_{4\text{-}8} = \min\{LF_{8\text{-}9} - D_{8\text{-}9}\} = \{11-1\} = 10$$
$$LF_{2\text{-}4} = \min\{LF_{5\text{-}6} - D_{5\text{-}6}, LF_{4\text{-}8} - D_{4\text{-}8}\} = \min\{8-3, 10-1\} = 5$$
$$LF_{2\text{-}3} = \min\{LF_{3\text{-}7} - D_{3\text{-}7}, LF_{5\text{-}6} - D_{5\text{-}6}\} = \min\{8-2, 8-3\} = 5$$
$$LF_{1\text{-}2} = \min\{LF_{2\text{-}3} - D_{2\text{-}3}, LF_{2\text{-}4} - D_{2\text{-}4}\} = \min\{5-2, 5-3\} = 2$$

(5)工作最迟开始时间的计算

工作 i-j 的最迟开始时间 $LS_{i\text{-}j}$是其最迟完成时间与其持续时间之差,可按式(3-12)计算,因此可得到:

$$LS_{1\text{-}2} = LF_{1\text{-}2} - D_{1\text{-}2} = 2-2 = 0$$
$$LS_{2\text{-}3} = LF_{2\text{-}3} - D_{2\text{-}3} = 5-2 = 3$$
$$LS_{2\text{-}4} = LF_{2\text{-}4} - D_{2\text{-}4} = 5-3 = 2$$
$$LS_{3\text{-}7} = LF_{3\text{-}7} - D_{3\text{-}7} = 8-2 = 6$$
$$LS_{4\text{-}8} = LF_{4\text{-}8} - D_{4\text{-}8} = 10-1 = 9$$
$$LS_{5\text{-}6} = LF_{5\text{-}6} - D_{5\text{-}6} = 8-3 = 5$$
$$LS_{7\text{-}9} = LF_{7\text{-}9} - D_{7\text{-}9} = 11-3 = 8$$
$$LS_{8\text{-}9} = LF_{8\text{-}9} - D_{8\text{-}9} = 11-1 = 10$$
$$LS_{9\text{-}10} = LF_{9\text{-}0} - D_{9\text{-}10} = 12-1 = 11$$

(6)工作总时差的计算

一项工作可以利用的机动时间要受其紧前紧后工作的约束。它的极限机动时间是从其最早开始时间到最迟完成时间这一时间段,从中扣除本身作业必须占用的时间之后,其余时间才可机动使用,因此由式(3-14)可算得:

$$TF_{1\text{-}2} = LF_{1\text{-}2} - EF_{1\text{-}2} = 2-2 = 0$$
$$TF_{2\text{-}3} = LF_{2\text{-}3} - EF_{2\text{-}3} = 5-4 = 1$$

$$TF_{2\text{-}4}=LF_{2\text{-}4}-EF_{2\text{-}4}=5-5=0$$
$$TF_{3\text{-}7}=LF_{3\text{-}7}-EF_{3\text{-}7}=8-6=2$$
$$TF_{4\text{-}8}=LF_{4\text{-}8}-EF_{4\text{-}8}=10-6=4$$
$$TF_{5\text{-}6}=LF_{5\text{-}6}-EF_{5\text{-}6}=8-8=0$$
$$TF_{7\text{-}9}=LF_{7\text{-}9}-EF_{7\text{-}9}=11-11=0$$
$$TF_{8\text{-}9}=LF_{8\text{-}9}-EF_{8\text{-}9}=11-9=2$$
$$TF_{9\text{-}10}=LF_{9\text{-}10}-EF_{9\text{-}10}=12-12=0$$

(7)工作自由时差的计算

根据自由时差的定义,其值应等于其紧后工作最早开始时间与本工作最早完成时间之差,故按式(3-16)和式(3-18)计算可得:

$$FF_{1\text{-}2}=ES_{2\text{-}3}-EF_{1\text{-}2}=2-2=0$$
$$FF_{2\text{-}3}=ES_{3\text{-}7}-EF_{2\text{-}3}=4-4=0$$
$$FF_{2\text{-}4}=ES_{4\text{-}8}-EF_{2\text{-}4}=5-5=0$$
$$FF_{3\text{-}7}=ES_{7\text{-}9}-EF_{3\text{-}7}=8-6=2$$
$$FF_{4\text{-}8}=ES_{8\text{-}9}-EF_{4\text{-}8}=8-6=2$$
$$FF_{5\text{-}6}=ES_{7\text{-}9}-EF_{5\text{-}6}=8-8=0$$
$$FF_{7\text{-}9}=ES_{9\text{-}0}-EF_{7\text{-}9}=11-11=0$$
$$FF_{8\text{-}9}=ES_{9\text{-}10}-EF_{8\text{-}9}=11-9=2$$
$$FF_{9\text{-}10}=T_p-EF_{9\text{-}10}=12-12=0$$

本例双代号网络计划按工作计算法计算的时间参数的结果,如图 3-28 所示。

(8)关键工作和关键线路的确定

①关键工作的确定。在本例中计划工期等于计算工期,即 $T_p=T_c$,因此,总时差为零的工作就是关键工作,即①→②、②→④、⑤→⑥、⑦→⑨、⑨→⑩为关键工作。

②关键线路的确定。网络计划中自始至终全部由关键工作组成的线路即为关键线路,本例中的关键线路为①→②→④→⑤→⑥→⑦→⑨→⑩,如图 3-28 中粗箭线所标注。

(五)按节点计算法计算时间参数

按节点法计算网络计划的时间参数也应在确定各项工作的持续时间之后进行,其计算方法同工作计算法。

1. 节点最早时间的计算

节点最早时间是指在双代号网络计划中,以该节点为开始节点的各项工作的最早开始时间。

(1)计算规则。节点 i 的最早时间 ET_i 应从网络计划的起点节点开始,顺着箭线方向,依次逐项计算直至终点节点为止。

(2)计算方法。可按下列规定和步骤进行计算:

①起点节点 i 如果未规定最早时间 ET_i 时,其值应等于零,即

$$ET_i=0 \qquad (i=1) \tag{3-19}$$

②当节点 j 只有一条内向箭线时,其最早时间 ET_j 为:

$$ET_j = ET_i + D_{i\text{-}j} \tag{3-20}$$

③当节点 j 有多条内向箭线时,其最早时间 ET_j 应为:

$$ET_j = \max\{ET_i + D_{i\text{-}j}\} \tag{3-21}$$

2. 确定网络计划的计划工期

(1)网络计划的计算工期。网络计划的计算工期可按式(3-22)计算:

$$T_c = ET_n \tag{3-22}$$

式中:ET_n——终点节点 n 的最早时间。

(2)网络计划的计划工期。网络计划的计划工期 T_p 的确定与工作计算法相同。

3. 节点最迟时间的计算

节点最迟时间,是指在双代号网络计划中,以该节点为完成节点的各项工作的最迟完成时间。

(1)计算规则。节点 i 的最迟时间 LT_i 应从网络计划的终点节点开始,逆着箭线方向依次逐项计算直至起点节点为止;当部分工作分期完成时,有关节点的最迟时间必须从分期完成节点开始逆着箭线方向逐项计算。

(2)计算方法。可按下列规定和步骤进行计算:

①终点节点 n 的最迟时间 LT_n 应按网络计划的计划工期 T_p 确定,即

$$LT_n = T_p \tag{3-23}$$

分期完成节点的最迟时间应等于该节点规定的分期完成时间。

②其他节点 i 的最迟时间 LT_i 应为:

$$LT_i = \min\{LT_j - D_{i\text{-}j}\} \tag{3-24}$$

式中:LT_j——工作 $i\text{-}j$ 的箭头节点 j 的最迟时间。

4. 工作时间参数的计算

(1)工作最早开始时间的计算。工作 $i\text{-}j$ 的最早开始时间 $ES_{i\text{-}j}$ 可按式(3-25)计算:

$$ES_{i\text{-}j} = ET_i \tag{3-25}$$

(2)工作最早完成时间的计算。工作 $i\text{-}j$ 的最早完成时间 $EF_{i\text{-}j}$ 可按式(3-26)计算:

$$EF_{i\text{-}j} = ET_i + D_{i\text{-}j} \tag{3-26}$$

(3)工作最迟完成时间的计算。工作 $i\text{-}j$ 的最迟完成时间 $LF_{i\text{-}j}$ 可按式(3-27)计算:

$$LF_{i\text{-}j} = LT_j \tag{3-27}$$

(4)工作最迟开始时间的计算。工作 $i\text{-}j$ 的最迟开始时间 $LS_{i\text{-}j}$ 可按式(3-28)计算:

$$LS_{i\text{-}j} = LT_j + D_{i\text{-}j} \tag{3-28}$$

(5)工作总时差的计算。工作 $i\text{-}j$ 的总时差 $TF_{i\text{-}j}$ 应按式(3-29)计算:

$$TF_{i\text{-}j} = LT_j - ET_i - D_{i\text{-}j} \tag{3-29}$$

(6)工作自由时差的计算。工作 $i\text{-}j$ 的自由时差 $FF_{i\text{-}j}$ 应按式(3-30)计算:

$$FF_{i\text{-}j} = ET_j - ET_i - D_{i\text{-}j} \tag{3-30}$$

5. 关键工作和关键线路的确定

关键工作和关键线路的确定方法与工作计算法相同。

【例题 3-3】 仍以图 3-28 双代号网络计划为例,试按节点计算法计算网络计划的时间

参数。

解 计算方法和步骤如下：

(1)节点最早时间的计算

节点的最早时间应从网络图的起点节点①开始，顺着箭线方向逐个计算。

由于该网络计划的起点节点的最早时间无规定，因此其值等于零，即

$$\mathrm{ET}_i = \mathrm{ET}_1 = 0$$

其他节点的最早时间 ET_j 按式(3-20)计算，因此得到：

$$\mathrm{ET}_2 = \max\{\mathrm{ET}_1 + D_{1\text{-}2}\} = 0 + 2 = 2$$

$$\mathrm{ET}_3 = \max\{\mathrm{ET}_2 + D_{2\text{-}3}\} = 2 + 2 = 4$$

$$\mathrm{ET}_4 = \max\{\mathrm{ET}_2 + D_{2\text{-}4}\} = 2 + 3 = 5$$

$$\mathrm{ET}_5 = \max\{\mathrm{ET}_3 + D_{3\text{-}5}, \mathrm{ET}_4 + D_{4\text{-}5}\} = \max\{4 + 0, 5 + 0\} = 5$$

$$\mathrm{ET}_6 = \max\{\mathrm{ET}_5 + D_{5\text{-}6}\} = 5 + 3 = 8$$

$$\mathrm{ET}_7 = \max\{\mathrm{ET}_3 + D_{3\text{-}7}, \mathrm{ET}_6 + D_{6\text{-}7}\} = \max\{4 + 2, 8 + 0\} = 8$$

$$\mathrm{ET}_8 = \max\{\mathrm{ET}_4 + D_{4\text{-}8}, \mathrm{ET}_6 + D_{6\text{-}8}\} = \max\{5 + 1, 8 + 0\} = 8$$

$$\mathrm{ET}_9 = \max\{\mathrm{ET}_7 + D_{7\text{-}9}, \mathrm{ET}_8 + D_{8\text{-}9}\} = \max\{8 + 3, 8 + 1\} = 11$$

$$\mathrm{ET}_{10} = \max\{\mathrm{ET}_9 + D_{9\text{-}10}\} = 11 + 1 = 12$$

(2)网络计划的计划工期

网络计划的计算工期 T_c 应按式(3-22)确定。

由于该计划没有规定工期 T_r，故计算工期就是计划工期，即

$$T_p = T_c = \mathrm{ET}_{10} = 12$$

(3)节点最迟时间的计算

节点 i 的最迟时间 LT_i 应从网络图的终点节点开始，逆着箭线的方向依次逐项计算直至起点节点。终点节点的最迟时间按式(3-23)计算，本计划的终点节点⑩的最迟时间是：

$$\mathrm{LT}_{10} = 12$$

其他节点的最迟时间按式(3-24)计算，由此可得到：

$$\mathrm{LT}_9 = \min\{\mathrm{LT}_{10} - D_{9\text{-}10}\} = 12 - 1 = 11$$

$$\mathrm{LT}_8 = \min\{\mathrm{LT}_9 - D_{8\text{-}9}\} = 11 - 1 = 10$$

$$\mathrm{LT}_7 = \min\{\mathrm{LT}_9 - D_{7\text{-}9}\} = 11 - 3 = 8$$

$$\mathrm{LT}_6 = \min\{\mathrm{LT}_7 - D_{6\text{-}7}, \mathrm{LT}_8 - D_{6\text{-}8}\} = \min\{8 - 0, 10 - 0\} = 8$$

$$\mathrm{LT}_5 = \min\{\mathrm{LT}_6 - D_{5\text{-}6}\} = 8 - 3 = 5$$

$$\mathrm{LT}_4 = \min\{\mathrm{LT}_8 - D_{4\text{-}8}, \mathrm{LT}_5 - D_{4\text{-}5}\} = \min\{10 - 1, 5 - 0\} = 5$$

$$\mathrm{LT}_3 = \min\{\mathrm{LT}_7 - D_{3\text{-}7}, \mathrm{LT}_5 - D_{3\text{-}5}\} = \min\{8 - 2, 5 - 0\} = 5$$

$$\mathrm{LT}_2 = \min\{\mathrm{LT}_4 - D_{2\text{-}4}, \mathrm{LT}_3 - D_{2\text{-}3}\} = \min\{5 - 3, 5 - 2\} = 2$$

$$\mathrm{LT}_1 = \min\{\mathrm{LT}_2 - D_{1\text{-}2}\} = 2 - 2 = 0$$

将以上算得的节点时间填在图的相应位置，如图 3-29 所示。

(4)工作最早开始时间的计算

每项工作的最早开始时间，实际上就是其箭尾节点的最早时间，可按式(3-25)计算，即

$$\mathrm{ES}_{1\text{-}2} = \mathrm{ET}_1 = 0$$

$$\mathrm{ES}_{2\text{-}3} = \mathrm{ET}_2 = 2$$

$$ES_{2\text{-}4}=ET_2=2$$
$$ES_{3\text{-}7}=ET_3=4$$
$$ES_{4\text{-}8}=ET_4=5$$
$$ES_{5\text{-}6}=ET_5=5$$
$$ES_{7\text{-}9}=ET_7=8$$
$$ES_{8\text{-}9}=ET_8=8$$
$$ES_{9\text{-}10}=ET_9=11$$

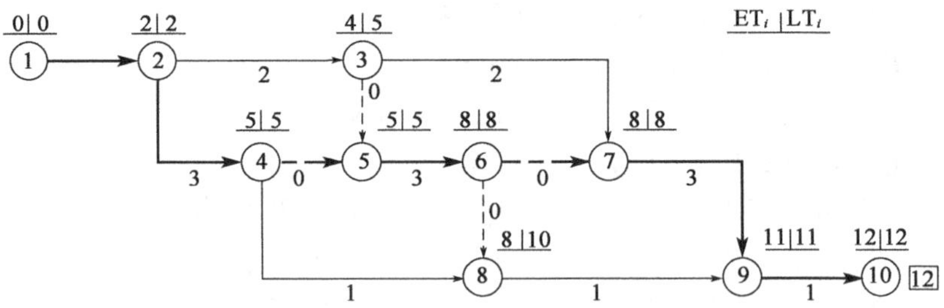

图 3-29　双代号网络计划按节点计算法计算时间参数的计算结果

(5)工作最早完成时间的计算

工作最早完成时间可按式(3-26)计算,由此可得到:

$$EF_{1\text{-}2}=ET_1+D_{1\text{-}2}=0+2=2$$
$$EF_{2\text{-}3}=ET_2+D_{2\text{-}3}=2+2=4$$
$$EF_{2\text{-}4}=ET_2+D_{2\text{-}4}=2+3=5$$
$$EF_{3\text{-}7}=ET_3+D_{3\text{-}7}=4+2=6$$
$$EF_{4\text{-}8}=ET_4+D_{4\text{-}8}=5+1=6$$
$$EF_{5\text{-}6}=ET_5+D_{5\text{-}6}=5+3=8$$
$$EF_{7\text{-}9}=ET_7+D_{7\text{-}9}=8+3=11$$
$$EF_{8\text{-}9}=ET_8+D_{8\text{-}9}=8+1=9$$
$$EF_{9\text{-}10}=ET_9+D_{9\text{-}10}=11+1=12$$

(6)工作最迟完成时间的计算

工作最迟完成时间可用式(3-27)进行计算,由此可得到:

$$LF_{9\text{-}10}=LT_{10}=12$$
$$LF_{8\text{-}9}=LT_9=11$$
$$LF_{7\text{-}9}=LT_9=11$$
$$LF_{5\text{-}6}=LT_6=8$$
$$LF_{4\text{-}8}=LT_8=10$$
$$LF_{3\text{-}7}=LT_7=8$$
$$LF_{2\text{-}4}=LT_4=5$$
$$LF_{2\text{-}3}=LT_3=5$$
$$LF_{1\text{-}2}=LT_2=2$$

(7)工作最迟开始时间的计算

工作最迟开始时间可按式(3-28)计算,由此可得到:

$$LS_{9\text{-}10} = LT_{10} - D_{9\text{-}10} = 12 - 1 = 11$$
$$LS_{8\text{-}9} = LT_9 - D_{8\text{-}9} = 11 - 1 = 10$$
$$LS_{7\text{-}9} = LT_9 - D_{7\text{-}9} = 11 - 3 = 8$$
$$LS_{5\text{-}6} = LT_6 - D_{5\text{-}6} = 8 - 3 = 5$$
$$LS_{4\text{-}8} = LT_8 - D_{4\text{-}8} = 10 - 1 = 9$$
$$LS_{3\text{-}7} = LT_7 - D_{3\text{-}7} = 8 - 2 = 6$$
$$LS_{2\text{-}4} = LT_4 - D_{2\text{-}4} = 5 - 3 = 2$$
$$LS_{2\text{-}3} = LT_3 - D_{2\text{-}3} = 5 - 2 = 3$$
$$LS_{1\text{-}2} = LT_2 - D_{1\text{-}2} = 2 - 2 = 0$$

(8)工作总时差的计算

工作总时差可按式(3-29)进行计算,由此可得到:

$$TF_{1\text{-}2} = LT_2 - ET_1 - D_{1\text{-}2} = 2 - 0 - 2 = 0$$
$$TF_{2\text{-}3} = LT_3 - ET_2 - D_{2\text{-}3} = 5 - 2 - 2 = 1$$
$$TF_{5\text{-}6} = LT_6 - ET_5 - D_{5\text{-}6} = 8 - 5 - 3 = 0$$

……

(9)工作自由时差的计算

工作自由时差可按式(3-30)进行计算,由此可得到:

$$FF_{1\text{-}2} = ET_2 - ET_1 - D_{1\text{-}2} = 2 - 0 - 2 = 0$$
$$FF_{2\text{-}3} = ET_3 - ET_2 - D_{2\text{-}3} = 4 - 2 - 2 = 0$$
$$FF_{2\text{-}4} = ET_4 - ET_2 - D_{2\text{-}4} = 5 - 2 - 3 = 0$$

……

(六)图上计算法

图上计算法是一种比较简便快捷的方法,优点是直观、便于检查和校核,常为工程技术人员所采用。

1. 图上计算法图例

(1)各工作的最早开始时间 ES、最早完成时间 EF 和持续时间 D 按图 3-30a)的位置及画法标在箭线的上方。

(2)各工作的最迟开始时间 LS、最迟完成时间 LF 和总时差 TF 按图 3-30b)的位置及画法标在箭线的下方。

(3)各节点的最早时间 ET 及最迟时间 LT 按图 3-30c)的位置及画法标在各节点的上方。

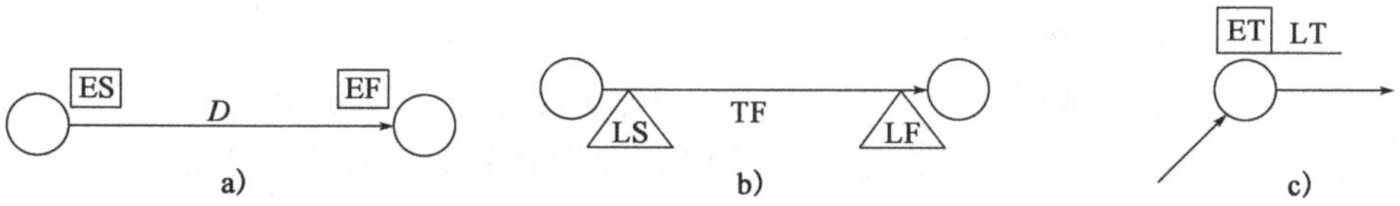

图 3-30 图上计算法时间参数的标注方法

2. 计算步骤与方法

下面举例说明图上计算法计算网络计划时间参数的步骤与方法。

【例题 3-4】 试用图上计算法计算图 3-31 所示的网络计划的时间参数。

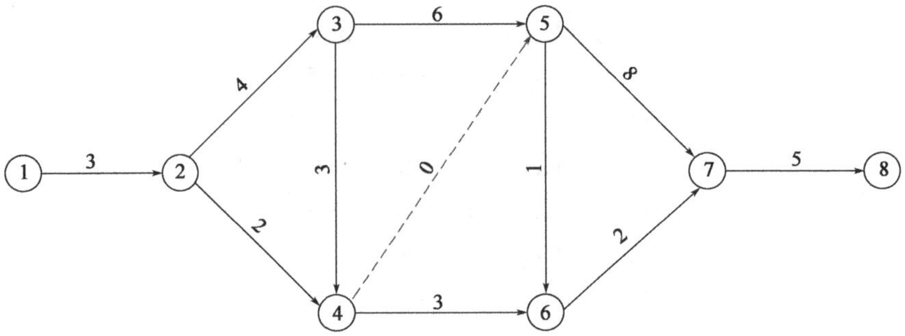

图 3-31　网络计划图

解　(1)计算各工作的最早开始时间 ES 及最早完成时间 EF

①起始箭线①-②的 ES =0,D =3,由式(3-31),得

$$EF = ES + D \tag{3-31}$$

得　$$EF = 0 + 3 = 3$$

将 ES、D、EF 的数值按图例标在①→②箭线的上方,其余工作的 EF 均按同理计算,并将所得数值按同样的图例标在相应箭线的上方,如图 3-32 所示。

②计算紧后工作的 ES 即紧前工作的 EF。

例如节点③:紧后工作③→⑤及③→④的 ES 即为其紧前工作②→③的 EF,即

$$ES_{3\text{-}5} = ES_{3\text{-}4} = EF_{2\text{-}3}$$

③当该节点有若干个紧前工作时,则取各工作 EF 中的最大值,即取 maxEF 作为该节点所有紧后工作的 ES。

例如节点④:其紧前工作的 $EF_{2\text{-}4}=5$,$EF_{3\text{-}4}=10$,则其紧后工作的 $ES_{4\text{-}5}=ES_{4\text{-}6}=\max\{EF_{2\text{-}4},EF_{3\text{-}4}\}=\max\{5,10\}=10$。

依此类推,该网络计划终点的 EF =26d,即该网络计划的总工期。

(2)计算各工作的最迟开始时间 LS 及最迟完成时间 LF

①工作的最迟时间是从网络图的终点倒退计算。终点箭线的 LF 就是网络计划的总工期,在图 3-32 中为 26d,也就是最后工作的 LF。对终点箭线来说 EF 与 LF 相同。从图 3-32 可以看出,工作⑦→⑧的 EF = LF =26。

②计算出工作的最迟完成时间 LF 后,再按式(3-32)计算出工作的最迟开始时间 LS,即

$$LS = LF - D \tag{3-32}$$

如工作⑦→⑧的 LS =26 -3 =21,其余工作 LS 均按同理计算,并将所得数值按同样的图例标在相应箭线的上方,如图 3-32 所示。

③紧前工作的最迟完成时间 LF,即为紧后工作的最迟开始时间 LS。

例如节点⑦:其紧前工作⑤→⑦、⑥→⑦的 LF 即为其紧后工作⑦→⑧的 LS,即

$$LF_{5\text{-}7} = LF_{6\text{-}7} = LS_{7\text{-}8} = 21$$

④当该节点有若干个紧后工作时,则取各紧后工作 LS 中的最小值,即取 min{LS} 作为该

节点所有紧前工作的 LF。

例如节点⑤:其紧后工作的 $LS_{5\text{-}7}=13$,$LS_{5\text{-}6}=18$,则其紧前工作 LF 得:

$$LF_{3\text{-}5}=LF_{4\text{-}5}=\min\{LS_{5\text{-}7},LS_{5\text{-}6}\}=\min\{13,18\}=13$$

按以上方法依次算出各箭线的 LS 和 LF,将所得数值按图例标在相应箭线的下方。

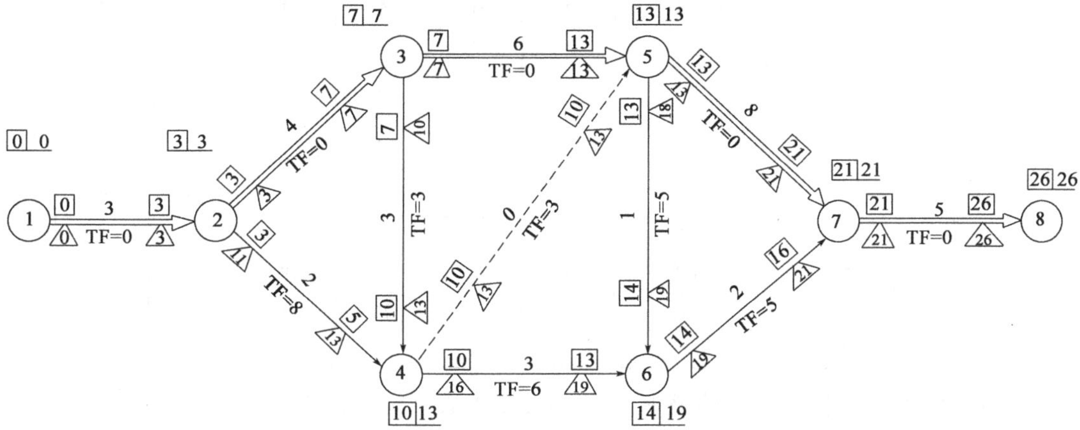

图 3-32　图上计算法计算的网络计划时间参数

(3)计算各节点的最早时间 ET 及最迟时间 LT

①该节点的 ET 等于紧后工作的 ES。

例如节点④:$ET_4=ES_{4\text{-}5}=ES_{4\text{-}6}=10$。

②该节点的 LT 等于紧前工作的 LF。

例如节点④:$LT_4=LF_{3\text{-}4}=LF_{2\text{-}4}=13$。

各节点的 ET 及 LT 均按同理计算,将算出的各数值按图例标注于图 3-32 中。

(4)计算总时差 TF

各工作之间的总时差按式(3-33)计算,即

$$TF=LS-ES=LF-EF \tag{3-33}$$

例如工作④→⑥:$TF=16-10=6$ 或 $TF=19-13=6$。

将算出的各工作总时差,按图例标在相应箭线的下方。总时差为零的工作相连即为关键线路,在图 3-32 中用双线表示。

(七)表上计算法

为了保持网络图的清晰和计算数据条理化,通常还可采用表格进行网络计划时间参数的计算。现以上例的网络计划来说明表上计算法的方法与步骤,见表 3-2。

(1)将节点编号、工作代号及工作持续时间分别填入表中的 1、4、5 栏内。

(2)自上而下计算各个节点的最早时间 ET_i,填入表格第 2 栏内。

①设起点节点的最早时间为零,即 $ET_i=0$。

②其余各节点的最早时间为:$ET_j=\max\{ET_i+D_{i\text{-}j}\}$。

例如节点④:$ET_4=\max\{ET_2+D_{2\text{-}4},ET_3+D_{3\text{-}4}\}=\max\{3+4,7+3\}=10$

其他各节点的计算结果见表中第 2 栏。

网络计划时间参数表上计算法示例　　表 3-2

节点	ET_i	LT_i	工作	D_{i-j}	ES_{i-j}	EF_{i-j}	LS_{i-j}	LF_{i-j}	TF_{i-j}	FF_{i-j}
(1)	(2)	(3)	(4)	(5)	(6)	(7)	(8)	(9)	(10)	(11)
1	0	0	①→②	3	0	3	0	3	0	0
2	3	3	②→③	4	3	7	3	7	0	0
			②→④	2	3	5	11	13	8	5
3	7	7	③→④	3	7	10	10	13	3	0
			③→⑤	6	7	13	7	13	0	0
4	10	13	④→⑤	0	10	10	13	13	3	3
			④→⑥	3	10	13	16	19	6	1
5	13	13	⑤→⑥	1	13	14	18	19	5	0
			⑤→⑦	8	13	21	13	21	0	0
6	14	19	⑥→⑦	2	14	16	19	21	5	0
7	21	21	⑦→⑧	5	21	26	21	26	0	0
8	26	26								

(3)自下而上计算各个节点的最迟时间 LT_i，填入表格第 3 栏内。

①终点节点的最迟时间等于其最早时间，即：$LT_n = ET_n = LT_8 = ET_8 = 26$。

②其余各个节点的最迟时间为：$LT_i = \min\{LT_j - D_{i-j}\}$。

例如节点④：$LT_4 = \min\{LT_5 - D_{4-5}, LT_6 - D_{4-6}\} = \min\{13 - 0, 19 - 2\} = 13$

其他各节点的计算结果见表中第 3 栏。

(4)计算各工作的最早开始时间 ES_{i-j} 和最早完成时间 EF_{i-j}，填入表中第 6、7 栏内。

①工作 i-j 的最早开始时间等于其开始节点的最早时间，即：$ES_{i-j} = ET_i$。可以从第 2 栏相应的节点中查出。例如 $ES_{5-6} = ET_5 = 13$。

②工作 i-j 的最早完成时间等于其工作最早开始时间加上工作的持续时间，即

$EF_{i-j} = ES_{i-j} + D_{i-j}$。也就是(7) = (5) + (6)。例如 $EF_{5-6} = ES_{5-6} + D_{5-6} = 13 + 1 = 14$。

(5)计算各工作的最迟开始时间 LS_{i-j} 和最迟完成时间 LF_{i-j}，填入表中第 8、9 栏内。

①工作 i-j 的最迟完成时间等于其结束节点的最迟时间，即：$LF_{i-j} = LT_j$。可以从第 3 栏相应的节点中查出。例如 $LF_{5-6} = LT_6 = 19$。

②工作 i-j 的最迟开始时间等于其工作最迟完成时间减去工作的持续时间，即：$LS_{i-j} = LF_{i-j} - D_{i-j}$。也就是(8) = (9) − (5)。例如 $LS_{5-6} = LF_{5-6} - D_{5-6} = 19 - 1 = 18$。

(6)计算各工作的总时差 TF_{i-j}，填入第 10 栏内。

工作 i-j 的总时差等于其最迟开始时间减去最早开始时间，或工作的最迟完成时间减去最早完成时间，即：$TF_{i-j} = LS_{i-j} - ES_{i-j} = LF_{i-j} - EF_{i-j}$。也就是(10) = (8) − (6) = (9) − (7)。例如 $TF_{5-6} = LS_{5-6} - ES_{5-6} = 18 - 13 = 5$。

其余各工作的总时差的计算结果见表中第 10 栏。

(7)计算各工作的自由时差 FF_{i-j}，填入第 11 栏内。

工作 i-j 的自由时差等于其紧后工作的最早开始时间减去该工作的最早完成时间，即 $FF_{i-j} = ES_{j-k} - EF_{i-j}$。例如 $FF_{5-6} = ES_{6-7} - EF_{5-6} = 14 - 14 = 0$。

其余各工作的自由时差的计算结果见表中第 11 栏。

总时差为零的工作相连，即为关键线路，本例的关键线路是①→②→③→⑤→⑦→⑧。

第三节　单代号网络计划

单代号网络计划是用单代号网络图加注工作持续时间而形成的网络计划(图 3-33)。与双代号网络计划相比,具有以下特点:

(1)它使用的是单代号网络图,该网络图以节点及其编号表示工作,以箭线表示工作之间的逻辑关系。

(2)由于单代号网络图中没有虚箭线,故编制单代号网络计划产生逻辑错误的概率较小。

(3)由于工作的持续时间标注在节点内,没有长度,故不够形象,也不便于绘制时标网络计划,更不能据图优化。

(4)表示工作之间逻辑关系的箭线可能产生较多的纵横交叉现象。

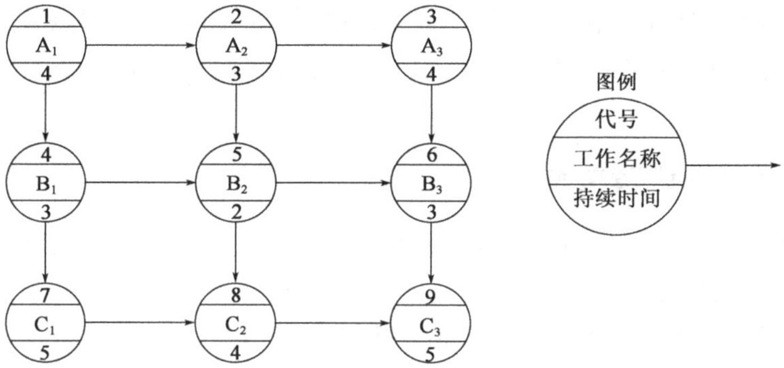

图 3-33　单代号网络图

一、单代号网络图的构成

单代号网络图是以节点及其编号表示工作,以箭线表示工作之间的逻辑关系,如图 3-34 所示。它由节点、箭线和线路构成。

(一)节点

单代号网络图的节点表示工作,可以用圆圈表示,也可以用方框或其他图形表示。用圆圈表示的节点内,应标注代号(以数字表示)、工作名称和工作持续时间;用方框表示的节点内除标注以上 3 项外,还可以标注经计算得到的时间参数。图 3-34 是单代号网络图节点示例。

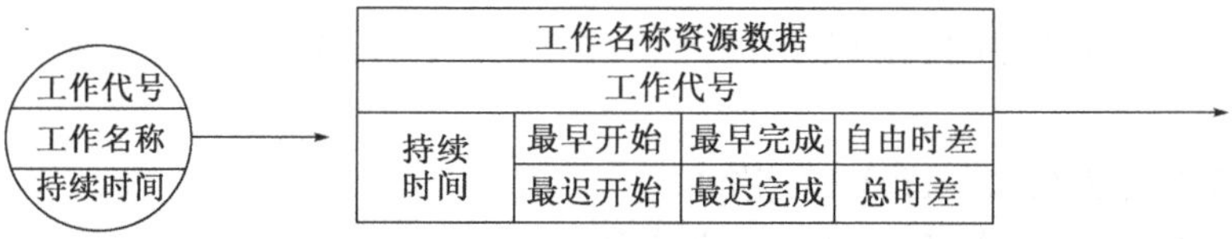

图 3-34　单代号网络图中节点表示方法

节点必须编号,此编号即该工作的代号,由于代号只有一个,故称“单代号”。节点编号标注在节点内,可连续编号,也可间断编号,但严禁重复编号。一项工作必须有唯一的一个节点和唯一的一个编号。

(二)箭线

单代号网络图以箭线表示相邻工作之间的逻辑关系,箭线的形状和方向可根据绘图的需要而定,如图3-33所示。箭线应画成水平直线、折线或斜线,箭线水平投影的方向应自左向右,表示工作的进行方向。

箭线的箭尾节点编号应小于箭头节点的编号。单代号网络图中不设虚箭线。

单代号网络图中一项工作的完整表示方法如图3-34所示,即节点表示工作本身,其后的箭线指向其紧后工作。

(三)线路

与双代号网络图中线路的含义相同,单代号网络图的线路是指从起点节点至终点节点,沿箭线方向顺序经过一系列箭线与节点的通路。其中持续时间最长的线路为关键线路,其余的线路称为非关键线路。

二、单代号网络图逻辑关系的表示方法

单代号网络图的绘制比双代号网络图的绘制要容易,也不容易出错,关键是要处理好箭线交叉,使图形规则,便容易读图。

单代号网络图工作之间逻辑关系的表示方法见表3-1。

三、单代号网络图的绘制

(一)单代号网络图的绘制规则

单代号网络图的绘制规则与双代号网络图的绘制规则基本相似,主要有:

(1)单代号网络图必须正确表述已定的逻辑关系。

同双代号网络图一样,“逻辑关系”包括两类:一是工艺逻辑关系;二是组织逻辑关系。在单代号网络图中,这两种关系的表达比双代号网络图更明确。

(2)单代号网络图中,严禁出现循环回路。

(3)单代号网络图中,严禁出现双向箭头或无箭头的箭线。

(4)单代号网络图中,严禁出现没有箭尾节点的箭线或没有箭头节点的箭线。

由于箭线是联系两项工作的,故无箭头节点的箭线和无箭尾节点的箭线都是没有意义的。

(5)绘制单代号网络图时,箭线不宜交叉,当交叉不可避免时,可采用过桥法和指向法绘制。

其过桥法和指向法画法与图3-17相同。

(6)单代号网络图中应只有一个起点节点和终点节点。

当网络图中有多个起点节点和多个终点节点时,应在网络图的两端分别设置一项虚工作,作为该网络图的起点节点和终点节点。

（二）单代号网络图的绘制方法

(1)绘图时，要从左向右逐个处理已经确定的逻辑关系。只有紧前工作都绘制完成后，才能绘制本工作，并使本工作与紧前工作用箭线相连。

(2)当出现多个“起点节点”或多个“终点节点”时，应增加虚拟起点节点或终点节点，并使之与多个“起点节点”或“终点节点”相连，形成符合绘图规则的完整图形。

(3)绘制完成后要认真检查，看图中的逻辑关系是否与表中一致，是否符合绘图规则。如有问题，及时修正。

(4)单代号网络图的排列方法，均与双代号网络图相应部分类似，详见本章第二节。

网络图绘制的要求是：

(1)在保证网络图逻辑关系正确的前提下，要尽可能做到：图面布局合理，层次清晰和重点突出。

(2)关键工作和关键线路，应该采用粗箭线或双箭线表示。

(3)密切相关的工作，尽可能相邻布置，以便减少箭线交叉。如果无法避免箭线交叉时，应该以过桥法表示。

四、单代号网络计划时间参数的计算

（一）单代号网络计划时间参数的标注形式

单代号网络计划时间参数应按图3-35的形式标注。

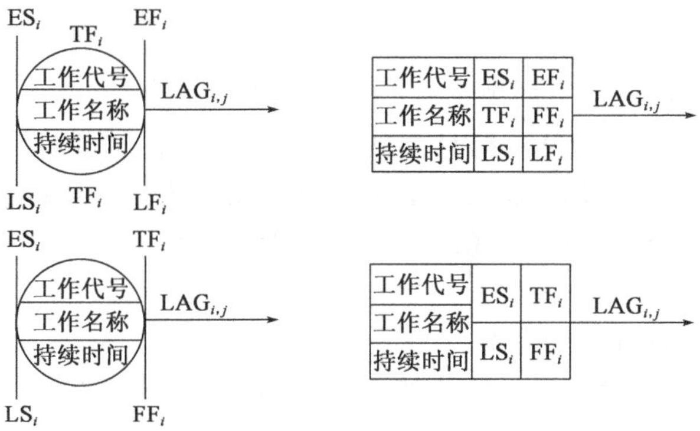

图3-35 单代号网络计划时间参数的标注形式

（二）单代号网络计划时间参数的计算方法

单代号网络计划的时间参数包括工作最早开始时间、工作最早完成时间、计算工期、计划工期、间隔时间、工作最迟开始时间、工作最迟完成时间、工作总时差和其自由时差。

1. 工作持续时间的计算

单代号网络计划工作持续时间的计算与双代号网络计划相同，见式(3-1)和式(3-2)。

2. 工作最早开始时间的计算

(1)计算规定。工作 i 的最早开始时间 ES_i 应从网络计划的起点节点开始，顺着箭线方向依次逐个计算直至终点节点为止。

(2)计算方法。

①起点节点的最早开始时间 ES_i 如无规定时,其值等于零,即

$$ES_i = 0 \qquad (i = 1) \tag{3-34}$$

②其他工作的最早开始时间 ES_i 应为:

$$ES_i = \max\{ES_h + D_h\} \tag{3-35}$$

式中:ES_h——工作 i 的紧前工作 h 的最早开始时间;

D_h——工作 i 的紧前工作 h 的持续时间。

3. 工作最早完成时间的计算

工作最早完成时间的计算应按式(3-36)进行:

$$EF_i = ES_i + D_i \tag{3-36}$$

4. 网络计划工期的计算

网络计划的计算工期 T_c 与计划工期 T_p 的确定与双代号网络计划相同,见式(3-22)和式(3-8)、式(3-9)。

5. 相邻两项工作时间间隔的计算

相邻两项工作 i 和 j 之间的时间间隔 $LAG_{i,j}$ 的计算应按式(3-37)进行:

$$LAG_{i,j} = ES_j - EF_i \tag{3-37}$$

终点节点与其紧前工作的时间间隔为:

$$LAG_{i,n} = T_p - EF_i \tag{3-38}$$

6. 工作总时差的计算

工作总时差的计算应符合下列规定:

(1)工作 i 的总时差 TF_i 应从网络计划的终点节点开始,逆着箭线方向依次逐项计算;当部分工作分期完成时,有关工作的总时差必须从分期完成的节点开始逆向逐项计算。

(2)终点节点所代表的工作 n 的总时差 TF_n 值为零,即

$$TF_n = 0 \tag{3-39}$$

分期完成的工作的总时差值为零。

(3)其他工作的总时差 TF_i 的计算应符合式(3-40)~式(3-42)规定:

$$TF_i = \min\{TF_j + LAG_{i,j}\} \tag{3-40}$$

$$TF_i = LS_i - ES_i \tag{3-41}$$

$$TF_i = LF_i - EF_i \tag{3-42}$$

7. 工作自由时差的计算

工作 i 的自由时差 FF_i 的计算应符合下列规定:

(1)终点节点所代表的工作 n 的自由时差 FF_n 应为:

$$FF_n = T_p - EF_n \tag{3-43}$$

(2)其他工作 i 的自由时差 FF_i 应为:

$$FF_i = \min(LAG_{i,j}) \tag{3-44}$$

$$FF_i = \min\{ES_j - EF_i\} \tag{3-45}$$

8. 工作最迟完成时间的计算

(1)计算规定。工作 i 的最迟完成时间 LF_i 应从网络计划的终点节点开始,逆着箭线方向依次逐项计算直至起点节点为止;当部分工作分期完成时,有关工作的最迟完成时间应从分期完成的节点开始逆向逐项计算。

(2)计算方法。

①终点节点所代表的工作 n 的最迟完成时间 LF_n 应按网络计划的计划工期 T_p 确定,即

$$LF_n = T_p \tag{3-46}$$

分期完成的各项工作的最迟完成时间应等于分期完成的时刻。

②其他工作 i 的最迟完成时间 LF_i 应为:

$$LF_i = \min\{LS_j\} \tag{3-47}$$

$$LF_i = EF_i + TF_i \tag{3-48}$$

9. 工作最迟开始时间的计算

工作 i 最迟开始时间 LS_i 的计算应按式(3-49)计算:

$$LS_i = LF_i - D_i \tag{3-49}$$

10. 关键工作和关键线路的确定

单代号网络计划的关键工作和关键线路的确定与双代号网络计划相同。

【例题 3-5】 计算图 3-36 所示的单代号网络计划的时间参数,并按标注形式标注于图 3-37 上。

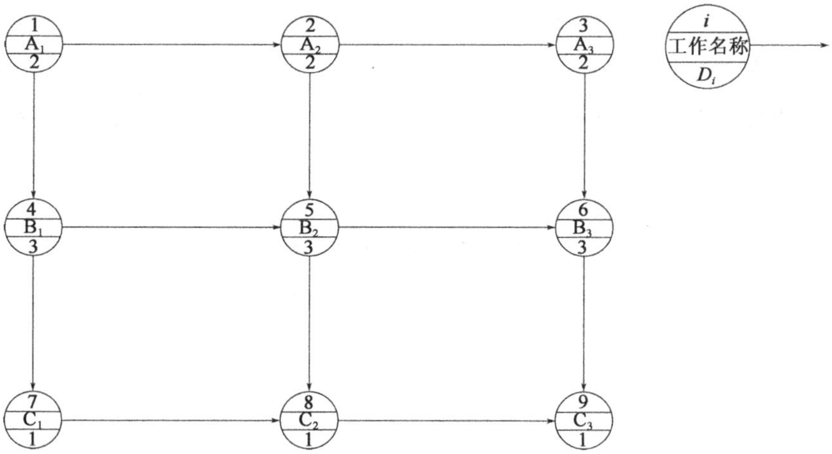

图 3-36 单代号网络计划示例

解 计算时间参数的结果标注于图 3-37 上,其计算步骤与方法如下:

1. 工作最早开始时间的计算

工作的最早开始时间从网络计划的起点节点开始,顺着箭线方向自左至右,依次逐个计算。因起点节点的最早开始时间未作规定,故:

$$ES_1 = 0$$

其后续工作的最早开始时间是其各紧前工作的最早开始时间与其持续时间之和,并取其

最大值,其计算见式(3-35)。

由此可得到:

$$ES_2 = ES_1 + D_1 = 0 + 2 = 2$$
$$ES_3 = ES_2 + D_2 = 2 + 2 = 4$$
$$ES_4 = ES_1 + D_1 = 0 + 2 = 2$$
$$ES_5 = \max\{ES_2 + D_2, ES_4 + D_4\} = \max\{2 + 2, 2 + 3\} = 5$$
$$ES_6 = \max\{ES_3 + D_3, ES_5 + D_5\} = \max\{4 + 2, 5 + 3\} = 8$$
$$ES_7 = ES_4 + D_4 = 2 + 3 = 5$$
$$ES_8 = \max\{ES_5 + D_5, ES_7 + D_7\} = \max\{5 + 3, 5 + 1\} = 8$$
$$ES_9 = \max\{ES_6 + D_6, ES_8 + D_8\} = \max\{8 + 3, 8 + 1\} = 11$$

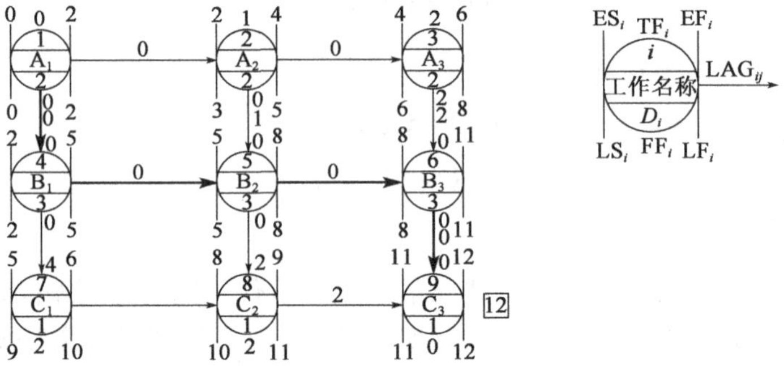

图 3-37　单代号网络计划时间参数计算结果

2. 工作最早完成时间的计算

各项工作的最早完成时间是该工作的最早开始时间与其持续时间之和,其计算见式(3-36)。

因此可得到:

$$EF_1 = ES_1 + D_1 = 0 + 2 = 2$$
$$EF_2 = ES_2 + D_2 = 2 + 2 = 4$$
$$EF_3 = ES_3 + D_3 = 4 + 2 = 6$$
$$EF_4 = ES_4 + D_4 = 2 + 3 = 5$$

……

其余各工作的最早完成时间如图 3-37 所示。

3. 确定网络计划的计划工期

(1)网络计划的计算工期 T_c,按式(3-22)计算。

由此可得到:

$$T_c = EF_9 = 12$$

(2)网络计划的计划工期 T_p,由于本计划没有要求工期,故:

$$T_p = T_c = 12$$

将计划工期标注在终点节点“9”旁的方框内,如图 3-37 所示。

4. 相邻两项工作之间时间间隔的计算

相邻两项工作的时间间隔,是后项工作的最早开始时间与前项工作的最早完成时间的差值,它表示相邻两项工作之间有一段时间间歇,相邻两项工作 i 与 j 之间的时间间隔 $LAG_{i,j}$ 按式(3-37)计算。

因此可得到:

$$LAG_{1,2} = ES_2 - EF_1 = 2 - 2 = 0$$
$$LAG_{2,3} = ES_3 - EF_2 = 4 - 4 = 0$$
$$LAG_{3,6} = ES_6 - EF_3 = 8 - 6 = 2$$
$$LAG_{8,9} = ES_9 - EF_8 = 11 - 9 = 2$$
$$\cdots\cdots$$

其余各相邻工作的时间间隔如图 3-37 所示。

5. 工作总时差的计算

每项工作的总时差,是该项工作在不影响计划工期前提下所具有的机动时间。它的计算应从网络图的终点节点开始,逆着箭线方向依次计算。终点节点代表的工作的总时差 TF_n 值,由于本例没有给出规定工期,故可按式(3-39)确定,即

$$TF_n = TF_9 = 0$$

其他工作 i 的总时差 TF_i 可按式(3-40)计算。

因此可得到:

$$TF_8 = LAG_{8,9} + TF_9 = 2 + 0 = 2$$
$$TF_7 = LAG_{7,8} + TF_8 = 2 + 2 = 4$$
$$TF_6 = LAG_{6,9} + TF_9 = 0 + 0 = 0$$
$$TF_5 = \min\{LAG_{5,6} + TF_6, LAG_{5,8} + TF_8\} = \min\{0 + 0, 0 + 0\} = 0$$
$$TF_4 = \min\{LAG_{4,5} + TF_5, LAG_{4,7} + TF_7\} = \min\{0 + 0, 0 + 0\} = 0$$
$$TF_3 = LAG_{3,6} + TF_6 = 2 + 0 = 2$$
$$TF_2 = \min\{LAG_{2,3} + TF_3, LAG_{2,5} + TF_5\} = \min\{0 + 2, 1 + 0\} = 1$$
$$TF_1 = \min\{LAG_{1,2} + TF_2, LAG_{1,4} + TF_4\} = \min\{0 + 1, 0 + 0\} = 0$$

6. 工作自由时差的计算

工作 i 的自由时差 FF_i 可按式(3-43)和式(3-44)或式(3-45)计算。

(1)终点节点所代表的工作 n 的自由时差 FF_n 应为:

$$FF_9 = T_p - EF_9 = 12 - 12 = 0$$

(2)其他工作 i 的自由时差 FF_i 应为:

$$FF_8 = LAG_{8,9} = 2$$
$$FF_7 = LAG_{7,8} = 2$$
$$FF_6 = LAG_{6,9} = 0$$
$$FP_5 = \min\{LAG_{5,6}, LAG_{5,8}\} = \min\{0, 0\} = 0$$
$$FF_4 = \min\{LAG_{4,5}, LAG_{4,7}\} = \min\{0, 0\} = 0$$
$$FF_3 = LAG_{3,6} = 2$$

$$FF_2 = \min\{LAG_{2,3}, LAG_{2,5}\} = \min\{0,1\} = 0$$
$$FF_1 = \min\{LAG_{1,2}, LAG_{1,4}\} = \min\{0,0\} = 0$$

7. 工作最迟完成时间的计算

工作 i 的最迟完成时间 LF_i 应从网络图的终点节点开始,逆着箭线方向依次逐项计算。

(1)终点节点所代表的工作 n 的最迟完成时间 LF_n 应按式(3-46)计算,即

$$LF_9 = T_p = 12$$

(2)其他工作 i 的最迟完成时间 LF_i 按式(3-48)计算。

由此可得到:

$$LF_8 = EF_8 + TF_8 = 9 + 2 = 11$$
$$LF_7 = EF_7 + TF_7 = 6 + 4 = 10$$
$$LF_6 = EF_6 + TF_6 = 11 + 0 = 11$$
$$LF_5 = EF_5 + TF_5 = 8 + 0 = 8$$
$$LF_4 = EF_4 + TF_4 = 5 + 0 = 5$$
$$LF_3 = EF_3 + TF_3 = 6 + 2 = 8$$
$$LF_2 = EF_2 + TF_2 = 4 + 1 = 5$$
$$LF_1 = EF_1 + TF_1 = 2 + 0 = 2$$

8. 工作最迟开始时间的计算

工作 i 的最迟开始时间 LS_i 可按式(3-49)进行计算。

因此可得到:

$$LS_9 = LF_9 - D_9 = 12 - 1 = 11$$
$$LS_8 = LF_8 - D_8 = 11 - 1 = 10$$
$$LS_7 = LF_7 - D_7 = 10 - 1 = 9$$

……

其余各工作的最迟开始时间如图 3-37 所示。

9. 关键工作和关键线路的确定

(1)关键工作的确定。单代号网络计划关键工作的确定方法与双代号网络计划的相同,即总时差最小的工作为关键工作。本例题的关键工作是:1、4、5、6、9。

(2)关键线路的确定。"从起点节点开始到终点节点均为关键工作,且所有工作的间隔时间均为零的线路应为关键线路"。本例题的关键线路是:1→4→5→6→9,即图 3-37 中粗箭线所标注的。

第四节　其他网络计划

一、搭接网络计划

搭接网络计划是用单代号网络计划的形式表示,能够充分反映各工作之间各种搭接关系。搭接网络计划是前后工作之间有多种逻辑关系的肯定型网络计划,它具有以下的一些特点:

(1)一般采用单代号网络图表示比较简单,用箭线单向联系使逻辑关系比较清晰,不需要虚箭线。

(2)只有同时采用箭线联系并用时距标注才能正确表达其逻辑关系。

(3)搭接网络计划的工期不一定决定于与终点相联系的工作的完成时间,而可能决定于中间工作完成时间。

(4)要求每项工作创造工作面的速度大致是均匀的,或稳定地递增或递减。

(一)搭接关系

在搭接网络计划中,工作之间的逻辑关系是由相邻两工作之间的不同时距决定的。

时距就是搭接网络计划中相邻工作的时间差值。由于相邻工作各有开始和结束时间,故基本时距有以下 4 种情况:结束到开始时距,开始到开始时距,结束到结束时距,开始到结束时距。此外,还有一种情况,就是同时由 4 种基本连接关系中两种以上来限制工作之间的逻辑关系,例如 i、j 两项工作可能同时由 STS 与 FTF 时距限制,或 STF 与 FTS 时距限制等。

1. 结束到开始时距(Finish to Start——符号 FTS)

表示紧前工作 i 的结束时间到紧后工作 j 的开始时间之间的时距,用 $FTS_{i,j}$ 表示,其连接关系如图 3-38 所示。

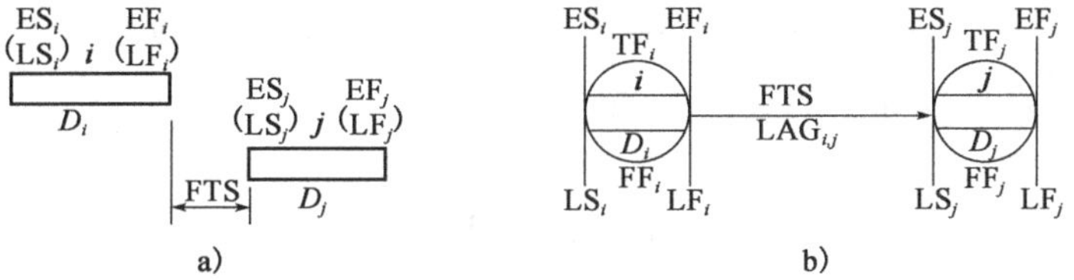

图 3-38 时距 FTS 的表示方法

a)从横道图看 FTS 时距;b)用单代号搭接网络计划方法表示

从图 3-38a)可以得出如下的计算关系式:

$$ES_j = EF_i + FTS_{i,j} \tag{3-50}$$

$$LF_i = LS_j - FTS_{i,j} \tag{3-51}$$

当 FTS = 0 时,也就是说紧前工作 i 的结束时间等于紧后工作 j 的开始时间,这时紧前工作与紧后工作紧密衔接,当计划所有相邻工作的 FTS = 0 时,整个搭接网络计划就成为前面所讲的一般单代号网络计划了。所以可以说,一般的衔接关系只是搭接关系的一种特殊表现形式。

2. 开始到开始时距(Start to Start——符号 STS)

表示紧前工作 i 的开始时间到紧后工作 j 的开始时间之间的时距,用 $STS_{i,j}$ 表示,其连接关系如图 3-39 所示。

从图 3-39a)可以得出如下的计算关系式:

$$ES_j = ES_i + STS_{i,j} \tag{3-52}$$

$$LS_i = LS_j - STS_{i,j} \tag{3-53}$$

3. 结束到结束时距(Finish to Finish——符号 FTF)

表示紧前工作 i 的结束时间到紧后工作 j 的结束时间之间的时距,用 $FTF_{i,j}$ 表示,其连接关系如图 3-40 所示。

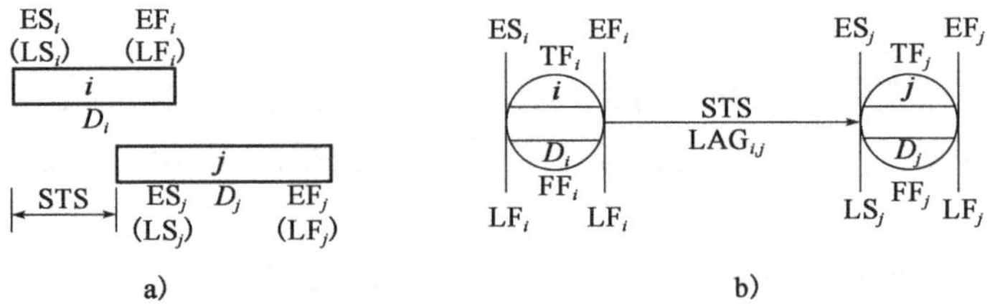

图 3-39　时距 STS 的表示方法

a)从横道图看 STS 时距;b)用单代号搭接网络计划方法表示

相邻两工作,当紧前工作的施工速度小于紧后工作时,则必须考虑为紧后工作留有充分的工作面,否则紧后工作就将因无工作面而无法进行。这种结束工作时间之间的间隔就是 FTF 时距。

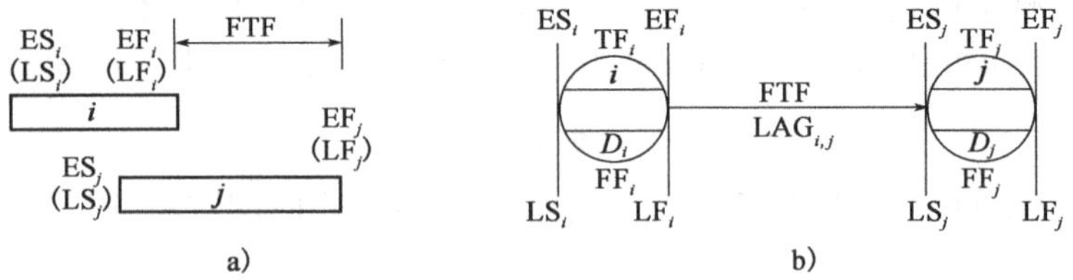

图 3-40　时距 FTF 的表示方法

a)从横道图看 FTF 时距;b)用单代号搭接网络计划方法表示

从图 3-40a)可以得出如下的计算关系式:

$$EF_j = EF_i + FTF_{i,j} \tag{3-54}$$

$$LF_i = LF_j - FTF_{i,j} \tag{3-55}$$

4. 开始到结束时距(Start to Finish——符号 STF)

表示紧前工作 i 的开始时间到紧后工作 j 的结束时间之间的时距,用 $STF_{i,j}$ 表示,其连接关系如图 3-41 所示。

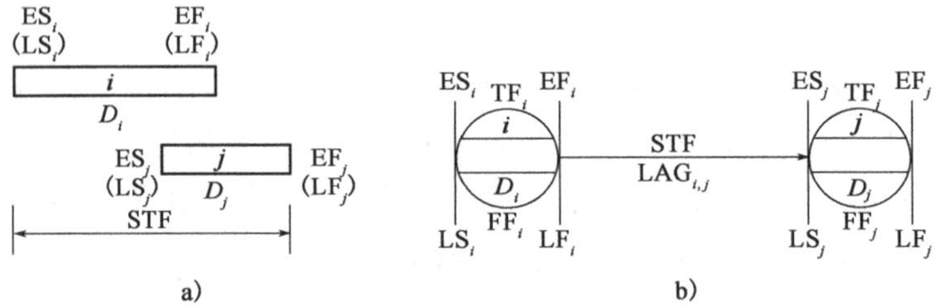

图 3-41　时距 STF 的表示方法

a)从横道图看 STF 时距;b)用单代号搭接网络计划方法表示

从图 3-41a)可以得出如下的计算关系式:

$$EF_j = ES_i + STF_{i,j} \tag{3-56}$$

$$LS_i = LF_j - STF_{i,j} \tag{3-57}$$

5. 混合时距

在搭接网络计划中除了上面的 4 种基本连接关系之外,还有一种情况,就是同时由 4 种基本连接关系中两种以上来限制工作间的逻辑关系,例如 i、j 两项工作可能同时由 STS 与 FTF

时距限制，或 STF 与 FTS 时距限制等，如图 3-42a)、b)及 c)、d)所示的情形。

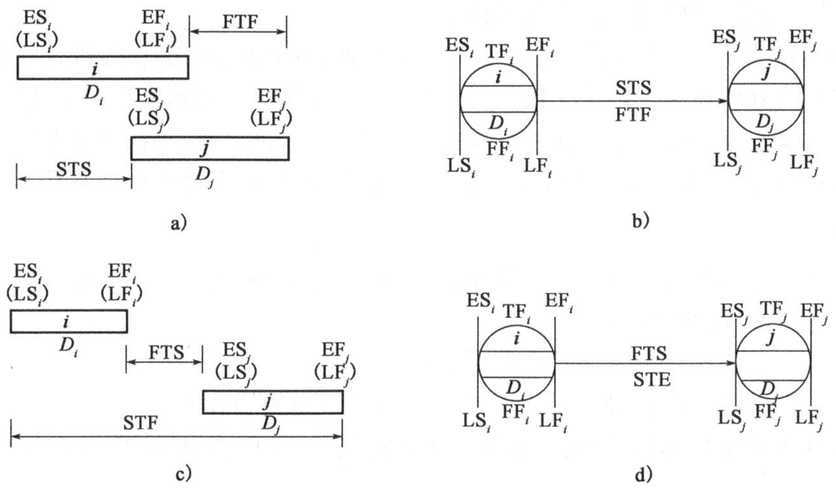

图 3-42 混合时距表示方法

a)从横道图看同时起控制作用的 STS 和 FTF 时距；b)用搭接网络计划方法表示

c)从横道图看同时起控制作用的 STF 和 FTS 时距；d)用搭接网络计划方法表示

图 3-42a)、b)说明，相邻两工作 i 和 j 之间需同时满足开始到开始时距和结束到结束时距两项限制条件，这就是说，i、j 两项工作的关系由这两种时距来控制，应分别按照两种时距各计算出一组时间参数，然后再取其中具有决定作用的一组。

知道了各种搭接时距的表示方法，我们就不难按照一般的网络图画法来绘制搭接网络图。下面我们举一个单代号搭接网络计划实例以供参考。

【例题 3-6】 一幢五单元三层住宅楼的装修工程，以一层为一流水段组织流水施工，共 5 项工作，其工艺流程图如图 3-43 所示。

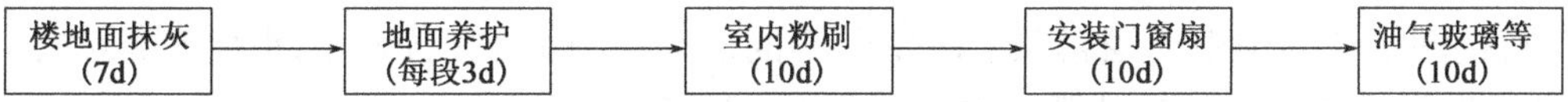

图 3-43 装修工程工艺流程图

如果用单代号搭接网络图绘制网络计划，则如图 3-44 所示。

图 3-44 装修工程搭接网络计划

(二)搭接网络图绘制

1. 绘图基本规则

(1)必须正确地表达各项工作之间相互制约、相互依赖和搭接时距等网络逻辑关系。

(2)在搭接网络图中，只允许有一个开始节点和一个结束节点。但是在多数情况下，开始节点和结束节点，将由相应的虚拟节点代替。这时应在相应虚拟节点内，分别标注"开始(符号 S_t)"和"结束(符号 F_{in})"字样。

(3)在搭接网络图中,不允许出现由搭接时距构成的闭合回路,也不允许出现无搭接时距的搭接箭线,更不允许出现重复编号的工作。

(4)在搭接网络图中,每项工作的开始都必须直接或间接与开始节点建立联系,并受其制约;每项工作的结束都必须直接或间接与结束节点建立联系,并受其控制。上述所有后附加的这些联系,均以虚箭线表示。增加这种联系的目的在于:保证搭接网络图的所有工作,都能够在该网络图的计算总工期内开始并完成。特殊情况下,也可以不建立这种联系。

2. 绘图基本方法

(1)根据各工作间的逻辑关系,绘制单代号网络图,要求建立虚拟的起点节点和终点节点,以备进行时间参数的计算。

(2)确定相邻工作间的搭接类型及搭接时距。

(3)将工作间的搭接关系及时距标注在单代号网络图的箭线上。

(4)在保证各项工作之间的搭接关系和时距前提下,尽可能做到:图面布局合理、层次清晰和重点突出。

(5)关键工作和关键线路,均要用粗箭线或双箭线画出,以区别非关键线路。

(6)密切相关的工作,要尽可能相邻布置,以减少搭接时距的交叉;如果无法避免这种交叉时,应采用暗桥法表示。

(三)单代号搭接网络计划工作时间参数的计算

单代号搭接网络计划时间参数计算的内容,主要包括:

(1)工作的最早开始时间 ES_i 和最早完成时间 EF_i。

(2)工作的最迟开始时间 LS_i 和最迟完成时间 LF_i。

(3)间隔时间 $LAG_{i,j}$、总时差 TF_i、自由时差 FF_i 和线路时差。

(4)关键线路的确定。

在搭接网络计划中由于逻辑关系决定于不同的时距,因而有各种不同的计算方法。现以图3-45a)为例分别进行分析计算,计算结果按图3-45b)标注。

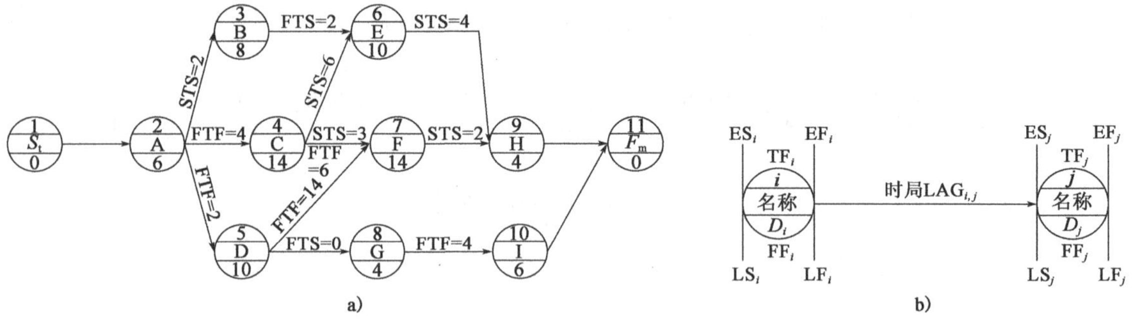

图3-45 某工程单代号搭接网络计划

1. 最早开始时间和最早完成时间的计算

计算最早时间参数必须从起点节点开始沿箭线方向向终点进行。因为在单代号搭接网络图中起点节点和终点节点都是虚设的,故其工作时间均为零。

(1)凡是与起点节点相连的工作最早开始时间都为零,即

$$ES_2 = 0$$

$$EF_2 = ES_2 + D_2 = 0 + 6 = 6$$

(2)相邻工作的时距为$STS_{i,j}$时,如A、B工作之间的时距为$STS_{2,3} = 2$,根据式(3-52)得

$$ES_3 = ES_2 + STS_{2,3} = 0 + 2 = 2$$

$$EF_3 = ES_3 + D_3 = 2 + 8 = 10$$

(3)相邻两工作的时距为$FTF_{i,j}$时,如A、C工作之间的时距为$FTF_{2,4} = 4$,A、D两项工作之间的时距为$FTF_{2,5} = 2$,根据式(3-54)得

$$EF_4 = EF_2 + FTF_{2,4} = 6 + 4 = 10$$

$$ES_4 = EF_4 - D_4 = 10 - 14 = -4$$

$$EF_5 = EF_2 + FTF_{2,5} = 6 + 2 = 8$$

$$ES_5 = EF_5 - D_5 = 8 - 10 = -2$$

C、D工作的最早开始时间出现负值,说明C、D工作在工程开始之前4d及2d就应开始工作,这是不合理的,必须按以下的方法来处理。

(4)当中间工作出现ES_i为负值时的处理方法。

在单代号搭接网络计划中,虚设的起点节点要与没有内向箭线的工作相联系,当某项中间工作的ES_i为负值时,我们也要把该工作(在本例中就是C、D工作)用虚线与起点节点联系起来,如图3-46所示。

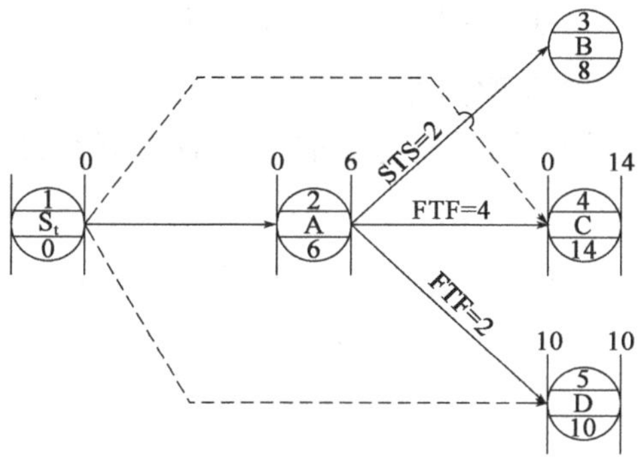

图3-46 用虚箭线将起点节点与C、D工作相连

这时C、D工作的最早开始时间就由起点节点所决定,其最早完成时间也要重新计算:

$$ES_4 = 0$$

$$EF_4 = 0 + 14 = 14$$

$$ES_5 = 0$$

$$EF_5 = 0 + 10 = 10$$

(5)相邻两项工作的时距为 $FTS_{i,j}$ 时,如 B、E 两项工作之间的时距为 $FTS_{3,6}=2$,根据式(3-50)得:

$$ES_6=EF_2+FTS_{3,6}=10+2=12$$

但是在 E 工作之前有两项紧前工作,这时就不能只根据其中与一项工作的联系来决定 E 工作的时间参数,而必须按以下方法处理。

当一项工作之前有两项以上紧前工作时,则应分别计算后从中取其最大值。

按 B、E 工作搭接关系

$$ES_6=12$$

按 C、E 工作搭接关系

$$ES_6=ES_4+STS_{4,6}=0+6=6$$

从两数中取最大值,即应取 $ES_6=12$,则

$$EF_6=12+10=22$$

(6)两项工作之间有两种以上搭接关系时,如 C、F 两项工作之间的时距为 $STS_{4,7}=3$ 和 $FTF_{4,7}=6$,这时也应该分别计算后取其中的最大值。

由 $STS_{4,7}=3$ 决定时

$$ES_7=ES_4+STS_{4,7}=0+3=3$$

由 $FTF_{4,7}=6$ 决定时

$$EF_7=EF_4+FTF_{4,7}=14+6=20$$

$$ES_7=EF_7-D_7=20-14=6$$

故按以上两种时距关系,EF_7应取为 6。

但是 F 工作除与 C 有联系外,同时还与紧前工作 D 有联系,所以还应在这两种逻辑关系的计算值中取其最大值。

$$EF_7=EF_5+FTF_{5,7}=10+14=24$$

$$ES_7=24-14=10$$

故应取

$$ES_7=\max\{10,6\}=10$$

$$EF_7=10+14=24$$

网络计划中的所有其他工作的最早时间都可以依次按上述各种方法进行计算,直到终点节点为止。计算结果如图 3-47 所示。

(7)根据以上计算,终点节点的时间应从 H、I 两项工作完成时间中取最大值,即

$$ES_{Fin}=\max\{20,18\}=20$$

在很多情况下,这个值是网络计划中的最大值,决定了计划的工期。但是在本例中,如图

3-47 所示，决定工程工期完成时间的最大值的工作却不在最后，而是在中间的 F 工作，这时必须按以下方法加以处理。

终点一般是虚设的，只与没有外向箭线的工作相联系。但是当中间工作的完成时间大于最后工作的完成时间时，为了决定终点节点的时间（即工程的总工期）必须先把该工作与终点节点用虚箭线联系起来，如图 3-47 所示，然后再计算终点节点时间。

$$ES_{Fin} = \max\{24, 20, 18\} = 24$$

2. 最迟开始时间和最迟完成时间的计算

计算最迟时间参数必须从终点节点开始逆着箭线方向向起点节点计算。以终点节点时间作为工程最迟完成时间开始计算，如图 3-47 所示。

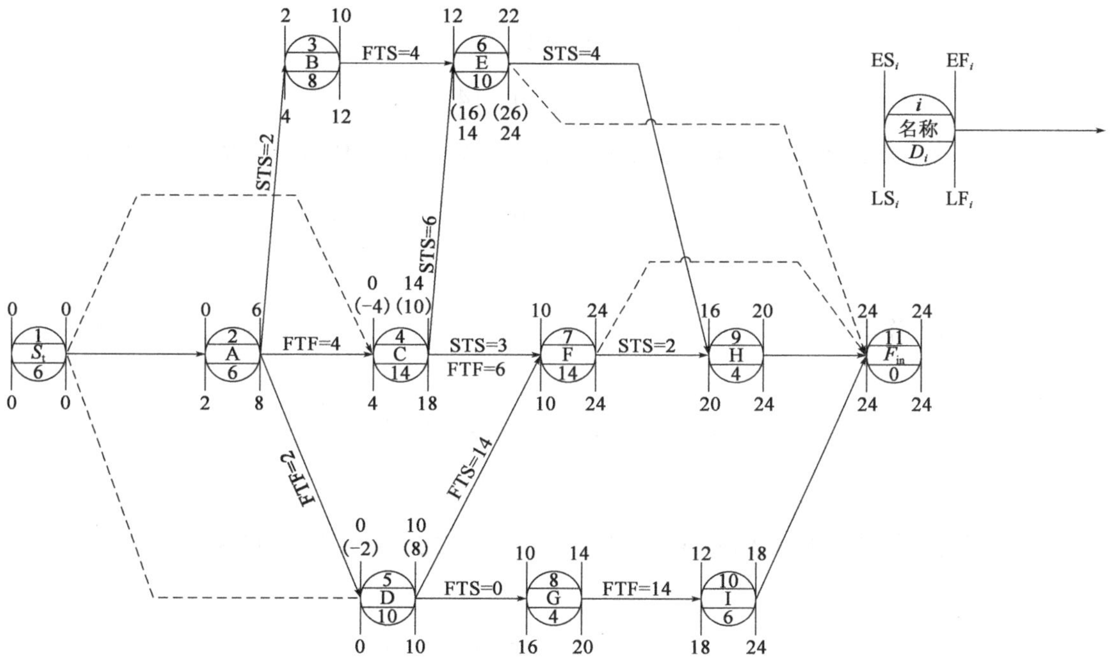

图 3-47　某工程搭接网络计划时间参数的计算

（1）凡是与终点节点相联系的工作，其最迟完成时间即为终点节点的完成时间，如图 3-47 所示，即

$$LF_7 = LF_{11} = 24$$

$$LS_7 = LF_7 - D_7 = 24 - 14 = 10$$

$$LS_9 = LF_9 - D_9 = 24 - 4 = 20$$

$$LS_{10} = LF_{10} - D_{10} = 24 - 6 = 18$$

（2）相邻两工作的时距为 $STS_{i,j}$ 时，如图 3-47 中，E、H 两项工作之间的时距为 $STS_{6,9} = 4$；F、H 两项工作之间的时距为 $STS_{7,9} = 2$。

根据式（3-53）有

$$LS_6 = LS_9 - STS_{6,9} = 20 - 4 = 16$$

$$LF_6 = LS_6 + D_6 = 16 + 10 = 26$$

$$LS_7 = LS_9 - STS_{7,9} = 20 - 2 = 18$$

$$LF_7 = 18 + 14 = 32$$

工作 E 的最迟完成时间为 26d，大于工程的总工期 24d，这是不合理的，必须对 E 工作的最迟完成时间进行调整。

在计算最迟时间参数中如出现某工作的最迟完成时间大于总工期时，应把该工作用虚箭线与终点节点连接起来，如图 3-47 所示。这时 E 工作的最迟时间除受 H 工作的约束之外，还受到终点节点的决定性约束，故

$$LF_6 = 24$$

$$LS_6 = 24 - 10 = 14$$

因 F 工作之后有两种连接关系，即与终点和 H 工作的联系，应从中取最小值，即

$$LS_7 = 10$$

$$LF_7 = 24$$

(3) 相邻两工作的时距为 $FTF_{i,j}$ 时，如 G、I 两项工作之间的时距为 $FTF_{8,10} = 4$。根据式(3-55)有：

$$LF_8 = LF_{10} - FTF_{8,10} = 24 - 4 = 20$$

$$LS_8 = 20 - 4 = 16$$

(4) 相邻两工作的时距为 $FTS_{i,j}$ 时，如 D、G 两项工作之间的时距为 $FTS_{5,8} = 0$。根据式(3-51)有：

$$LF_5 = LS_8 - FTS_{5,8} = 16 - 0 = 16$$

$$LS_5 = 16 - 10 = 6$$

但是在本例中，D 工作之后有两项紧后工作，这时就必须进行处理。

在一个工作之后有两个以上的紧后工作时，应分别计算后再取各计算结果的最小值，如图 3-47所示。

按 D、G 工作的搭接关系：

$$LS_5 = 6$$

$$LF_5 = 16$$

按 D、F 工作的搭接关系：

$$LF_5 = LF_8 - FTF_{5,8} = 24 - 14 = 10$$

$$LS_5 = 10 - 10 = 0$$

从两组数值中取最小值，故 $LS_5=0$ 和 $LF_5=10$。

(5)在两工作之间有两种以上搭接关系时，如 C、F 两工作之间的时距为 $STS_{4,7}=3$ 和 $FTF_{4,7}=6$，这时也应分别计算后取各计算值的最小值。

由 $STS_{4,7}=3$ 决定时：

$$LS_4=LS_7-STS_{4,7}=10-3=7$$

由 $FTF_{4,7}=6$ 决定时：

$$LF_4=LF_7-FTF_{4,7}=24-6=18$$

$$LS_4=18-14=4$$

故按以上两种时距关系，$LS_4=4$。

但是必须注意，C 工作除与 F 工作有逻辑关系外，同时还有紧后工作 E，所以 LS_4 还应在这两种逻辑关系的计算值中取最小值，即

$$LS_4=LS_6-STS_{4,6}=14-6=8$$

故应取 $LS_4=4$

$$LF_4=4+14=18$$

其他各项工作也都可按照以上所讲方法分别计算出最迟时间。该项工程搭接网络计划的时间参数如图 3-47 所示。

3. 间隔时间的计算

在搭接网络计划中，决定相邻两项工作之间制约关系的是时距，可是往往在相邻两项工作之间除满足时距要求之外，还有一段多余的空闲时间，这种时间我们把它称作"间隔时间"，一般用 $LAG_{i,j}$ 表示。

由于各项工作间的搭接关系不同，所以确定 $LAG_{i,j}$ 时必须根据相应搭接关系和不同时距进行计算。

(1)相邻两项工作的连接关系是结束到开始($FTS_{i,j}$)时，由式(3-50)得知这是最紧凑的搭接关系。在搭接网络计划中，如果出现 $ES_j>(FF_i+FTS_{i,j})$ 的情况时，即表明在 i、j 两项工作之间存在 $LAG_{i,j}$，所以：

$$LAG_{i,j}=ES_j-(EF_i+FTS_{i,j}) \tag{3-58}$$

可用图 3-48 所示的横道图表示。

(2)相邻两项工作的连接关系是开始到开始($STS_{i,j}$)时，由式(3-52)得知，在搭接网络计划中，如果出现 $ES_j>(ES_i+STS_{i,j})$ 的情况时，即表明在 i、j 两项工作之间存在 $LAG_{i,j}$。

$$LAG_{i,j}=ES_j-(ES_i+STS_{i,j}) \tag{3-59}$$

可用图 3-49 所示横道图表示。

(3)相邻两项工作的连接关系是结束到结束($FTF_{i,j}$)时，由式(3-54)可知，在搭接网络计划中，如果出现 $EF_j>(EF_i+FTF_{i,j})$ 的情况时，则：

$$LAG_{i,j}=EF_j-(EF_i+FTF_{i,j}) \tag{3-60}$$

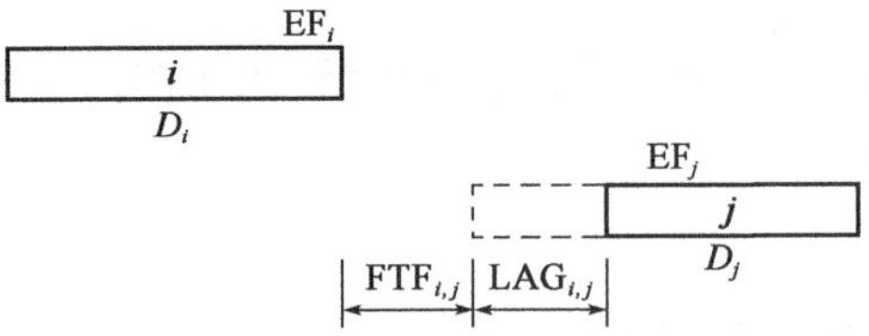

图3-48　两工作间采用时距 FTS 时的 LAG

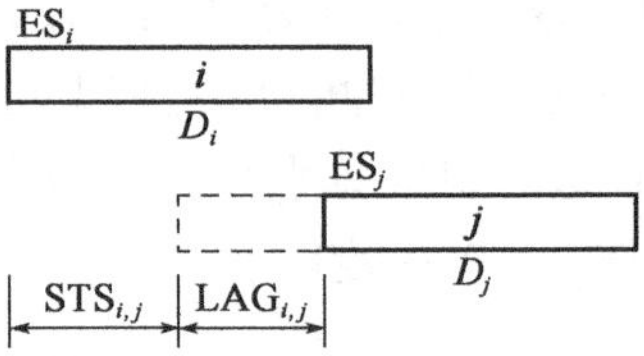

图3-49　两工作间采用时距 STS 时的 LAG

可用图3-50所示横道图表示。

(4)相邻两项工作的连接关系是开始到结束($STF_{i,j}$)时,由式(3-56)可知,在接搭网络计划中,如果出现 $EF_j > (ES_i + STF_{i,j})$ 的情况时,则:

$$LAG_{i,j} = EF_j - (ES_i + STF_{i,j}) \tag{3-61}$$

可用图3-51所示横道图表示。

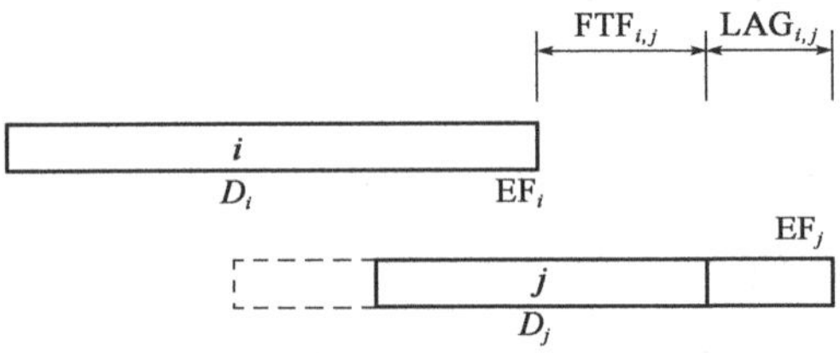

图3-50　两工作间采用时距 FTF 时的 LAG

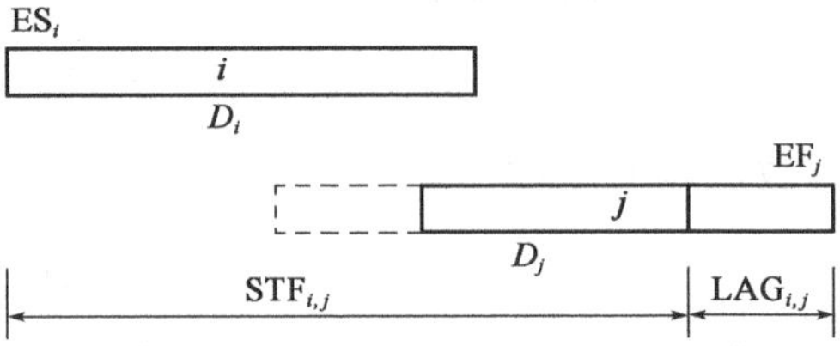

图3-51　两工作间采用时距 STF 时的 LAG

(5)当相邻两项工作之间是由两种时距以上的关系连接时,则应分别计算出其LAG,然后取用其中的最小值。在以上4种时距连接关系中,可能出现任何组合的情况,可用式(3-62)来进行计算:

$$LAG_{i,j} = \min\begin{Bmatrix} ES_j - EF_i - FTS_{i,j}, \\ ES_j - ES_i - STS_{i,j}, \\ EF_j - EF_i - FTF_{i,j}, \\ EF_j - ES_i - STF_{i,j} \end{Bmatrix} \tag{3-62}$$

根据以上计算公式可以计算出图3-45的各项工作之间的间隔时间(LAG)。

起点节点与工作A是一般连接,故:

$$LAG_{1,2} = 0$$

同理,起点节点与工作C和工作D之间的LAG均为零,即

$$LAG_{1,4} = LAG_{1,5} = 0$$

工作A与工作B是STS连接关系,故:

$$LAG_{2,3} = ES_3 - ES_2 - STS_{2,3} = 2 - 0 - 2 = 0$$

工作A与工作C是FTF连接关系,故:

$$LAG_{2,4} = EF_4 - EF_2 - FTF_{2,4} = 14 - 6 - 4 = 4$$

工作 A 与工作 D 是 FTF 连接关系，故：

$$LAG_{2,5}=EF_5-EF_2-FTF_{2,5}=10-6-2=2$$

工作 B 与工作 E 是 FTS 连接关系，故：

$$LAG_{3,6}=ES_6-EF_3-FTS_{3,6}=12-10-2=0$$

工作 C 与工作 F 是 STS 和 FTF 两种时距连接关系，故：

$$LAG_{4,7}=\min\{ES_7-ES_4-STS_{4,7},EF_7-EF_4-FTF_{4,7}\}=\min\{10-0-3,24-14-6\}=4$$

其他所有工作间的 LAG 都可参照以上方法求出，其结果如图 3-52 所示。

以上是根据最早时间参数计算 LAG，同样也可以根据最迟时间参数来计算 LAG，读者不难举一反三，这里不再赘述了。

4. 时差的计算

(1)线路时差的计算

搭接网络计划同样也是由多条线路所组成，而各条线路的长度又不尽相同，其中必然至少有一条最长的线路，这种最长的线路决定着总工期，称为关键线路。相应地其他称为非关键线路，都短于最长的线路，因而在这些线路上就存在着机动时间，这种机动时间就是线路时差。

在搭接网络计划中因为工作之间不是衔接关系，所以，与一般网络计划不同，它的线路长度不等于该线路上所有工作持续时间之总和，而是分别按时距连接关系来确定其持续时间的。例如图 3-52，从起点节点到终点节点共有 13 条线路，线路长度及时差见表 3-3。

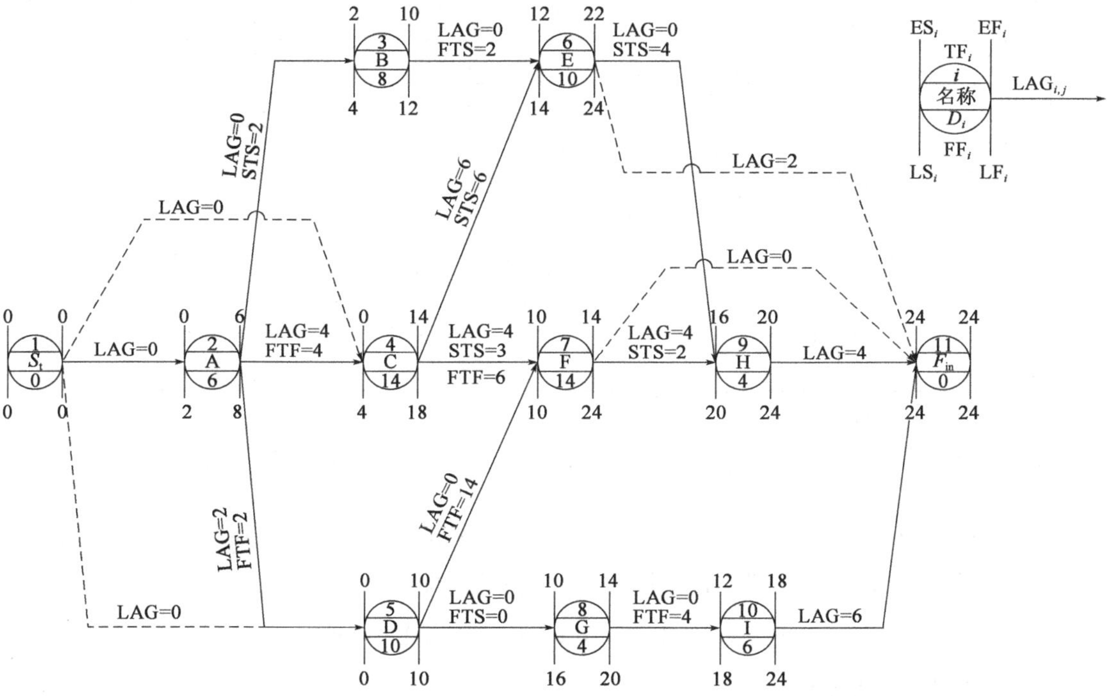

图 3-52 网络计划各工作之间间隔时间计算

线路长度及时差计算 表 3-3

序号	线路通过的工序间时距连接关系	线路长度	线路时差
1	起(0) —FTS=0→ C(14) —STS=6→ E(10) —STS=4→ H(4) —→ 终(0)	16	24−16=8
2	起(0) —→ C(14) —STS=3, FTF=5→ F(14) —→ 终(0)	20	26−20=4
3	起(0) —→ C(14) —STS=3, FTF=6→ F(14) —FTF=2→ H(4) —→ 终(0)	20	24−20=4
4	起(0) —→ A(6) —STS=2→ B(8) —FTS=3→ E(10) —STS=4→ H(4) —→ 终(0)	22	24−22=2
5	起(0) —→ A(6) —FTF=4→ C(14) —STS=6→ E(10) —STS=4→ H(4) —→ 终(0)	16	24−16=8
6	起(0) —→ A(6) —FTF=4→ C(14) —STS=3, FTF=6→ F(14) —→ 终(0)	20	24−20=4
7	起(0) —→ A(6) —FTF=4→ C(14) —STS=3, FTF=6→ F(14) —STS=2→ H(4) —→ 终(0)	20	24−20=4
8	起(0) —→ A(6) —FTF=2→ C(10) —FTF=14→ F(14) —→ 终(0)	24	24−24=0
9	起(0) —→ A(6) —FTF=2→ D(10) —FTS=14→ F(14) —STS=2→ H(4) —→ 终(0)	24	24−24=0
10	起(0) —→ A(6) —FTF=2→ D(10) —FTS=0→ G(4) —FTF=4→ I(5) —→ 终(0)	18	24−18=6
11	起(0) —→ D(10) —FTF=14→ F(14) —→ 终(0)	24	24−24=0
12	起(0) —→ D(10) —FTF=14→ F(14) —STS=2→ H(4) —→ 终(0)	24	24−24=0
13	起(0) —→ D(10) —FTS=0→ G(4) —FTS=4→ I(6) —→ 终(0)	18	24−18=6

(2)工作时差的计算

搭接网络计划的工作时差同一般网络计划一样，也可分为两种，即总时差和自由时差。

①工作总时差的计算。

工作总时差是指在不影响工程总工期的条件下，该项工作可能机动利用最大时间幅度，以 TF_i 表示。其计算公式也与一般单代号网络计划的相同，即

$$TF_i = LF_i - ES_i - D_i = LS_i - ES_i = LF_i - EF_i$$

②工作自由时差的计算。

工作自由时差是指在不影响所有紧后工作的最早开始时间的条件下，该项工作可能机动利用的最大幅度，以 FF_i 表示。

由于工作之间的连接关系是由不同的时距所确定，所以自由时差应分别根据不同时距进行计算。

当工作 i 只有一项紧后工作 j 时，FF_i的计算方法与求 $LAG_{i,j}$的方法完全相同的，即

$$FF_i = LAG_{i,j} \tag{3-63}$$

当工作 i 有两项以上的紧后工作时，则取各 $LAG_{i,j}$中的最小值，即

$$FF_i = \min\{LAG_{i,j}\} \tag{3-64}$$

根据计算总时差和自由时差的关系式，可计算出图 3-45 中所有工作的总时差和自由时差，如图 3-53 所示。

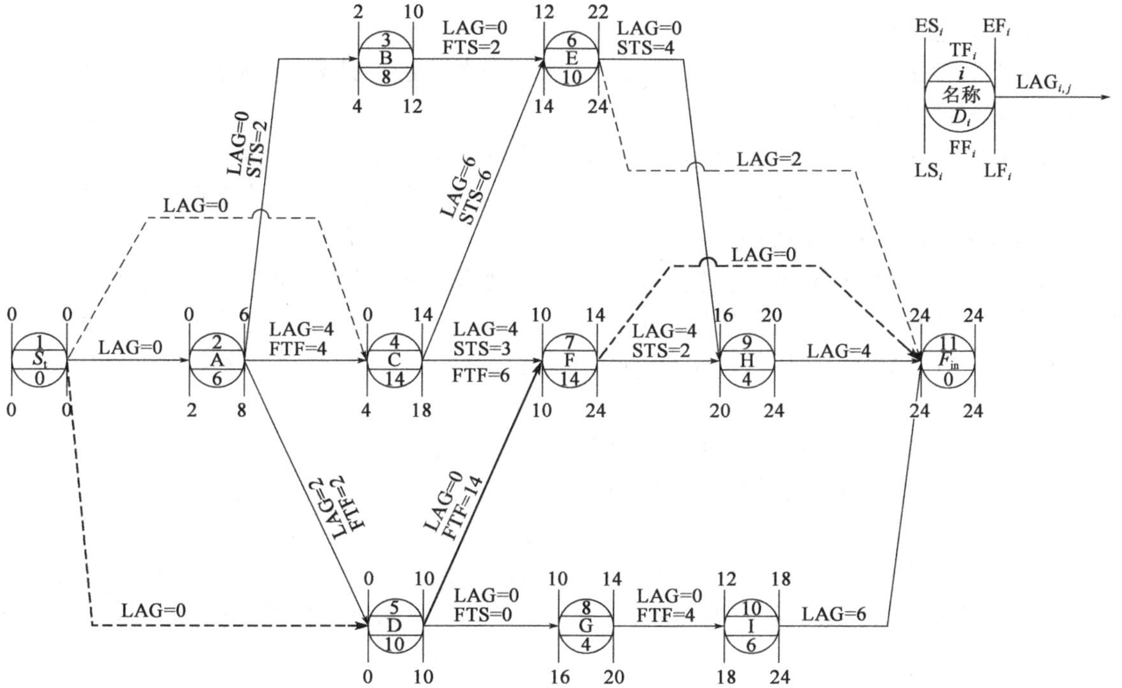

图 3-53 搭接网络计划时间参数计算总图

5. 关键工作和关键线路的确定

单代号搭接网络计划的关键工作是总时差为最小的工作。本例的关键工作有：开始节点，D 工作，F 工作，结束节点。

单代号搭接网络计划的关键线路应是从开始节点到结束节点均为关键工作，且所有工作的时间间隔均为 0($LAG_{i,j}=0$)。

本例的关键线路为：开始节点→D→F→结束节点，在图 3-53 中用粗箭线标注。D 和 F 两项工作的总时差 TF_i为零是关键工作。同一般网络计划一样，把总时差为零的工作连接起来所形成的线路就是关键线路。因此，用计算总时差的方法也可以确定关键线路。

我们还可以利用 LAG 来寻找关键线路，即从结束节点向开始节点方向寻找，把 LAG＝0 的线路向前连通，直到开始节点，这条线路就是关键线路。但是这并不意味着 LAG＝0 的线路都是关键线路，只有 LAG＝0 从开始节点至结束节点贯通的线路才是关键线路。

二、时标网络计划

时标网络计划是网络计划的一种表示形式,也称带时间坐标的网络计划,是以时间坐标为尺度编制的网络计划。在一般网络计划中,箭线长短并不表明时间的长短,而在时标网络计划中,箭线长短和所在位置即表示工作的时间进程,这是时标网络计划与一般网络计划的主要区别。

(一)时标网络计划的特点

时标网络计划形同水平进度计划,它是网络图与横道图的结合,它表达清晰醒目,编制亦方便,在编制过程中就能看出前后各工作之间的逻辑关系。这是一种深受计划部门欢迎的计划表达形式。它有以下特点:

(1)时标网络计划既是一个网络计划,又是一个水平进度计划,它能标明计划的时间进程,便于网络计划的使用。

(2)时标网络计划能在图上显示各项工作的开始与完成时间、时差和关键线路。

(3)时标网络计划便于在图上计算劳动力、材料等资源的需用量,并能在图上调整时差,进行网络计划的时间和资源的优化。

(4)调整时标网络计划的工作较繁。对一般的网络计划,若改变某一工作的持续时间,只需变动箭线上所标注的时间数字就行,十分简便。但是,时标网络计划是用箭线或线段的长短来表示每一工作的持续时间的,若改变时间就需改变箭线的长度和位置,这样往往会引起整个网络图的变动。

实践经验说明,时标网络计划对以下两种情况比较适用:

(1)编制工作项目较少,并且工艺过程较简单的公路施工计划。它能迅速地边绘、边算、边调整。对于工作项目较多,并且工艺复杂的工程仍以采用常用的网络计划为宜。

(2)将已编制并计算好的网络计划再复制成时标网络计划,以便在图上直接表示各工作的进程。目前在我国已编出相应的程序,可应用电子计算机来完成这项工作,并已经用于生产实际。

(二)编制时标网络计划的规定

(1)时标网络计划必须以时间坐标为尺度表示工作的时间,时标的时间单位应根据需要在编制网络计划之前确定,可为小时、天、周、旬、月或季等。

(2)时标网络计划应以实箭线表示工作,以虚箭线表示虚工作,以波形线表示工作的自由时差。当实箭线之后有波形线且其末端有垂直部分时,其垂直部分用实线绘制;当虚箭线有时差且其末端有垂直部分时,其垂直部分用虚箭线绘制。

(3)时标网络计划中所有符号在时间坐标上的水平位置及其水平投影,都必须与其所代表的时间值相对应。节点的中心必须对准时标的刻度线,虚工作必须以垂直虚箭线表示,有自由时差时加波形线表示。

(4)时标网络计划宜按最早时间编制。编制时标网络计划之前,应先按已确定的时间单位绘出时标表。时标可标注在时标表的顶部或底部,并须注明时标的长度单位,必要时还可在顶部时标之上或底部时标之下加注日历的对应时间。为使图面清晰,时标表中部的刻度线宜为细线。

(5)时标网络计划的编制应先绘制无时标网络计划草图,并可按以下两种方法之一进行:

①先计算网络计划的时间参数,再根据时间参数按草图在时标表上进行绘制。

②不计算网络计划的时间参数,直接按草图在时标表上编绘。

(6)用先算后绘制的方法时,应先按每项工作的最早开始时间将其箭尾节点定位在时标表上,再用规定线型绘出工作及其自由时差,形成时标网络计划图。

(7)不经计算直接按草图编绘时标网络计划时,应按下列方法逐步进行:

①将起点节点定位在时标表的起始刻度线上。

②按工作持续时间在时标表上绘制起点节点的外向箭线。

③工作的箭头节点必须在其所有内向箭线绘出以后,定位在这些内向箭线中最晚完成的实箭线箭头处,某些内向实箭线长度不足以到达该箭头节点时,可用波形线补足。

④用上述方法自左至右依次确定其他节点位置,直至终点节点定位绘完。

(三)双代号时标网络计划的绘制

双代号时标网络计划是在时间坐标上绘制的双代号网络计划,每项工作的时间长度(箭线长度)和每个节点的位置,都按时间坐标绘制。它既有网络计划的优点,又有横道计划的时间直观的优点。但因为其箭线受时标约束,故绘图比较困难。对于工作项目少、工艺过程比较简单的进度计划,可以边绘、边算、边调整。对于大型的、复杂的工程计划可以先用时标网络计划的形式绘制各分部工程的网络计划,然后再综合起来绘制时标总网络计划;也可以先编制一个简明的时标总网络计划,再分别绘制分部工程的执行时标网络计划。

1. 绘图基本要求

(1)时间长度是以所有符号在时标表上的水平位置及其水平投影长度表示的,与其所代表的时间值相对应。

(2)节点的中心必须对准时标的刻度线。

(3)虚工作必须以垂直虚箭线表示,有时差时加波形线表示。

(4)时标网络计划宜按最早时间编制,不宜按最迟时间编制。

(5)时标网络计划编制前,必须先绘制无时标网络计划。

(6)绘制时标网络计划图可以在以下两种方法中任选一种:

①先计算无时标网络计划的时间参数,再将该计划在时标表上进行绘制。

②不计算时间参数,直接根据无时标网络计划在时标表上进行绘制。

2. "先算后绘法"绘图步骤

以图 3-54 为例,绘制完成的时标网络计划如图 3-55 所示。

(1)绘制时标计划表。

(2)计算每项工作的最早开始时间和最早完成时间,如图 3-54 所示。

(3)将每项工作的箭尾节点按最早开始时间定位在时标计划表上,其布局应与不带时标的网络计划基本相当,然后编号。

(4)用实线绘制出工作持续时间,用虚线绘制无时差的虚工作(垂直方向),用波形线绘制工作和虚工作的自由时差,如图 3-55 所示。

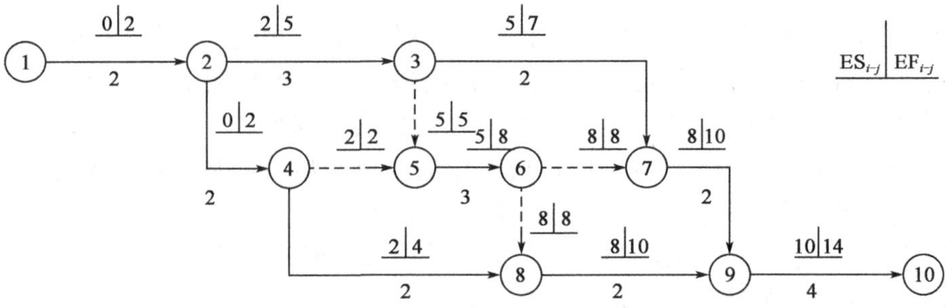

图 3-54 某工程双代号网络计划

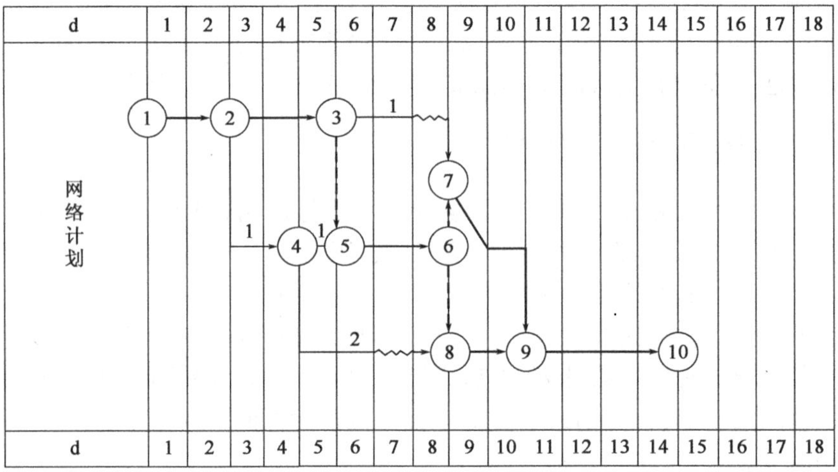

图 3-55 按图 3-54 绘制的时标网络计划

3. 直接绘图法

仍以图 3-54 为例说明,不经计算,直接按无时标网络计划编制时标网络计划的步骤为:

(1)绘制时标计划表。

(2)将起点节点定位在时标计划表的起始刻度线上,如图 3-55 的节点①。

(3)按工作持续时间在时标表上绘制起点节点的外向箭线,如图 3-55 的①→②。

(4)工作的箭头节点,必须在其所有内向箭线绘出以后,定位在这些内向箭线中最晚完成的实箭线箭头处,如图 3-55 中的节点⑤、⑦、⑧、⑨。

(5)某些内向实箭线长度不足以到达该箭头节点时,用波形线补足,如图 3-55 中的③→⑦、④→⑧。如果虚箭线的开始节点和结束节点之间有水平距离时,以波形线补足,如箭线④→⑤。如果没有水平距离,绘制垂直虚箭线,如③→⑤、⑥→⑦、⑥→⑧。

(6)用上述方法自左至右依次确定其他节点的位置,直至终点节点定位,绘图完成。

注意确定节点的位置时,尽量与无时标网络图的节点位置相当,保持布局基本不变。

(7)给每个节点编号,编号与无时标网络计划相同。

(四)时标网络计划关键线路和时间参数确定

1. 关键线路判定

时标网络计划的关键线路,应自终点节点逆箭头方向朝起点节点观察,凡自终至始不出现波形线的通路,就是关键线路。

判别是否为关键线路,要看这条线路上的各项工作是否有总时差,这里是用有没有自由时差判断有没有总时差的。因为有自由时差的线路即有总时差,而自由时差集中在线路段的末端,既然末端不出现自由时差,那么这条线路段便不存在总时差,自终至始没有自由时差的线路,自然就不存在总时差,这条线路就必然是关键线路。图 3-55 的关键线路是"①→②→③→⑤→⑥→⑦→⑨→⑩"和"①→②→③→⑤→⑥→⑧→⑨→⑩"两条。关键线路要求用粗线、双线或彩色线标注,图 3-55 是用粗线标注的。

2. 计算工期判定

时标网络计划的计算工期,应是其终点节点与起点节点所在位置的时标值之差。图 3-55 所示的时标网络计划的计算工期是 14 - 0 = 14。

3. 最早时间判定

在时标网络计划中,每条箭线的箭尾节点中心所对应的时标值,代表工作的最早开始时间,箭线实线部分右端或当工作无自由时差时箭线右端节点中心所对应的时标值代表工作的最早完成时间。虚箭线的最早开始时间和最早完成时间相等,均为其所在刻度的时标值,如图 3-55 中箭线⑥→⑧的最早开始时间和最早完成时间均为第 8d。

4. 自由时差判定

在时标网络计划中,工作自由时差值等于其波形线在坐标轴上的水平投影长度。

理由是:每条波形线的末端,就是这条波形线所在工作的紧后工作的最早开始时间;波形线的起点,就是它所在工作的最早完成时间;波形线的水平投影就是这两个时间之差,也就是自由时差值。如图 3-55 中工作③→⑦的自由时差值为 1d,工作④→⑤的自由时差值为 1d,工作④→⑧的自由时差值为 2d,其他工作无自由时差。

5. 工作总时差计算

时标网络计划中,工作总时差不能直接观察,但利用可观察到的工作自由时差进行计算亦是比较简便的。

工作总时差应自右向左逐个进行计算,一项工作只有在其各紧后工作的总时差被计算出来后,本工作的总时差才能判定。工作总时差之值,等于诸紧后工作总时差的最小值与本工作的自由时差值之和,即

$$TF_{i\text{-}j} = \min\{TF_{j\text{-}k}\} + FF_{i\text{-}j} \tag{3-65}$$

式中:$TF_{i\text{-}j}$——i-j 工作的总时差;

$TF_{j\text{-}k}$——i-j 工作的紧后工作 j-k 的总时差;

$FF_{i\text{-}j}$——i-j 工作的自由时差(波形线的水平投影)。

例如:图 3-55 中各工作的总时差由式(3-65)可得到:

$$TF_{9\text{-}10} = 14 - 14 = 0$$

$$TF_{7\text{-}9} = 0 + 0 = 0$$

$$TF_{3\text{-}7} = 0 + 1 = 1$$

$$TF_{8\text{-}9}=0+0=0$$

$$TF_{4\text{-}8}=0+2=2$$

$$TF_{5\text{-}6}=\min\{0+0,0+0\}=0$$

$$TF_{4\text{-}5}=0+1=1$$

$$TF_{2\text{-}4}=\min(2+0,1+0)=1$$

依此类推,可计算出全部工作的总时差值。

计算完成后,可将工作总时差值标注在相应的波形线或实箭线之上,如图 3-55 所示。

6. 最迟时间计算

有了工作的总时差与最早时间,工作的最迟时间便可计算出来:

$$LS_{i\text{-}j}=ES_{i\text{-}j}+TF_{i\text{-}j} \tag{3-66}$$

$$LF_{i\text{-}j}=EF_{i\text{-}j}+TF_{i\text{-}j} \tag{3-67}$$

根据对图 3-55 的观察和前面的计算结果,运用以上公式便可计算各工作的最迟时间。例如:

$$LS_{2\text{-}4}=ES_{2\text{-}4}+TF_{2\text{-}4}=2+1=3$$

$$LF_{2\text{-}4}=EF_{2\text{-}4}+TF_{2\text{-}4}=4+1=5$$

……

其余各工作的最迟时间也可按此法计算出来。

三、有时限的网络计划

(一)一般规定

(1)网络计划的时限可分为最早开始时限、最迟完成时限和中断时限。最早开始时限是指对网络计划或其中工作的开始所限定的最早时刻;最迟完成时限是指对网络计划的结束或其中工作完成所限定的最迟时刻;中断时限是指不允许网络计划或其中的工作进行的一段时间。

(2)网络计划的时限,应在编制计划前根据对计划的约束条件、要求加以规定。一个时限可限制一项工作或多项工作,也可以对整个计划加以限制。

(3)网络计划因有多种时限而产生的时间参数之间的矛盾,必须予以消除。消除时应依次考虑采取下列措施:

①加快某些工作的进度,缩短其持续时间。

②改变工作之间的衔接关系,使某些工作提前或推后进行,或使某些依次进行的工作搭接、交叉或平行地进行。

③改变技术措施与方案,重新划分工作项目。

(二)有时限的网络计划产生的原因

编制网络计划时,由于各种因素可能对整个计划或某项工作提出开始或结束的时间限制,

因此,需要根据这些限制去重新计算网络计划的时间参数和工期。这种网络计划称为有时限的网络计划。时间限制的原因主要有:

(1)因特殊的原因,工程必须提前开工或完工,以保证使用的需要。

(2)因自然条件的影响,要求工程在某个时间开工或完工,以避免造成浪费或危险。

(3)因某些资源的限制,要求工程提前或延期。

(4)因建设单位、监理单位或施工单位提出了新的要求。

(5)因某些技术原因、设计原因或科研方面的原因,要求提前或延期。

上述这些原因造成的时限都是通过指令传达到计划工作人员,有的在计划执行前,有的在计划执行过程中。总之,对计划或工作给以时限,是计划工作的普遍现象,有实际意义。

(三)时限的种类

1.按时限的范围分类

(1)对整个计划的时限。

(2)对某些项工作的时限。

2.按时限的限制时间分类

(1)最早开始时限,它限制计划或工作的最早开始时间。

(2)最迟完成时限,它限制计划或工作的最迟完成时间。

(3)中断时限,这是计划或工作不得在某个时间范围内施工的限制。

3.按有时限的网络计划分类

(1)有时限的双代号网络计划。

(2)有时限的单代号网络计划。

(四)有最早开始时限和最迟完成时限的网络计划

(1)最早开始时限与最迟完成时限在网络计划中的表示应符合下列规定:

①双代号网络计划的最早开始时限在图上的 $L_{i\text{-}j}^{ES}$ 值之前加“》”表示,标注在横向箭线尾部上面或竖向箭线尾部左面;最迟完成时限在图上的 $L_{i\text{-}j}^{LF}$ 值之后加“《”表示,标注在横向箭线头部下面或竖向箭线头部右面,如图3-56a)、b)所示。

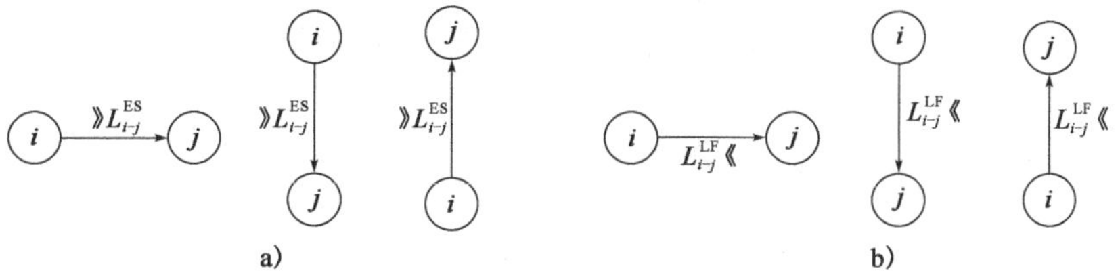

图3-56 双代号网络计划的时限表示方法

a)最早开始时限表示方法;b)最迟完成时限表示方法

②单代号网络计划的时限用类似的符号表示,分别标注在节点的左上角和右下角,如图3-57所示。

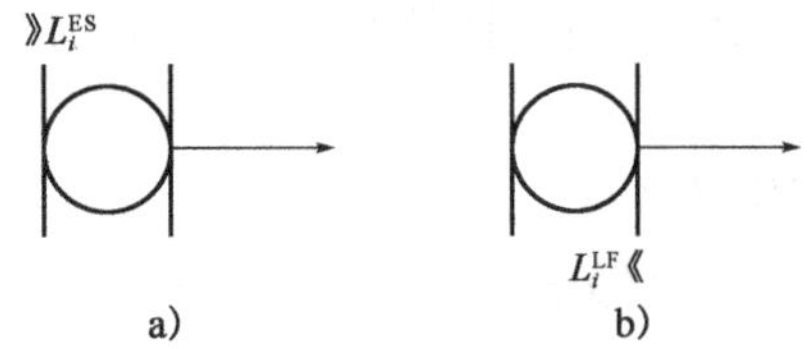

图 3-57　单代号网络计划的时限表示方法
a)最早开始时限表示方法；b)最迟完成时限表示方法

(2)网络计划有最早开始时限时，确定工作最早开始时间和最早完成时间应符合下列规定：

①整个网络计划有最早开始时限，应按网络计划的起始工作有最早开始时限对待。

②有最早开始时限的工作，应先按常规方法算出最早开始时间的理论值$[ES_{i\text{-}j}]$或$[ES_i]$，再按下列公式确定其最早开始时间：

对双代号网络计划：

$$ES_{i\text{-}j} = \max\{[ES_{i\text{-}j}], L_{i\text{-}j}^{ES}\} \tag{3-68}$$

对单代号网络计划：

$$ES_i = \max\{[ES_i], L_i^{ES}\} \tag{3-69}$$

有最早开始时限的工作的最早完成时间，必须以式(3-68)或式(3-69)所确定的工作最早开始时间为基础计算。

(3)网络计划有最迟完成时限时，确定工作最迟完成时间和最迟开始时间应符合下列规定：

①整个网络计划有最迟完成时限，应按网络计划的结束工作有最迟完成时限对待。

②有最迟完成时限的工作，应先按常规方法算出最迟完成时间的理论值$[LF_{i\text{-}j}]$或$[LF_i]$，再按下列公式确定其最迟完成时间：

对双代号网络计划：

$$LF_{i\text{-}j} = \min\{[LF_{i\text{-}j}], L_{i\text{-}j}^{LF}\} \tag{3-70}$$

对单代号网络计划：

$$LF_i = \min\{[LF_i], L_i^{LF}\} \tag{3-71}$$

有最迟完成时限的工作的最迟开始时间，必须以式(3-70)或式(3-71)所确定的工作最迟完成时间为基础计算。

(4)在有时限的网络计划中，工作的时差还必须受时限的限制。工作的总时差除必须保证不影响工期，工作的自由时差除必须保证不影响紧后工作最早开始时间外，还都必须保证本工作及后续工作不违反最迟完成时限的限制。

(5)在有时限的双代号网络计划中，工作的时差计算应符合下列规定：

①总时差应采用无时限网络计划的相应公式计算。

②有最迟完成时限的工作的自由时差$FF_{i\text{-}j}$应为：

$$FF_{i\text{-}j} = \min\{(ES_{j\text{-}k} - EF_{i\text{-}j}), (L_{i\text{-}j}^{LF} - EF_{i\text{-}j})\} \tag{3-72}$$

式中：$ES_{j\text{-}k}$——工作 $i\text{-}j$ 的紧后工作 $j\text{-}k$ 的最早开始时间。

③有最迟完成时限工作的所有先行工作的自由时差$FF_{i\text{-}j}$应为：

$$FF_{i\text{-}j} = \min\{(ES_{j\text{-}k} - EF_{i\text{-}j}), TF_{i\text{-}j}\} \tag{3-73}$$

(6)有时限的单代号网络计划中，工作的时差计算应符合下列规定：

①总时差应用无时限网络计划的相应公式计算。

②两工作 i、j 之间的时间间隔 $LAG_{i,j}$ 应为：

$$LAG_{i,j} = \min\{(ES_j - EF_i), (L_i^{LF} - EF_i)\} \tag{3-74}$$

③有最迟完成时限的工作及其所有的先行工作的自由时差 FF_i 应为：

$$FF_i = \min\{LAG_{i,j}, TF_i\} \tag{3-75}$$

(7)当有最迟完成时限的工作及其先行工作的总时差为负值(同时也必定使计划开始时间为负值)，或这些工作的时间参数违反了最早开始时限的限制时，必须按一般规定的第 3 项加以解决。

(8)有最早开始时限的工作及所在线路上的后续工作的完成时间不应超过最迟完成时限和要求工期。否则，必须按一般规定的第 3 项解决。

(9)在有时限的网络计划中，非关键线路上也可能存在总时差为零(或最小)的工作，对这些工作必须与关键工作同等对待。

(10)限停时间用符号 $T_{i\text{-}j}^{LD}$ 或 T_i^{LD} 表示，其值的计算应符合下列规定：

①当最早开始时限大于有时限的工作最早开始时间理论值时，在该工作开始前产生的限停时间应为：

对双代号网络计划：

$$T_{i\text{-}j}^{LD} = L_{i\text{-}j}^{ES} - [ES_{i\text{-}j}] \tag{3-76}$$

对单代号网络计划：

$$T_i^{LD} = L_i^{ES} - [ES_i] \tag{3-77}$$

②当最迟完成时限小于受限工作的最迟完成时间理论值时，在有时限的工作最早完成后产生的限停时间应为：

对双代号网络计划：

$$T_{i\text{-}j}^{LD} = [LF_{i\text{-}j}] - L_{i\text{-}j}^{LF} \tag{3-78}$$

对单代号网络计划：

$$T_i^{LD} = [LF_i] - L_i^{LF} \tag{3-79}$$

(11)有时限的工作开始前的限停时间，在条件允许时可当作该工作的先行工作的时差，根据计划安排的需要加以利用。有时限的工作最早完成后的限停时间，严禁当作该工作及其先行工作的时差加以利用，但在条件允许时可由后续工作加以利用。

(五)有中断时限的网络计划

(1)处理中断时限应不违反其他约束条件、不背离计划目标，并符合下列方法之一的规定：

①将有时限的工作推迟到中断时限的中断结束以后进行，并把它看作被推迟的工作的最早开始时限。

②将有时限的工作提前到中断时限的中断开始以前进行，并把它看作被提前的工作的最迟完成时限。

③将有时限的工作分为两阶段，分别在中断期的前后进行，并把中断开始看作工作前段的最迟完成时限，把中断结束看作工作后段的最早开始时限。

(2)有中断时限的工作在网络图上的表示和时间参数计算,应分别按有最早开始时限或最迟完成时限的工作的相应方法处理。

(六)有时限的双代号时标网络计划

(1)有时限的双代号时标网络计划(以下简称"有时限的时标网络计划")的时间参数计算、关键工作和限停时间的确定均与有时限的无时标网络计划相同,必须符合有最早开始时限和最迟完成时限的网络计划中(2)~(11)项所述的规定。

(2)有时限的时标网络计划,工作和时差的表示方法与无时限的时标网络计划相同,绘制时应符合网络图的绘制规则的规定。

时限标志符号"》"和"《"的尖端宜对准该时限时间值的坐标。

(3)在有时限的时标网络计划中,限停时间应用点划线表示。为使不同性质的时间段标示分明,在点划线与实线、波形线等其他线型的交接点,必须用圆点标明。

(4)在按最早时间绘制的时标网络计划图上,工作后的限停时间只能表现出一部分,其值 $T_{i\text{-}j}^{\mathrm{LDP}}$ 应按式(3-80)计算。

$$T_{i\text{-}j}^{\mathrm{LDP}} = \mathrm{ES}_{j\text{-}k} - L_{i\text{-}j}^{\mathrm{LF}} \tag{3-80}$$

(5)表示限停时间的点划线在时间坐标上的投影长度,必须与所代表的 $T_{j\text{-}k}^{\mathrm{TD}}$ 或 $T_{j\text{-}k}^{\mathrm{LDP}}$ 值相当。

(七)有时限的双代号时标网络计划计算示例

如图3-58所示,工作①→③有最迟完成时限10,工作④→⑦和⑤→⑥分别有最早开始时限50和25。图3-58中的时间参数是未考虑时限计算的理论值(初值)。

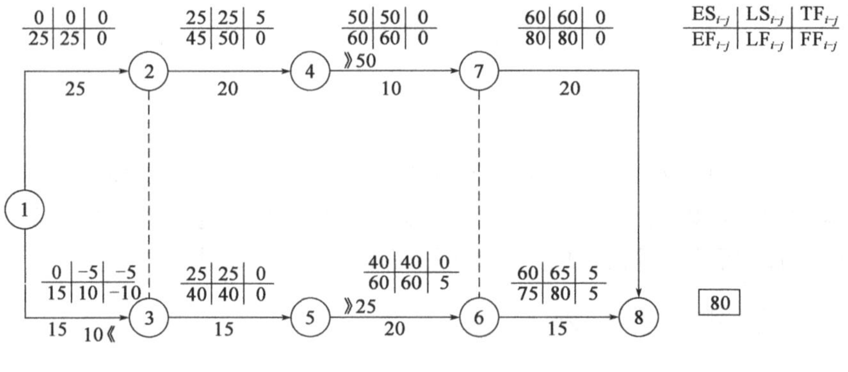

图3-58 有时限的双代号网络计划时间参数的计算

1. 受最早开始时间限制时网络计划工作的时间参数计算

首先按式(3-68)计算有最早开始时限工作及受其影响的其他工作的最早开始时间与最早完成时间,如图3-59所示。

$$\mathrm{ES}_{4\text{-}7} = \max\{[\mathrm{ES}_{4\text{-}7}], L_{4\text{-}7}^{\mathrm{ES}}\} = \max\{45, 50\} = 50$$

$$\mathrm{EF}_{4\text{-}7} = \mathrm{ES}_{4\text{-}7} + D_{4\text{-}7} = 50 + 10 = 60$$

$$ES_{5\text{-}6}=\max\{[ES_{5\text{-}6}],L_{5\text{-}6}^{ES}\}=\max\{40,25\}=40$$

$$EF_{5\text{-}6}=40+20=60$$

$$ES_{6\text{-}8}=\max\{[ES_{6\text{-}8}],EF_{5\text{-}6}\}=\max\{60,60\}=60$$

$$EF_{6\text{-}8}=60+15=75$$

$$ES_{7\text{-}8}=\max\{[ES_{7\text{-}8}],EF_{4\text{-}7},EF_{5\text{-}6}\}=\max\{60,60,60\}=60$$

$$EF_{7\text{-}8}=60+20=80$$

$$T_c=80$$

2. 受最迟开始时间限制时网络计划工作的时间参数计算

本计划受最迟开始时间限制的工作只有①→③,按式(3-70)计算得:

$$LF_{1\text{-}3}=\min\{[LF_{1\text{-}3}],L_{1\text{-}3}^{LF}\}=\min\{25,10\}=10$$

$$LS_{1\text{-}3}=10-15=-5$$

工作①→③的最迟开始时间出现了负值(图 3-58),说明它的持续时间本就不能满足最迟时限的要求,应采取措施压缩,将 15d 改变为 10d,故;

$$ES_{1\text{-}3}=0$$

$$EF_{1\text{-}3}=0+10=10$$

$$LF_{1\text{-}3}=10$$

$$LS_{1\text{-}3}=10-10=0$$

这个变化并未影响工作①→③的紧后工作,故不需作其他调整。

以上计算结果如图 3-59 所示,图 3-59 为最后确定的时间参数。

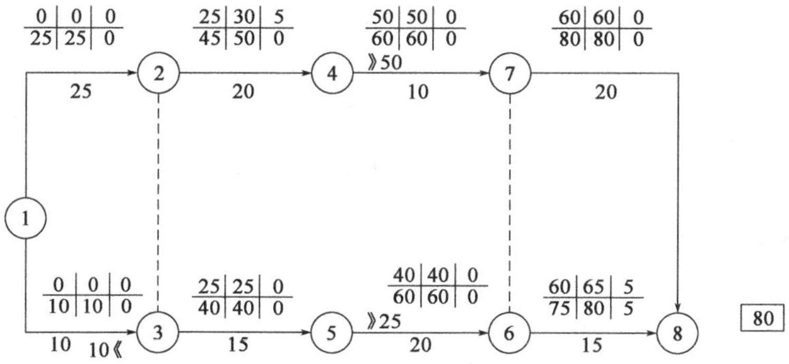

图 3-59 最后确定的有时限双代号网络计划计算结果

3. 时差的计算

按常规方法计算的总时差标在图 3-59 中。

按式(3-72)计算的自由时差亦标在图 3-59 中,按规定,总时差不得出现负值。

4. 关键线路的确定

本例的关键线路是①→②→③→⑤→⑥→⑦→⑧。工作①→③和工作④→⑦虽不在关键线路上，但因其总时差为0，故应按关键工作对待。

5. 限停时间的计算

由于工作④→⑦有最早开始时限50，且大于本身的最早开始时间初值，故产生了前限停时间，即

$$T_{4\text{-}7}^{LD}=L_{4\text{-}7}^{ES}-\{ES_{4\text{-}7}\}=50-45=5$$

工作⑤→⑥虽有最早开始时限25，但因为小于其最早开始时间初值40，故无限停时间。

由于工作①→③受最迟完成时限10的限制，且其值小于其最迟完成时间的理论值25，故产生了后限停时间，其值为：

$$T_{1\text{-}3}^{LD}=\{LF_{1\text{-}3}\}-L_{1\text{-}3}^{LF}=25-10=15$$

6. 绘制有时限的时标网络计划

根据计算结果绘制的时标网络计划如图3-60所示。

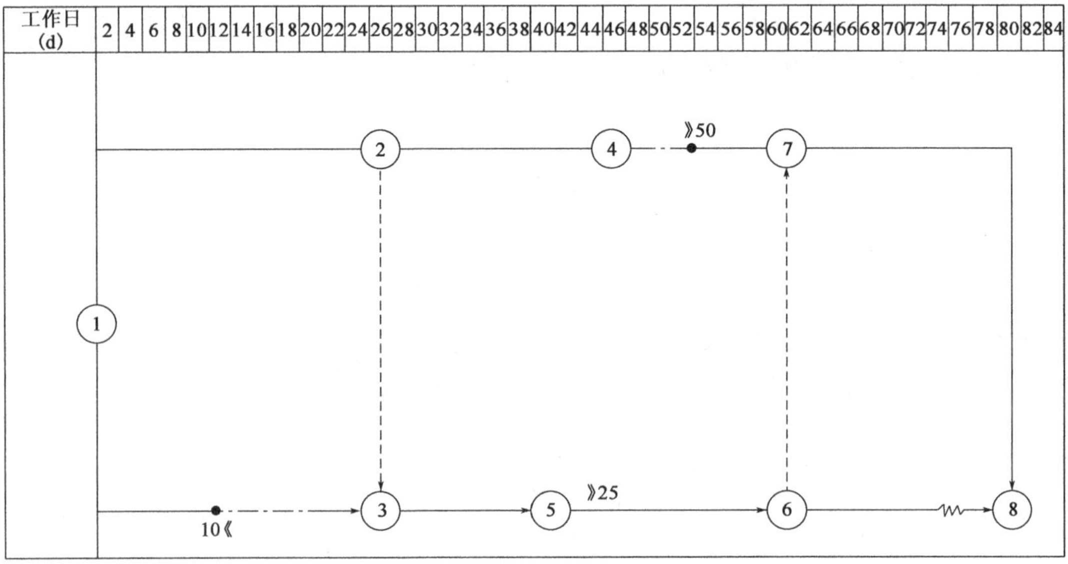

图3-60 有时限的时标网络计划

四、群体网络计划

（一）概念

两个以上单体网络的组合就构成群体网络。群体网络中的各个单体网络是相互独立的，但又是相互联系的。网络计划的连锁，就是在一个施工企业中有若干个单体网络计划，由于某一种资源（如某主导施工机械）需要在某几个单体工程（即单体网络计划）中转辗流动使用，这就是一种联系。由于这种流动，就要考虑群体网络计划的优化，在群体网络计划中，优化是重要的课题。

在一个大型或中型公路工地上，在一个公路企业或一个工程队中，同时期内必然要承担若

干个单体工程。为达到在资源使用上的连续性和均衡性,所构成的群体网络就要考虑这些问题。这就是群体网络计划要研究解决的问题。

群体网络计划是指一个大、中型工程建设项目,一个居住公路群体,它们包括若干辅助公路和全工地性水电管网、道路等公共设施,配套交工后才能投产与使用,整个工程也可分阶段完成。如果我们在安排计划中,只着重于各个主体工程而缺乏群体工程的概念,势必不能配套交工,基本建设投资就不能及早发挥效益。

编制群体网络计划时要注意有以下特点:

(1)编制同类型的民用公路群体网络计划时,务必使用流水施工;非同类型的公路群体,如工业群体网络计划,在编制时应注意主要工种与主导大型施工机械的流水。

(2)注意群体网络计划的整体性,各个单体网络计划之间有密切的联系,考虑到分阶段、局部与整体的关系,按照生产系统同步施工,配套完工及时投产和使用。

(3)群体网络计划一般周期较长、项目多,因此,必须要分期分批地按系统和分阶段进行统筹安排,分期完成的项目能独立生产和使用,充分发挥投资的经济效益。

(4)群体网络计划中参与的施工单位、专业协作部门多而复杂。群体网络中要为各专业单位创造施工条件,即在某专业队进场之前必须完成的前导工序,务必落实。在编制网络计划时要考虑到工作面、立体交叉作业和安全措施。

编制群体网络计划是一件十分复杂而细致的工作,事先必须掌握充分的数据、信息。编制人员要熟悉生产工艺和施工工艺,并且要有丰富的实践经验,能善于利用时差和关键路线,从而以最少的消耗达到最大的经济效益和缩短总工期的目的。

编制群体网络时必须要考虑到施工单位可能得到的资源和现有的资源,力求均衡和连续施工。

图3-61为群体网络计划的示意图,它是由若干子网络计划所组成。总网络计划即施工组织设计总进度计划,子网络计划即组成总网络计划的若干个单体网络计划,一个子网络计划可划分为更细的分部网络计划,按需分级。

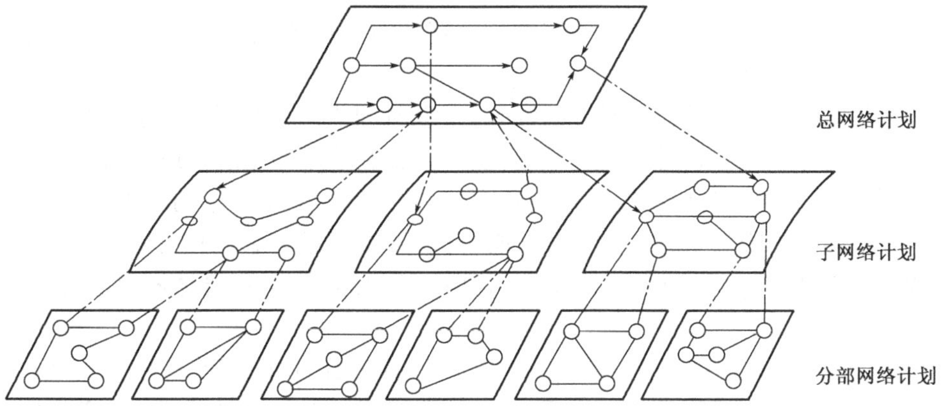

图3-61 群体网络计划示意图

总体网络计划主要对工程起控制作用;子网络计划是在总体网络计划的要求下进行具体分项的安排,以保证总体网络计划的实现;对规模大而复杂的工程,可划分更细的多级网络计划。

群体网络计划往往是多目标的网络计划,即有两个以上的终点。例如,一个新建工业企业的群体网络计划中,分期分批完成各个车间或各个系统;民用公路群体网络计划也一样,按期完成各区域的房屋,以供使用。将各个目标的终点与总网络计划的终点用虚箭线相连,就成了一个单目标的群体网络。各个分目标的完成将会影响总网络计划,各个单体目标之间亦有相关的联系。

(二)群体网络计划中应用的网锁

在编制公路企业或工程队的群体网络计划时,应考虑到某种资源(如起重机)能连续而均衡的使用,需编制综合的资源使用计划。公路企业一般有若干个工程同时或搭接施工,如果孤立地考虑单独一项工程的计划,即使在工艺技术上和经济上均属较优的计划,但对整个公路企业的资源使用而言,往往会出现矛盾。因此需要将同一个施工单位(公司或工程队)在某一施工阶段的各单位工程网络计划彼此相互联系起来,这就称为网络计划的连锁,这是十分必要的。甚至可将各单项工程网络计划加以合并,编制出属于某一公路企业整个生产范围内,在某一时期的群体网络计划,根据此计划控制某些资源的连续、均衡使用。

以下将几个单项工程网络计划连锁为一个群体网络计划,并只考虑某一种资源使用的连续性及特定的施工期限条件,从理论上说明网络计划连锁的方法。

单项网络计划连锁的步骤为:

(1)编制单个网络计划。由于各单项工程的网络计划往往是分别由较多的技术人员所编制,故应制订统一的编制条件,如活动项目的划分、单位指标等均相同。

(2)单个网络计划的计算。按一般常规方法计算单个网络计划的时间参数和资源量,可考虑资源、工期与成本方面的优化。

(3)网络计划的连锁。在各单个网络计划中,有些活动是以同类的资源进行施工的,例如,使用同一台主导机械或同一组机械,由于考虑经济效益,首先应优先保证充分发挥这些机械的作用。各单位工程现场的地址为已知,因而该类资源(如某主导机械)从这一工地转移到另一工地所需的时间也为已知。

在各单个网络计划中,首先求出使用该类物资的时间区段以及不使用这种资源的时间区段。后者称为“停歇时间”。

对单项网络计划中各类资源的使用时间与停歇时间进行对比分析,可以得到若干个工程连锁施工顺序的方案。从这些方案中可求得能保证资源使用的连续性最好的方案。

将所确定的使用时间与停歇时间用向量表示,并按照所选定方案的施工顺序,将使用该项资源(如主导机械)的那些向量按顺序排列成一行,其中包括转移时间。在此行上方或下方,按相应位置绘入停歇时间的向量。将使用时间向量相加,就得到群体网络计划的关键线路长度。

使用时间矢量与非使用时间矢量之间的连接处,可能出现间隙或重叠,用差值(D)表示,有时间间隙时为正值,而时间重叠时为负值。差值向量的数值,就是相应的分部网络计划关键线路应延长的数值,而负差值向量则为其应缩短之值。延长和缩短时间均是对分部网络计划关键线路的非使用时间而言。选择最优方案的判别依据是群体网络计划的总工期(GP)以及差值绝对值总和为最小。

(4)将选定的连锁最优方案进行时间参数计算并绘图。

第五节 网络计划的优化

网络计划是经过调查研究、确定施工方案、划分施工过程、分析施工过程间的逻辑关系、编制施工过程一览表、绘制网络图、计算时间参数等步骤,而确定的网络计划的初始方案。然而要使工程项目的计划如期实施,获得缩短工期、质量优良、资源消耗少、工程成本低的效果,必须对网络计划进行优化。网络计划的优化,就是在满足既定的约束条件下,按某一目标,通过不断调整,寻找最优网络计划方案的过程。网络计划的优化是通过时差来实现的,是建立在许多次反复计算的基础上完成的。网络计划的优化包括工期优化、资源优化及费用优化。网络计划优化的作用是:

(1)工期优化的作用在于当网络计划的计算工期不能满足要求工期时,通过不断压缩关键线路上的关键工作的持续时间,达到缩短工期、满足工期要求的目的。

(2)一个部门或单位在一定时间内所能提供的各种资源(如劳动力、机械及材料等)是有一定限度的,还有一个如何经济而有效地利用这些资源的问题。在资源计划安排时有两种情况:一种情况是网络计划所需要的资源受到限制,如果不增加资源数量(如劳动力)有时也会迫使工程的工期延长,或者不能进行(如材料供应不及时);另一种情况是在一定时间内如何安排各工作的活动时间,使可供使用的资源均衡地消耗。资源消耗是否均衡,将影响企业管理的经济效果。例如网络计划中在某一时间内红砖消耗数量比平均数量还要高50% ~60%,为了满足工程的计划进度,供应部门突击供应,将使大量红砖进入现场,不仅增加二次搬运费用,而且会造成现场拥挤,影响文明施工,劳动部门也因瓦工需要数量突然增多而感到调度困难;当瓦工数量不能满足时,就得突击赶工,加班加点,以致增加各种费用。这些都将给企业带来不必要的经济损失。资源优化的作用在于,在资源有限的条件下,寻求完成计划的最短工期,或者在工期规定条件下,力求资源消耗均衡。通常把这两方面的问题分别称为"资源有限,工期最短"和"工期固定,资源均衡"。

(3)完成一项工程常可以采用很多种施工方法和组织方法,而不同的施工方法和组织方法,对完成同一工作就会有不同的持续时间与费用。由于一项工程是由很多工作组成,所以,安排一项工程计划时,就可能出现多种方案。它们的总工期和总成本也因此而有所不同。如何在这多种方案中确定一个最优或较优方案,需要用费用优化方法解决。

对于不同的优化目标,有不同的优化理论和方法。在求解同一目标的优化时,其计算方法有多种。

一、工期优化

工期优化是在给定的网络计划约束条件下,通过系统择优压缩原理,不断压缩网络图的计算工期,以寻求满足规定工期要求的最优方案。

(一)工期优化的计算步骤

当计算工期大于要求工期时,可通过压缩关键工作的持续时间满足工期要求,可按以下规定步骤进行:

(1)计算并找出网络计划中的计算工期、关键线路及关键工作。

(2)按要求工期计算应缩短的持续时间。

(3)确定各关键工作能缩短的持续时间。

(4)选择关键工作,调整其持续时间,并重新计算网络计划的计算工期。

(5)若计算工期仍超过要求工期,则重复以上步骤,直到满足工期要求或工期已不能再缩短为止。

(6)当所有关键工作的持续时间都已达到其能缩短的极限而工期仍不满足要求时,应遵照规定对计划的原技术、组织方案进行调整或对要求工期重新审定。

(二)压缩持续时间的关键工作的选择

选择应缩短持续时间的关键工作宜考虑下列因素:

(1)缩短持续时间对工程质量和安全影响不大的工作。

(2)有充足备用资源的工作。

(3)缩短持续时间所需增加的费用最少的工作。

(三)缩短关键工作持续时间的措施

为了使关键工作取得可以压缩的时间,必须采取一定的措施,这些措施主要是:

(1)增加资源数量。

(2)增加工作班次。

(3)改变施工方法。

(4)组织流水作业。

(5)采取技术措施。

如果上述措施均不能奏效,则应改变工期要求或改变施工方案。

(四)按要求工期优化网络计划的方法

当一个工程项目的要求工期已确定时,施工单位应根据这个规定工期来编制网络计划,一般不得超过所规定的要求工期。但是比规定的要求工期减少过多,也并非合理,因为这意味着人力物力不必要的过分集中,势必引起直接费用的增加,也就是会提高成本,因此,最短工期显然不是最优工期。所以,对超过或者短于要求工期的网络计划都必须要加以调整。这个调整工作用人工调整比较费事,应用电子计算机不仅可根据要求工期来计算网络计划的时间,并能自动调整。

根据网络计划中每项工作的工程量、现行定额及合理的劳动组合,可按式(3-81)计算出该工作正常的持续时间 $D_{i\text{-}j}$,即:

$$D_{i\text{-}j} = \frac{Q_{i\text{-}j}}{Rb} \tag{3-81}$$

式中:$D_{i\text{-}j}$——该工作的持续时间;

$Q_{i\text{-}j}$——完成该工作的劳动量(工日);

R——参加该工作每班的工人数;

b——工作班数。

如果要调整网络计划的工期，即调整各项工作的持续时间 $D_{i\text{-}j}$，通常是在已合理选择好某一施工方案的基础上，除计算出各项工作正常的持续时间以外，还可以确定该工作持续时间的极小值和极大值，即

$$D_{i\text{-}j}^{\mathrm{O}} \leqslant D_{i\text{-}j}^{\mathrm{N}} \leqslant D_{i\text{-}j}^{\mathrm{L}} \tag{3-82}$$

式中：$D_{i\text{-}j}^{\mathrm{O}}$——工作最短的持续时间；

$D_{i\text{-}j}^{\mathrm{N}}$——工作正常的持续时间；

$D_{i\text{-}j}^{\mathrm{L}}$——工作最长的持续时间。

$D_{i\text{-}j}^{\mathrm{O}}$与 $D_{i\text{-}j}^{\mathrm{L}}$根据各项工作的具体条件而定，要力求合理，否则会导致由于工作面过小而影响工效，或人力过少而影响工作的进展。

计算网络计划各工作的时间参数首先采用各工作的正常持续时间 $D_{i\text{-}j}^{\mathrm{N}}$，从而计算出整个网络计划的总工期 T_{c}，然后判断网络计划的总工期 T_{c}是否大于该工程项目规定的要求工期 T_{r}。

1. 计算工期大于要求工期的优化

(1)当发现 $T_{\mathrm{c}} > T_{\mathrm{r}}$时，说明该网络计划的工期不符合规定要求，需加以调整。调整的方法是在网络计划中关键线路上的各工作逐个用 $D_{i\text{-}j}^{\mathrm{O}}$代替相应的 $D_{i\text{-}j}^{\mathrm{N}}$，然后再重新计算网络计划的工期。在关键线路上，每代替一个(或几个)$D_{i\text{-}j}^{\mathrm{O}}$值，立即计算一次工期，一直计算到 $T_{\mathrm{c}} = T_{\mathrm{r}}$为止。这样网络计划的工期就与规定的工期完全一致。

(2)当 $T_{\mathrm{c}} > T_{\mathrm{r}}$较多时，在网络计划中的 $D_{i\text{-}j}^{\mathrm{O}}$已全部代完，还不能满足工期要求，则就先输出该网络计划可能的最短工期，然后再采取其他缩短工期的措施。

2. 计算工期小于要求工期的优化

(1)如果当 $T_{\mathrm{c}} < T_{\mathrm{r}}$较多时，也应对网络计划工期进行调整。即在关键线路上的工作中，用 $D_{i\text{-}j}^{\mathrm{L}}$代替相应的 $D_{i\text{-}j}^{\mathrm{N}}$重新计算工期，一直算到与要求工期相同为止。

(2)如果 $T_{\mathrm{c}} < T_{\mathrm{r}}$较多，在关键线路上的 $D_{i\text{-}j}^{\mathrm{L}}$全部代完，还不能满足工期要求时，同样可在非关键线路上以 $D_{i\text{-}j}^{\mathrm{L}}$继续取代相应的 $D_{i\text{-}j}^{\mathrm{N}}$进行计算，直至达到符合要求工期为止。在非关键线路上以 $D_{i\text{-}j}^{\mathrm{L}}$代替相应的工作要符合以下条件，即

$$D_{i\text{-}j}^{\mathrm{L}} - D_{i\text{-}j}^{\mathrm{N}} > \mathrm{TF} \tag{3-83}$$

TF 是总时差，上式是非关键工作可能转变为关键工作的必要条件。不具备这个条件的非关键工作，即使以 $D_{i\text{-}j}^{\mathrm{L}}$取代其 $D_{i\text{-}j}^{\mathrm{N}}$仍然不会改变关键线路，对工期没有影响。当网络计划中工作的 $D_{i\text{-}j}^{\mathrm{N}}$全部取代完毕后，尚不能得到与要求工期相同的结果，则最后输出该网络计划的可能最长工期及相应的关键线路。

【例题 3-7】 某网络计划如图 3-62 所示，图中括号内数据为工作最短持续时间，假定要求工期为 100d，试对该网络计划进行工期优化。其优化的步骤如下：

解 (1)用工作正常持续时间计算节点的最早时间和最迟时间，找出网络计划的关键工作及关键线路，如图 3-63 所示。

通过时间参数的计算可知，关键工作为①→③、③→④、④→⑥。关键线路为①→③→④→⑥，图中关键线路用粗箭线表示。

(2)计算需要缩短的工期，根据图 3-63 计算，工期需要缩短时间 60d。根据图 3-62 中数

据,关键工作①→③可缩短20d,③→④可缩短30d,④→⑥可缩短25d,共计可缩短75d。但考虑前述原则,因缩短工作④→⑥增加劳动力较多,故仅缩短10d,重新计算网络计划工期如图3-64所示。图3-64的关键线路为①→②→③→⑤→⑥,关键工作为①→②、②→③、③→⑤、⑤→⑥,工期为120d。

(3)按要求工期尚需压缩20d。仍根据前述原则,选择工作②→③、③→⑤较宜,用最短工作持续时间置换工作②→③和工作③→⑤的正常持续时间,重新计算网络计划的时间参数,如图3-65所示。经计算可知,关键线路为①→③→④→⑥,工期为100d,满足要求。

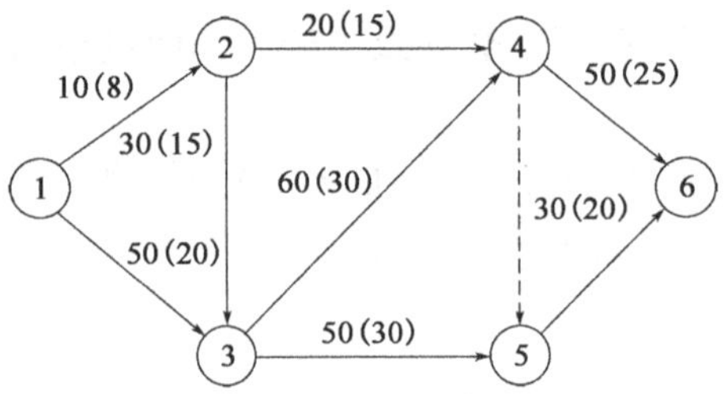

图3-62　某网络计划

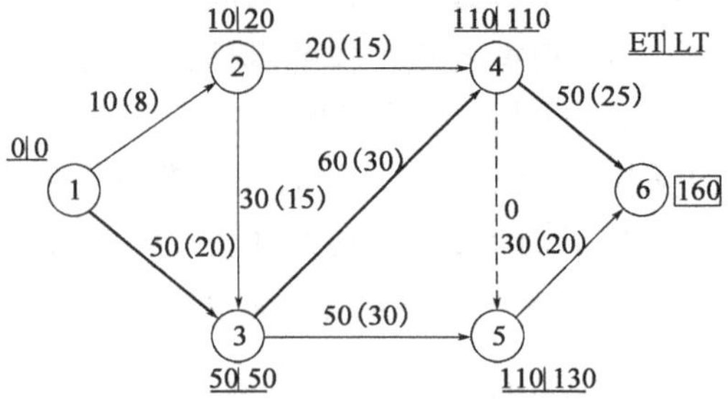

图3-63　某网络计划节点时间

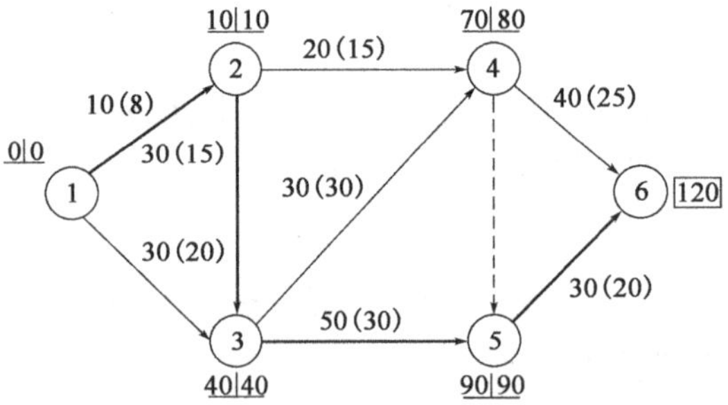

图3-64　某网络计划第一次调整结果

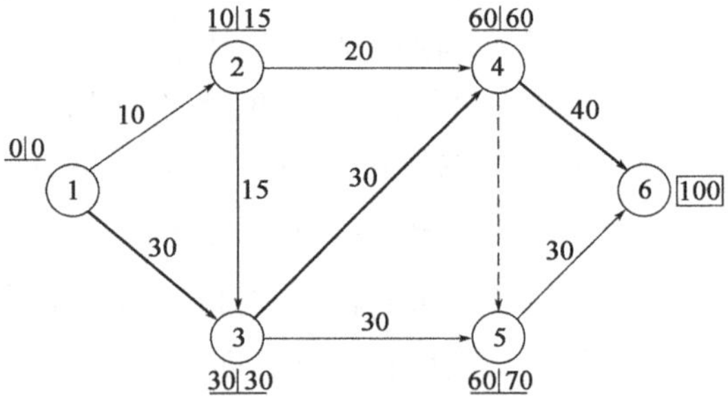

图3-65　优化后的某网络计划

二、工期—资源优化

(一)资源优化的种类

公路施工中所谓的资源是对为完成工程任务所需的人力、材料、机械设备和资金等的统称。资源优化可分为以下两类问题:

1. 资源有限、工期最短

资源有限、工期最短的优化问题又可分为以下两类:

(1)资源强度(是指一项工作在单位时间内所需的某种资源数量)固定、工期最短。这类问题是指网络计划需要多种不同的资源,每天每种资源都有一定的供应数量,每一项工作只需要其中一种资源,且单位时间内需要的资源强度是固定的。问题就是在资源供应有限制的条件下,要求保持预先规定的施工工艺顺序,寻求整个计划工期最短的方案。

(2)资源强度可变、工期最短。资源强度可变的工作,其持续时间也是一个变量。工作可能得到的资源强度越小,自然就导致其持续时间越长,整个计划的工期也是可变的。这里优化的目标是研究有限资源在各项工作之间的分配原则，寻求在资源有限的条件下，工期最短的计划方案。

2. 工期固定、资源均衡

这种优化的前提是工期不变，使资源需要强度尽量做到变化最小，接近于资源需要量的平均值，这既有利于施工组织与管理，又可取得较好的经济效益。

（二）资源优化的原则

1. 资源有限、工期最短的优化

资源有限、工期最短的优化，宜逐日作资源检查，当出现第 t 天资源需用量 Q_t 大于资源限量 Q 时，应进行网络计划调整。所谓资源需用量是指网络计划中各项工作在某一单位时间内所需某种资源数量之和；资源限量是指单位时间内可供使用的某种资源的最大数量。

调整计划时，应对资源冲突的诸项工作做新的顺序安排。顺序安排的选择标准是工期延长时间最短，其值的计算应符合下列规定：

对于双代号网络计划有

$$\Delta D_{m'\text{-}n',i'\text{-}j'} = \min\{\Delta D_{m\text{-}n,i\text{-}j}\} \tag{3-84}$$

$$\Delta D_{m\text{-}n,i\text{-}j} = \mathrm{EF}_{m\text{-}n} - \mathrm{LS}_{i\text{-}j} \tag{3-85}$$

式中：$\Delta D_{m'\text{-}n',i'\text{-}j'}$——在各种顺序安排中，最佳顺序安排所对应的工期延长时间的最小值，它要求将 $\mathrm{LS}_{i'\text{-}j'}$ 最大的工作 $i'\text{-}j'$ 安排在 $\mathrm{ES}_{m'\text{-}n'}$ 最小的工作 $m'\text{-}n'$ 之后进行；

$\Delta D_{m\text{-}n,i\text{-}j}$——在资源冲突的诸项工作中，工作 $i\text{-}j$ 安排在工作 $m\text{-}n$ 之后进行，工期所延长的时间。

对于单代号网络计划有

$$\Delta D_{m',i'} = \min\{\Delta D_{m,i}\} \tag{3-86}$$

$$\Delta D_{m,i} = \mathrm{EF}_m - \mathrm{LS}_i \tag{3-87}$$

式中：$\Delta D_{m',i'}$——在各种顺序安排中，最佳顺序安排所对应的工期延长的时间的最小值，它要求将 $\mathrm{LS}_{i'}$ 最大的工作 i' 安排在 $\mathrm{EF}_{m'}$ 最小的工作 m' 之后进行；

$\Delta D_{m,i}$——在资源冲突的诸项工作中，工作 i 安排在工作 m 之后进行，工期所延长的时间。

2. 资源有限、工期最短的优化

资源有限、工期最短优化的计划调整，应按下述规定步骤调整工作的最早开始时间：

（1）计算网络计划每天资源需要量。

（2）从计划开始日期起，逐日检查每天资源需用量是否超过资源限量，如果在整个工期内每天均能满足资源限量的要求，可行优化方案就编制完成，否则必须进行计划调整。

（3）分析超过资源限量的时段（每天资源需用量相同的时间区段），计算 $\Delta D_{m',i'}$ 或计算 $\Delta D_{m'\text{-}n',i'\text{-}j'}$ 值，根据它确定新的安排顺序。

（4）若最早完成时间 $\mathrm{EF}_{m'\text{-}n'}$ 或 $\mathrm{EF}_{m'}$ 最小值和最迟完成时间 $\mathrm{LF}_{i'\text{-}j'}$ 或 $\mathrm{LF}_{i'}$ 最大值同属一个工作，应找出最早完成时间 $\mathrm{EF}_{m'\text{-}n'}$ 或 $\mathrm{EF}_{m'}$ 值为次小，最迟完成时间 $\mathrm{LF}_{i'\text{-}j'}$ 或 $\mathrm{LF}_{i'}$ 值为次大的工作，分别组成两个顺序方案，再从中选取较小者进行调整。

(5)绘制调整后的网络计划,重复上述(1)至(4)步骤直到满足要求。

3. 工期固定、资源均衡的优化

工期固定、资源均衡的优化可用削高峰法(利用时差降低资源高峰值),获得资源消耗量尽可能均衡的优化方案。

4. 削高峰法

削高峰法应按下述规定步骤进行:

(1)计算网络计划每天资源需用量。

(2)确定削峰目标,其值等于每天资源需用量的最大值减去一个单位量。

(3)找出高峰时段的最后时间 T_h 及有关工作的最早开始时间 $ES_{i\text{-}j}$(或 ES_i)和总时差 $TF_{i\text{-}j}$(或 TF_i)。

(4)按式(3-88)和式(3-89)计算有关工作的时间差值 $\Delta T_{i\text{-}j}$ 或 ΔT_i:

对双代号网络计划:

$$\Delta T_{i\text{-}j} = TF_{i\text{-}j} - (T_h - ES_{i\text{-}j}) \tag{3-88}$$

对单代号网络计划:

$$\Delta T_i = TF_i - (T_h - ES_i) \tag{3-89}$$

优先以时间差值最大的工作 $i'\text{-}j'$ 或工作 j' 作调整对象,令 $ES_{i'\text{-}j'} = T_h$ 或 $ES_{i'} = T_h$。

(5)若峰值不能再减少,即求得资源均衡优化方案,否则,重复以上步骤。

(三)资源有限、工期最短的优化

在编制网络计划时,必须从实际条件出发,要设法在各种资源(如总劳动力、专业劳动力、材料、设备等)的限制条件下,求得网络计划的最短工期。下面通过例题来讨论这一问题。

【例题 3-8】 某工程项目的网络图如图 3-66 所示,其原始数据见表 3-4。试根据所给条件,进行网络计划的资源有限、工期最短的优化。

某工程项目网络计划的时间参数计算 表 3-4

工作编号	持续时间	ES	LF	TF	劳动力
⓪→①	3	0	5	2	6
⓪→②	4	0	4	0	9
⓪→③	2	0	3	1	12
①→④	4	3	9	2	7
②→⑤	2	4	6	0	2
③→⑤	3	2	6	1	9
③→⑥	4	2	10	4	7
④→⑦	3	7	12	2	5
⑤→⑦	6	6	12	0	8
⑥→⑧	7	6	17	4	4
⑦→⑧	5	12	17	0	6

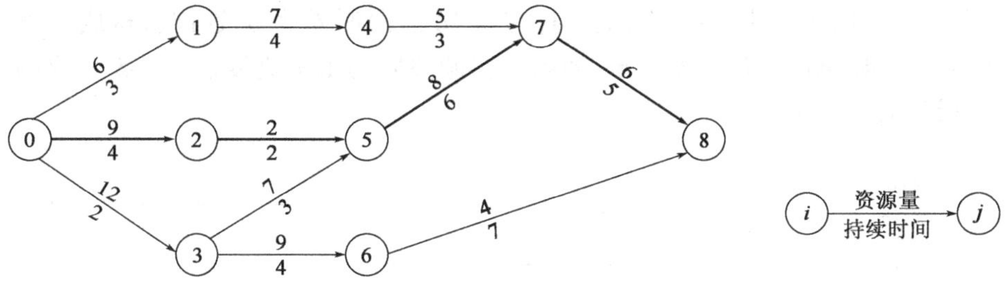

图 3-66　某工程项目的网络图

根据表中所列数据可将网络计划图绘制成水平进度图表,如图 3-67a)所示。

根据表中所列数据可绘制劳动力需用量图,纵坐标表示劳动力数量,虚线为劳动力资源量限值,即 $R=22$,如图 3-67b)所示。在 0 ~ 5 时间区段中的劳动力需要量均超过限值 22,因此需进行调整。

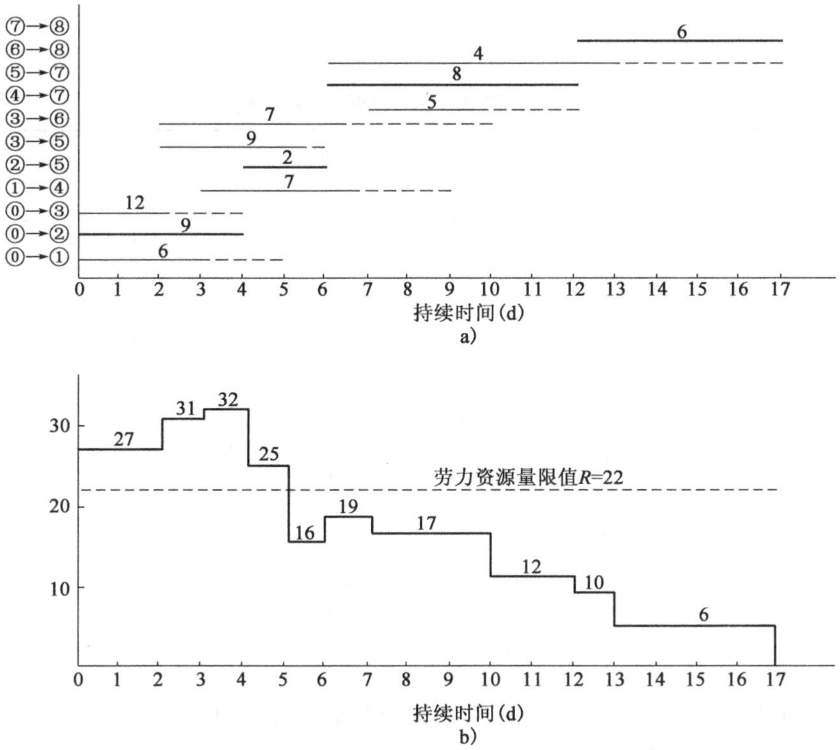

图 3-67　网络计划的水平进度及劳动量需要量图

a)水平进度(图中虚线为总时差 TF,粗实线为关键线路);b)劳动量需要量图

解　(1)调整时先从时间区段⓪→②开始,按工作⓪→①、⓪→②、⓪→③的顺序,将劳动量依次相加,可得:

工作⓪→① + ⓪→②的劳动量为:$6+9=15<22$

工作⓪→① + ⓪→② + ⓪→③的劳动量为:$6+9+12=27>22$

上述 3 个工作的劳动量之和超过了劳动量限值 22,需要进行工作转移,转移的次序按总时差大小排列,总时差数值大的首先转移。工作⓪→①的 TF 大,为 2d,将工作⓪→①的开始

时间向右移动2d,然后将其紧后工作①→④和①→④的紧后工作④→⑦也相应向右移动2d。工作①→④和④→⑦的总时差原来均为2d,右移2d后总时差为0,这样就构成了第二条关键线路,即⓪→①→④→⑦→⑧。图3-68为第一次调整后的水平进度。表3-5为原网络计划经第一次调整后的时间参数表。

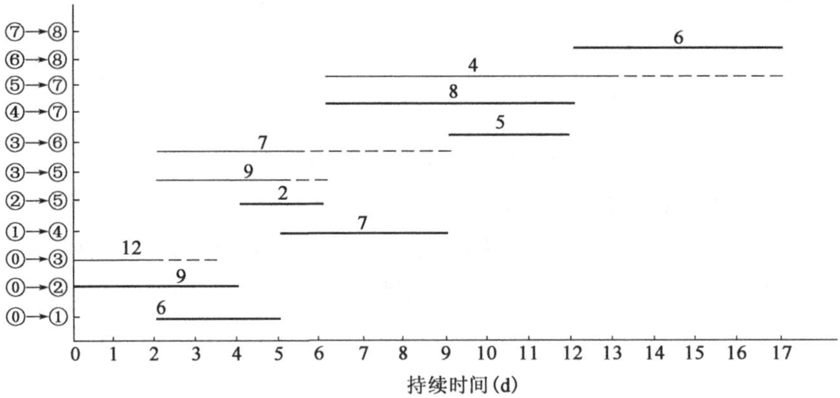

图3-68 经第一次调整后的水平进度

网络计划经第一次调整的时间参数 表3-5

工作编号	持续时间	ES	LF	TF	劳动力
⓪→①	3	2	5	0	6
⓪→②	4	0	4	0	9
⓪→③	2	0	3	1	12
①→④	4	5	9	0	7
②→⑤	2	4	6	0	2
③→⑤	3	2	6	1	9
③→⑥	4	2	10	4	7
④→⑦	3	9	12	0	5
⑤→⑦	6	6	12	0	8
⑥→⑧	7	6	17	4	4
⑦→⑧	5	12	17	0	6

(2)分析时间区段(②→④),先计算各工作的劳动量之和,即

⓪→② + ⓪→① = 9 + 6 = 15 < 22

⓪→② + ⓪→① + ③→⑤ = 9 + 6 + 9 = 24 > 22

⓪→② + ⓪→① + ③→⑤ + ③→⑥ = 9 + 6 + 9 + 7 = 31 > 22

在时间区段②→④中,根据劳动量限值要求将工作③→⑤转移,共需转移2d,但工作③→⑤的时差为1d,因而时差将出现1d重叠现象,其后续工作⑤→⑦及⑦→⑧的时差均等于0,故此转移不能收效。除非将总工期延长1d,改为18d。图3-69为第二次调整后的水平进度。

(3)分析时间区段④→⑤,只要将工作②→⑤向右移动1d,则有:

⓪→① + ③→⑤ + ③→⑥ = 6 + 9 + 7 = 22 = 劳动量限值22

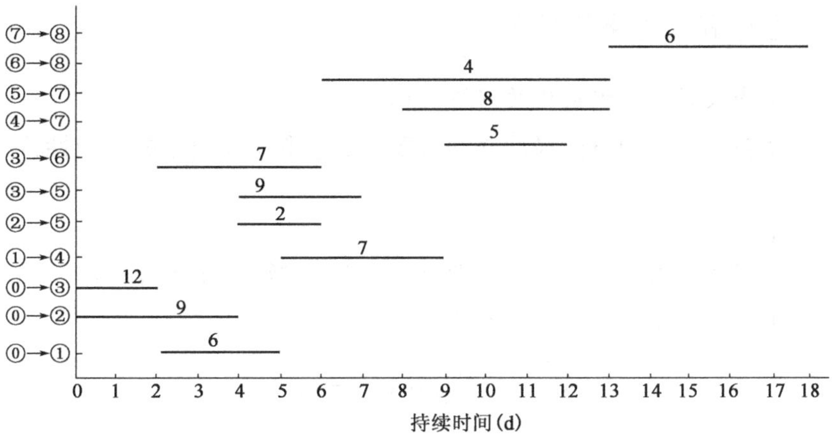

图 3-69 第二次调整后的水平进度

(4)分析时间区段⑤→⑥,将工作①→④及紧后工作④→⑦各右移动 1d,则有:

②→⑤ + ③→⑤ + ③→⑥ = 2 + 9 + 7 = 18 < 22

按这样的方法进行调整后,求得进度表的最终形式,如图 3-70a)所示;图 3-70b)为最后确定的劳动力需要量。

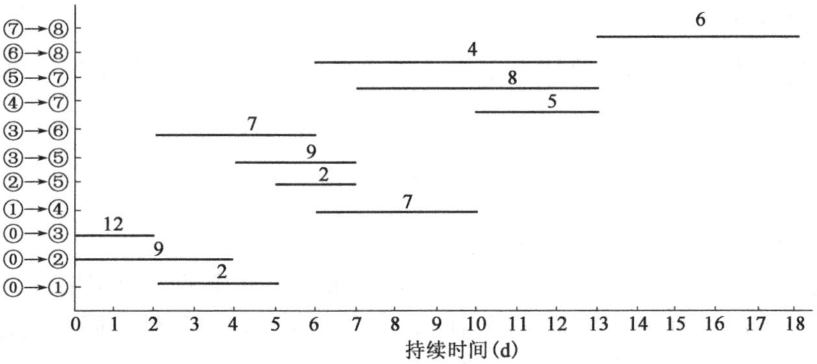

a)

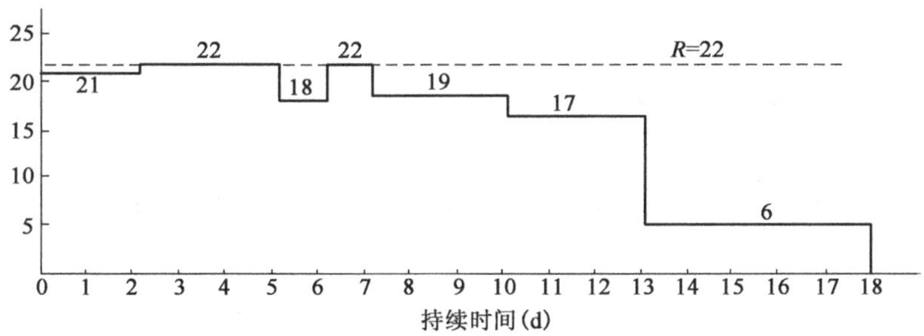

b)

图 3-70 最终调整后的水平进度和劳动力需要量图

a)最终调整后的水平进度;b)最后劳动力需要量图

在资源有限的条件下,求最短工期的调整工作到此结束。另外,在网络计划中的某些非关键工作,尚可根据其总时差作适当的调整,但是,这种调整并不会缩短工期,只能求得另一个资源量分配图。如何调整?这要根据资源供应的实际情况来决定。

(四)工期固定、资源均衡的优化

1. 在规定工期内使资源分配最优的网络优化

资源分配最优就是求资源分配最均衡的方案。衡量资源需要量的均衡性,可用“均方差”指标来判断。

1)均方差概念

均方差 λ^2 是数理统计中的一个反映离散程度的统计指标,即在瞬时 t 需要的资源量与资源需要量的平均值之差的平方和。计算公式如下:

$$\begin{aligned}\lambda^2 &= \frac{1}{T}\sum_{i=1}^{T}[R_i(t) - R_{cp}]^2 \\ &= \frac{1}{T}[\sum_{i=1}^{T}R_i^2(t) - \sum_{i=1}^{T}2R_i(t)R_{cp} + TR_{cp}^2] \\ &= \frac{1}{T}\sum_{i=1}^{T}R_i^2(t) - R_{cp}^2 \qquad (3\text{-}90)\end{aligned}$$

式中:R_{cp}——资源需要量的平均值;

$R_i(t)$——在瞬时 t 需要的资源量;

T——规定工期。

由于 T 与 R_{cp} 均为常数,因此要使均方 λ^2 差值最小,即使 $\sum R_i^2(\mathrm{t})$ 值最小,在相同工期下比较,也就是使 $\sum R_i^2$ 值最小。即

$$\sum_{i=1}^{T}R_i^2 = R_1^2 + R_2^2 + R_3^2 + \cdots + R_T^2 \text{ 最小}$$

式中:R_i——第 i 单位时间的资源需要量。

【例题 3-9】 图 3-71 中 a)、b)、c)3 个图是表示某施工对象的三个网络计划的资源需要量曲线。这 3 个网络计划的工期相同,总资源量相同,但资源的均衡性不同。试分别计算出它们的 $\sum R_i^2$ 来判断哪一个的均匀性最好。

解 计算如下:

图 3-71a):$\sum R_i^2 = 2^2 \times 5 = 20$

图 3-71b):$\sum R_i^2 = 3^2 + 1^2 + 2^2 \times 3 = 22$

图 3-71c):$\sum R_i^2 = 3^2 + 1^2 + 2^2 + 1^2 + 3^2 = 24$

根据计算可知,图 3-71a)的资源均衡性最好;图 3-71b)的资源均衡性次之;图 3-71c)的资源均衡性最差。

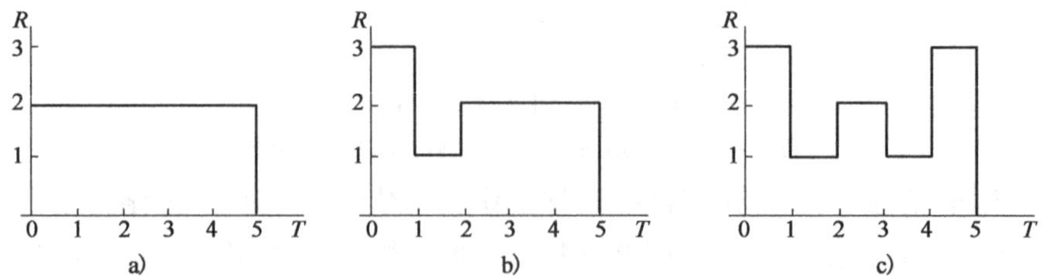

图 3-71 一个工程的 3 种资源需要量曲线

2)优化步骤与判断公式

在规定工期的条件下,确定资源分配的最优网络计划,是根据均方差的影响来判断,其优化步骤如下:

(1)根据已知的网络计划及工作持续时间,计算出网络计划的各种时间参数(ES、LS、EF、LF、TF、FF 等),找出关键线路并绘制水平进度图、资源需要量图及资源需要量动态曲线。

(2)将一个工作 i-j 右移一天,分析对资源总需要量计划均方差的影响(图 3-72)。

工作 i-j	进度日程							
	1	2	…	K	…	L	L+1	…
调整前								
调整后 (右移一天后)								

图 3-72　一个工作 i-j 右移一天的示意图

因为要满足规定工期不变的条件,故关键线路上的工作不作调整。

假设:

$r_{i\text{-}j}$——工作 i-j 每天需要的资源数量;

K——工作 i-j 右移前的开始时间;

L——工作 i-j 右移前的结束时间;

R_K——工作 i-j 右移前,第 K 天所需的资源数量;

R'_K——工作 i-j 右移后,第 K 天所需的资源数量;

R_{L+1}——工作 i-j 右移前,第 $L+1$ 天所需的资源数量;

R'_{L+1}——工作 i-j 右移后,第 $L+1$ 天所需的资源数量。

因此,当工作 i-j 右移一天,则有:

$$R'_K = R_K - r_{i\text{-}j} \tag{3-91}$$

$$R'_{L+1} = R_{L+1} + r_{i\text{-}j} \tag{3-92}$$

从图 3-72 可知,当工作 i-j 右移一天,对资源总需要量计划的均方差只是与工作开始和结束时间区段有关,工作中间区段的资源需要量不变。其影响值 W_1 为:

$$\begin{aligned} W_1 &= \text{右移后的 } R^2 \text{ 值减去右移前的 } R^2 \text{ 值} \\ &= (R_K^{2}{'} + R_{L+1}^{2}{'}) - (R_K^2 + R_{L+1}^2) \end{aligned} \tag{3-93}$$

将式(3-91)和式(3-92)代入式(3-93)中,得:

$$\begin{aligned} W_1 &= (R_K - r_{i\text{-}j})^2 + (R_{L+1} + r_{i\text{-}j})^2 - R_K^2 - R_{L+1}^2 \\ &= (2R_K - r_{i\text{-}j})(-r_{i\text{-}j}) + (2R_{L+1} + r_{i\text{-}j})r_{i\text{-}j} \\ &= 2r_{i\text{-}j}[R_{L+1} - (R_K - r_{i\text{-}j})] \end{aligned} \tag{3-94}$$

因此,当式(3-94)为负值时,即说明工作 i-j 右移一天后能使式(3-90)所示的 $R_1^2 + R_2^2 + \cdots + R_T^2$ 值减小,也就是均方差减少就能使资源均衡性好。工作 i-j 能右移一天的判断式为:

$$2r_{i\text{-}j}[R_{L+1}-(R_K-r_{i\text{-}j})]<0$$

$$R_{L+1}-(R_K-r_{i\text{-}j})<0 \tag{3-95}$$

$$R_{L+1}<R_K-r_{i\text{-}j} \tag{3-96}$$

工作 $i\text{-}j$ 右移一天,如果符合式(3-95)或式(3-96),说明能够减小资源总需要量计划的均方差。否则,如果

$$R_{L+1}>R_K-r_{i\text{-}j} \tag{3-97}$$

说明工作 $i\text{-}j$ 不应再右移一天。

当出现 $R_{L+1}=R_K-r_{i\text{-}j}$时,说明工作 $i\text{-}j$ 右移一天后,均方差未变。遇到这种情况,可试探将工作 $i\text{-}j$ 右移两天,看能否使均方差减小。如果可以,则在时差范围内继续右移。若右移两天后,均方差仍不减小或反而增大,则仍恢复到原来的位置,说明右移终止。

(3)将工作 $i\text{-}j$ 右移两天,分析对资源总需要量计划均方差的影响。当工作 $i\text{-}j$ 右移两天,从图 3-73 中可以看出第 K、$K+1$、$L+1$、$L+2$ 四天所需的资源数量将有变化,其余中间时间区段的资源需要量不变。即

$$R'_K=R_K-r_{i\text{-}j}$$

$$R'_{K+1}=R_{K+1}-r_{i\text{-}j} \tag{3-98}$$

$$R'_{L+1}=R_{L+1}+r_{i\text{-}j}$$

$$R'_{L+2}=R_{L+2}+r_{i\text{-}j} \tag{3-99}$$

工作 $i\text{-}j$	进度日程									
	1	2	…	K	$K+1$	…	K	$L+1$	$L+2$	…
调整前				———	———	———	———			
调整后 (右移两天后)						- - -	- - -	- - -	- - -	

图 3-73　一个工作 $i\text{-}j$ 右移两天示意图

设工作 $i\text{-}j$ 右移两天,资源总需要量计划的均方差影响值为 W_2,则有:

$$W_2=R_K^{2}{}'+R_{K+1}^{2}{}'+R_{L+1}^{2}{}'+R_{L+2}^{2}{}'-(R_K^2+R_{K+1}^2+R_{L+1}^2+R_{L+2}^2) \tag{3-100}$$

将式(3-91)、式(3-92)、式(3-98)、式(3-99)代入式(3-100)并归纳后得:

$$W_2=2r_{i\text{-}j}\{[R_{L+1}-(R_K-r_{i\text{-}j})]+[R_{L+2}-(R_{K+1}-r_{i\text{-}j})]\} \tag{3-101}$$

工作 $i\text{-}j$ 能右移两天的判断公式为:

$$[R_{L+1}-(R_K-r_{i\text{-}j})]+[R_{L+2}-(R_{K+1}-r_{i\text{-}j})]<0 \tag{3-102}$$

工作 $i\text{-}j$ 右移两天后,如果符合式(3-102),说明能够减小资源总需要量计划的均方差。然后再看右移三天结果如何,如果仍符合式(3-102),可再继续右移,一直计算到总时差用完为止。当工作 $i\text{-}j$ 的右移天数确定以后,就按上述同样的顺序考虑其他工作的右移。这样反复循

环右移,直至所有工作的位置都不能再移动为止。

上述在规定工期之内求解资源分配最优的方法是一种近似求解法。

3)优化示例

【例题 3-10】 已知某网络计划如图 3-74 所示,其总工期规定为 14d,要求在规定的工期之内,编制资源需要量计划最优的进度计划。

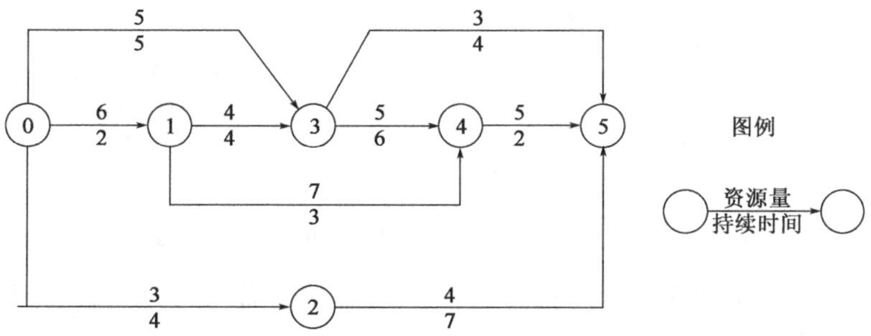

图 3-74 资源最优的网络计划示例

解 图 3-74 所示网络计划的时间计算结果见表 3-6。按工作最早开始时间(ES)的进度计划及资源需要量曲线如图 3-75 所示。

网络计划的时间参数计算表 表 3-6

工作编号	持续时间	每天需要的资源数量	$ES_{i\text{-}j}$	$LS_{i\text{-}j}$	$EF_{i\text{-}j}$	$LF_{i\text{-}j}$	$TF_{i\text{-}j}$
ⓘ→ⓙ	$t_{i\text{-}j}$	$r_{i\text{-}j}$					
⓪→①	2	6	0	0	2	2	0
⓪→②	4	3	0	3	4	7	3
⓪→③	5	5	0	1	5	6	1
①→③	4	4	2	2	6	6	0
①→④	3	7	2	9	5	12	7
②→⑤	7	4	4	7	11	14	3
③→④	6	5	6	6	12	12	0
③→⑤	4	3	6	10	10	14	4
④→⑤	2	5	12	12	14	14	0

(1)第 1 次调整——对终点节点⑤的各工作②→⑤、③→⑤、④→⑤进行调整。其中工作④→⑤为关键线路上的工作,不能右移。工作③→⑤最迟开始,先右移。工作③→⑤在时间段 6-10 进行,总时差为 4d。

从图 3-74 可知,$R_{L+1}=R_{11}=9$(第 11d 的资源需要量为 9)

$$r_{i\text{-}j}=r_{3\text{-}5}=3\text{(工作 ③ → ⑤ 每天需要的资源量为 3)}$$

根据式(3-95)[$R_{L+1}-(R_K-r_{i\text{-}j})<0$]来验算,则有:

$$R_{L+1}-(R_K-r_{i\text{-}j})=R_{11}-(R_7-r_{3\text{-}5})=9-(12-3)=0$$

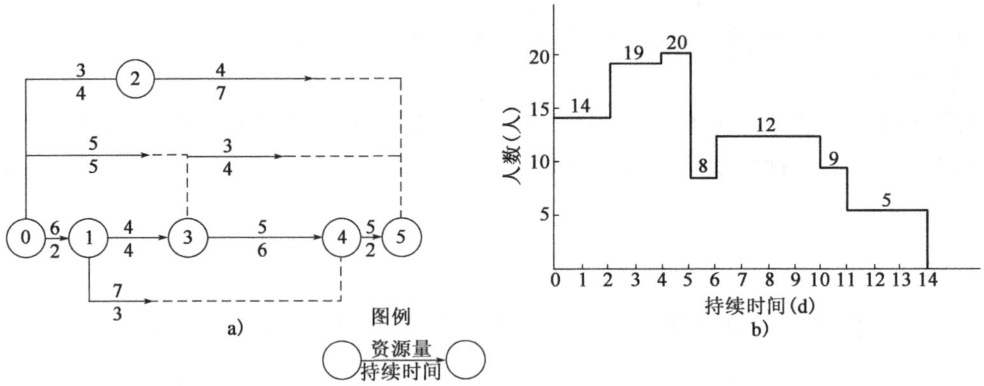

图 3-75　图 3-74 所示网络计划按工作最早开始时间的资源计划

根据计算结果说明工作③→⑤右移一天,均方差未变。需要考虑是否可以再右移一天,用同样的方法再来验算,可得:

$$R_K = R_8 = 12$$

$$R_{L+1} = R_{12} = 5$$

代入式(3-95)得:

$$R_{L+1} - (R_K - r_{i\text{-}j}) = R_{12} - (R_8 - r_{3\text{-}5}) = 5 - (12 - 3) = -4 < 0$$

根据计算结果说明工作③→⑤可以再右移一天。是否还能继续右移,可用以上方法继续验算。验算结果见表 3-7。

工作③→⑤右移过程计算表　　表 3-7

工作编号	计算参数	判断是否右移的计算公式及结果	能否右移	右移后的位置
③→⑤	$R_{L+1}=R_{11}=9$ $R_K=R_7=12$ $r_{i\text{-}j}=r_{3\text{-}5}=3$	$R_{L+1}-(R_K-r_{i\text{-}j})$ $=R_{11}-(R_7-r_{3\text{-}5})$ $=9-(12-3)=0$	计算结果等于零,说明右移 1d 后,均方差未变,试探再右移 1d	再移至时间区段 7-11
	$R_{L+1}=R_{12}=5$ $R_K=R_8=12$ $r_{i\text{-}j}=r_{3\text{-}5}=3$	$R_{12}-(R_8-r_{3\text{-}5})$ $=5-(12-3)=-4<0$	可以右移 1d	再右移 1d,右移至时间区段 8-12
	$R_{L+1}=R_{13}=5$ $R_{L+2}=R_{14}=5$ $R_K=R_9=12$ $R_{K+1}=R_{10}=12$	$[R_{L+1}-(R_K-r_{i\text{-}j})]+$ $[R_{L+2}-(R_{K+1}-r_{i\text{-}j})]<0$; $5-(12-3)+$ $5-(12-3)=-8<0$	可以右移 2d	再右移 2d,右移至时间区段 10-14(右移终止)

工作③→⑤的总时差 $TF_{3\text{-}5}=4d$,上表右移了 4d 已移至该网络计划终点,不能再右移。工作③→⑤右移至时间区段 10-14 后的进度计划及资源计划如图 3-76 所示。

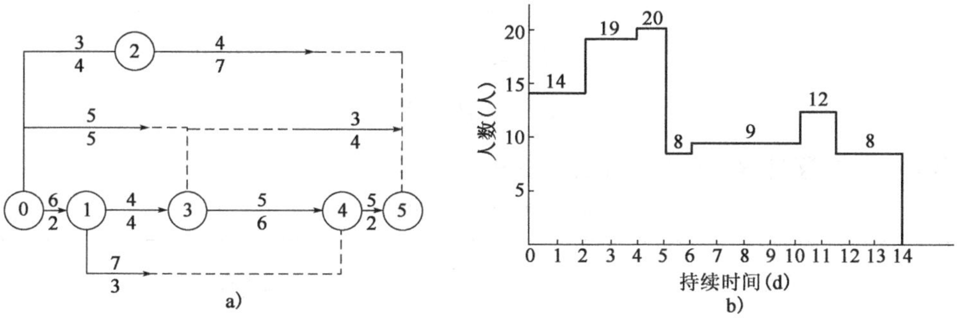

图 3-76 工作③→⑤右移后的进度计划及资源计划

下面将工作②→⑤开始右移。工作②→⑤原在 4-11 时间区段，$TF_{2\text{-}5}=3$，$r_{2\text{-}5}=4$。工作②→⑤右移过程的计算结果见表 3-8。

工作②→⑤右移过程计算表 表 3-8

工作编号	计算参数	判断是否右移的计算公式及结果	能否右移	右移后的位置
②→⑤	$R_{L+1}=R_{12}=8$ $R_K=R_5=20$ $r_{i\text{-}j}=r_{2\text{-}5}=4$	$R_{12}-(R_5-r_{2\text{-}5})$ $=8-(20-4)$ $=-8<0$	可以	右移 1d，右移至时间区段 5-12
	$R_{L+1}=R_{12}=8$ $R_K=R_6=8$ $r_{i\text{-}j}=r_{2\text{-}5}=4$	$R_{12}-(R_6-r_{2\text{-}5})$ $=8-(8-4)$ $=4>0$	不能	（右移终止）

工作②→⑤只能右移 1 天，移至时间区段 5-12。工作②→⑤右移后的进度计划及资源计划如图 3-77 所示。

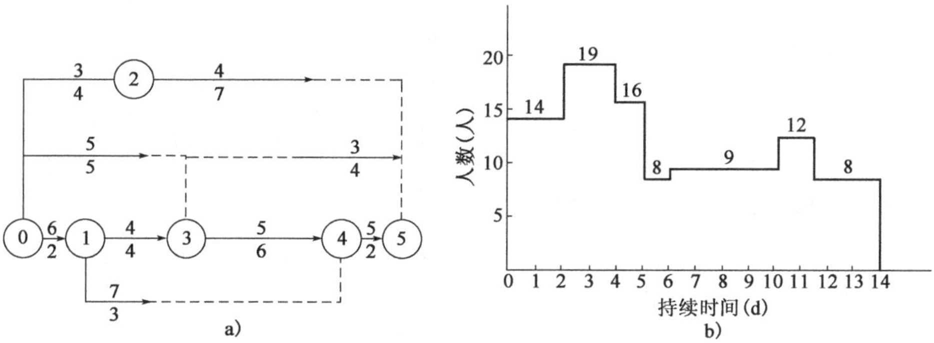

图 3-77 工作②→⑤右移后的进度计划及资源计划

(2)第 2 次调整——对以节点④为结束节点的各项工作进行调整。

以节点④为结束节点的工作有③→④及①→④。工作③→④为关键线路上的工作，不能右移。因此，只考虑工作①→④的右移。

由图 3-76 可知：工作①→④在时间区段 2-5 进行。

$$TF_{1\text{-}4}=7$$

$$r_{1\text{-}4}=7$$

$$R_K=R_3=19$$

$$R_{L+1}=R_6=8$$

工作①→④右移过程的计算结果见表 3-9。

工作①→④右移过程计算表 表 3-9

工作编号	计算参数	判断是否右移的计算公式及结果	能否右移	右移后的位置
①→④	$R_{L+1}=R_6=8$ $R_K=R_3=19$ $r_{1\text{-}4}=7$	$R_6-(R_3-r_{1\text{-}4})$ $=8-(19-7)$ $=-4<0$	可以	右移 1d,右移至时间区段 3-6
	$R_{L+1}=R_7=9$ $R_K=R_4=19$ $r_{1\text{-}5}=7$	$R_7-(R_4-r_{1\text{-}4})$ $=9-(19-7)$ $=-3<0$	可以	右移 1d,右移至时间区段 4-7
	$R_{L+1}=R_8=9$ $R_K=R_5=16$ $r_{1\text{-}4}=7$	$R_8-(R_5-r_{1\text{-}4})$ $=9-(16-7)$ $=0$	可再试探右移 1d	右移 1d,右移至时间区段 5-8
	$R_{L+1}=R_9=9$ $R_K=R_6=8$ $r_{1\text{-}4}=7$	$R_9-(R_6-r_{1\text{-}4})$ $=9-(8-7)$ $=8>0$	不可以	不能再右移,最终位置在时间区段 5-8

工作①→④总共右移 3d,即右移至时间区段 5-8。工作①→④右移后的进度计划及资源计划如图 3-78 所示。

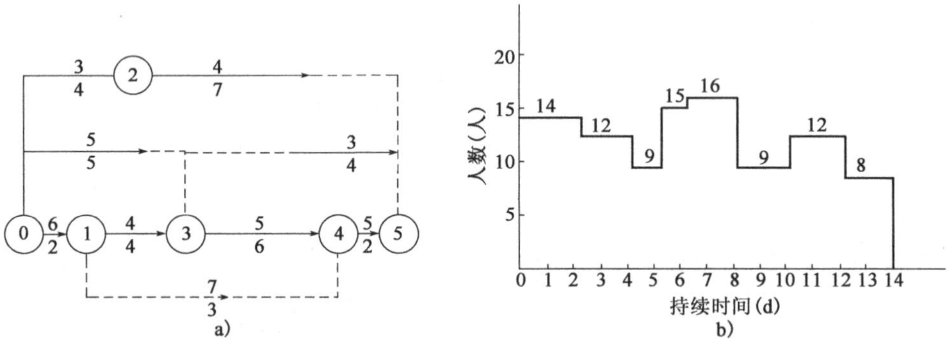

图 3-78 工作②→⑤右移后的进度计划及资源计划

(3)第 3 次调整——对以节点③为结束节点的各项工作进行调整。

以节点③为结束节点的工作有①→③及⓪→③。工作①→③为关键线路上的工作,不能右移,故只考虑工作⓪→③的右移。由图 3-78 可知,工作⓪→③在时间区段⓪→5 进行。

$$TF_{0\text{-}3}=1$$

$$R_{0\text{-}3}=5$$

$$R_K = R_1 = 14$$

$$R_{L+1} = R_6 = 15$$

工作⓪→③右移过程的计算结果见表3-10。

工作⓪→③右移过程的计算结果表 表3-10

工作编号	计算参数	判断是否右移的计算公式及结果	能否右移	右移后的位置
⓪→③	$R_{L+1}=R_6=15$ $R_K=R_1=14$ $r_{0\text{-}3}=5$	$R_6-(R_1-r_{0\text{-}3})$ $=15-(14-5)$ $=6<0$	不能右移	仍在时间区段0-5

(4)第4次调整——对以节点②为结束节点的工作⓪→②在时间区段⓪→④进行调整。如图3-77所示。

$$TF_{0\text{-}2} = 3$$

$$r_{0\text{-}2} = 3$$

$$R_K = R_1 = 14$$

$$R_{L+1} = R_5 = 9$$

工作⓪→②右移过程的计算结果见表3-11。

工作⓪→②右移过程的计算结果表 表3-11

工作编号	计算参数	判断是否右移的计算公式及结果	能否右移	右移后的位置
⓪→②	$R_{L+1}=R_5=9$ $R_K=R_1=14$ $r_{0\text{-}2}=3$	$R_5-(R_1-r_{0\text{-}2})$ $=9-(14-3)$ $=-2<0$	可以	右移1d，右移至时间区段1-5
	$R_{L+1}=R_6=15$ $R_K=R_2=14$ $r_{0\text{-}2}=3$	$R_6-(R_2-r_{0\text{-}2})$ $=15-(14-3)$ $=4>0$	不可以	仍在时间区段1-5

虽然$TF_{0\text{-}2}=3$，但工作②→⑤的右移位置已经确定，在时间区段5-12。故工作⓪→②实际能动用的TF只有1d。图3-79为工作⓪→②右移后的进度计划和资源计划。

以上通过4次调整后得到图3-79所示的计划，这是第一次循环。根据图3-79再作第二次循环的调整。如同以上一样，再从节点⑤开始计算各项工作右移的可能性。

(5)第5次调整——对以节点⑤为结束节点的工作②→⑤进行调整。从图3-79可知，工作②→⑤最多右移2d，在时间区段5-12进行。

$$r_{2\text{-}5} = 4$$

$$R_K = R_6 = 15$$

$$R_{L+1} = R_{13} = 8$$

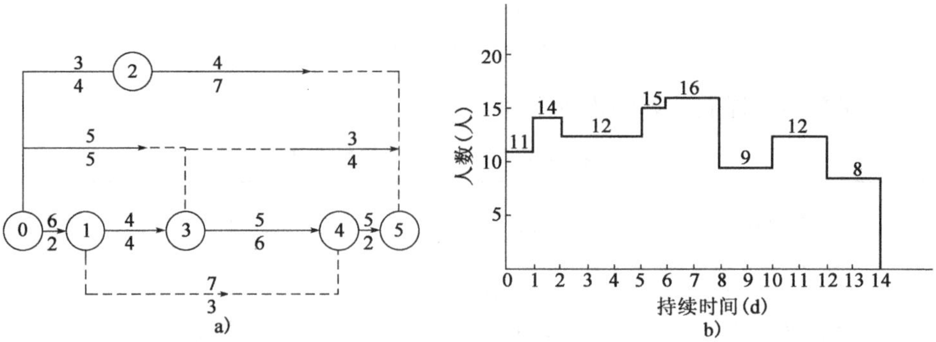

图 3-79　工作⓪→②右移后的进度计划及资源计划

工作②→⑤右移过程的计算结果见表 3-12。

工作②→⑤右移过程的计算结果表　　表 3-12

工作编号	计算参数	判断能否右移的计算公式及结果	能否右移	右移后的位置
②→⑤	$R_{L+1}=R_{13}=8$ $R_K=R_6=15$ $r_{2\text{-}5}=4$	$R_{13}-(R_6-r_{2\text{-}5})$ $=8-(15-4)$ $=-3<0$	可以	右移 1d，右移至时间区段 6-13
	$R_{L+1}=R_{14}=8$ $R_K=R_7=16$ $r_{2\text{-}5}=4$	$R_{14}-(R_7-r_{2\text{-}5})$ $=8-(16-4)$ $=-4<0$	可以	右移 1d，右移至时间区段 7-14

因工作②→⑤最多只能右移 2 天，故右移终止，右移后的进度计划和资源计划如图 3-80 所示。

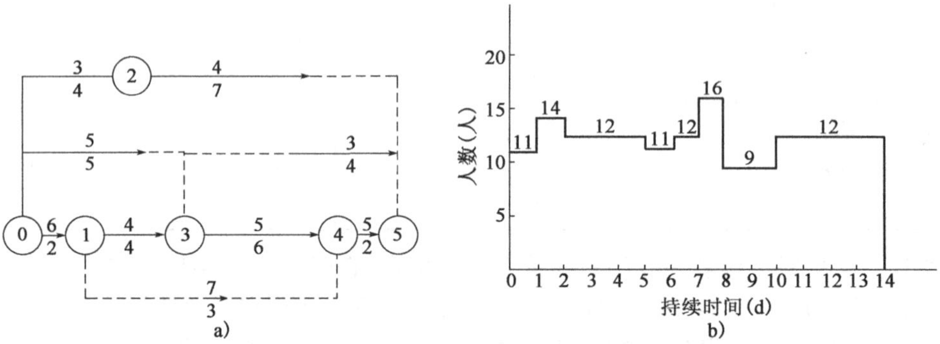

图 3-80　工作②→⑤右移后的进度计划及资源计划即为最优解

以下用同样的方法对节点④、③、②等计算其相应工作右移的可能性，计算的结果说明均不能再右移，故不再调整，图 3-80 即为本例的最优解。

从以上调整过程中可以看出，每调整一次后，就在上一次资源计划的基础上计算出调整后的资源计划，作为下一次调整的基础。直至所有工作不能右移为止。

2. 在规定工期之内，使资源高峰最小的网络优化

消除网络计划在施工过程中资源需要量的“高峰”，即使其“高峰”最小，但保持工期不变，

其目的在于使资源供应均衡,这在组织施工中有极其重要的实际意义。

1)调整步骤

(1)按各工作的最早开始时间 ES 绘制网络计划的水平进度。

(2)根据水平进度绘制各时间的资源计划。

(3)逐步降低最高峰的资源量。

在第一步计算中,资源供应量的上限的求法就是将资源需要量图上的最大纵坐标减去一个计量单位后的数值。如果证实此资源限值可以通过在时差范围内的工作转移来保持不被超过,则可以从此资源限值中再减去 1 个计量单位,再进行一次调整,直到各工作不可能再转移为止,但不得改变规定的工期。

(4)分析资源限值的“高峰”。

在资源计划图中我们从 $T=0$ 开始向右观察,以确定出现资源高峰的时间区段,在该时间区段的左右界限标以 T_K 及 T_L。对属于该时间区段内的每一项工作,按式(3-103)求出其差值 Z。

$$Z=\mathrm{TF}-(T_L-T_K) \tag{3-103}$$

式中:TF——该工作的总时差;

T_K——资源高峰的开始时间;

T_L——资源高峰的结束时间。

如果差值为正数,则该工作可能向右转移,转移天数的最大值即等于差值 Z。最先转移资源量最小的工作,如果有若干个资源量相同的工作,则差值 Z 最大的工作优先转移,转移的结果是将工作的开始点转移到 T_L。

对某一资源高峰分析完毕后,则从该资源高峰值减去一个计量单位后所得的新高峰,再用此方法进行分析,直到总时差用完,不再有可能转移为止。用以上方法最后得到的资源量图即为所求的结果。

2)优化示例

【例题 3-11】 已知某工程网络计划如图 3-81 所示,施工过程中有 A、B 两种主要资源,要求在规定工期不变的情况下,试用“资源高峰最小”的方法求解该两种资源最均衡的网络计划。

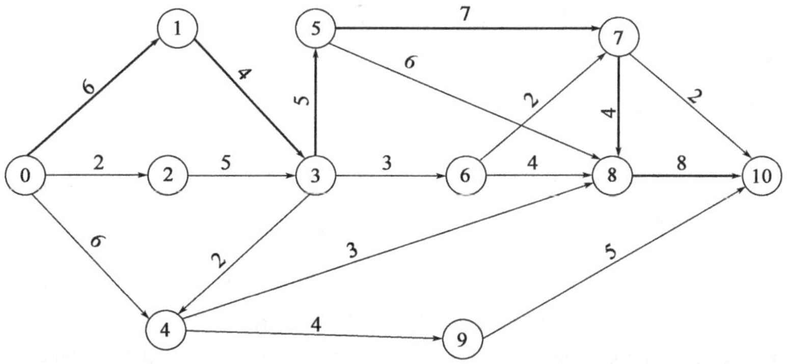

图 3-81 某工程网络计划示例

解 图3-81所示的网络计划的时间参数及A、B两种资源需要量计划见表3-13。

某工程网络计划的时间参数及资源需要量表 表3-13

工作编号	工作持续时间(d)	最早开始时间	最迟完成时间	时间(d)	资源A	资源B
⓪→①	6	0	6	0	—	3
⓪→②	2	0	5	3	—	2
⓪→④	6	0	23	17	6	—
①→③	4	6	10	0	7	—
②→③	5	2	10	3	—	2
③→④	2	10	23	11	5	—
③→⑤	5	10	15	0	—	2
③→⑥	3	10	20	7	—	3
④→⑧	3	12	26	11	4	—
④→⑨	4	12	29	13	—	2
⑤→⑦	7	15	22	0	2	—
⑤→⑧	6	15	26	5	—	3
⑥→⑦	2	13	22	7	—	4
⑥→⑧	4	13	26	9	4	—
⑦→⑧	4	22	26	0	5	—
⑦→⑩	2	22	34	10	4	—
⑧→⑩	8	26	34	0	2	—
⑨→⑩	5	16	34	13	—	1

根据图3-81绘制的水平进度如图3-82a)所示，使用资源A的工作图中用双线表示，使用资源B的工作用单线表示。图3-82b)为A资源需要量计划，图3-82c)为B资源需要量计划。

由图3-82b)、c)可知：

资源A的最大值 $\max\{R_A\}=9$

资源B的最大值 $\max\{R_B\}=8$

(1)先将资源最大值各减去1个计量单位后进行分析：

A资源：$R_A=9-1=8$

B资源：$R_B=8-1=7$

首先分析有无超过以上限值的情况。

①资源A在时间区段22-24内超过限值，此时间区段内有工作⑦→⑧及⑦→⑩。工作⑦→⑧是关键线路上的工作，不能转移。工作⑦→⑩的情况如下：$T_K=22$，$T_L=24$代入式(3-103)得：

$$Z=10-(24-22)=8(\mathrm{d})$$

工作⑦→⑩最多可转移8d，如果将工作⑦→⑩的最早开始时间转移到时间区段24-26，可以看出，在时间区段24-26间又将超过限值。由于其差值尚有转移的余地，可将工作⑦→⑩转移到时间区段26-28。

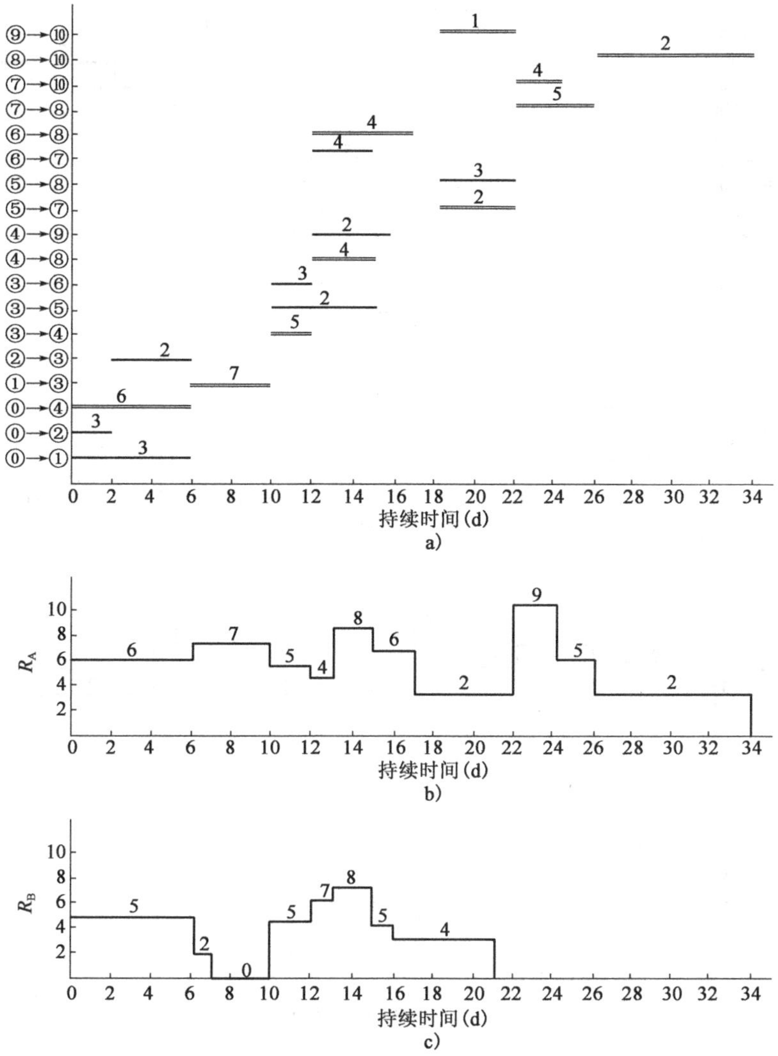

图 3-82 根据图 3-81 的网络计划绘制的水平进度及资源需要量计划

a) 水平进度;b) A 资源需要量计划;c) B 资源需要量计划

②资源 B 在时间区段 13-15 内超过限值,在此时间区段内,需耗用 B 类资源的工作为③→⑤、④→⑨、⑥→⑦。

工作④→⑨的总时差 TF = 13d,最早开始时间 $T_K = 12$,最迟结束时间 $T_L = 15$。因此其允许最大转移时间为:

$$TF - (T_L - T_K) = 13 - (15 - 12) = 10(\text{d})$$

资源量 = 2

工作⑥→⑦的允许最大转移时间为:

$$TF - (T_L - T_K) = 7 - (15 - 13) = 5(\text{d})$$

资源量 = 4

因此,将工作④→⑨的最早开始时间转移到时间区段 15-19。第一次转移的结果见图 3-83。

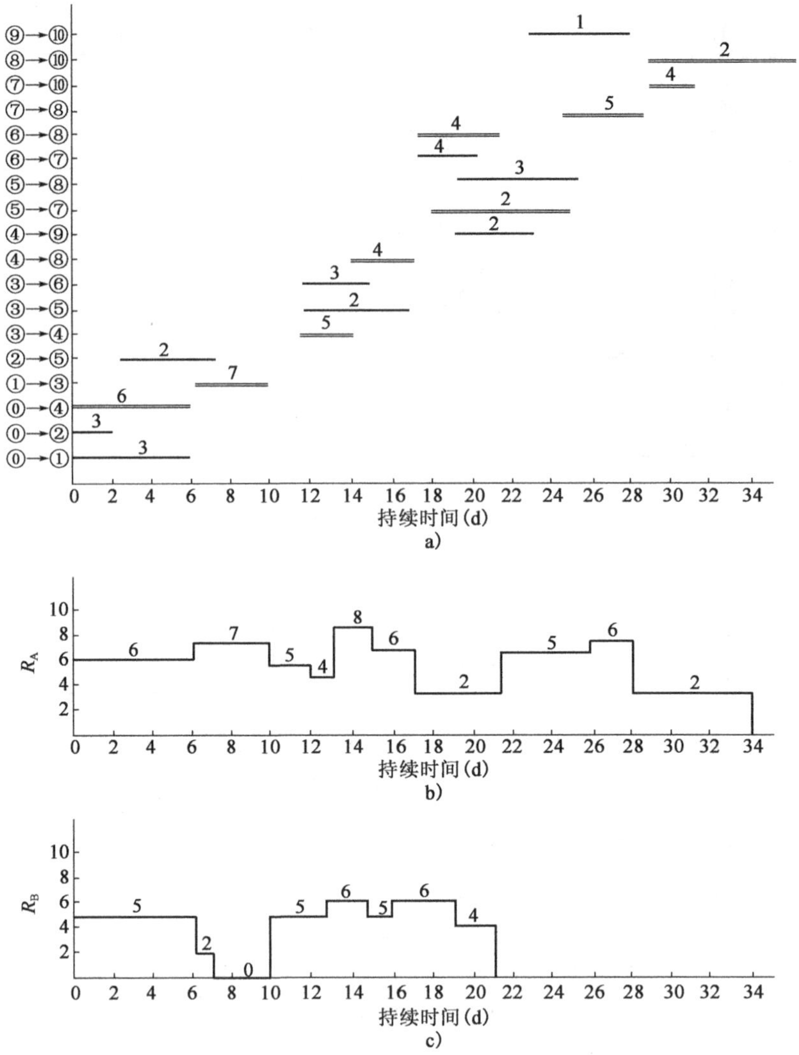

图 3-83　第一次调整后的水平进度及资源需要量计划

a)水平进度;b)A 资源需要量计划;c)B 资源需要量计划

(2)由图 3-83 可知:

资源 A 的限值应为:$R_A=8-1=7$

资源 B 的限值应为:$R_B=6-1=5$

①资源 A 在时间区段 13-15 内超过限值,在此区段内耗用资源 A 的工作有:

工作④→⑧:$Z=11-(15-12)=8$(d)

资源量 =4。

工作⑥→⑧:$Z=9-(15-13)=7$(d)

资源量 =4

如果先转移工作④→⑧,其结果是中断了资源的连续性。因此将工作⑥→⑧从 $T_L=15$ 向后转移 2d。

②资源 B 在时间区段 13-15 内也超过限值，也要进行调整。

工作③→⑤在关键线路上，不能转移。

工作⑥→⑦：$Z=7-(15-13)=5\text{d}$

资源量 = 4

将工作⑥→⑦转移到时间区段 15-17，这样在时间区段 15-17 内资源 B 又出现了一个新的高峰，即 $R_B=9$。

工作④→⑨：$Z=(13-3)-(17-15)=8(\text{d})$

资源量 = 2

工作④→⑨的 TF 原为 13，但在第一次转移时用去了 3d，故上式的 $TF_{4\text{-}9}=13-3=10\text{d}$。

工作⑤→⑧：$Z=5-(17-15)=3(\text{d})$

资源量 = 3

工作⑥→⑦：$Z=(7-2)-(17-15)=3(\text{d})$

资源量 = 4

先将工作④→⑨移至时间区段 17-21，再将工作⑨→⑩移至时间区段 21-26，将工作⑤→⑧移至时间区段 17-23。

第二次调整结果如图 3-84 所示。继续调整不再可能，调整终止。最终的资源高峰为：

$$\max\{R_A\}=7;\max\{R_B\}=5$$

三、工期—成本优化

工期—成本（费用）优化是网络计划优化在给定的约束条件下，寻求满足某种优化目标要求的最优方案。它通常有以下两种方案：当规定工期大于计算工期时，确定最低工程成本及其对应的最佳工期；当规定工期小于计算工期时，确定符合规定工期要求的最佳工程成本。

（一）工期和工程成本的关系

工程成本由直接费与间接费组成。直接费由人工费、材料费和机械费组成。施工方案不同，直接费也就不相同；施工方案一定，如工期不同，直接费也就不同。间接费一般也会随着工期的增加而增加。考虑工程总成本时，还应考虑拖期要接受罚款，提前竣工会得到奖励，提前投产而得到收益。工期与成本的关系曲线可用图 3-85 表示。

工期—成本优化的目的是：求出与最低工程总成本相对应的工程总工期或求出在规定工期条件下工程最低成本。网络计划中工期的长短取决于关键线路的总持续时间。关键线路由关键工作组成。为了达到工期—成本优化的目的，必须研究分析网络计划中工作的持续时间和费用（主要是直接费）之间的关系。

1. 工作持续时间和费用的关系

工作持续时间和费用的关系有以下几种类型：

（1）连续直线型，如图 3-86a）所示，即 A 点时间为 t_1，成本为 C_A；B 点时间为 t_2，成本为 C_B；A、B 之间各点的时间费用关系点在 A、B 的连线上。就整个工程讲，可以认为直线型关系有其使用价值，而且会给优化工作带来方便。

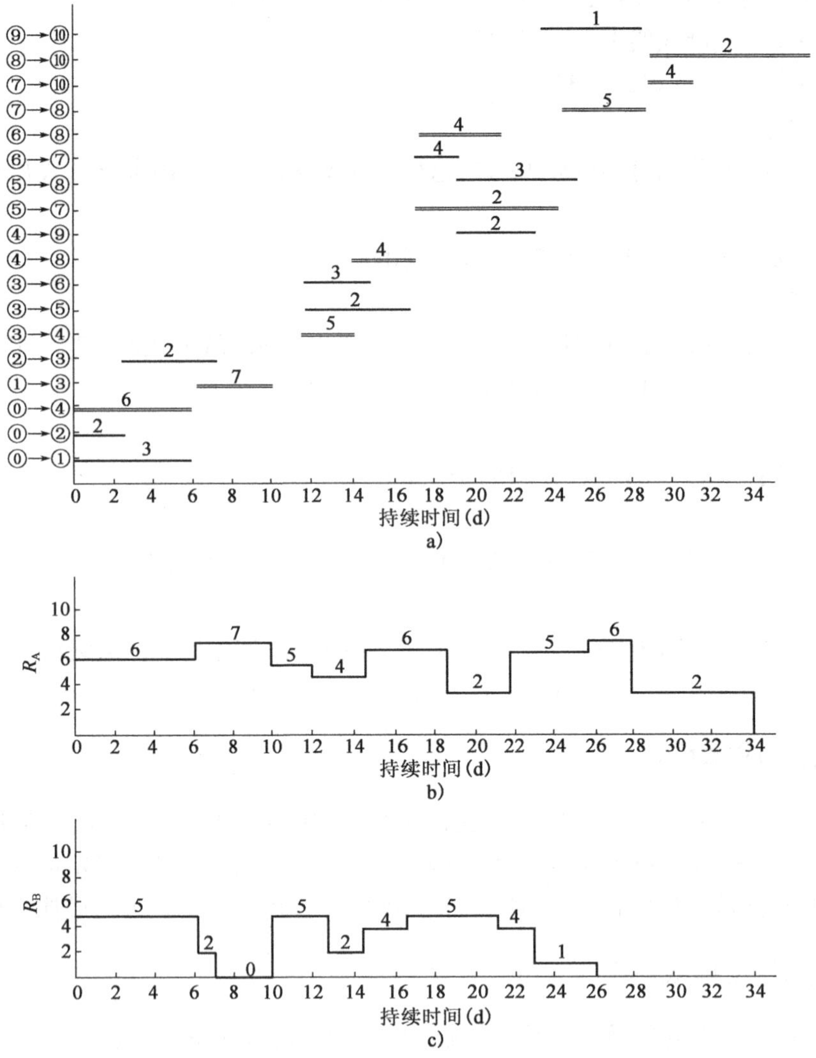

图 3-84　最终调整后的水平进度及资源需要量计划

a)水平进度;b)A 资源需要量计划;c)B 资源需要量计划

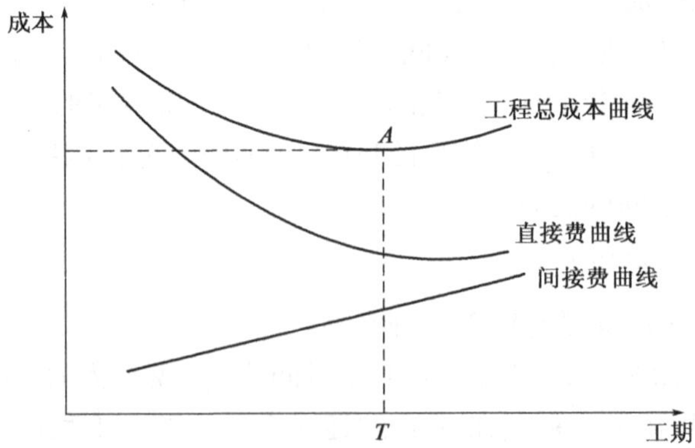

图 3-85　工期—成本关系曲线

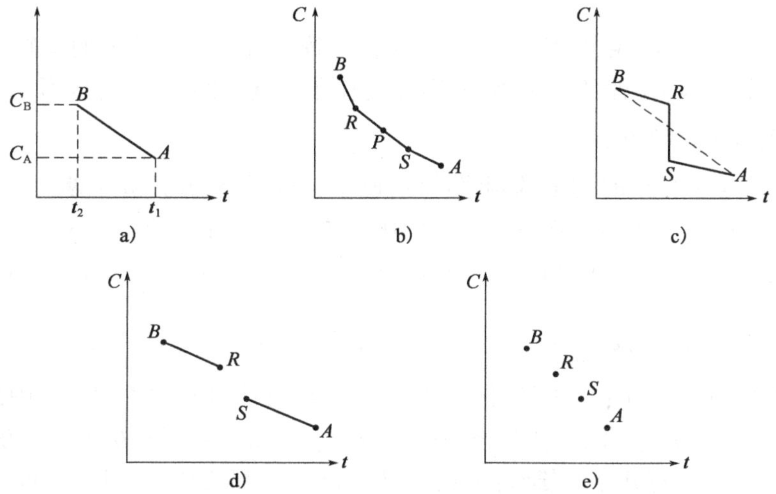

图 3-86 工作的时间—费用关系类型

对于不同的工作,它的直接费的增加情况也是不一样的,我们可以用单位时间内的费用增加率,或称费用率,用 e 来表示。若正常施工方案点 n 的正常时间是以 T_n 表示,相应的正常费用为 C_n,缩短后的加快施工方案点 S,它的加快时间为 T_s,相应的施工费用为 C_s,这样就可以算出费用率 e 来:

$$e = \frac{C_s - C_n}{T_n - T_s} \tag{3-104}$$

通过费用率可以看出哪个工作在缩短工期时花费最低,需要时即可优先加快这项工作。

(2)折线型,如图 3-86b)所示,表示不同时间的费用变化率是不同的。对于一项表示小型工程的网络计划来讲,这种线型有实际应用意义,且比较精确。

(3)突变型,如图 3-86c)所示。AS 段表示一种方案费用和时间的关系;RB 段表示另一种施工方案增加资源而引起的时间缩短与费用增加的关系。在优化时,可用 AB 线表示这种关系的近似值。

(4)断裂型,如图 3-86d)所示,它表示时间和费用的关系不是连续型的。AS 和 RB 分别表示两种不同施工方案的时间费用关系。这种情况多属不同的机械施工方案。

(5)离散型,如图 3-86e)所示,这也多属机械施工方案,各方案之间无任何关系,工作也不能逐天缩短,只能在几个方案中选择。

在工程的工期—成本优化中,直线型关系用得较多。

工程的工期—成本优化的基本思想就在于,不断从这些工作的时间和费用关系中,找出能使工期缩短而又能使得直接费用增额最少的工作,缩短其持续时间,然后考虑间接费随工期缩短而减少的情况。把不同工期的直接费和间接费分别叠加,即可求出工程成本最低时相对应的最优工期或工期指定时相应的最低工程成本。

2. 缩短工期的原则

(1)首先选择缩短工期的该项工作,其费率最小,使得由于缩短工期而增加的费用最少。

(2)选择关键线路上的工作缩短工期,因为只有缩短关键线路上的工作,才能缩短工程的总工期。

(3)有时缩短非关键线路上工作的工期,亦会导致关键线路的改变而缩短工程的总工期。在这种情况下,只要该项工作的费率极小,即使是在非关键线路上,亦可以考虑。

3. 工期—成本优化的步骤

(1)绘制工作正常持续时间下的网络计划,确定关键线路,并计算工期。

(2)求出网络计划中各项工作采取可行的施工方案后可加快的工作时间。

(3)求出正常工作持续时间和加快工作时间下工作的直接费,并用式(3-104)求出费用变化率。

(4)寻找可以加快时间的工作。这些工作应当满足以下三项标准:它是一项关键工作;它是可以压缩持续时间的工作;它的费用变化率在可压缩持续时间的关键工作中是最低的。

(5)确定本次可以压缩多少时间,增加多少费用。这要通过下列标准进行确定:

①如果网络计划中有几条关键线路,则几条关键线路都要压缩,且压缩同样数值,而压缩的时间应是各条关键线路中可压缩量最少的工作。

②每次压缩以恰好使原来的非关键线路变成关键线路为度。这就要利用总时差值来判断,即不要在压缩后经计算非关键工作出现负总时差。

(6)根据所选加快的关键工作及加快的时间限制,逐个加快工作,每加快一次都要重新计算网络计划的时间参数,用以判断下次加快的幅度,直到形成下列情况之一时为止:

①有一条关键线路的全部工作的可压缩时间均已用完。

②为加快工程施工进度所引起的直接费增加数值,开始超过因提前完工而节约的间接费时。

(7)求出优化后的总工期、总成本,绘制工期—成本优化后的网络计划,并付诸实施。

(二)工期和费用优化计算

【例题 3-12】 某混凝土基础工程施工,共有八个施工过程,其网络计划如图 3-87 所示。间接费率为 80 元/d。

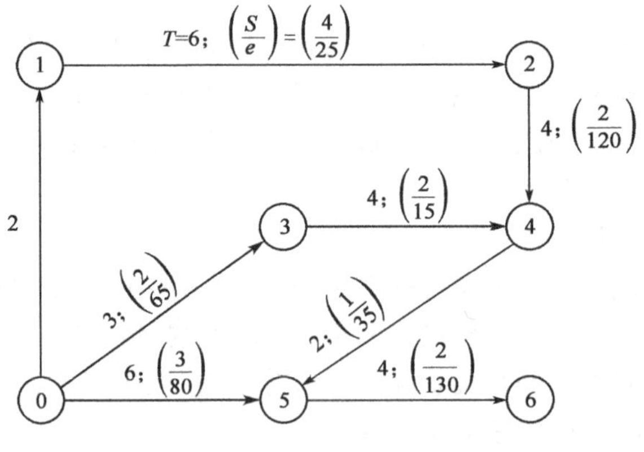

图 3-87　某混凝土基础工程网络图

解　(1)按正常工作持续时间,确定关键线路和工期,如图 3-88 所示。

关键线路为:⓪→①→②→④→⑤→⑥,图 3-88 中用粗箭线标注。工期为 18d。

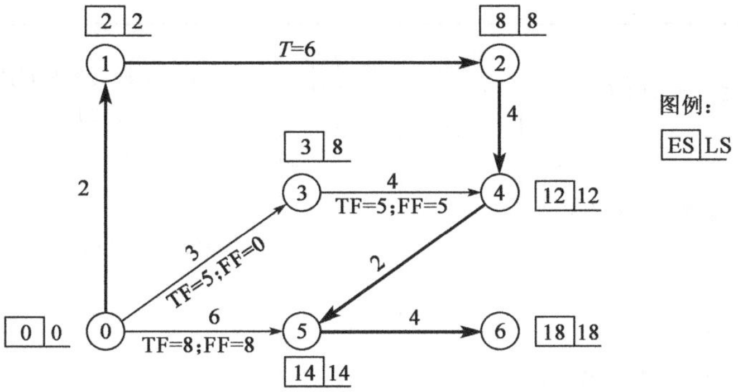

图 3-88　某混凝土基础工程网络计划时间参数计算

(2)计算正常工作持续时间下的网络计划的工程直接费，计算结果见表 3-14。

各工作正常持续时间的费用、缩短工期、费率表　　表 3-14

序号	工作名称	工作编号	正常工期 T（d）	缩短工期 S（d）	正常费用（元）	缩短工期后的总费用 C（元）	费率 e（元·d^{-1}）
	[1]	[2]	[3]	[4]	[5]	[6]=[5]+[4]×[7]	[7]
1	基础放线	⓪→①	2	—	30	—	—
2	挖土方	①→②	6	4	180	280	25
3	支模	②→④	4	2	700	940	120
4	浇筑混凝土	⑤→⑥	4	2	760	1020	130
5	钢筋进场	⓪→③	3	2	4000	4130	65
6	钢筋成型	③→④	4	2	200	230	15
7	钢筋绑扎	④→⑤	2	1	75	110	35
8	集料进场	⓪→⑤	6	3	4200	4440	80
9	合计				10145		

(3)计算网络计划各项工作的直接费率，计算结果见表 3-14。

(4)确定压缩方案，逐步压缩，寻求最优计划工期。现将压缩方案的步骤归纳在表3-15中。

压缩方案的步骤　　表 3-15

压缩次序	选择缩短工期的工作	缩短工期数（d）	缩短后的总工期（d）	缩短工期后的总费用（元）	缩短工期后的网络计划
第一次	压缩关键线路上费率最小的工作 ①→②，$e=25$	4	14	$C_1=10145+(280-180)=10245$	见图 3-89a)

续上表

压缩次序	选择缩短工期的工作	缩短工期数(d)	缩短后的总工期(d)	缩短工期后的总费用(元)	缩短工期后的网络计划
第二次	依次压缩关键线路上费率最小的工作 ④→⑤,$e=35$	1	13	$C_2=10245+(110-75)=10280$	见图 3-89b)
第三次	继续压缩关键线路上费率最小的工作 ②→④,$e=120$ 由于③→④的 TF = 1,当②→④压缩 1d 后,工作⓪→③、③→④即形成新的关键线路,如果压缩 2d,总工期也只缩短 1d	1	12	$C_3=10280+[(940-700)/2]$ $=10400$	见图 3-89c)
第四次	共有两条关键线路: ⓪→①→②→④→⑤→⑥ $T=7\text{d}$ ⓪→③→④→⑤→⑥ $T=7\text{d}$ 要缩短工期,必须同时压缩上述两条线路。有三种可供选择的方案: (1)压缩②→④与⓪→③ (2)压缩②→④与③→④ (3)压缩⑤→⑥ 选择压缩⑤→⑥	2	10	(1)每天增加 120 + 65 = 185 元 (2)每天增加 120 + 15 = 135 元 (3)每天增加 130 元 $C_4=1040+(1020-760)=10660$	见图 3-89d)
第五次	压缩②→④与③→④各 1d	1	9	$C_5=10660+(120+15)=10795$	见图 3-89e)

经过上述五次压缩到此为止。虽然工作⓪→③、③→④、④→⑤还可以压缩,但是另一关键线路⓪→①→②→④→⑤→⑥不能再压缩,因此,工作⓪→③、③→④、⓪→⑤的压缩不能缩短总工期。故全部压缩过程终止。这个全过程称为工期与成本的优化过程,最后所得的网络计划称为相应计划工期的优化工期。

(5)求出优化后的总工期、总成本,绘制工期—成本优化后的网络计划。

优化后的网络计划如图 3-89b)所示。以上述五次压缩的计划工期为横坐标,以每次缩短工期后的费用(即直接费)为纵坐标,连成曲线,形成计划工期与直接费的关系曲线,如图 3-90 所示。

每项工程的成本,除直接费以外,还包括全部间接费用。用间接费率乘以相应工期可得工程的总间接费。将该工程的直接费和间接费分别按不同计划工期叠加,即为计划的总成本曲线。在总成本曲线的最低点 A,其相应的工期 T,即为该工程的最优工期,亦即成本最低的工期,如图 3-90 所示。

从图 3-90 可以看出:本例的最优工期为 13d,总成本为 11320 元。

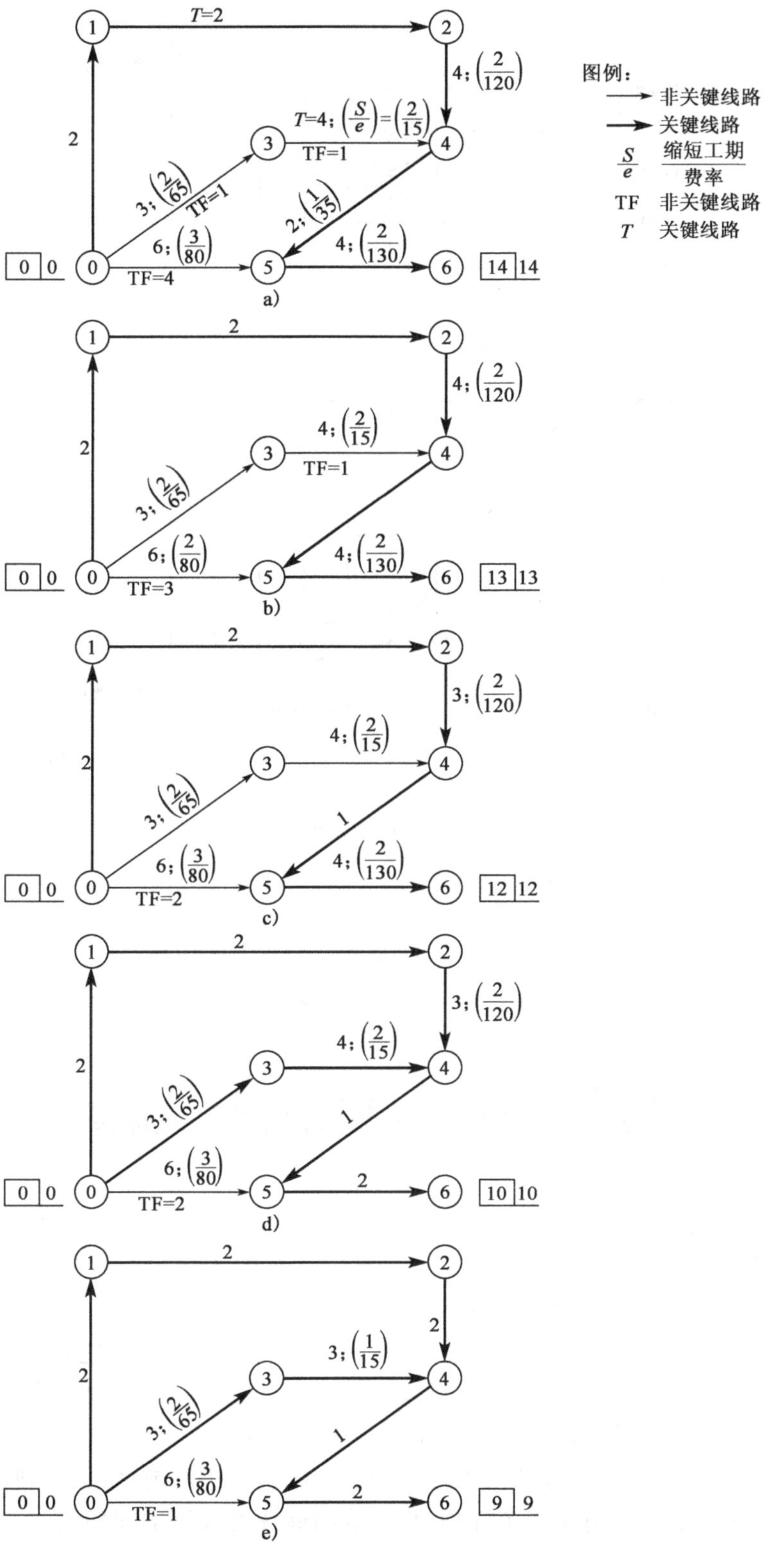

图 3-89　表 3-15 附图

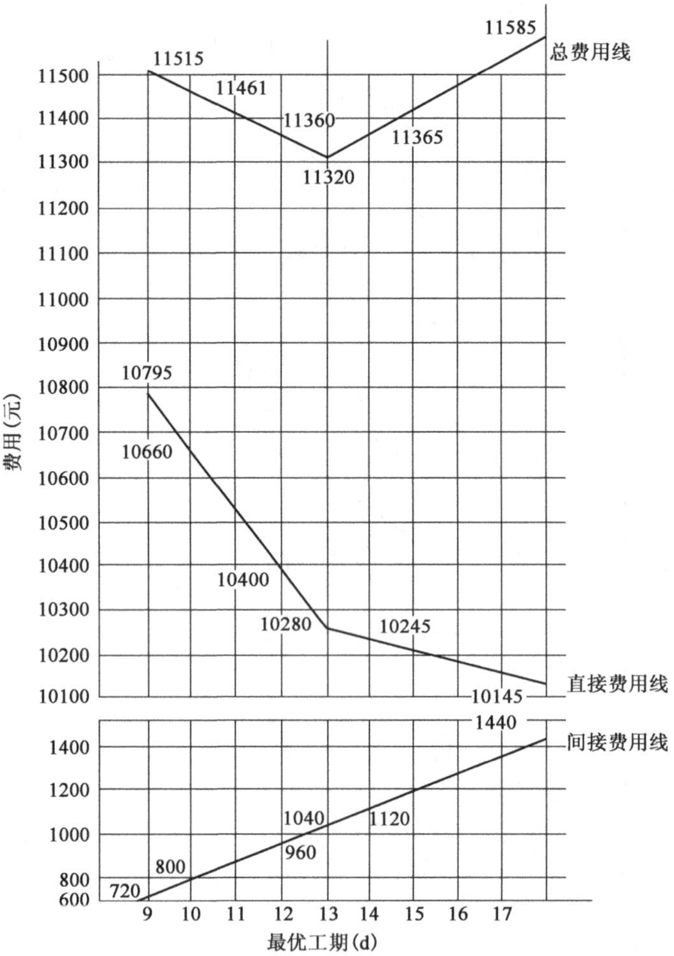

图 3-90　工期与成本优化曲线

第六节　网络计划的检查与调整

一、网络计划检查的规定

(1)检查网络计划首先必须收集网络计划的实际执行情况,并进行记录。

①当采用时标网络计划时,可采用实际进度前锋线(简称前锋线,它是指在时标网络计划图上,把每项工作在计划检查时刻的实际进度所达到的前锋点连接而成的折线。用以形象地显示实际进度与计划进度的对比状况。)记录计划执行情况。前锋线应自上而下地、从计划检查时的时间刻度线出发,用直线段依次连接各项工作的实际进度前锋,最后到达计划检查时刻的时间刻度线为止。前锋线可用彩色标画,相邻的前锋线可采用不同颜色。

②当采用无时标网络计划时,可采用直接在图上用文字或适当符号记录,或列表记录等记录方式。

(2)对网络计划的检查应定期进行,检查周期的长短应视计划工期的长短和管理的需要决定,必要时可作应急检查以便采取应急调整措施。

(3)网络计划的检查必须包括以下内容:

①关键工作进度。

②非关键工作进度及时差利用。

③工作之间的逻辑关系。

(4)对网络计划执行情况检查的结果应进行如下分析判断,为计划的调整提供依据:

①对时标网络计划宜利用已画出的实际进度前锋线,分析计划的执行情况及其发展趋势,对未来的进度情况做出预测判断,找出偏离计划目标的原因及可供挖掘的潜力所在。

②对无时标网络计划宜按表3-16记录的情况对计划中的未完工作进行分析判断。

网络计划检查结果分析表 表3-16

工作编号	工作代号	检查计划时尚需作业时间	到计划最迟完成时尚有时间	原有总时差	尚有总时差	情况判断

二、网络计划调整的规定

网络计划的调整可包括下列内容:

(1)关键线路长度的调整。

(2)非关键工作时差的调整。

(3)增、减工作项目。

(4)调整逻辑关系。

(5)重新估计某些工作的持续时间。

(6)对资源的投入作局部调整。

三、网络计划的检查

(一)检查的时间和内容

(1)检查的时间分两类:一类是日常检查;一类是定期检查。定期检查一般与计划周期相一致,在计划执行结束时检查。

(2)检查的内容包括:进度计划中,工作的开始时间、完成时间、持续时间、逻辑关系、实物工程量和工作量、关键线路和总工期、时差利用等。

(二)检查的方法

检查的方法是对比法,即将计划内容和记录的实际状况进行对比,从而分析判断计划的执行情况。现以图3-91所示的网络计划为例说明检查分析的方法。

网络计划检查分析的具体情况见表3-17。

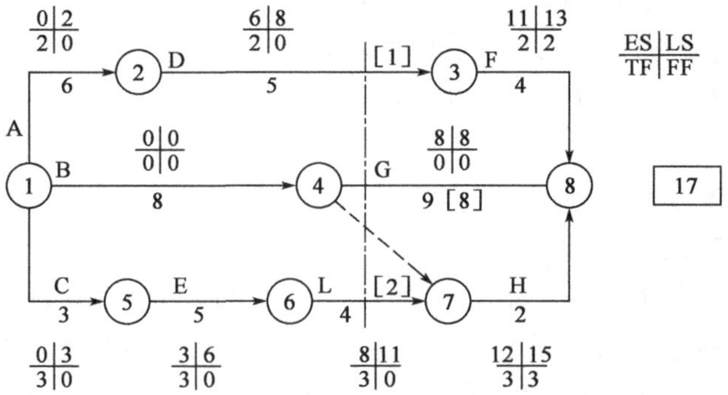

图 3-91　某工程网络计划示例

由表 3-17 可知，在第 10d 检查时，工作 D 和 L 的原有总时差均保持不变，说明两项工作进度正常；而工作 G 的总时差却减少了 1d，说明工作进度拖期 1d。而且工作 G 处在关键线路上，尤其它是该线路上的最后一项工作，所以如果不在尚需的 8d 中赶上来，很有可能使整个计划拖期，影响进度控制目标的实现。

网络计划检查情况分析表(时间单位：天)　　表 3-17

工作编号	工作代号	检查时尚需时间	到计划最迟完成前尚有时间	原有总时差	尚有时差	情况判断
②→③	D	1	13 − 10 = 3	2	3 − 1 = 2	正常
④→⑧	G	8	17 − 10 = 7	0	7 − 8 = −1	拖期 1d
⑥→⑦	L	2	15 − 10 = 5	3	5 − 2 = 3	正常

网络计划检查的结果应填写报告，向有关领导提交。表 3-18 和表 3-19 是网络计划执行结果分析报告；表 3-20 是网络计划与实际比较报告；表 3-21 是实际完成量报告；表 3-22 是网络计划预测分析报告。在实际工作中可根据需要选用或自行设计。

总网络分析报告　　表 3-18

项目名称：__________

项目编号：__________

工作编号	工作名称	实现时间(d)			后续工作			
		最早	最迟	时差	编号	名称	时距(d)	剩余时间(d)

填表人__________　　填表日期__________

审核人__________　　审核日期__________

子网络分析报告 表 3-19

项目名称：__________

项目编号：__________

施工过程编号	施工过程名称	延续时间(d)			完成率(%)	进度参数(d)						后续施工过程		搭接过程	
		计划值	实际值	剩余时间		最早开始	最迟开始	最早完成	最迟完成	总时差	自由时差	编号	名称	类型	时距(d)

填表人__________ 填表日期__________

审核人__________ 审核日期__________

进 度 比 较 报 告 表 3-20

项目名称：__________

项目编号：__________

施工过程编号	施工过程名称	工程量		工作班次(班·d^{-1})	完成率(%)	工作时间			进展时间比较	最早开始时间(d)		最早开始时间偏差(d)	最早完成时间(d)		最早完成时间偏差(d)	备注
		单位	数量			计划值	进展时间	时间比(%)		计划值	实际值		计划值	实际值		

填表人__________ 填表日期__________

审核人__________ 审核日期__________

进 度 报 告 表 3-21

项目名称：__________

项目编号：__________

施工过程编号	施工过程名称	工程量		完成率(%)	工作量		工作班次(班·d)	延续时间(d)	进度参数[表示实际进度](d)				总时差(d)	自由时差(d)	备注
		单位	数量		单位	数量			最早开始	最迟开始	最早完成	最迟完成			

填表人__________ 填表日期__________

审核人__________ 审核日期__________

进度预测分析报告 表 3-22

项目名称：__________

项目编号：__________

施工过程编号	施工过程名称	工程量		工作班次（班·d^{-1}）	原计划时间（d）	预测工作时间（d）	预测进度						备注
		单位	数量				最早开始	最迟开始	最早完成	最迟完成	总时差（d）	自由时差（d）	

填表人__________ 填表日期__________

审核人__________ 审核日期__________

通过检查分析，如果进度偏离计划不十分严重，便可以通过解决矛盾，排除障碍，继续执行原计划的顺序和时间安排，这是首先要努力做到的。在经过努力，确定不能按原计划实现时，再考虑对网络计划进行必要的调整，即适当延长工期或改变施工速度。网络计划的调整一般是不可避免的，但应慎重，尽量减少变更计划性的调整。

四、网络计划的调整

（一）网络计划调整的内容

网络计划调整的内容包括以下几方面：

1. 关键线路长度的调整

（1）当关键线路的实际进度比计划进度提前时，首先要确定是否对原计划工期予以缩短。如果不拟缩短，则可利用这个机会降低资源强度或费用，其方法是选择后续关键工作中资源占用量大的或直接费用高的予以适当延长工作持续时间，延长的时间不应超过已完成的关键工作提前的时间量；如果要使提前完成的关键线路的结果变成整个计划工期的提前完成，则应将计划的未完成部分作为一个新计划，重新进行计算与调整，按新的计划执行，并保证新的关键工作按新计算的时间完成。

（2）当关键线路的实际进度比计划进度落后时，计划调整的任务是采取措施把落后的时间抢回来，于是应在未完成的关键线路中选择资源强度小的工作予以缩短，重新计算未完成部分的时间参数，按新参数执行。这样做有利于减少赶工费用。

2. 非关键工作的时差调整

时差调整的目的是为了更充分地利用资源，降低成本，满足施工需要。时差调整不得超出总时差值，每次调整均需进行时间参数计算。调整的方法有：

(1)可以在总时差范围内移动工作,即改变时差的位置,以降低资源强度。

(2)可以延长非关键工作的持续时间或缩短工作的持续时间,以降低资源强度。

3. 增减工作项目

(1)增减工作项目均应该不打乱原网络计划总的逻辑关系,以便使原计划得以实施。因此,增减工作项目,只能改变局部的逻辑关系,此局部改变不影响总的逻辑关系。增加工作项目,只是对原遗漏或不具体的逻辑关系进行补充;减少工作项目,只是对提前完成了的工作项目或原不应设置而设置了的工作项目予以消除。只有这样,才是真正的调整,而不是重编计划。

(2)增减工作项目之后,应重新计算时间参数,以分析此调整是否对原网络计划工期有影响,如有影响,应采取措施使之保持不变。

4. 逻辑关系的调整

逻辑关系改变的原因必须是施工方法或组织方法的改变。但一般说来,只能调整组织关系,而工艺关系不宜进行调整,以免打乱原计划。调整逻辑关系是以不影响原定计划工期和其他工作的顺序为前提的。调整的结果绝对不应形成对原计划的否定。

5. 工作持续时间的调整

如果工作的持续时间计算有误,在检查中被发现,或者实施中发现原持续时间计算无误,但实现的条件不充分,便可进行调整。调整的方法是重新估算持续时间,按新时间实施。每调整一次就应重新计算时间参数,以观察该调整对总工期的影响。

6. 资源的调整

资源的调整应在资源供应发生异常时进行。所谓异常,即因供应满足不了需要(中断或强度降低),影响到计划工期的实现。资源调整的前提是保证工期或使工期适当,故应进行工期规定(确定)资源有限或资源强度降低工期适当的优化,从而达到使调整取得好的效果的目的。

以上调整内容,可以是其中的一项,也可以是其中的几项或全部。

网络计划的调整工作应与网络计划的检查时间一致,或作应急调整,以定期调整为主。

(二)网络计划调整的方法

1. 网络计划的调整过程

当网络计划与实际进度有较大偏差时,便应作出调整网络计划的决定。调整之前,应分析偏差产生的原因,从中找出关键的原因,还应分析该偏差对后续工作产生的影响,进而提出调整计划的目标,应采取的措施,选择调整方法,在原计划执行的基础上形成新的"调整计划"。进度计划调整后,还应对资源计划作相应调整,在新的计划期中,执行该"调整计划"。以上过程可用图3-92表示。

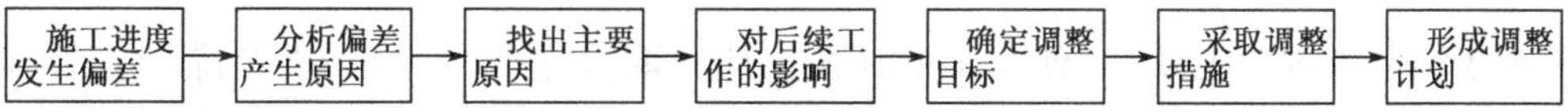

图3-92 网络计划调整的程序

2. 进度计划调整目标的选择

进度计划调整目标有以下几种类型:

(1)总工期不允许延长的进度调整。

(2)总工期可以延长的进度调整。

(3)总工期可以拖延某一定值的调整。

(4)某后续工作开始时间不允许拖延的进度调整。

(5)某后续工作开始时间允许拖延的进度调整。

(6)某后续工作开始时间拖延有限制的进度调整。

3. 分析网络计划的偏差对后续工作及工期的影响

如果发现网络计划的某项工作出现偏差,首先应判断偏差是否处在关键线路上。如果是在关键线路上,肯定会影响总工期,应进行调整;如果不在关键线路上,还应判断此偏差是否大于总时差,如果大于总时差,则又会影响总工期,应进行调整;如果偏差小于总时差,还应判断此偏差是否大于自由时差,如果大于自由时差,便会影响后续工作,应予调整;如果偏差小于自由时差,则不会对后续工作产生影响,可不予调整应继续执行原计划。以上程序可用图3-93说明。

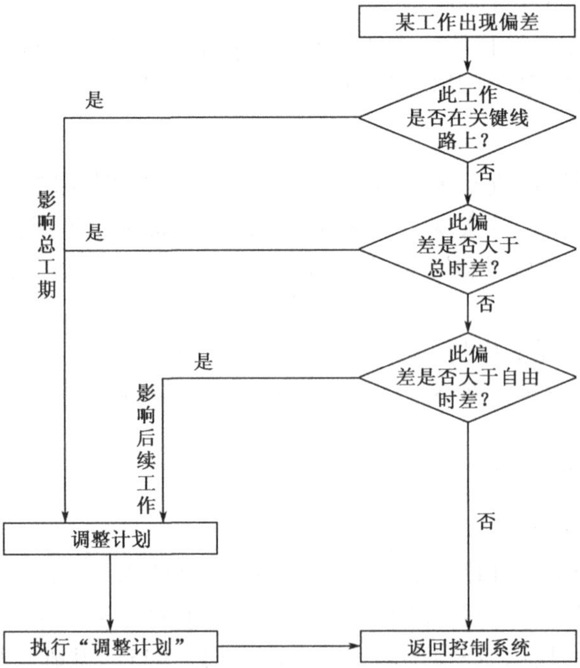

图3-93　分析某工作偏差对网络计划的影响

4. 调整时间的措施

当进度偏差影响总工期时(使总工期延长),应采取措施使之缩短,或保持原工期不变,或使总工期延长最少。要做到这一点,必须缩短关键线路上工作的持续时间。缩短关键工作持续时间的办法主要有以下几个:

(1)增加资源(主要是劳动力和机械)的数量。

(2)不增加资源数量,但延长日作业时间。

(3)提高工人或机械的工作效率。

(4)采用分段搭接施工的方法(在工作面允许的情况下)。

(5)改变施工方案,调整施工顺序,使之有利于缩短时间,如原为手工操作,现改为机械操作;原为现场制作,现改为预制。

一般情况下,无论采用哪种措施,都会增加费用(搭接施工有可能不增加费用),因此选择加快对象应选择费用率最低的关键工作。

加快某项工作还应有利于资源的均衡使用,故应选择持续时间较长、压缩潜力较大的工作。

【思考题】

1. 何谓网络计划技术?
2. 何谓网络图?
3. 简述网络计划技术的基本原理。
4. 简述工程网络图类型。
5. 简述双代号网络图组成要素。
6. 试说明双代号网络图线路种类和性质。
7. 简述双代号网络图绘图规则和方法。
8. 简述双代号网络图时间参数种类和计算方法。
9. 何谓虚工作? 虚工作有何作用?
10. 何谓关键工作? 如何确定?
11. 何谓线路? 何谓关键线路? 如何确定关键线路?
12. 何谓总时差和自由时差? 试说明其意义。
13. 试说明单代号网络图组成要素。
14. 试说明单代号网络图绘图规则和方法。
15. 试说明单代号网络图时间参数种类和计算方法。
16. 简述搭接网络图组成要素。
17. 简述搭接网络图绘图基本原则。
18. 简述搭接网络图绘图基本方法。
19. 试说明搭接网络图时间参数计算方法。
20. 试说明搭接网络图自由时差计算方法。
21. 试说明工程网络计划优化概念和种类。
22. 何谓逻辑关系? 网络计划中有哪些逻辑关系? 有何区别?
23. 双代号时标网络计划有何特点?

24. 试述双代号时标网络计划的绘制方法和步骤。

25. 试根据表3-23所示的各工作之间的逻辑关系，绘制双代号网络图。

各工作之间的逻辑关系　　表3-23

工作	紧前工作	紧后工作	工作	紧前工作	紧后工作
A	—	B、E、F	F	A	G
B	A	C	G	F	C、H
C	B、G	D、I	H	G	I
D	C、E	—	I	C、H	—
E	A	D、J	J	E	—

26. 某工程各工作之间的逻辑关系及工作持续时间如表3-24所示，试根据表中所给关系绘制双代号网络图，并计算网络计划的时间参数，确定关键线路。

各工作之间的逻辑关系及工作持续时间表　　表3-24

工作	A	B	C	D	E	F	G
紧前工作	—	—	A	A、B	A、B	C、E	C、D、E
紧后工作	C、D、E	D、E	F、G	G	F、G	—	—
持续时间	6	4	8	7	5	10	9

第四章

公路施工准备工作

第一节 概 述

一、公路施工准备工作的意义

1. 遵循公路施工程序

公路工程项目建设的总程序是按照规划、设计和施工等几个阶段进行的。施工阶段又可分为施工准备,路基路面、桥涵、隧道施工,交工竣工验收等程序。这是由工程项目建设的客观规律决定的。只有认真做好施工准备工作,才能保证公路工程顺利开工和施工的正常进行,才能保质、保量、按期交工,才能取得如期的投资效果。

2. 降低公路施工风险

公路工程项目施工大部分为露天作用,受外界干扰和自然因素的影响较大,因而施工中可能遇到的风险较多。施工准备工作是根据周密的科学分析和多年积累的施工经验来确定的,具有一定的预见性。因此,只有充分做好施工准备工作,采取预防措施,加强应变能力,才能有效地防范和规避风险,降低风险损失。

3. 创造工程开工和顺利施工的条件

施工准备工作的基本任务是为拟建公路施工建立必要的技术、物质和组织条件，统筹组织施工力量和合理布置施工现场，为拟建公路工程按时开工和持续施工创造条件。

4. 提高企业经济效益

认真做好工程项目的施工准备工作，能调动各方面的积极因素，合理组织资源，加快施工进度，提高工程质量，降低工程成本，从而提高企业的经济效益和社会效益。

实践证明，施工准备工作的好坏，将直接影响着公路建设的全过程。只有重视和认真细致地做好施工准备工作，积极为工程项目创造一切有利的施工条件，才能够多快好省地完成建设任务。如果违背施工程序而不重视施工准备工作，仓促上马，必然给公路的施工带来麻烦，甚至迫使施工停工、延长施工工期，造成不应有的经济损失。

二、公路施工准备工作的分类

（一）按施工准备工作的范围分类

公路施工准备工作按规模及范围分为：公路工程施工总准备、单项（或单位）工程施工条件准备和分部（分项）工程作业条件准备。

1. 公路工程施工总准备

施工总准备是以整条公路建设项目为对象而进行的统一部署的各项施工准备，它的作用是为整个公路建设项目的顺利施工创造条件，也兼顾了单项（或单位）工程施工条件的准备。

2. 单项（或单位）工程施工条件准备

单项（或单位）工程施工条件准备是以建设一个单项工程为对象而进行的施工条件准备工作，它的作用是为单项（或单位）工程施工服务；不仅要为单项（或单位）工程在开工前做好一切准备，而且要为分部工程或冬、雨季施工做好施工准备工作。

3. 分部（分项）工程作业条件准备

分部（分项）工程作业条件准备是以一个分部（分项）工程为对象进行的作业条件准备。

（二）按拟建工程所处的不同施工阶段分类

按拟建工程所处的施工阶段不同，一般可分为开工前的施工准备和各施工阶段施工准备两种。

1. 公路工程开工前的施工准备

开工前的施工准备是在拟建公路工程正式开工之前所进行的一切施工准备工作。其作用是为拟建公路工程正式开工创造必要的施工条件，具有全局性和总体性。

2. 公路工程各施工阶段施工准备

各施工阶段的施工准备是在拟建公路工程开工之后，每个施工阶段正式开工之前所进行的一切施工准备工作。其作用是为各施工阶段正式开工创造必要的施工条件，具有局部性和经常性。如公路桥梁工程的施工，一般可分为上部工程、下部工程等施工阶段，每个施工阶段的施工内容不同，所需要的技术条件、物质条件、组织要求和现场布置等方面各不相同。因此，在每个施工阶段开工之前,都必须做好相应的施工准备工作。

(三)按施工准备工作的主体分类

按施工准备工作的主体不同,可分为建设单位(业主)的施工准备和施工单位(承包商)的施工准备。

1. 建设单位(业主)的施工准备

建设单位(业主)的准备是指按照常规或合同的约定应由建设单位(业主)所做的施工准备工作。如土地征用、青苗补偿、提供图纸、拆迁补偿、水准点与坐标控制点的确定等工作。

2. 施工单位(承包商)的施工准备

施工单位(承包商)的准备是指按照常规或合同的约定应由施工单位(承包商)所做的施工准备工作。如施工组织设计、临时设施的建造、材料的采购、施工机具租赁、施工人员的准备等工作。

综上所述,施工准备工作不仅具有整体性,又具有阶段性,是整体性与阶段性的统一,同时又要体现连续性。因此,施工准备工作必须有计划、有步骤、分期、分阶段地进行,并能及时根据公路进展的变化而调整和补充。

三、公路施工准备工作的内容

一般公路工程的施工准备工作的内容可归纳为六个方面:原始资料的调查收集、技术资料准备、施工现场准备、物资准备、施工人员准备和季节性施工准备。详见图 4-1。

各项工程施工准备工作的具体内容,视该工程情况及其已具备的条件而异。有的比较简单,有的却十分复杂。不同的工程,因工程的特殊需要和特殊条件而对施工准备工作提出各不相同的具体要求。只有按照施工项目的规划来确定准备工作的内容,并拟定具体的、分阶段的施工准备工作实施计划,才能充分地为施工创造一切必要的条件。

四、公路施工准备工作的计划

为了落实各项施工准备工作,加强检查和监督,必须根据各项施工准备的内容、时间和人员,编制出施工准备工作计划。其格式见表 4-1。

施工准备工作计划 表 4-1

序　　号	施工准备项目	简要内容	负责单位	负责人	起止时间		备注
					月　日	月　日	

由于各项准备工作之间具有相互制约、相互依存的关系,为了加快施工准备工作的进度,必须加强建设单位、设计单位和施工单位之间的协调工作,密切配合,建立健全施工准备工作

的责任制和检查制度，使施工准备工作有领导、有组织、有计划和分期分批地进行。另外，施工准备工作计划除用上述表格之外，还可以采用网络计划的方法，以明确各项准备工作之间的工作关系，找出关键线路，并在网络计划图上进行施工准备期的调整，以尽量缩短准备工作的时间。

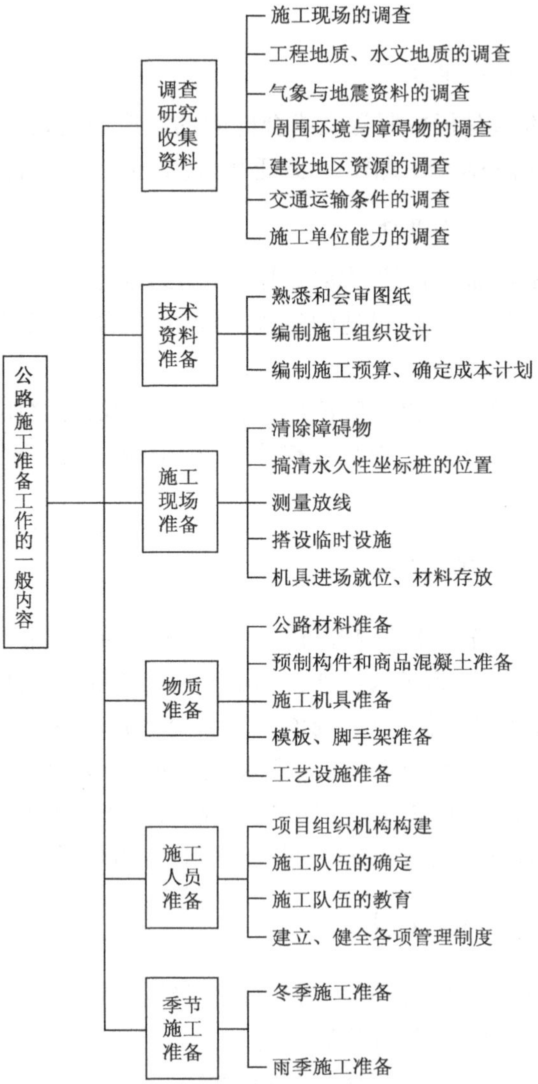

图 4-1 公路施工准备工作的一般内容

第二节 技术准备

技术准备是公路工程施工准备工作的核心，是确保工程质量、工期、施工安全和降低工程成本、增加企业经济效益的关键。其主要内容包括熟悉与会审施工图纸、学习和掌握有关技术规范和规程、原始资料的调查分析、编制施工组织设计、编制施工预算。

一、熟悉与会审施工图纸

1. 熟悉与会审施工图纸的目的

(1)为了能够在工程项目开工之前,使从事公路施工技术和经营管理的工程技术人员充分了解设计意图、结构构造特点、技术要求、质量标准,以免发生施工指导性错误。

(2)通过审查及时发现施工图纸中存在的差错或遗漏,以便及时改正,为工程项目的施工提供一份准确、齐全的设计图纸。

(3)结合具体情况,提出合理化建议和协商有关施工配合等事宜,以便确保工程质量和施工安全,降低工程成本和缩短工期。

2. 熟悉、会审施工图纸的重点内容和要求

在熟悉图纸时,对发现的问题应在图纸的相应位置做出标记,并做好记录,以便在图纸会审时提出意见,协商解决。

熟悉、审查设计图纸及其他技术资料时,应注意以下问题:

(1)设计图纸是否符合国家有关的技术规范要求。

(2)核对图纸与说明书是否齐全,有无矛盾,规定是否明确,图纸有无遗漏,图纸之间有无矛盾。

(3)核对主要轴线、尺寸、位置、标高有无错误和遗漏。

(4)总平面图控制点坐标位置是否正确,拟建公路及地下构筑物与管线之间有无矛盾。

(5)设计中所采用的各种材料、配件、构件等能否满足设计要求。

(6)审查设计是否考虑了施工的需要,各种结构的承载力、刚度和稳定性是否满足施工要求。

(7)明确建设期限、分期分批投产或交付使用的顺序和时间,以及施工项目所需主要材料、设备的数量、规格、来源和供货日期。

(8)明确建设、设计、监理和施工等单位之间的协作、配合关系,以及建设单位可以提供的施工条件。

(9)对设计技术资料有什么合理化建议及意见。

3. 熟悉、会审施工图纸的程序

熟悉、审查施工图纸的程序通常分为自审阶段、会审阶段和现场签证阶段三个阶段。

(1)施工图纸的自审阶段。施工单位收到施工项目的施工图纸和有关技术文件后,应尽快地组织有关的工程技术人员对图纸进行熟悉,了解设计要求及施工应达到的技术标准,掌握和了解图纸中的细节。

(2)施工图纸的会审阶段。施工图纸会审一般由建设单位或委托监理单位组织,设计单位、监理单位、施工单位参加,四方共同进行设计图纸的会审。图纸会审时,首先由设计单位进行图纸交底,主要设计人员应向与会者说明拟建工程的设计依据、意图和功能要求,并对特殊结构、新材料、新工艺和新技术的选用和设计进行说明;然后施工单位根据自审图纸时的记录和对设计意图的理解,对施工图纸提出问题、疑问和建议;最后在各方统一认识的基础上,对所

探讨的问题逐一做好协商记录,形成“图纸会审记录”。记录一般由施工单位整理,参加会议的单位共同会签、盖章,作为与施工图纸同时使用的技术文件和指导施工的依据,并列入工程预算和工程技术档案。图纸会审记录的格式见表4-2。

图纸会审记录表　　表4-2

工程编号：

<table>
<tr><td>工程名称</td><td colspan="3"></td><td colspan="2">会审日期及地点</td><td colspan="2"></td></tr>
<tr><td>公路面积</td><td></td><td colspan="2">结构类型</td><td colspan="2"></td><td>专业</td><td></td></tr>
<tr><td>主持人</td><td colspan="7"></td></tr>
<tr><td colspan="8">记录内容：</td></tr>
<tr><td colspan="2">建设单位签章
代表：</td><td colspan="2">设计单位签章
代表：</td><td colspan="2">施工单位签章
代表：</td><td colspan="2">监理单位签章
代表：</td></tr>
</table>

(3)施工图纸的现场签证阶段。在拟建工程的施工过程中,如果发现施工的条件与设计图纸的条件不符,或者发现图纸中仍然有错误,或者因为材料的规格、质量不能满足设计要求,或者因为施工单位提出了合理化建议,需要对施工图纸进行及时修改时,应遵循技术核定和设计变更的签证制度,进行图纸的施工现场签证。如果设计变更的内容对拟建公路的规模、投资影响较大时,要报请项目的原批准单位批准。在施工现场的图纸修改、技术核定和设计变更资料,都要有正式的文字记录,归入拟建工程施工档案,作为指导施工、工程结算和竣工验收的依据。

二、学习和掌握有关技术规范和规程

技术规范、规程是由国家有关部门制定的,是具有法令性、政策性和严肃性的建设法规,施工各部门必须按《公路工程质量检验评定标准》(JTG F80)等上级部门所颁发的技术规范与规程施工。

各施工有关人员,务必结合本工程实际,认真学习和熟悉有关技术规范、规程,尤其对于采用和推广新材料、新技术、新结构、新工艺的工程,更需要进行全面、具体、明确、详细的学习,为保证优质、安全、按时完成工程任务打下坚实的技术基础。

三、原始资料的调查分析

为了做好施工准备工作,除了要掌握有关施工项目的书面资料外,还应该进行施工项目的实地勘测和调查,获得有关数据的第一手资料,这对于拟定一个先进合理、切合实际的施工组织设计是非常必要的,因此应该做好以下几个方面的调查分析：

(1)自然条件的调查分析。建设地区自然条件调查分析的主要内容有:地区水准点和绝对标高等情况;地质构造、土的性质和类别、地基土的承载力、地震级别和烈度等情况;河流流量和水质、最高洪水和枯水期的水位等情况;地下水位的高低变化情况,含水层的厚度、流向、流量的水质等情况;气温、雨、雪、风和雷电等情况;土的冻结深度和冬雨季的期限等情况。

(2)技术经济条件的调查分析。建设地区技术经济条件调查分析的主要内容有:地方现有公路的状况;施工现场的动迁状况;当地可利用的地方材料状况;地方能源和交通运输状况;地方劳动力和技术水平状况;当地生活供应、教育和医疗卫生状况;当地消防、治安状况和参加施工单位力量状况等。

四、编制施工预算

在施工图预算的基础上,结合施工单位的实际施工定额和积累的技术数据资料,依据中标后的合同价、施工图纸、施工组织设计中所采用的施工方法、施工机具,考虑成本降低措施,编制施工预算,作为本施工单位(或基层工程队)对该建设项目内部经济核算的依据。施工预算主要是用来控制工料消耗和施工中的成本支出。根据施工预算的分部分项工程量及定额工料用量,在施工中对施工班组签发施工任务单,实行限额领料及班组核算。因此,在施工过程中要按施工预算严格控制各项指标,确定成本计划,以促进降低工程成本和提高施工管理水平。

施工预算是公路施工单位内部管理与经济核算的文件。随着计算机技术的迅猛发展,各种施工管理软件的不断涌现,采用电子计算机编制标书及施工预算在全国各地已很普遍。在具体编制时,可根据施工图纸将工程量一次输入,然后应用工程量清单中的单位报价和本企业的施工定额这两种数据库文件输出两种不同的预算,即投标报价和施工成本及本企业实际的工料、成本分析。根据这些成果文件再在施工过程中进行严格控制,实行限额领料、限额用工和成本控制,必然会降低工程造价、提高企业经济效益。因此,编制施工预算,确定施工成本,是施工准备中的重要工作。

五、编制中标后的施工组织设计

中标后的施工组织设计是施工准备工作重要组成部分,也是指导施工现场全部生产活动的技术经济文件。公路施工生产活动的全过程是非常复杂的物质财富再创造的过程,为了正确处理人与物、主体与辅助、工艺与设备、专业与协作、供应与消耗、生产与储存、使用与维修以及它们在空间布置、时间安排之间的关系,必须根据拟建公路工程的规模、结构特点和建设单位的要求,在原始资料调查分析的基础上,编制出一份能切实指导该工程全部施工活动的科学方案(施工组织设计)。

施工组织设计编制完成后,应报建设(或监理)单位审批,一经批准,便构成施工承包合同的主要组成文件,承包单位必须按施工组织设计中承诺的内容组织施工,并作为施工索赔的主要依据。因此,必须根据拟建公路工程的规模、结构特点和施工合同的要求,在原始资料调查分析的基础上,编制出一份能切实指导工程全部施工活动的施工组织设计,以确保工程好、快、省、安全地完成。公路施工组织设计(方案)报审表见表4-3。

公路施工组织设计(方案)报审表　　表4-3

工程名称：　　编号：

<table>
<tr><td>致：____________(监理单位)
我方已根据施工合同的有关规定完成了____________工程施工组织设计(方案)的编制,并经我单位上报技术负责人审查批准,予以审查。

附件:施工组织设计(方案)

承包单位(章)：
项目经理：________日期：</td></tr>
<tr><td>专业监理工程师审查意见：

专业监理工程师：________日期：</td></tr>
<tr><td>总监理工程师审核意见：

项目监理机构(章)：
总监理工程师：________日期：</td></tr>
</table>

第三节　劳动组织准备

一项工程完成的好坏,很大程度上取决于承担这一工程的施工人员的素质。现场施工人员包括施工的组织指挥者和具体操作者两大部分。这些人员的选择和组合,将直接关系到工程质量、施工进度及工程成本。因此,施工现场人员的准备是开工前施工准备的一项重要内容。

一、项目组织机构的组建

公路施工组织领导机构的建立应遵循以下原则:根据工程规模、结构特点和复杂程度,确定工程项目的领导机构名额和人选;坚持合理分工与密切协作相结合的原则;把有施工经验、有创新精神、工作效率高的人选入领导机构;认真执行因事设职、因职选人的原则;对于一般单位工程可设一名工地负责人,再配备施工员、质检员、安全员及材料员等;对大型的单位工程或群体项目,则需配备一套班子,包括技术、材料、计划、成本、合同、资料和组织协调等管理人员。

项目施工组织机构的资质等级应满足工程规模要求。组织结构的人选确定后,要报项目所在地建设行政主管部门审批其资质，审批通过后，项目经理部正式成立，对项目施工开始实施管理。项目经理是项目经理部的负责人，是承包人在施工合同专用条款中指定的负责施工管理和合同履行的代表，应由取得全国施工项目经理培训证书或注册建造师资格证，并具有相应施工经验和能力的人担任。

另外，需强调的是，项目经理部内应至少配备一名成本员，来监控项目实施过程中的成本支出，及时发现成本超支和浪费现象，并对施工过程中的各种方案进行必要的技术经济分析。成本员应由懂技术、经济和合同管理，又具有一定的工作经验的人担任，如具有一定工作经历的工程管理专业毕业的大中专毕业生。

二、组织施工队伍

公路施工队伍的建立要认真考虑专业、工种的合理配合，技工、普工的比例要满足合理的劳动组织，要符合流水施工组织方式的要求，确定建立施工队伍要坚持合理、精干的原则；同时制订出该项目的劳动力需要量计划。

三、集结施工力量、组织劳动力进场

工地的领导机构确定后，按照开工日期和劳动力需要量计划，组织劳动力进场。同时要进行安全、防火和文明施工等方面的教育，并安排好职工的生活。

四、向施工队组技术交底

施工组织设计、计划和技术交底的目的是把施工项目的设计内容、施工计划和施工技术等要求，详尽地向施工队组和工人讲解交代。这是落实计划和技术责任制的好办法。

施工组织设计、计划和技术交底的时间应在单位工程或分部（项）工程开工前及时进行，以保证项目严格地按照设计图纸、施工组织设计、安全操作规程和施工验收规范等要求进行施工。

施工组织设计、计划和技术交底的内容有：项目的施工进度计划、月（旬）作业计划；施工组织设计，尤其是施工工艺、质量标准、安全技术措施、降低成本措施和施工验收规范的要求；新结构、新材料、新技术和新工艺的实施方案和保证措施；图纸会审中所确定的有关部位的设计变更和技术核定等事项。交底工作应该按照管理系统逐级进行，由上而下直到工人队组。交底的方式有书面形式、口头形式和现场示范形式等。

施工队组、工人接受施工组织设计、计划和技术交底后，要组织其成员进行认真的分析研究，弄清关键部位、质量标准、安全措施和操作要领。必要时应该进行示范，并明确任务及做好分工协作，同时建立健全岗位责任制和保证措施。

五、建立健全各项管理制度

工地的各项管理制度是否建立、健全，直接影响其各项施工活动的顺利进行。有章不循其后果是严重的，而无章可循更是危险的。为此必须建立、健全工地的各项管理制度。通常，其内容包括：工程质量检验与验收制度；工程技术档案管理制度；工程材料（构件、配件、制品）的检查验收制度；技术责任制度；施工图纸学习与会审制度；技术交底制度；职工考勤、考核制度；工地及班组经济核算制度；材料出入库制度；安全操作制度；机具使用保养制度等。

第四节　施工物资准备

施工物资准备是指施工中所必需的劳动手段(施工机械、工具)和劳动对象（材料、配件、构件)等的准备。它是保证施工顺利进行的物质基础,必须在工程开工之前完成。它是一项较为复杂而又细致的工作,对整个施工过程的工期、质量和成本有着举足轻重的作用。

一、物资准备工作程序

物资准备工作程序是指搞好物资准备工作所应遵循的客观顺序。通常按如下程序进行:

1. 编制物资需要量计划

根据施工定额、分部(项)工程施工方法和施工总进度的安排,拟定材料、构(配)件及制品、施工机具和工艺设备等物资的需要量计划。

2. 组织货源签订合同

根据各种物资、机具需要量计划和施工组织设计所确定的仓储和使用面积,确定各种物资、机具的需要量进度计划,组织货源,确定加工、供应地点和供应方式,签订物资买卖合同或机具租赁合同。

3. 确定运输方案和计划

根据各种物资、机具的需要量进度计划和物资买卖合同、机具租赁合同,拟定运输计划和运输方案。如运输外包,需签订物资运输合同。

4. 物资储存保管、机具定位

按照施工总平面图的要求,组织物资、机具按计划时间进场,在指定地点,按规定方式进行就位、存储和保管。

物资准备工作程序如图 4-2 所示。

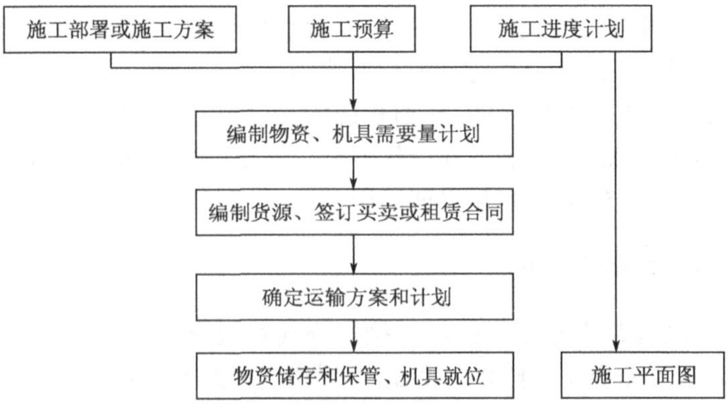

图 4-2　物资准备工作程序图

二、物资准备工作内容

1. 公路施工材料的准备

公路施工材料的准备主要是根据施工预算的工料分析所确定的需要量，按照施工进度计划的使用要求以及材料储备定额和消耗定额，分别按材料名称、规格、使用时间进行汇总，编出公路材料需要量进度计划。公路施工材料的准备包括：三材、地方材料、装饰材料的准备。准备工作应根据材料的需要量计划，组织货源，确定加工、供应地点和供应方式，签订物资买卖合同，确定仓库、堆放场地，组织运输。

材料的储备应根据施工现场分期分批使用材料的特点，按照以下原则进行材料储备：

(1)按工程进度分期分批进行。现场储备的材料多了会造成积压，增加材料保管的负担，同时，也多占用了流动资金；储备少了会影响正常生产。所以材料的储备应合理、适量。

(2)做好现场保管工作。根据材料的物理及化学性能的不同，采用不同的保存方式，以防止材料挥发、变质、损耗等，以保证材料的原有数量和原有的使用价值。

(3)现场材料的堆放应合理。现场储备的材料，应严格按照施工平面布置图的位置堆放，以减少二次搬运，且应堆放整齐，标明标牌，以免混淆。此外，亦应做好防水、防潮、易碎材料的保护工作。

(4)做好技术试验和检验工作。对于无出厂合格证明和没有按规定测试的原材料，一律不得使用。不合格的公路材料和构件，一律不准出厂，特别对于没有使用经验的材料或进口原材料、某些再生材料更要严把质量关。

2. 桥涵施工中预制构件和商品混凝土的准备

工程项目施工中需要大量的预制梁板、金属构件、桥梁支座、伸缩缝等。这些构件、配件必须尽早地从施工图中摘录出其规格、质量、品种和数量，制表造册，编制出其需要量计划，确定加工方案和供应渠道以及其进场后的存储地点和方式。对于采用商品混凝土现浇的工程，则先要到生产单位签订买卖合同，注明品种、规格、数量、需要时间及送货地点等。

3. 公路施工机具的准备

施工选定的各种土方机械、混凝土、砂浆搅拌设备、垂直及水平运输机械、吊装机械、动力机械、钢筋加工设备、木工机械、焊接设备、抽水设备等应根据施工方案和施工进度，确定施工机具的数量和供应办法，确定进场时间及进场后的存放地点和方式，编制机具需要量计划，为组织运输、确定存放场地面积等提供依据。需租赁机械时应提前签约，确保机械不耽误生产、不闲置，提高机械利用率，节省机械使用费用。

4. 公路施工设备的准备

按照拟建公路工程工艺流程及工艺设备的布置图，提出工艺设备的名称、型号、施工能力和需要量；按照设备安装计划确定分期分批进场时间和保管方式，编制工艺设备需要量进度计划，为组织运输、确定存放和组装场地面积提供依据。

第五节　施工现场准备

施工现场是参加公路施工的全体人员为优质、安全、低成本和高速度完成施工任务而进行工作的活动空间，施工现场准备工作是为拟建工程顺利开工和正常施工创造有利的施工条件和物质保证的基础。其工作应按施工组织设计的要求进行，主要内容有：现场控制网测量工作、"三通一平"、现场补充勘察工作、现场临时设施搭设、施工机具进场就位、物资材料进场存放等。

一、现场控制网测量工作

按照项目设计单位提供的公路总平面图以及规划部门给定的永久性经纬坐标桩和水准基桩位置，做好施工现场控制网测量，设置好场区永久性经纬坐标桩和水准基桩。

二、现场"三通一平"工作

"三通一平"是指公路建设项目开工的前提条件，具体指：水通、电通、路通和场地平整。水通，专指给水；电通，指施工用电接到施工现场具备施工条件；路通，指场外道路已铺到施工现场周围入口处，满足车辆出入条件；场地平整，指拟建建筑物及条件现场基本平整，无需机械平整，人工简单平整即可进入施工的状态。

1. 水通

施工用水包括生产、生活与消防用水。水通应按施工总平面图的规划进行安排，应尽量利用永久性给水设施。临时管线的铺设，既要满足生产用水的需要和使用方便，还要尽量缩短管线，以降低工程成本。

2. 电通

电通包括施工生产用电和生活用电，应按施工组织设计要求布设线路和通电设备。电源首先应考虑从国家电力系统或建设单位已有的电源上获得。如供电系统不能满足施工生产、生活用电的需要，则应考虑在现场建立发电系统，以保证施工的连续顺利进行。

3. 路通

施工现场的便道是公路施工车辆通行的动脉。必须按施工组织设计的要求，修通施工现场与场外公路的连接道路，以及现场永久性道路和必要的临时道路。为节省工程费用，应尽可能利用已有的道路。对于现场永久性道路，为使施工时不损坏路面和加快修路速度，可以先修路基或在路基上铺简易路面，施工完毕后，再铺路面。

4. 场地平整

障碍物清除后，即可进行场地平整工作。场地平整是根据公路施工总平面图中规定的标高或高程，通过测量，计算出土方填挖工程量，然后设计土方调配方案，组织人力或机械进行场地平整工作。如果工程规模较大，这项工作可以分期、分阶段进行，先完成第一期开工工程用地范围内的场地平整工作，再依次进行后续工程的平整工作，为第一期工程项目尽早开工创造条件。

5. 其他方面

施工现场的排水也十分重要,特别在雨期,如场地排水不畅,会影响到施工的顺利进行。应做到现场排水流畅。施工现场的污水排放,直接影响周围的水质。根据环境保护的要求,有些污水不能直接排放,而需进行处理以后方可排放。因此,现场的排污也是一项重要的工作。

施工中如需要通热、通气或通电信,也应按施工组织设计要求事先完成。

三、现场补充勘探工作

施工现场补充勘探的目的在于进一步寻找有无枯井、防空洞、古墓、地下管道、暗沟或枯树根等隐蔽物,以便确定其处理方案,并付诸实施;这样既可以消除工程隐患,又能够保证基础工程施工顺利进行。

四、现场临时设施搭建工作和文明施工

现场生活和生产用临时设施,在安排布置时,应遵守施工平面图的布置原则,并要遵照当地有关规定进行。如房屋的间距、标准符合卫生和防火要求,污水和垃圾的排放要符合环境保护的要求等。为了施工方便、安全,做到文明施工,对于指定的施工用地周界,应用围墙围护起来,围墙的形式、材料及高度应符合市容管理的有关规定和要求。在主要入口处设“七牌一图”,反映工程概况、施工平面图以及有关安全操作规程等。

各种生产、生活用的临时设施,包括各种仓库、混凝土搅拌站、预制构件场、机修站等生产作业棚、办公用房、宿舍、食堂、文化生活设施等,均应按批准的施工组织设计规定的数量、标准、面积、位置等要求组织修建。大、中型工程可分批分期修建。

此外,在考虑施工现场临时设施的搭设时,应尽量利用原有设施,尽可能减少临时设施的数量,以便节约用地,节省投资。

五、公路施工机具进场就位工作

在公路施工项目正式开工之前,按照施工机具需要量计划,组织施工机具进场,并根据公路施工(总)平面图规划要求,将施工机具安置在规定的地点或仓库,对于施工机械,要分别做好就位、搭棚、接通电源、组装、检修、保养和调试工作,并要在项目开工之前进行检查和试运转工作。

六、做好物资进场工作

在公路施工项目正式开始之前,要按照各项物资需要量计划组织物资进场,并根据公路施工(总)平面图规定的地点和方式进行存储和堆放;同时做好物资质量检验工作,保证各项物资的质量和数量都能够满足施工图纸要求。

七、公路施工的场外准备

公路施工现场准备除了施工现场内部的准备工作外,还有施工现场外部的准备工作,其具体内容如下:

1. 材料的加工和订货

公路材料、构(配)件和建筑制品大部分均必须外购,这样如何与加工部门、生产单位联

系，签订供货合同，搞好及时供应，对于施工单位的正常生产是非常重要的；对于协作项目也是这样，除了要签订议定书之外，还必须做大量有关方面的工作。

2. 做好分包工作和签订分包合同

由于施工单位本身的力量所限，有些专业工程的施工、安装和运输等均需要向外单位委托。根据工程量、完成日期、工程质量和工程造价等内容，与其他单位签订分包合同，保证按时实施。

3. 提交开工申请报告

当材料的加工、订货和分包工作、签订分包合同等施工场外的准备工作完成之后，应该及时地填写开工申请报告，以便及早开工。

第六节　冬、雨季施工准备

公路工程施工绝大部分工作是露天作业，我国地域辽阔，气候差异也很大，因此，季节对施工生产的影响较大，特别是冬季和雨季。为保证按期、保质完成施工任务，必须做好冬、雨季施工准备工作。

一、冬季施工准备工作

1. 合理安排冬季施工项目

冬季施工条件差，技术要求高，施工质量不易保证，且施工成本高。为此，要合理安排施工进度计划，将既能保证施工质量，同时费用增加较少的项目安排在冬季施工，如混凝土工程。不易确保质量的土方、基础等易受冻胀影响的湿作业工程，均不宜安排在冬季施工。因此，从施工组织安排上要综合研究，合理确定冬季施工的项目，做到冬季不停工，而且施工费用增加较少。

2. 做好测温工作

冬季施工昼夜温差较大，为保证施工质量应做好测温工作，防止砂浆、混凝土在达到临界强度前遭受冻结而破坏。

3. 做好保温防冻工作

应采取措施，防止给排水管道冻裂，防止道路积水结冰，及时清扫道路上的积雪，以保证运输顺利进行。

4. 加强安全教育，严防火灾发生

冬季施工，热源来源于火力和电力，保温材料常为易燃材料，因此，要有切实可行的防火安全技术措施，并经常检查落实，保证各种热源设备完好，易燃材料远离火源。同时，做好职工培训及冬季施工的技术操作和安全施工的教育，确保施工质量，避免事故发生。

二、雨季施工准备工作

1. 防洪排涝，做好现场排水工作

雨季来临前，应针对现场具体情况，开挖好排水沟渠，准备好抽水设备，防止因场地积水和地沟、基槽等泡水而造成损失。

2. 做好道路维护,保证运输畅通

雨季前检查道路边坡排水,适当提高路面,做好道路的维护工作,防止路面凹陷,保证运输畅通。

3. 做好物资的储存

雨季到来前,考虑雨季对材料、物资供应的影响,适当增加储备,减少雨季运输量,以节约费用。准备必要的防雨器材,库房四周要有排水沟渠,以防物资淋雨浸水而变质。

4. 做好机具设备等防护

雨季施工,对现场的各种设施、机具要加强检查,特别是脚手架、垂直运输设施等,要采取防倒塌、防雷击、防漏电等一系列技术措施。

5. 加强施工管理,做好雨季施工的安全教育

要认真编制雨季施工技术措施和安全措施,并认真组织贯彻落实。加强对职工的安全教育,防止各种事故的发生。

【思考题】

1. 公路施工准备工作主要包括哪些内容?
2. 简述施工组织机构建立的基本原则。
3. 施工现场准备的主要工作有哪些?
4. 冬季施工的主要准备工作有哪些?
5. 雨季施工的主要准备工作有哪些?
6. 简述施工物资准备工作的内容和程序。

第五章

公路施工组织设计

第一节　施工组织设计概述

一、施工组织设计的概念

施工企业承揽到工程项目后，就要按照合同的内容和要求组织施工生产。施工生产前首先要进行的是编制工程项目的施工组织设计。它是针对施工过程的复杂性，用系统工程的思想并遵循技术经济规律，研究工程建设的统筹安排、系统管理以及如何组织、计划施工项目的全部施工过程，寻求最合理的组织管理方法的一门学科。它根据项目产品生产的技术经济特点、国家基本建设方针和各项具体的技术政策，实现工程建设计划和设计的具体要求，提供各阶段的施工准备工作内容，对施工过程中的人力、资金、材料、机械和施工方法等进行科学合理的安排，协调施工中各施工单位、各工种之间、各项资源之间，以及资源与时间之间的合理关系的过程。

那么，什么是施工组织设计呢？概略地说，就是从工程的全局出发，根据工程的特点，按照客观的施工规律和当时当地的具体条件和工期要求，统筹考虑施工过程中的人工、材料、机械、资金和施工方法这五个主要因素后，对整个工程的施工进度、资源消耗和平面布置等做出的科学合理的安排，这就是施工组织设计。

公路施工组织设计是规划和指导公路工程从工程投标、签订建筑安装工程承包合同、施工准备工作到竣工验收全过程的一个综合性的技术经济文件，是对拟建工程在人力和物力、时间和空间、技术和组织等方面所作的全面合理的安排，是沟通工程设计和施工之间的桥梁。作为指导拟建工程项目的全局性文件，施工组织既要体现拟建工程的设计和使用要求，又要符合建筑施工的客观规律。

二、施工组织设计的分类与文件(内容)组成

公路施工组织设计是一个总体的概念，根据工程项目施工组织设计编制阶段的不同、编制对象范围的不同和工程项目的规模及特点的不同，在编制深度和广度上也有所不同。

(一)按照编制阶段的不同分类

公路施工组织设计按编制阶段的不同可分为设计阶段的施工组织设计、投标阶段的施工组织设计和施工阶段的施工组织设计。

1.设计阶段的施工组织设计文件

公路建设项目可分为一阶段设计、两阶段设计和三阶段设计，在各个设计阶段，都需要编制相应的施工组织设计文件。在初步设计阶段拟定施工方案；在技术设计阶段编制修订的施工方案；在施工图设计阶段编制施工组织计划。

1)施工方案

两阶段或三阶段初步设计中的施工组织设计文件称为施工方案，它是初步设计文件的组成部分。施工方案应提交的文件内容有：

(1)施工方案说明。它是在初步设计的总说明书中，对施工方案编制的主要问题进行的说明。其主要内容有：工程概况；贯彻国家有关方针政策的说明；施工组织、施工力量、施工方法和施工期限的安排；主要工程、控制工期的工程及特殊工程的施工方案与措施；劳动力、主要材料的供应，主要施工机具、设备的配备及临时工程的安排；下一阶段应解决的主要问题及注意事项。

(2)施工方案图表。主要包括：

①工程概略进度图。根据劳动力、施工期限、施工条件以及施工方案按年和季度进行时间组织方面的概略安排。图中应列出工程项目名称、单位、数量，按年度和季度表示出各项工程施工起止时间、机动时间、衔接时间等。

②人工、主要材料及机具、设备安排表。在此表中应列出人工、主要材料及机具设备的名称、来源、单位、数量、需要量(可按上半年、下半年编制)。主要材料一般指钢材、木材、水泥、沥青、砂、石料等。

③临时工程一览表。在此表中应列出临时工程的名称(如：便道、便桥、生产生活房屋、预制场、钢梁、电力及电信设施等)、设置的地点或桩号、单位及工程数量等。

④公路临时用地表。在此表中应列出临时用地的位置或桩号、工程名称、土地隶属(县、乡、个人)、长度、宽度、土地类别及数量等。

2)修正施工方案

对于技术复杂及资料缺乏的大型工程建设项目需要进行三阶段设计，即在初步设计审查后，根据会审意见和施工方案说明中提出的应进一步解决的问题及注意事项修改设计方案，进

行技术设计,编制修正施工方案。修正施工方案是技术设计文件的组成部分,它的编制深度和文件内容介于施工方案和施工组织计划之间。

3)施工组织计划

公路建设项目不论采用几阶段设计,在施工图设计阶段都应编制施工组织计划,它是施工图设计文件的组成部分。施工组织计划的组成内容有:

(1)编制说明。它是在施工图设计说明书中,对施工组织计划编制的主要问题所进行的说明。施工组织计划在施工图设计中,应作为一篇单独编列。其主要内容包括:初步设计(或技术设计)批复意见的执行情况;贯彻国家的方针政策及采用新工艺、新技术、新材料和新设备情况;施工组织、施工期限、主要工程的施工方法、进度安排及其采取的措施;劳动力计划及主要施工机具、设备的安排情况;主要材料供应、运输方案及临时工程的安排情况;对特殊地区(缺水、风沙、高原、严寒等地区)以及冬、雨季施工所采取的措施;对高速公路和一级公路的交通工程及沿线设施施工协调和分期实施等有关问题的说明;施工准备工作的意见(如:征地、拆迁、修建便道、便桥、临时房屋、架设临时电力线路、通信设施等)。

(2)施工组织计划图表。主要包括的内容有:

①工程进度图。图中应列出工程项目名称、单位、数量、劳动量等,按年、月分别绘出各工程项目起止日期,并标出平均每班人数,绘出劳动力示意图等。

②重点工程施工进度图。图中应列出工程项目名称、施工方法、单位、数量、作业班制、劳动量等,按年、月分别绘出各工程项目施工持续时间并标出计划用工数,绘出劳动力安排示意图等。

③主要材料计划表。表中应列出主要材料的名称及规格、单位、数量、来源、运输方式、年度、季度计划用量等。

④主要施工机具、设备计划表。表中应列出主要施工机具、设备的名称及规格、数量(台班、台数)、使用期限以及年度、季度计划需要量等。

⑤临时工程数量表。表中应列出临时工程名称(包括便道、便桥、生产生活房屋、预制场、施工场地、电力及电信设施等)、设置的地点或桩号、说明、单位及数量等。

⑥公路临时用地表。表中应列出公路施工所需临时用地的位置或桩号、工程名称、土地的隶属(县、乡、村、个人)关系、长度、宽度、土地类别及数量等。

⑦技术组织措施计划表。表中应列出针对工程项目的技术措施名称及内容摘要、计划的依据及负责人、预计产生的经济效果和完成日期等。

(3)施工平面图设计。主要包括:

①施工总平面图。图中应绘出原有地形、地物、地貌的位置;主要工程项目位置;临时生产、生活设施位置;其他与施工有关内容(如:国家测量标志、不良地质地段、气象台、水文站等)的位置。一般与施工进度图绘在同一张图上。

②重点工程施工场地布置图。图中应绘出仓库、工棚、便道、便桥、钢筋加工场地、构件预制场地、沥青(或水泥)混凝土拌和场地、材料堆放场地等位置。

施工平面图设计的内容将在本章第六节介绍。

2. 投标阶段的施工组织设计文件

投标阶段编制的施工组织设计文件称为标前施工组织设计(也称为竞标性施工组织设计),是指在投标阶段施工单位在深入了解和研究招标文件、设计文件和设计图纸,以及调查和复核施工现场之后，结合本单位的具体情况进行编制的。工程施工单位为了使投标具有竞争力，必须根据业主对投标书所要求的内容编制标前施工组织设计。标前施工组织设计的好坏既是能否中标的关键，又是总包单位进行分包的依据，同时还是承包单位与发包单位进行合同签约谈判，拟定合同文本中相关条款的基础资料。

标前施工组织设计应根据招标文件的具体要求、施工单位的技术经济条件和施工现场的实际情况进行编制，其主要内容如下：

(1)根据招标文件，确定施工方案。包括施工方法选择、施工顺序的安排、施工机械选用、劳动力和主要材料及半成品投入数量。

(2)制订施工进度计划。包括工程开、竣工日期，施工进度控制图及说明。

(3)进行施工现场平面布置。包括施工用水、用电量，临时设施用量、费用的计算。

(4)制订主要技术组织措施。包括质量、安全、进度、成本及环境保护等方面的技术组织保证措施。

(5)其他有关投标和签约谈判的设计。

编制标前施工组织设计时，为了适应竞争性投标，便于投标报价，使施工单位能获取更大的经济效益，常采用预算定额进行编制，或者施工定额与预算定额混合编制。

3. 施工阶段的施工组织设计

施工阶段编制的施工组织设计文件称为标后施工组织设计(也称为实施性施工组织设计)，是在设计阶段编制的施工组织计划和投标时编制的标前施工组织设计的基础上，为了确保和落实标前施工组织设计按期或提前实现，施工单位中标及签订合同后编制的施工组织设计文件。它是施工单位在详细研究设计文件、图纸、合同条款，以及现场反复调查复核的基础上，对标前施工组织设计文件内容进行进一步的分析和研究，重新进行补充、完善和落实的过程。

标后施工组织设计作为具体指导施工全过程的技术文件，其内容必须十分具体、可行，对各分部分项工程、各道工序和各施工班组都要进行施工进度的日程安排和具体操作的设计。其主要内容如下：

(1)进行施工部署。施工部署是对重要施工组织问题和技术问题做出决策和规划，主要包括：工程项目的组织机构和人员配备；决策工程质量、进度、成本、安全的控制措施；拟定投入的施工力量总规模、资金供应和各项物资供应方式；临时设施规划。

(2)确定施工方案。包括施工阶段划分、施工方法确定、施工机具选用、施工顺序安排等。

(3)编制施工进度计划。包括施工过程的开始和结束时间、施工顺序、搭接关系安排；利用流水作业法和网络计划法编排施工进度，用以实现合同工期。

(4)安排施工准备工作。包括开工前各项施工准备工作的业务量计算，明确责任和完成时间，对工程所涉及的有关单位关系的处理等。

(5)进行施工平面布置。要以合理利用施工用地、保证施工方便、节约为宗旨。

(6)编制资源供应计划。它是根据施工进度计划编制的劳动力供应计划、材料供应计划、施工机具供应计划、预制品供应计划、资金收支计划等，是保证施工进度计划实施和市场供应的依据。

(7)制订施工技术组织措施。包括：提高工程质量的技术组织措施；保证施工安全的技术组织措施；加快施工进度的技术组织措施；降低工程成本的技术组织措施；防止环境污染的技术组织措施;推行文明施工的技术组织措施等。

编制标后施工组织设计时,应根据工程项目和施工单位的实际情况,采用施工定额进行编制,有的采用本企业先进定额或指标,甚至专利技术进行编制。

标后施工组织设计,应尽可能符合施工实际,并留有余地。当任何一个对计划起控制作用的因素发生改变,如劳动力、材料、设备、资金供应的脱节,气候、气象、水文等施工条件的意外变化等,都可能使施工难以按原计划进行,这就需要对原施工组织设计进行不断的修订和调整,以确保经济、安全、保质、保量、按期或提前完成施工任务。

(二)按编制对象范围的不同分类

公路施工组织设计按编制对象范围的不同可分为施工组织总设计、单位工程施工组织设计和分部(分项)工程施工组织设计。

1. 施工组织总设计

施工组织总设计是以整个建设项目为对象编制的,用以指导整个建设项目施工全过程的各项施工活动的全局性、控制性的指导文件。在施工组织总设计的指导下,再深入研究总项目下的分项目(单位工程)施工组织设计。施工组织总设计一般在初步设计或扩大初步设计被批准之后,由总承包企业的总工程师负责,会同建设、设计和分包单位的工程师共同编制。

2. 单位工程施工组织设计

单位工程施工组织设计是以一个单位工程(公路工程中的一座隧道或一座桥梁)为对象编制的,用以指导其施工全过程的各项施工活动的局部性、指导性文件。其任务是按照总体设计的要求,根据现场施工的实际条件,具体地安排人力、物力和建筑安装工程的进行,是施工单位编制作业计划和制定季、月、旬施工计划的依据。单位工程施工组织设计一般在施工图设计完成后,在拟建工程开工之前,由工程项目的技术负责人负责编制。

3. 分部(分项)工程施工组织设计

分部(分项)工程施工组织设计是以分部(分项)工程为编制对象,用以具体实施其分部(分项)工程施工全过程的各项施工活动的技术、经济和组织的实施性文件。一般对于工程规模大、技术复杂、施工难度大或采用新工艺、新技术施工的建筑物或构筑物,在编制单位工程施工组织设计之后,常需对某些重要的又缺乏经验的分部(分项)工程再深入编制专业工程的具体施工组织设计。例如公路施工中的高填方、深路堑、深基础、大型结构安装、地下防水工程等。

(三)按工程项目的规模及特点的不同分类

1. 完整的施工组织设计

对于工程规模大、结构复杂、技术要求高,采用新结构、新技术、新材料和新工艺的施工项目,必须编制内容详尽的完整的施工组织设计。

2. 简单的施工组织设计

对于工程规模小、结构简单、技术要求和工艺方法不复杂的施工项目,可以编制一个仅包括施工方案、施工进度计划和施工平面布置图等内容粗略的简单的施工组织设计。

三、施工组织设计的编制原则、依据及程序

1. 施工组织设计的编制原则

(1)认真贯彻国家的各项方针和政策，严格执行基本建设程序和施工程序。公路工程建设投资巨大，耗用的人力、物力等各种资源多，施工条件复杂多变。因此，必须纳入国家的计划安排，经上级主管部门批准，公路建设才有保障。这就要求公路施工要严格遵守公路基本建设程序和施工程序，依照国家建设项目计划及设计要求，合理配置资源，最经济地完成预定的建设项目。

(2)科学合理安排施工顺序。公路施工应合理安排施工中的各生产要素的施工顺序，不仅要考虑时间顺序，还要考虑空间顺序。在保证工程质量和施工安全的前提下，应充分利用空间，争取时间，使人尽其力，物尽其用，达到高效、优质、低耗的目的。

(3)采用国内外先进的施工技术，科学地确定施工方案。先进的施工技术是提高劳动生产率、改善工程质量、加快施工进度、降低工程成本的主要途径。在选择施工方案时，要结合施工特点和现场条件积极采用新工艺、新技术、新材料和新设备，充分体现技术的先进适用性和经济合理性。

(4)采用科学的计划方法。在编制施工进度计划时，应从实际出发，尽量采用先进合理的流水作业施工组织方法，以实现连续、均衡、有节奏的施工，保证人力、物力充分发挥作用。积极推广应用科学的网络计划方法，寻求最佳施工组织方案，并对进度、资源、空间等进行最优的施工统筹安排。

(5)合理安排季节性施工项目，确保全年连续施工。在组织施工时，对于受季节性影响的工程项目，应优先考虑安排。尽量避免把土方工程、桥梁的基础工程、下部工程安排在雨期和汛期施工；尽量避免把混凝土工程、路面工程安排在冬季施工。对那些必须在冬、雨季施工的项目，则应采用相应的技术措施，确保工程质量和施工安全。

(6)充分发挥机械效能，努力提高施工机械化水平。在组织施工时，应结合当时施工机具的实际配备情况、工程特点和工期要求，作出切实可行的布置和安排，使主导工程的施工机械能够连续作业。同时，还应使大型机械与中小型机械相结合，实现施工综合机械化，充分发挥机械的效能，以提高机械化施工程度。

(7)合理地部署施工现场，尽可能地减少暂设工程。精心地规划施工总平面图，合理地部署施工现场。尽量减少临时施工，节约施工用地；尽量利用当地资源，减少物资运输量；尽量避免材料二次搬运，降低运输成本；充分利用原有设施，做到暂设工程与已有设施、正式工程相结合。

(8)确保工程质量和施工安全。在进行施工组织设计时，要有确保工程质量和施工安全的技术组织措施。在组织施工时，要坚决贯彻执行施工技术规范、安全操作规程的有关规定，实行“预防为主、防治结合”的方针，把质量事故和安全事故消灭在萌芽之中，最终达到确保工程质量和施工安全的目的。

2. 施工组织设计的编制依据

根据公路工程建设的阶段不同，以及施工组织设计的具体用途不同，编制公路施工组织

设计时,对各种资料的内容及深度要求也不尽相同,一般需要的资料有:设计文件及有关资料;计划批准文件及有关合同文件;建设地区的工程勘察资料和自然条件调查资料;现行的规范、规程、技术标准和各种定额;类型相似或相近的经验资料;施工时可能调用的资源;其他材料。

主要包括:施工组织与管理工作的有关政策规定和规章制度,环境保护要求,以及历史文物、风景名胜地区对施工的特殊规定等。

3. 施工组织设计的编制程序

在编制施工组织设计时,除了要采用正确合理的编制方法外,还要采用科学的编制程序,要按照公路工程施工的客观规律,结合施工时的具体条件,协调和处理好各种影响因素的关系,用科学的方法进行编制。编制施工组织设计的一般程序为:

(1)研究分析合同文件和设计资料,了解工程概况,进行必要的调查研究。

(2)计算工程数量。

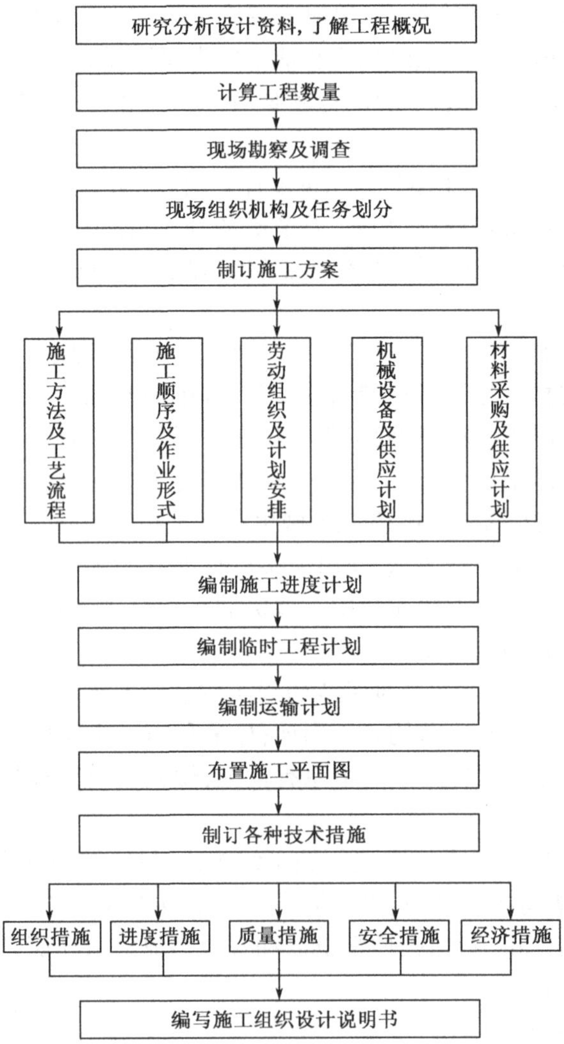

图 5-1　施工组织设计编制程序

(3)进行施工整体部署,选择施工方案,确定施工方法。

(4)编制施工进度计划,即安排各项工程的施工进度。

(5)计算各种资源(人工、材料、机具、设备)需要量,确定供应计划。

(6)编制临时工程、供水、供电和供热计划。

(7)编制工地运输组织计划。

(8)规划和布置施工平面图。

(9)确定施工组织管理机构。

(10)编制各种技术组织措施(质量、安全、环保和文明施工等)计划。

(11)计算主要技术经济指标。

(12)编写施工组织设计说明书。

不同的施工组织设计阶段,编制程序会有所不同。在编制时,应抓住关键环节,同时处理好各方面的关系,重点编好施工方案、施工进度计划和施工平面布置图。图5-1是施工组织设计编制程序图。

第二节　公路施工组织设计资料调查

一、资料调查的目的和基本要求

公路施工产品类型多、投资巨大、生产周期长、受外界及自然因素影响大、需要协调的问题复杂。要编制出切实可行的施工组织设计,施工前必须掌握准确可靠的原始资料,有计划、有步骤地认真做好原始资料的调查、收集和分析工作。在此基础上,才能正确地制订施工方案、合理地安排施工进度,才能正确地做好各项资源供应和施工现场部署工作。

编制设计阶段的施工组织设计文件所进行的原始资料调查,是在公路的勘察设计阶段,由勘察设计单位组成的调查组与公路设计资料调查同时进行的。编制施工阶段的施工组织设计文件所进行的原始资料调查,是在投标前和公路施工准备阶段,由施工单位组成的调查组,结合招标文件及所签工程承包合同进行实地勘察或复核定线工作进行的,是对设计阶段调查结果的复核和补充。设计阶段和施工阶段的调查方法及内容基本相同,都要深入现场,通过实地勘察、座谈访问、查阅历史资料,并采取必要的测试手段获得所需数据及资料。

调查工作的基本要求是:座谈有纪要、协商有协议、调查有证明、政策规定应索取原件或复印件、影印文本。特别要注意所有资料均要真实可靠、手续齐全、措辞严谨、依法生效。

二、自然条件调查

1. 地形、地貌调查

主要进行公路沿线、桥位、隧道、附属加工场及大型土石方地段的调查。这些资料可作为选择施工用地、布置施工平面图、进行场地平整及土方量计算、规划临时设施、了解障碍物及其数量等的依据。

2. 工程地质调查

工程地质调查的目的是为了查明建设地区的工程地质条件和特征,包括地层构造、土质的类别及土层厚度、土的性质、承载力及地震级别等。调查资料可作为选择路基土石方施工方法、基础施工方法及确定特殊路基处理措施、选定自采加工材料料场等的依据。

3. 水文地质调查

(1)地下水文资料。包括地下水的最高、最低水位;地下水的水质分析及化学成分分析;地下水对基础有无冲刷、侵蚀影响等。调查资料有助于选择基础施工方案、确定降低地下水位措施、复核地下排水设计以及拟定防止侵蚀性介质的措施。

(2)地面水文资料。包括临近江河湖泊距施工现场的距离;洪水、平水、枯水期的水位、流量及航道深度;水质分析等。调查目的在于为确定临时供水方案、制订水下工程施工方案、复核地面排水设计等提供依据。

4. 气象资料调查

(1)降雨资料。包括全年降雨量、雨季期、日最大降雨量、年雷暴日数等。调查资料有助于确定全年施工作业的有效工作天数及桥涵下部构造的施工季节,制订雨季施工措施、工地排水及防洪方案等。

(2)气温资料。包括年平均、最高、最低气温。调查资料有助于确定夏季防暑降温及冬季施工措施,估计混凝土、水泥砂浆的强度增长情况,选择水泥混凝土工程、路面工程及砌筑工程的施工季节。

(3)风力及风向资料。包括最大风力、主导风向、风速、风的频率;大于或等于8级风全年天数等。调查资料有助于安排临时设施,确定高空作业及吊装的方案与安全措施。

5. 其他自然条件调查

包括地震、滑坡、泥石流等,必要时也应进行调查,并注意它们对路基和基础的影响,以便采取专门的施工保障措施。

三、施工条件调查

1. 建设地区的能源及生活物资供应调查

能源一般指水源、电源、燃料资源等。调查内容包括:施工及生活用水与当地水源连接的距离、地点、水压、水质及水费等;施工及生活用电的电源位置、路径、容量、电压及电费等;施工及生活用物资、燃料的供应及价格情况等。

2. 建设地区的交通条件调查

交通运输方式一般有铁路、公路、水路、航空等。调查内容包括:工地沿线及邻近地区的公路、铁路、航道的位置;车站、港口、码头到工地的距离和卸货与存储能力;主要材料及构件运输通道的情况;有超长、超高、超宽或超重的大型构件需整体运输时,还要调查沿途架空线路、隧道、立交等净空高度和宽度等资料。

3. 建筑材料及地方资源情况调查

调查的内容包括建筑材料的产地、品种、规格、质量、单价、运输方式、运输距离及运费情况;地方资源的开采、运输、利用的可能性及经济合理性。这些资料可作为确定材料的供应计划、加工方式、储存和堆放场地及建造临时设施的依据。

4. 社会劳动力及生活设施调查

调查的内容包括：当地能提供的劳动力来源、人数、技术水平、工资情况；建设地区已有的可供施工期间使用的房屋情况；当地主副食、日用品供应、文化教育、消防治安、医疗单位等各种设施在施工中可能充分利用的情况等。这些资料是制订劳动力安排计划、建立职工生活基地、确定临时设施的依据。

5. 建筑基地情况调查

调查的内容包括：建设地区附近有无商品混凝土搅拌站和预制构件厂；有无建筑机械化基地、机械租赁站及修配厂；有无木材加工厂、采石厂、金属结构及配件加工厂等。这些资料可用作确定构配件、半成品及成品等货源的加工供应方式和运输计划的依据。

6. 占用征用土地调查

调查的内容包括：征用占用土地的范围、位置、数量、所属单位（或个人）、土地上种植作物以及产量、补偿金额等情况。设计阶段调查时，应按照设计资料和国家有关法律、法规的要求，办理合法手续和批文（或协议合同）。施工阶段调查时，应根据业主（建设单位）的文件规定（或合同规定），了解落实提供给施工单位使用的时间及有关说明事项。

7. 拆迁建筑物、电力、电信及管线设施调查

调查的内容包括：需要拆迁的建筑物、电力、电信及地上地下管线设施的名称、位置、数量、所属权（单位或个人）、补偿金额等。设计阶段调查时，设计单位应会同被拆迁单位和有关部门到现场查实确认，并按国家有关规定办理合法手续或协议（合同）；施工阶段调查时，应根据招标文件或合同规定，了解建设单位（业主）拆迁时间和提供现场的时间以及对施工组织生产的影响情况等。

8. 路线交叉调查

当所建公路与铁路、水利设施、原有公路等发生交叉干扰时，对其名称、位置、工程量、交叉情况、处理方法及金额等的调查。设计阶段调查时，设计单位应会同有关单位协商解决，并按国家有关规定办理合法手续或签订协议（或合同）；施工阶段调查时，应了解建设单位（业主）按照招标文件规定或合同条款处理完成的时间、有关说明以及对施工的影响情况等。

四、施工单位能力调查

在公路设计阶段，施工单位尚不明确，应向建设单位调查落实施工单位的情况。对施工单位，主要调查其施工能力，如施工技术人员数量及类别、施工工人数量及水平、机械设备的装备情况、施工单位的资质等级及近几年的施工业绩等。对实行招、投标的工程，在设计阶段不能明确施工单位，编制施工组织设计时，应从工程设计的角度出发，提出优化的、最合理的意见作为依据。在施工阶段，施工单位已确定，施工单位自身的施工能力和按合同规定允许分包的其他施工单位的施工，都是编制施工组织设计的依据。

五、施工干扰调查

调查行车、行人干扰，用于确定施工方法和考虑安全措施。最后，施工阶段调查时，还应了解当地民风民俗、村规民约等情况，以利组织施工管理和职工教育，从而确保与地方关系和睦协调和文明施工。

第三节　施工方案的确定

施工方案是指对工、料、机等生产要素所做的总体设想和安排。施工方案是编制施工组织设计首先要确定的问题,也是决定其他内容的基础。施工方案一旦确定,则整个工程施工的进程、人力、材料、机械的需要与布置、工程质量和施工安全、工程成本、现场的组织管理等也就随之确定。施工组织的各个方面都与施工方案发生联系而受到重大影响。施工方案的好坏,在很大程度上决定了施工组织设计的编制质量和工程施工的质量、工期及经济效益。因此,确定一个先进合理、切实可行的施工方案是公路施工组织设计重要的内容,也是决定整个工程全局的关键。

一、施工方案的选择

1. 制订和选择施工方案的基本要求

(1)切实可行。制订施工方案首先必须从实际出发,一定要符合当前的实际情况,有实现的可能性。

(2)技术先进。制订施工方案时,能有效地采用新技术、新方法、新工艺、新材料,从而能提高工效,缩短工期,保证施工质量。

(3)满足合同要求的工期。施工方案必须保证在竣工时间上符合国家或合同规定的要求,并争取提前完成。

(4)确保工程质量和施工安全。制订施工方案应充分考虑工程质量和施工安全,并提出保证工程质量和施工安全的技术组织措施,使方案完全符合技术规范与安全规程的要求。

(5)施工费用最低。在制订施工方案时,尽量采用降低施工费用的一切正当的、有效的措施,使工料消耗和施工费用降低到最低的限度。

2. 施工方案选择的内容

施工方案包括的内容很多,概括起来主要有四个方面:施工方法的确定;施工顺序的安排;施工机械的选择;施工作业的组织。前两项属于施工方案的技术方面内容,后两项属于施工方案的组织方面内容。施工作业的组织在前文中已讲述,现仅将前三个方面的内容介绍如下。

二、施工方法的确定

施工方法是施工方案的核心内容,它对工程的实施具有决定性作用。由于在施工过程中,可采用的施工方法有多种,而每一种施工方法都有其各自的优点和缺点,所以从若干可行的施工方法中,选择适合于本工程的最先进、最合理、最经济的施工方法是关键。施工方法在技术上必须满足保证施工质量、提高劳动生产率、加快施工进度及充分利用施工机械的要求,做到技术上先进、经济上合理。因此,选择施工方法应考虑以下几个方面的问题:

(1)选择的施工方法必须具备实现的可能性。

(2)选择的施工方法应满足合同工期的要求。

(3)选择的施工方法应进行多种可能方案经济比较,力求降低工程成本。

(4)选择的施工方法能够保证施工质量和施工安全。

(5)选择施工方法时,尽量采用机械化施工,提高机械化施工水平、加快施工进度。

在现代化的施工条件下,施工方法的确定,一般与施工机械、机具的选择和配备有直接的关系,这有时会成为主要问题。例如桥梁基础工程施工,仅钻孔灌注桩就有多种施工机械可供选择,可选择潜孔钻机、冲击式钻机、冲抓式钻机或旋转式钻机,钻机一旦确定,施工方法也就确定了。

三、施工顺序的安排

施工顺序安排是编制施工方案的重要内容之一,施工顺序安排得好,可以加快施工进度,减少人工和机械的停歇时间,并能充分利用工作面,避免施工干扰,达到科学的、均衡的、连续的施工。在安排施工顺序时,要重点考虑决定施工顺序的主要因素,仔细分析各种不同施工顺序对工期、质量、成本等所产生的效果,做出最佳的施工顺序安排。安排施工项目的施工顺序时,应重点遵循和考虑以下几点:

1. 首先要考虑影响全局的关键工程的合理施工顺序

如路线工程中的某大桥、某隧道、某深路堑,若不在前期完工,将导致其他工程不能如期施工(如无法运输材料、机械或工期太长等)而拖延工期,此时应集中力量首先完成关键工程。

2. 必须符合施工工艺要求

公路工程项目的各施工过程或工序之间,存在着一定的工艺顺序要求。如钻孔灌注桩在钻孔后应尽快灌注水下混凝土,以防坍孔,所以两道工序必须紧密衔接。

3. 统筹考虑各分部分项工程之间的关系

在一个单位工程项目中,各分部分项工程之间的施工是有先有后的。如桥梁施工,总是先基础,后桥台、墩身,最后是架梁。但是,各桥台、桥墩之间,桥墩与桥墩之间,不存在哪个先施工、哪个后施工的施工顺序。所有这些都是统筹安排的问题。

4. 必须考虑对施工质量的影响

在安排施工顺序时,要以能确保工程质量作为前提条件之一。例如桥梁工程的基础是钻孔灌注桩,施工方法采用旋转式钻机钻孔,在安排每个基础每根桩的施工顺序时,不能相邻桩顺序施工,必须要间隔施工,否则会发生坍孔现象。

5. 考虑当地的气候条件和水文、地质的影响

安排工程项目施工顺序时,必须考虑当地水文、地质、气象等因素的影响。在雨季施工时,应根据雨季施工特点来考虑施工顺序。如桥梁的基础工程一定要安排在汛期之前完成或安排在汛期之后进行。在冬季施工时,则应考虑冬季施工特点来安排施工顺序等。

6. 合理安排施工顺序可使施工期缩短

工期缩短会带来显著的经济效益,因为工期缩短能减少管理费、人工费、机械台班费且无需额外的附加资源,可降低施工直接成本。

7. 安排施工顺序时应考虑经济和节约,降低施工成本

如公路施工中周转性材料的使用,应合理安排施工顺序。这样不但可以增加周转性材料的周转次数,还可以减少周转性材料的配备数量。如桥墩、台,基础施工顺序安排得当,可增加模板的周转次数,在同样完成任务的情况下可配备得少一些,减少材料成本。

8. 必须遵从合理组织施工过程的基本原则

即符合施工过程的连续性、协调性、均衡性和经济性的原则。尽量安排流水或部分流水作业,以便充分发挥劳动力和机具的效率;尽量减少工人和机械的停歇等待时间,以便加快施工进度;尽量减少或避免各作业班组之间的相互干扰,以保证施工作业的顺利进行。

四、施工机械的选择

正确拟定施工方法和选择施工机械是合理组织施工的关键,二者有紧密的联系。施工方法一经确定,机械设备的选择就应以满足施工方法的要求为基本依据。而正确地选择施工机械能使施工方法更为先进、合理。因此,施工机械选择的好坏在很大程度上决定了施工方案的优劣。所以,选择施工机械时应注意以下几点:

1. 从全局出发统筹考虑选择施工机械

从全局出发就是不仅考虑本项工程施工的需要,也要考虑所承担的同一现场上的其他项工程施工的需要。例如同一现场的多个分部分项工程需要的混凝土量比较大,而又相距不远,采用混凝土搅拌站比多台分散的搅拌机要经济,而且还可以保证混凝土的质量。

2. 根据施工条件选择机械的类型

选择的机械类型必须符合施工现场的地质、地形条件及工程量和施工进度的要求等。这也是合理选择施工机械的重要依据。

3. 在现有或可能获得的机械中选择

尽管某种机械在各方面都很合适,但不能得到,就不能作为可供选择的一个方案。如采用挖掘机配上翻斗车进行大型土方施工时,如有推土机、铲运机配合施工,效果会更好。但施工企业无资金购置或租赁不到,也只能按现有的设备确定方案。

4. 考虑主机与辅机合理组合的原则

选择施工机械时,一定要在保证主机充分发挥作用的前提下,考虑辅机的台数和生产能力。如在土方工程施工中,用自卸汽车运输配合单斗挖掘机挖土时,自卸汽车的数量必须保证挖土机能连续不断地工作而不致因等车停歇。同时,自卸汽车的数量也必须要与挖掘机斗容量相匹配,以保证充分发挥挖掘机的工作效率。

5. 根据机械的损耗费与运行费是否经济进行选择

机械的损耗费与运行费是机械运用中需重点考虑的因素,也是选择施工机械必须考虑的一项原则。为了降低施工运行费,不能大机小用,一定要以满足施工需要为目的。

6. 购置机械与租赁机械的选择

根据工程量的大小与企业资金情况,对施工需要的机械是购置还是租赁,必须要进行比较。

第四节　施工进度计划的编制

一、施工进度计划的作用

施工进度计划就是在既定施工方案的基础上，根据规定的工期和各种资源供应条件，按照施工过程的合理施工顺序及施工组织的原则，对全工地的所有工程项目进行时间上的安排。施工进度计划反映了工程从施工准备工作开始，直至工程竣工为止的全部施工过程；反映了各分部分项工程及各工序之间的相互衔接关系。

施工进度计划的作用在于确定各个施工项目及其主要工种工程、准备工作和全工地性工程的施工期限及其开工和竣工的日期，从而确定公路施工现场上劳动力、材料、成品、半成品、施工机械的需要数量和调配情况，以及现场临时设施的数量、水电供应数量和能源、交通的需要数量等。通过施工进度计划的编制，有助于领导部门抓住关键，统筹全局，合理布置人力、物力；正确指导施工生产活动的顺利进行；有利于工人群众明确目标，更好地发挥主动精神；有利于施工企业内部及时配合，协同作战。因此，正确地编制施工进度计划是保证各施工项目以及整个建设工程按期交付使用、充分发挥投资效益、降低公路工程施工的成本的重要条件。

二、施工进度计划的编制依据

编制施工进度计划，主要依据下列资料：

(1)上级或合同规定的开工、竣工日期。

(2)工程设计图纸、定额资料等。

(3)工程项目所在地的地形、地质、水文、气象等自然资料。

(4)主要工程的施工方案(包括施工顺序、施工方法、作业方式及机械的选择等)。

(5)项目部可能投入的施工力量、机械设备等。

(6)施工区域内影响施工的经济条件和技术条件。

(7)劳动力、材料、构件及机械的供应条件，分包单位的情况等。

(8)工程项目所在地资源可利用情况。

(9)工程项目的外部条件等。

三、施工进度图的形式

施工进度计划通常是以施工进度图表的形式表示的，主要形式有：横线图法、斜线图法和网络图法三种。

(一)横线图

横线图(也叫横道图或甘特图)，它是美国工程师亨利·甘特在第一次世界大战期间创造的一种生产进度的表达方法，目前已在工程实践中得到广泛的应用。它是以时间为横坐标，以各分部分项工程或施工工序为纵坐标，按一定的先后施工顺序和工艺流程，用带时间比例的水平横线表示对应项目或工序持续时间的施工进度计划图表。

1. 横线图的常用格式

横线图的常用格式如图5-2所示。它由两大部分组成：左面部分是以分部分项工程或工序为主要内容的表格，包括项目名称（工序名称）、施工方法、工程量、定额、劳动量、工作日等计算依据；右面部分是用横线条表示的进度图表，它是由左面表格中的有关数据经计算得到的。在指示图表中用横向线条形象地表示出各工序（项目）的施工进度，其线条的长度表示施工持续时间长短，线条的位置表示施工过程，线上可以用数字表示劳动力或其他资源的需要数量，有时也可以采用不同线条符号表示作业班组或施工段别。

2. 横线图的特点

（1）横线图的优点：横线图简单、直观、易懂、易编制，可以方便地表达出施工计划的总工期和各分部分项工程或施工工序的持续时间，每项工作何时开始、何时结束一目了然；便于计算完成施工计划所需的劳动力、材料、机械设备及资金等各种资源需要量。

（2）横线图的缺点：分部分项工程或施工工序之间的逻辑关系不明确，仅反映工作之间的前后衔接关系；施工期限与地点关系无法表示，不能绘制对应施工项目的平面示意图；工程数量的实际分布情况不具体，无法寻找施工计划的潜力；不能实现定量分析，因而无法采用计算机计算；无法反映工作的动机使用时间，反映不出关键工作及哪些工作决定总工期。

因此，横线图只适宜编制集中性工程进度计划、材料供应计划或简单的工程进度计划。

（二）斜线图

斜线图（也叫垂线图或坐标图），是在流水作业斜线图的基础上扩充和改进形成的。它是以纵坐标表示施工日期和工程数量，以横坐标表示公路里程和工程位置，而各分部分项工程（工序）的施工进度则相应地以不同的斜线（或垂线）表示的一种施工进度图形。

1. 斜线图的常用格式

斜线图的常用格式如图5-3所示。它一般由三部分组成：图的上部表示各分部分项工程的工程数量按里程分布的具体情况和构造物的具体位置、结构形式等；图的中间部分用不同的斜线或垂直线条表示了各分部分项工程的施工进度和作业组织形式，对应进度线的右侧按月以一定的比例绘出劳动力需要量曲线；图的下部按里程绘出施工组织平面示意图。

2. 斜线图的特点

（1）斜线图的优点：各工程项目工程数量的分布情况和施工日期一目了然；各工程项目的相互关系、施工紧凑程度和施工速度都十分清楚；从图中可直接找出任何时间各作业队的施工位置和施工情况，可以预测在正常施工条件下的施工进程。

（2）斜线图的缺点：不能确定工作的机动时间及关键工作；计划的编制及修改的工作量较大；不能使用计算机进行定量分析；不能进行计划方案的比较及选优。

斜线图适用于任何工程，是编制工程进度计划的一种较好的图形。

序号	工程项目	单位	数量	劳动量（工日）	工期		每班平均人数	工作日(d)	2006年							
					开始	结束			4	5	6	7	8	9	10	11
1	施工准备			184	4.1	4.10	23	8	23							
2	采砂石料	m^3	3975	10176	5.1	8.31	106	96				106				
3	运输材料	t	5943	2496	5.20	9.20	24	104				24				
4	洞外石方	m^3	1632	800	4.11	4.30	50	16	50							
5	下部导坑	m^3	2683	4320	5.1	9.15	40	108				40				
6	上部导坑	m^3	1600	2444	5.10	9.22	24	106				24				
7	扩大	m^3	3533	5721	5.20	10.2	54	106				54				
8	挖底	m^3	3819	6148	5.30	10.12	58	106					58			
9	浇边墙	m^3	836	2650	6.5	10.17	25	106					25			
10	浇拱圈	m^3	1170	3710	6.15	10.27	35	106						35		
11	拱背填片石	m^3	366	480	7.1	10.31	5	96						5		
12	压浆	m^3	451	1248	7.10	11.10	13	96						13		
13	浇筑盖板	m^3	313	216	10.1	10.31	9	24							9	
14	整修路拱	m^3	1512	393	10.27	11.15	25	16								25
15	浇路面	m^3	1476	414	11.1	11.20	25	16								25
16	砌水沟	m^3	185	388	10.1	10.31	15	26							15	

说明：1. 进度线上数字为人数；

2. 采用流水作业方法；

3. 本图采用厘米格纸绘制，工期数值可变化。

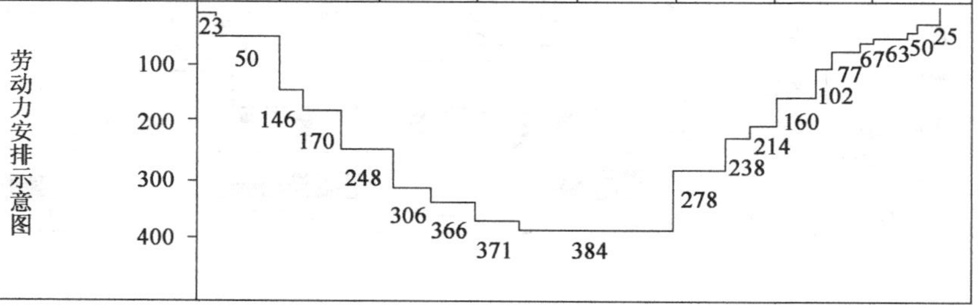

图5-2　某工程横线式施工进度图

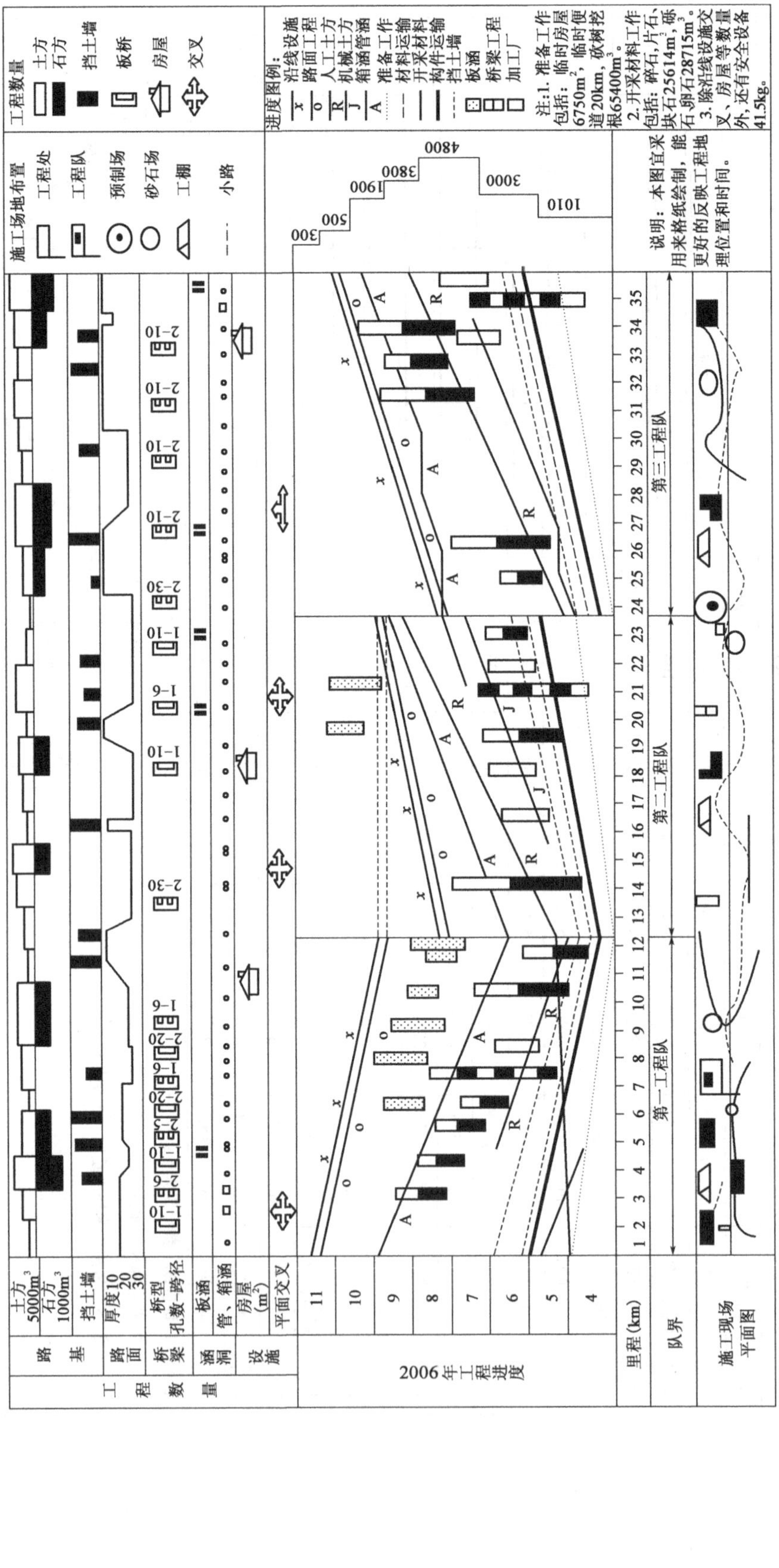

图5-3 某路线工程垂直施工进度图

(三)网络图

网络图(也叫流程图),是以加注工作持续时间的箭线和节点来表示施工进度计划的一种网状流程图。网络图与横线图、垂线图比较,它不仅能反映施工进度,而且能清楚地表达各施工项目、各施工专业队之间错综复杂的联系、制约和协作等关系。它的基本原理及计算方法已在前面讲述过,这里不再重复。网络图如图 5-4 所示。

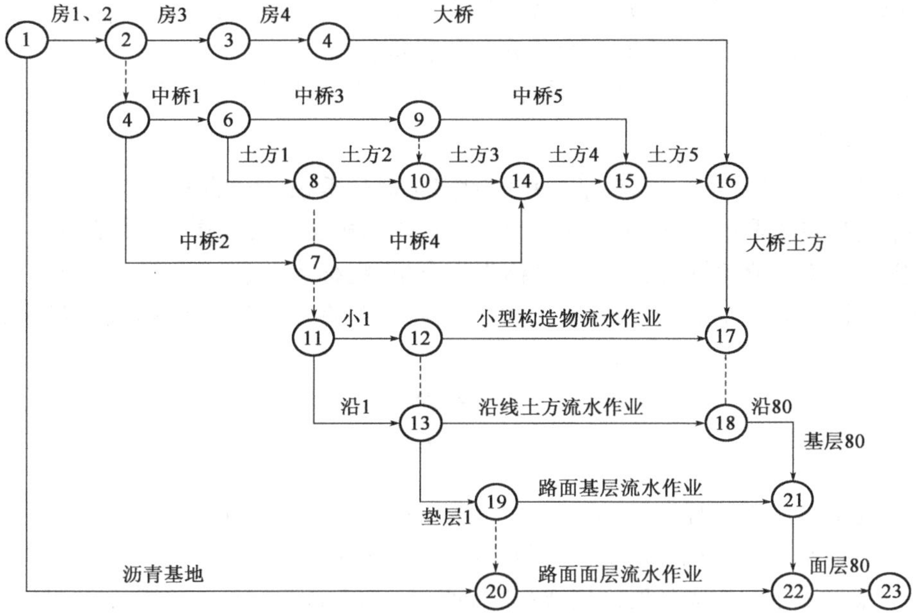

图 5-4 某工程网络图示施工进度图

网络图是一种比较先进的工程进度图,无论是集中型工程还是线型工程都可以用网络图表示工程进度,尤其是时标网络图更能准确、直观地表达工程进度。

四、施工进度计划编制的步骤

(一)划分施工项目,确定施工方法

编制工程施工进度计划时,首先要按照施工图纸和施工顺序将各个施工项目划分为若干个工序、操作,并结合施工方法、施工条件、劳动组织等因素,加以适当调整,使其成为编制施工进度计划所需的施工过程。划分时应注意:

(1)划分施工项目时,要以主导施工项目为主。首先要安排好主导施工项目的施工进度,其他施工项目要密切配合。

(2)施工项目的划分要结合施工条件、施工方法和劳动组织等因素,使施工进度计划能够符合施工实际,起到真正指导施工的作用。

(3)划分施工项目的粗细程度一般要根据进度计划的需要和施工定额(施工图设计阶段按预算定额)的细目和子目填列,分项后的工程项目必须能够在定额项目表中查到。

(4)施工项目的划分,必须要结合工程结构特点进行分项填列,切不可漏列、错列和重列,

以免影响进度计划的准确性。

（二）计算工程量与劳动量

1. 工程数量计算

当施工项目划分完成并排好顺序后，即可根据施工图纸和有关工程数量的计算规则，计算各个施工项目的工程数量，并填入相应的表格中。计算时应注意以下问题：

(1)计算工程量的单位应与现行定额手册中规定的计量单位相一致。

(2)应考虑为保证施工质量和安全的附加工程量。

(3)结合施工组织要求，按照施工顺序分区、分段、分层次计算工程量。

2. 劳动量计算

劳动量就是工程项目的工程数量与相应时间定额的乘积。它等于施工时实际使用的劳动力数量与作业时间的乘积，或机械化施工时实际使用的机械台数与作业时间的乘积。

人工操作时称为劳动量；机械作业时称为作业量，统称劳动量。

劳动量根据计算出的各分部分项工程的工程量和查出的时间定额或产量定额按下式计算：

$$D = QS \tag{5-1}$$

或

$$D = \frac{Q}{C} \tag{5-2}$$

式中：D——完成某施工过程所需的劳动量（工日）或机械台班数量（台班）；

Q——完成某施工过程所需的工程数量（m^3、m^2、t…）；

S——某施工过程所需的时间定额（工日或台班 m^3、m^2、t…）；

C——某施工过程所需的产量定额（m^3、m^2、t…/工日或台班）。

受施工条件或施工单位人力、设备数量的限制，对作业工期起控制作用的劳动量称为主导劳动量。一般取作业工期较长的劳动量作为主导劳动量。

（三）计算作业工期

计算各分部分项工程作业工期的方法有两种：

(1)按计划配备在各分部分项工程上的施工机械数量和各专业工人数确定。即

$$t = \frac{D}{Rn} = \frac{QS}{Rn} = \frac{Q}{CRn} \tag{5-3}$$

式中：t——完成某分部分项工程的作业工期（施工天数）；

D——某分部分项工程所需的劳动量或机械台班数量（工日或台班）；

Q——完成某分部分项工程所需的工程数量（m^3、m^2、t…）；

S——某分部分项工程所需的时间定额（工日或台班/m^3、m^2、t…）；

C——某分部分项工程所需的产量定额（m^3、m^2、t…/工日或台班）；

R——某分部分项工程所配置的工人人数或机械台数；

n——每天工作班制数。

在安排每班工人人数和机械台数时，应综合考虑各分项工程所安排的工人或机械都应有足够的工作面（不能少于最小工作面），以提高工作效率并保证施工安全。

(2)根据总工期要求倒排各分部分项工程的作业工期。首先根据规定总工期和施工经验，确定各分部分项工程的施工时间，然后再按各分部分项工程需要的劳动量或机械台班数量，确定每一分部分项工程每个工作班所需要的工人人数或机械台数，此时可将式(5-3)变化为：

$$R = \frac{D}{tn} = \frac{QS}{tn} = \frac{Q}{Ctn} \tag{5-4}$$

式中符号意义同前。

通常计算时均先按一班制考虑，如果每天所需机械台数或工人人数，已超过施工单位现有人力、物力或工作面限制时，则应根据具体情况和条件从技术上和施工组织上采取积极的措施，如可采用二班制或三班制，最大限度地组织立体交叉平行流水作业等。

(四)主导工期与工作班制选择

由公式(5-3)可知，当某分部分项工程所配置的人工或机械的劳动量确定之后，可根据该项目所投入的工人人数、机械台数求得工人以及各种机械作业的工期，其中工期最长的那个作业称为主导作业。主导作业的工期称为主导工期。一个施工过程的工期主要取决于主导工期。

主导工期的长短，主要取决于各种作业的人工或机械数量的实际投入量。生产过程中各种作业的人工、机械投入数量是可以调节的，从而施工过程中的主导作业及其主导工期也是可变的。

在编制施工进度图时，应尽量调节各种作业所需的人工、机械投入数量，使各种作业的工期一致，亦即都成为主导作业。但在施工阶段，由于实际施工条件限制，往往不能使各种作业的工期一致，此时，则应按主导作业的主导工期绘制施工进度图，控制该施工过程的工期。而其他非主导作业所需的人工、机械数量只能供统计之用。

一般情况下，应以人工作业工期为主导工期，其他作业则应调节机械投入量或作业班制。条件允许的情况下，在24h内组织二班制或三班制作业，将会缩短作业的生产工期。

二班制或三班制作业，主要适用于工艺要求连续生产的作业项目、需要突击或缩短总施工期的作业项目，以及需要调节作业工期的作业项目。一般情况下，桥梁工程的水下施工部分(如基础、承台等)，为了赶在汛期前完成，可采用二班制或三班制作业，路线工程一般采用一班制作业。

(五)施工进度图的编制

施工进度图规定了各个施工项目的完成期限和整个工程的总工期，也是编制一切资源供应计划的依据。施工进度图编制质量的好坏，直接影响整个施工组织设计优劣。

下面重点介绍各种施工进度图的编制步骤。

1. 横线图的编制步骤

(1)作图的准备工作

①深入研究本工程的施工方案和施工方法。

②充分研究各种作图的资料和依据，对拟编的施工进度图做出总体安排和构想。

(2)编制作业工期计算表

①准备好作业工期计算表。如表5-1所示。

作业工期计算表　　表 5-1

序号	工程部位或桩号	项目名称	施工方法	工程数量		定额编号	主导工期	人工劳动量（工日）		实用人数		人工作业工期
				单位	数量			定额	数量	作业时间	每班人数	
1	2	3	4	5	6	7	8	9	10	11	12	13

序号	机械作业量（台班）						实用机械台数与作业工期								
	（　）机		（　）机		（　）机		（　）机			（　）机			（　）机		
	定额	数量	定额	数量	定额	数量	班制	台数	工期	班制	台数	工期	班制	台数	工期
1	14	15	16	17	18	19	20	21	22	23	24	25	26	27	28

②根据设计图纸、施工方式、作业方法，参照所用概（预）算定额的子目，按前面介绍的划分施工项目的要求进行列项，并将所列项目（工序）填入表 5-1 相应栏目内。

③在表 5-1 中逐项确定施工方法、计算工程数量及劳动量（作业量）。

④逐项选定定额，按照定额的编号要求将其编号填入表 5-1 中。

⑤在表 5-1 中逐项确定施工班组、作业班制、实用人数或机械台数，通过计算确定作业工期；或根据限定的主导工期和合同规定的工期，通过计算确定所需人工和机械数量。

⑥在表 5-1 中逐项确定主导工期。

（3）绘制施工进度线

①参照图 5-2 绘制横线图的图框和表格。

②将“作业工期计算表”中的相关数据、计算成果抄录于横线图的左侧。

③按照合同或施工方案确定的开竣工日期，在图中填列施工进度日历。

④按照“作业工期计算表”计算的主导工期，结合工程项目（工序）之间的逻辑关系和各方面的因素，在进度图上合理设计各作业项目的施工起止日期。亦即用直线或不同形状、不同颜色的线条在施工进度图的右侧绘制施工进度线。

⑤在工程项目进度安排上，进行反复优化、比较、修改，同时修改作业工期计算表中相关数据，直至合理并取得较优结果为止。

⑥在进度图的下部，绘制劳动力安排曲线。

⑦编写施工进度图的说明，并列于进度图的适当位置。

⑧在进度图的适当位置，列出图例。

（4）多方案反复比较、评价并择优定案

为了使施工组织设计符合施工实际，需要做多个比较方案，绘制几个施工进度草图，再经过反复平衡、比较、评价，最后才能确定采用的方案。

2. 斜线图的编制步骤

（1）作图的准备工作

编制斜线图的准备工作，与编制横线图的准备工作基本相同。

(2)编制作业工期计算表

编制斜线图作业工期计算表的内容和方法,与编制横线图作业工期计算表的内容和方法基本相同。但列项时,线型工程要按里程顺序,并以公里为单位计量列项;集中型工程要按工程的桩号顺序,并单独计量列项(必要时还要按工程子目计量列项)。

(3)绘制施工进度线

①根据作业项目的多少,参照图5-3绘制斜线图的图表轮廓并标注里程。

②将各分部分项工程的工程数量按里程分布的具体情况和构造物的具体位置、结构形式等用不同图形(符号)展绘于进度图的上部各栏内(图5-3)。

③根据合同或施工方案确定的工程开、竣工日期,将施工进度日历绘于图左的纵坐标上。

④将施工平面布置示意图按里程展绘于进度图的下部。

⑤列项计算各施工项目的劳动量、作业持续时间、劳动力及机械台数,一般可在作业工期计算表中算好,这与前面所介绍的计算方法相同。

⑥按各作业项目的主导工期、施工方法、作业方式,依照施工组织原理,分别用铅笔绘出不同形状(符号)的进度线,并按紧凑的原则,使各进度线相对移动到最佳位置,此项设计工作要反复比较、修改,直至符合要求。具体设计方法如下:

a. 小桥涵工程。首先要明确施工组织作业方法(顺序、平行、流水作业方法等),然后根据每座小桥涵工程的开、竣工日期,在各小桥涵的相应桩号位置,用垂直线绘出施工期进度线,并依次向流水方向移动,在图上反映的垂直方向全长,即为全部小桥涵工程之总工期。

b. 大中桥工程。其绘制方法与小桥涵工程相同,但习惯上将桥梁上部工程用实线、下部工程用虚线两种图线符号。

c. 路基工程。当路基工程的作业方式确定之后,可根据工程量、施工力量配置、施工条件,依公里逐个施工段按主导工期,以斜线表示时间和里程之间的关系。由于工程施工的复杂和多方面原因,路基施工进度线可能是一条或多条直线,也可能是一条或多条连续(或间断)的折线。

d. 路面工程。路面工程一般组织成一段或多段连续施工,所以进度线一般是一条或多条斜直线。斜线的垂直高度为路面施工的总工期,斜线的水平长度等于路面总里程。由于路基线起伏变化大,为了使路面线与路基线不致相交(避免施工中断),应经过试排后再画。

⑦绘制资源(人工、材料等)消耗数量—时间曲线。

⑧进行反复优化、比较和修改。

⑨绘制图例。

⑩编写施工进度图的说明。

(4)多方案比较、评价并择优定案

其评价要点,与横线图编制对应步骤相同。

3. 网络图的编制步骤

网络图式施工进度图是网络计划技术在编制施工进度图中的应用。其原理、参数计算及编制步骤,已在前面讲过,这里不再重复。

(六)施工进度计划的检查与调整

当施工进度计划初始方案编制好以后,应按照施工过程的组织原则对其进行检查与调整,以便使进度计划更加合理，这是一个细致的、反复的过程。对于初步编制的施工进度计划主要检查各个施工过程的施工顺序、平行搭接和技术间歇是否合理；编制的计划工期能否满足合同规定的工期要求；劳动力及物资资源方面是否能满足连续、均衡地施工。在这些方面进行检查并初步调整，使不满足变为满足，使一般满足变成优化满足。调整的方法一般有：增加或缩短某些分项工程的施工持续时间；在施工顺序允许的条件下将某些分项工程的施工时间向前或向后移动；必要时可以调整施工方法或施工技术组织措施。总之，通过调整，在工期能满足要求的条件下，使劳动力、材料、设备需要趋于均衡，主要施工机械利用率比较合理。

应当指出，上述编制施工进度计划的步骤不是孤立的，而是互相依赖、互相联系的。公路工程施工是一个复杂的生产过程，在施工过程中，由于劳动力和机械、材料等物资的供应及自然条件等因素的影响而经常出现不符合原计划的情况，因而在工程进展中，应随时掌握施工动态，经常检查，不断调整计划。

第五节　资源供应计划的编制

一、资源供应计划的作用及编制原则

工程项目资源供应计划，是在确定施工方案及施工进度的基础上进行编制的。资源供应计划必须满足施工方案、施工进度的实施和发包方要求。

1. 资源供应计划的作用

资源的供应计划，可作为有关职能部门按计划调配各种资源需要量的依据；有利于及时组织劳动力和物资的供应；确定工地临时设施，以保证施工生产的顺利进行。

资源供应计划与施工成本有着密切的关系，特别是材料供应计划，编制时一定要满足施工实际的需要，既要保证正常的施工需要，还要保证施工进度加快时的需要。资源供应计划编制的优劣与流动资金的周转率和利用率有直接的关系。

2. 资源供应计划的编制原则

为保证公路施工生产的正常进行，编制资源供应计划应遵循下列原则：

(1)必须遵守国家的法律、法规和各项规定。

(2)按照国家各项物资管理政策和要求进行编制。

(3)用科学的态度，实事求是地编制资源供应计划，并应留有余地。

(4)了解市场、掌握市场，按照市场规律编制资源供应计划。

(5)编制资源供应计划，应尽量采用当地的资源，以减少运杂费，降低资源采购成本。

二、资源供应计划的编制方法及程序

1. 资源供应计划的编制方法

(1)收集基础资料，包括设计部门提供的工程项目设计资料、施工部门提供的施工组织设计资料、财务部门提供的计划年度资金、计划和本部门规定的主要资源材料消耗定额。

(2)根据工程量和规定使用的劳动定额及要求的工期计算完成工程所需的劳动力数量，

计算过程中应考虑节假日、雨雪天和施工方法不同对劳动力数量产生的影响。

(3)确定计划年度主要工程材料的储备定额,根据完成的工程量和所选用材料消耗定额计算材料需要量。

(4)结合施工方案,确定选择机械配备的数量和种类,再根据工程量和机械时间定额,考虑施工所需各种机械的施工作业班制,进行各种施工机械台班需要量的计算。

2. 资源供应计划编制的程序

资源供应计划一般分为三个阶段进行编制,编制时应考虑周到,切合实际。

(1)准备阶段。要通过调查、研究收集上期计划情况和本期计划的任务,调整储备定额的有关资料以及新技术、新材料、新工艺的使用和市场变化的信息,经过分析加工,去伪存真。

(2)编制阶段。要核算需要、确定储备、查清库存和可供安排的资源,要进行物资计划的审查,避免漏项和人为的差错,使计划尽可能符合实际。

(3)执行阶段。要不断检查计划的执行情况,发现问题及时调节处理。

三、资源供应计划图表

各项资源需要量计划可用来确定施工现场的临时设施,并按计划供应材料、调配劳动力,以保证施工按计划顺利进行。在工程施工进度计划正式编制完成后,就可以编制各项资源需要量计划。

1. 劳动力需要量计划

根据已确定的施工进度计划,就可计算出各个施工项目每天所需的人工数,将同一时间内所有施工项目的人工数进行累加,即可绘出图 5-5 所示的每日施工的人工数量随时间变化的劳动力需要量图。

劳动力需要量图表明劳动力需要量与施工期限之间的关系,不同的工程进度安排,劳动力需要量图呈现不同的状态,图 5-5 是劳动力需要量的三种典型图式。

如前所述,正确的施工组织设计应该使劳动力需要量均衡,以减少服务性的各种临时设施和避免因施工调动频繁而形成窝工。图 5-5a)表示在短期内劳动力出现高峰现象;图 5-5b)表示劳动力数量频繁调动,这两种情况都不便于施工管理并增加了各种临时设施的规模,在编制施工进度计划时应力求避免;图 5-5c)表示在较长时间内劳动力保持了均衡,符合施工规律,是最好的情况。

劳动力消耗的均衡性,可用劳动力不均衡系数 K 表示。劳动力不均衡系数的值应大于或等于 1,一般不超过 1.5。其值按下式计算:

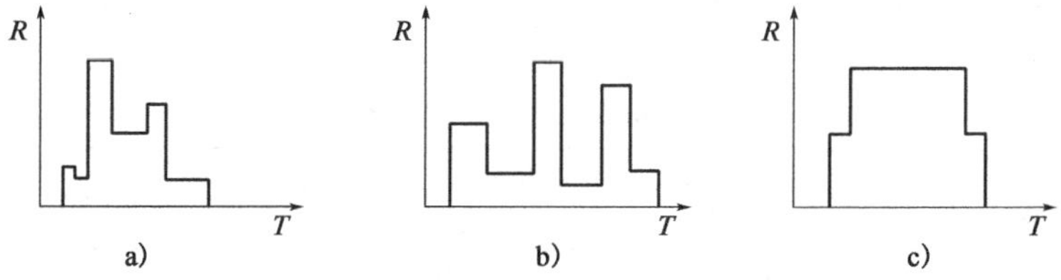

图 5-5 劳动力需要量示意图

a)短时高峰;b)锯齿波动;c)均衡情况

$$K = \frac{R_{max}}{R_{平均}} \tag{5-5}$$

式中：R_{max}——施工期间劳动力最高人数；

$R_{平均}$——施工期间加权平均人数，即总劳动量/计划总工期。

根据劳动力需要量图，可以编制劳动力需要量计划(表5-2)。劳动力需要量计划，主要是作为安排劳动力的平衡、调配和衡量劳动力耗用指标、安排生活福利设施的依据，其编制方法是将施工进度计划表内所列各施工过程每天(或旬、月)所需工人人数按工种汇总而得。

劳动力需要计划表 表5-2

序号	工种	人数	需要人数及时间										备注
			年　度					年　度					
			一季度	二季度	三季度	四季度	合计	一季度	二季度	三季度	四季度	合计	
1	2	3	4	5	6	7	8	9	10	11	12	13	14

2. 主要材料需要量计划

主要材料包括施工需要的钢材、水泥、木材、沥青、石灰、砂、石料、爆破器材等，以及有关临时设施和拟采取的各种施工技术措施用料，预制构件及其他半成品亦列入主要材料计划中。

主要材料需要量计划，是备料、供料和确定仓库、堆场面积及组织运输的依据，其编制方法是将施工进度计划表中各施工过程的工程量，按材料品种、规格、数量、使用时间、材料的来源及运输方式计算汇总而得。其表格形式如表5-3所示。

主要材料计划的编制过程同劳动力需要量计划类似，一般按年度和季度进行编制。

主要材料计划表 表5-3

序号	材料名称及规格	单位	数量	来源	运输方式	年度、季度需要量										备注
						年　度					年　度					
						一季度	二季度	三季度	四季度	合计	一季度	二季度	三季度	四季度	合计	
1	2	3	4	5	6	7	8	9	10	11	12	13	14	15	16	17

3. 构件和半成品需要量计划

结构构件、配件和其他加工半成品的需要量计划主要用于落实加工订货单位，并按照所需规格、数量、时间，组织加工、运输和确定仓库或堆场，可根据施工图和施工进度计划编制，其表格形式如表5-4所示。

构件和半成品需要量计划表 表5-4

序号	构件、半成品名称	规格	图号、型号	需要量		使用部位	加工单位	供应日期	备注
				单位	数量				
1	2	3	4	5	6	7	8	9	10

4. 主要施工机具、设备需要量计划

主要施工机具、设备需要量包括基本生产过程、辅助生产过程所需的主要机具、设备，并应考虑机械设备进、出场所需台班以及使用期间的检修、轮换的备用数量。

主要施工机具、设备需要量计划用于确定施工机具类型、数量、进场时间，可据此落实施工机具来源，组织进场，保证施工进度的正常进行。其编制方法为：将施工进度计划表中的每个施工过程、每天所需的机械类型、数量和施工工期进行汇总，以得出主要施工机具、设备需要量计划。其表格形式如表 5-5 所示。

主要施工机具、设备需要量计划表 表 5-5

序号	机具名称及规格	数量		使用期限		年度								备注
		台班	台辆	开始日期	完成日期	一季度		二季度		三季度		四季度		
						台班	台辆	台班	台辆	台班	台辆	台班	台辆	
1	2	3	4	5	6	7	8	9	10	11	12	13	14	15

第六节 施工平面图布置

施工平面图是对一个施工项目施工现场的平面规划和空间布置的具体成果。它是根据工程规模、特点和施工现场的条件，按照一定的设计原则，正确地解决施工期间所需设置的各种临时工程和其他设施的合理位置关系。施工平面图是进行施工现场布置的依据和实现施工现场有组织有计划进行文明施工的先决条件，因此它是施工组织设计的重要组成部分。

一、施工平面图的类型及主要内容

1. 按施工平面图的作用划分

(1)施工总平面图

施工总平面图是拟建项目施工场地的总布置图。它按照施工布置和施工总进度计划的要求，对施工现场的道路交通、材料仓库、附属企业、临时房屋、临时水电管线等做出合理的规划布置，从而正确处理整个工地施工期间所需各项设施和永久建筑、拟建工程之间的空间关系。施工总平面图的绘图比例一般为 1∶5000 或 1∶2000。图 5-6 为某公路施工总平面图。施工总平面图一般应包括以下内容：

①公路施工用地范围内及附近已有的和拟建的地上、地下建筑物及其他地面附着物、农田、果园、树林、地下洞穴、坟墓等位置及主要尺寸。

②新建公路工程的主要施工项目位置。如路线及里程、大中桥、隧道、渡口、集中土石方、交叉口、特殊路基等重点工程的位置；公路养护、运营管理使用的道班房、加油站、高速公路的收费站、服务区等运输管理服务建筑物位置。

③取土和弃土场位置。当取土和弃土场离施工现场很远，在平面布置上无法标注时，可用

箭头指向取土或弃土场方向并加以说明。

④既有高压线位置、水源位置(既有的水井),既有的河流位置及河道改移位置。

⑤既有公路、铁路的路线方向、位置、里程与本施工项目的关系,因施工需要临时改移公路的位置。

⑥公路临时设施的布置。

⑦重要地形地物。如河流、山峰、文物及自然保护区、高压铁塔、重要通信线等。

⑧其他与施工有关的内容。如地质不良路段、国家测量标志、气象台、水文站、变电站、防洪、防火、安全设施等。

⑨现场安全及防火设施等。

⑩施工场地排水系统位置。

(2)单位工程或分部、分项工程施工平面图

它是以单位工程或分部、分项工程为对象的空间组织平面设计方案。图上应详细绘出施工现场、辅助生产、生活区域及原有地形、地物等情况。如某工程项目中的大桥施工平面图、隧道施工平面图、立交枢纽施工平面图、附属加工厂施工平面图、基础工程施工平面图、主梁吊装施工平面图等。图5-7为某隧道施工场地平面布置图。

2.按主体工程形态划分

(1)线形工程施工平面图

公路工程施工平面图是沿路线全长绘制的一个狭长的带状式平面图,如图5-6所示。图中一方面要反映原有河流、公路、铁路、大车道、车站、码头、运输点、田地、悬崖、湿地等地形、地物;另一方面要反映施工组织设计成果,如采料场、附属加工厂、仓库、施工管理机构、临时便道、便桥及大型机械设备的停放、维修场地等。公路施工平面图可以按道路中线为假想的直线进行相对的展绘,也可以在平面图的下方展绘出道路纵断面。

(2)集中型工程施工平面图

公路立交枢纽、集中土石方工程、大中桥、隧道等集中型工程,由于施工环节多,需用较多的机械、设备和人力,为了做好集中型工程施工场地的布置,需要用较大的比例尺(一般为1:100~1:500)绘制施工平面布置图。这类工程施工平面图,既可以是施工总平面图,也可以是单项工程或分部分项工程施工平面图,参看图5-7,其总的特点是工程范围比较集中(包括局部线型工程),反映的内容比较深入和具体。这类施工平面图所包括的内容,应根据工程内容和施工组织的需要而定,一般应包括:原有地形地物,场区的生产、行政、生活等区域的规划及其设施,施工用地范围,主要的测量及水文标志,基本生产、辅助生产、服务生产的空间组织,场区运输设施,安全消防设施等。

二、施工平面图的布置原则、依据和步骤

1.施工平面图的布置原则

施工平面图设计总的原则是:平面紧凑合理、方便施工流程、运输方便通畅、降低临建费用、便于生产生活、保护生态环境、保证安全可靠。具体内容包括:

(1)在满足现场施工要求的前提下,充分利用原有地形、地物,尽可能减少施工用地,以利降低工程成本。

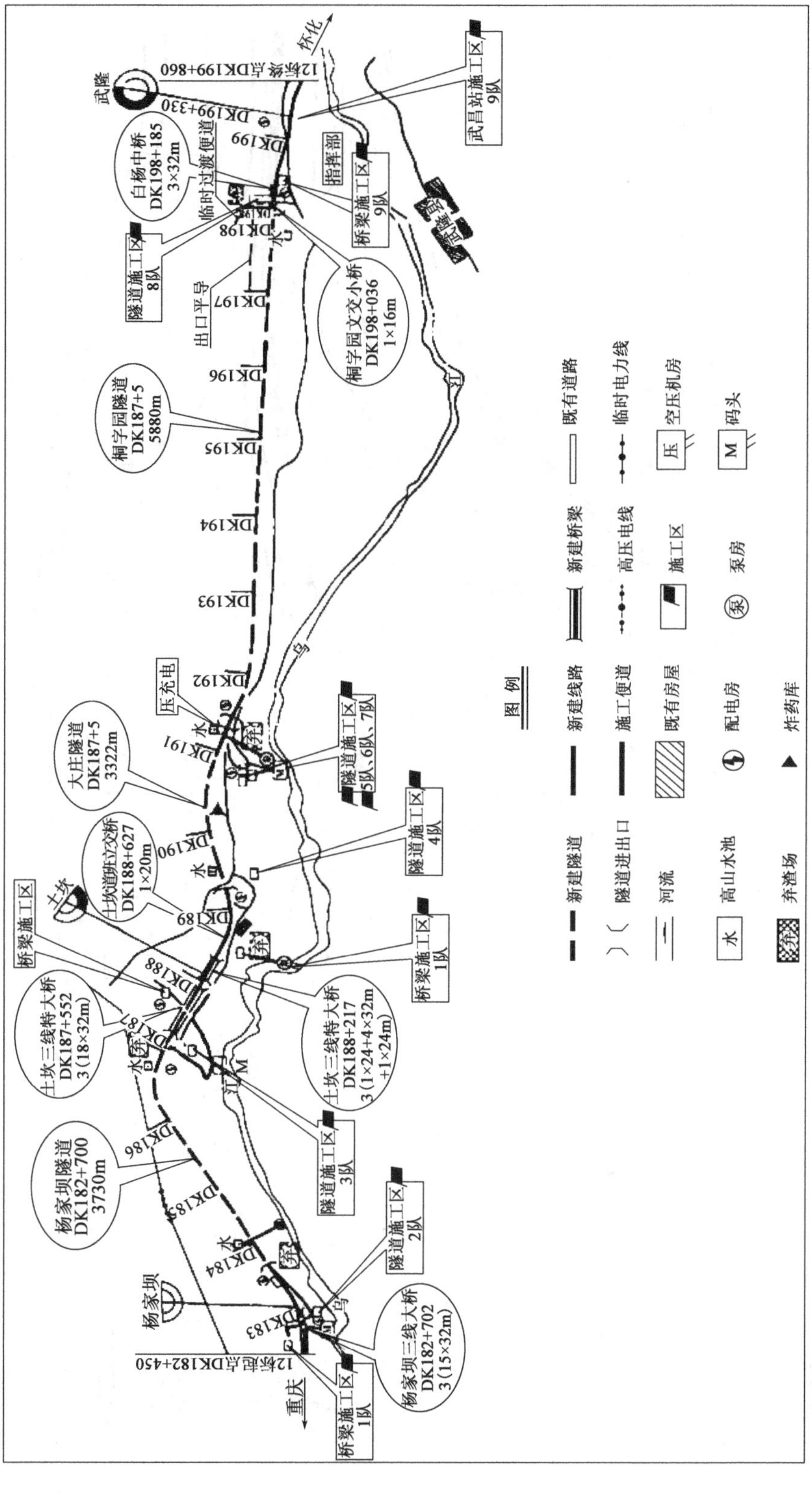

图5-6 施工总平面布置图

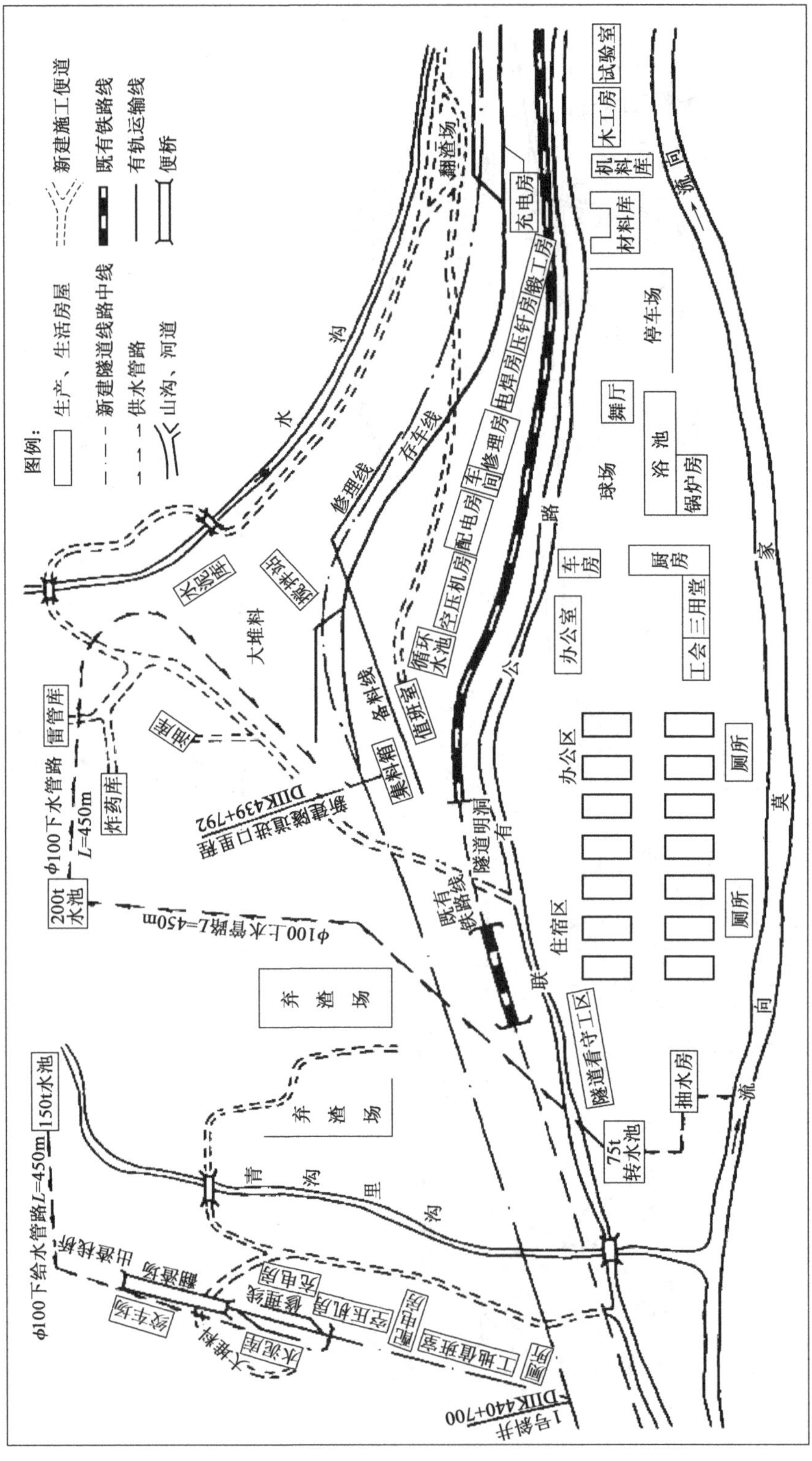

图5-7 隧道施工场地平面布置图

(2)在确保施工顺利进行的前提下,尽可能减少临时设施,充分利用施工现场附近的原有建筑物、构筑物作为施工临时用房,并利用永久性道路供施工使用。

(3)最大限度地减少场内运输及场内材料、构件的二次搬运;充分利用场地;各种材料堆放的位置,尽量靠近使用地点,以节约搬运劳动力和减少材料多次转运中的消耗。

(4)临时设施的布置,应便利施工管理及工人生产和生活。办公用房应靠近施工现场。施工管理机构的位置必须有利于全面指挥和管理施工现场。

(5)生产、生活设施应尽量分区,以减少生产与生活的相互干扰,保证现场施工生产安全进行。

(6)施工平面布置必须要符合安全防火、劳动保护的要求。

2. 施工平面图的布置依据

(1)工程地形地貌图、区域规划图、项目建设范围内各种地上、地下设施及位置图。

(2)主要施工方案和施工进度计划。

(3)有关施工组织的自然调查资料和施工条件调查资料。

(4)各类临时设施的规模和数量等。

(5)各种材料、半成品的供应计划和运输方式。

(6)设计图纸。

(7)其他有关资料。

3. 施工平面图的布置步骤

(1)分析和研究设计图纸、施工方案、施工工艺、自然条件、施工条件及有关调查资料。

(2)绘制路线平面图。

(3)进行现场平面规划分区。

(4)合理确定起重、吊装、运输机械的布设。

(5)确定搅拌站、加工厂、仓库和材料、构件、半成品堆场的位置。

(6)行政管理、文化、生活、福利用临时设施的布置。

(7)进行场内运输线路的布设。

(8)进行水、电线路的布设。

(9)进行多方案分析、比较、修改、定案。

三、施工平面图设计参考资料

(一)工地运输组织

1. 工地运输方式的特点及选择

目前工地运输方式有铁路运输、公路运输、水路运输和特种运输等方式。选择运输方式,必须考虑各种因素的影响,如:运输量的大小、运距长短、材料的性质、超重、超高、超大、超宽设备及构件的形状尺寸、现有运输设备、利用永久性道路的可能性、现场及场外道路的地形、地质及水文自然条件。在有几种运输方案可供选择时,应进行全面的技术经济分析比较,确定最合适的运输方式。

2. 工地运输组织

(1)确定运输量

运输总量按工程的实际需要量来确定。同时还考虑每日的最大运输量以及各种运输工具的最大运输密度。每日货运量可用下式计算：

$$q = \frac{\sum Q_i \times L_i \times K}{T} \tag{5-6}$$

式中：q——每日运输量(t·km)；

Q_i——各种物资的年度或季度需要量；

L_i——每种货物从发货地点到储存地点的距离；

T——工程年度或季度计划运输天数；

K——运输工作不均衡系数，铁路运输可取1.5，汽车运输可取1.2。

(2)计算运输工具数量

运输方式确定后，就可计算运输工具的需要量。每一工作台班内所需的运输工具数量可用下式计算：

$$n = \frac{q}{c \times b \times K_i} \tag{5-7}$$

式中：n——运输工具数量；

q——每日货运量；

c——运输工具的台班生产率；

b——每日的工作班次；

K_i——运输工具使用不均衡系数，汽车可取0.6~0.81，马车可取0.5，拖拉机可取0.65。

(二)工地仓库组织

1. 工地仓库类型

公路工程施工中所用仓库主要有转运仓库、中心仓库、现场仓库和加工厂仓库等类型。

2. 工地仓库规划

(1)确定工地物资储备量

材料储备一方面要确保工程施工的顺利进行，另一方面还要避免材料的大量积压，以免仓库面积过大，增加投资，积压资金。

对经常或连续使用的材料，如砂、石、木材、水泥和钢材等储备量，可按下式计算：

$$P = T_e \frac{Q_i \times K}{T} \tag{5-8}$$

式中：P——材料储备量(m^3或t等)；

T_e——储存期(d)，按材料来源确定，一般不小于10d，即保证10d的需要量；

Q_i——材料、半成品的总需要量(m^3或t等)；

K——材料使用不均衡系数，一般取1.2~1.5；

T——有关项目的施工总工作日(d)。

对于用量少、不经常使用或储备期较长的材料,如耐火砖、石棉瓦、水泥管、电缆等,可按年度需要量的百分比储备。

(2)确定仓库面积

一般的仓库面积可按下式计算:

$$F=\frac{P}{q\times\alpha} \tag{5-9}$$

式中:F——仓库总面积(m^2);

P——仓库材料储备量,由式(5-8)计算;

q——每平方米仓库面积能存放的材料、半成品和制品的数量;

α——仓库面积有效利用系数(考虑人行道和车道所占面积),一般取0.5~0.8。

特殊材料,如易燃、易爆物品或易腐蚀品的仓库面积,按有关安全要求确定。在设计仓库时,除满足仓库总面积外,还要正确确定仓库的平面尺寸。仓库的长度应满足装卸要求,宽度要考虑材料存放方式、使用方便和仓库结构形式。

(三)工地加工厂组织

1. 工地加工厂的类型和布置原则

工地加工厂一般包括:混凝土搅拌站、钢筋加工厂、构件预制厂、木材加工厂、金属结构加工厂等。布置这些加工厂时主要考虑的问题有:来料加工和成品、半成品运往需要地点的总运输费用最小;加工厂的生产和工程项目的施工互不干扰。

2. 工地加工厂的面积确定

(1)临时加工厂作业间面积的确定

工地临时加工厂作业间的建筑面积主要取决于:设备尺寸、工艺过程、设计和安全防火要求,通常参照有关资料或按经验确定,也可按下式计算:

$$F=\frac{K\times Q}{T\times S\times\alpha} \tag{5-10}$$

式中:F——所需建筑面积(m^2);

K——不均衡系数,一般取1.3~1.5;

Q——加工总量(m^2);

T——加工总工期(月);

S——每平方米场地平均加工产量;

α——场地或建筑面积利用系数,一般取0.6~0.7。

(2)混凝土搅拌站面积的确定

混凝土搅拌站的建筑面积用下式计算:

$$F=\frac{Q\times K}{T\times R}A \tag{5-11}$$

式中:F——混凝土搅拌站面积(m^2);

Q——混凝土总需要量(m^2);
K——不均匀系数,一般取1.5;
T——混凝土工程施工总工作日(d);
R——混凝土搅拌机每台班产量;
A——每台搅拌机所需的面积(m^2/台)。

大型沥青混凝土拌和设备的场地面积,根据设备说明书的要求确定。

(四)工地供水组织

1. 工地供水类型

建筑工地临时供水主要包括:生产用水、生活用水和消防用水三种。

2. 工地供水规划

(1)确定用水量

①确定工程施工用水量。施工生产用水主要包括施工机械、运输工具、施工附属企业、建筑安装工程及其他安装施工的用水。工地施工用水量按下式计算:

$$q_1 = K_1 \sum \frac{Q_1 \times N_1}{T_1 \times b} \times \frac{K_2}{8 \times 3600} \tag{5-12}$$

式中:q_1——工程施工用水量(L/s);
K_1——未预见的施工用水系数($K_1 = 1.05 \sim 1.15$);
Q_1——年(季)度工程量(以实物计量单位表示);
N_1——施工用水消耗量,见表5-6;
T_1——年(季)度有效工作日(d);
b——每天工作班次;
K_2——用水不均衡系数,见表5-7。

②确定施工机械用水量。

$$q_2 = K_1 \sum Q_2 N_2 \frac{K_3}{8 \times 3600} \tag{5-13}$$

式中:q_2——施工机械用水量(L/s);
K_1——用水修正系数($K_1 = 1.1$);
Q_2——同一种机械台数(台);
N_2——施工机械台班用水消耗量,见表5-8;
K_3——施工机械不均衡系数,$K_3 = 2.0$。

③确定施工现场生活用水量。

$$q_3 = \frac{P_1 \times N_3 \times K_4}{b \times 8 \times 3600} \tag{5-14}$$

式中:q_3——施工现场生活用水量(L/s);
P_1——施工现场高峰期生活人数(人);
N_3——施工现场生活用水消耗量,视当地气候、工种而定,一般为20~60L/(人·班);
K_4——施工现场生活用水不均衡系数,见表5-7;

b——每天工作班次(班)。

施工用水量(N_1)消耗量表 表5-6

序号	用水对象	单位	耗水量 N_1(L)	备注
1	浇筑混凝土全部用水	m^3	1700~2400	
2	搅拌混凝土	m^3	250~350	
3	混凝土养生(自然养生)	m^3	200~400	
4	混凝土养生(蒸汽养生)	m^3	500~700	
5	湿润模板	m^3	10~15	
6	冲洗模板	m^3	5	
7	人工洗石子	m^3	1000	
8	机械洗石子	m^3	600	
9	洗砂	m^3	1000	
10	砌砖工程全部用水	m^3	150~250	
11	砌石工程全部用水	m^3	50~80	
12	洗砖	千块	500	
13	抹灰	m^3	4~6	不包括调制用水
14	搅拌砂浆	m^3	300	
15	素土路面、路基	m^3	0.2~0.3	
16	消解生石灰	t	3000	

施工用水不均衡系数表 表5-7

K号	用水名称	系数	K号	用水名称	系数
K_2	施工工程用水	1.5	K_3	动力设备	1.05~1.10
	生产企业用水	1.25	K_4	施工现场生活用水	1.30~1.50
K_3	施工机械、运输机具	2.00	K_5	居住区生活用水	2.00~2.50

④确定生活区生活用水量。

$$q_4 = \frac{P_2 \times N_4 \times K_5}{24 \times 3600} \tag{5-15}$$

式中:q_4——生活区生活用水量(L/s);

P_2——生活区居民人数(人);

N_4——生活区昼夜全部用水消耗量,参见表5-9;

K_5——生活区用水不均衡系数,见表5-7。

⑤确定消防用水量。

消防用水量(q_5),见表5-10。

⑥确定总用水量 Q。

当 $q_1+q_2+q_3+q_4 \leq q_5$ 时,则

$$Q = q_5 + \frac{1}{2}(q_1 + q_2 + q_3 + q_4) \tag{5-16}$$

当 $q_1+q_2+q_3+q_4 > q_5$ 时,则

$$Q = q_1 + q_2 + q_3 + q_4 \tag{5-17}$$

当工地面积小于5万m^2时，并且$q_1 + q_2 + q_3 + q_4 < q_5$时，则

$$Q = q_5 \tag{5-18}$$

式中：Q——总用水量(L/s)；

其余符号意义同前。

施工机械用水量(N_2)参考消耗量表 表5-8

序号	机 械 名 称	单 位	耗 水 量	备 注
1	内燃挖掘机	L/(台班·m^3)	200~300	以斗容量m^3计
2	内燃起重机	L/(台班·t)	15~18	以起重吨数计
3	蒸汽打桩机	L/(台班·t)	1000~1200	以起重吨数计
4	蒸汽起重机	L/(台班·t)	300~400	以起重吨数计
5	内燃压路机	L/(台班·t)	12~15	以压路机吨数计
6	拖拉机	L/(昼夜·台)	200~300	
7	汽车	L/(昼夜·台)	400~700	
8	空气压缩机	L/[台班·(m^3/min)]	40~80	以压缩空气排气量计
9	内燃动力装置	L/(台班·kW)	160~480	直流水
10	内燃动力装置	L/(台班·kW)	35~55	循环水
11	锅炉	L/(h·t)	1000	以小时蒸发量计
12	锅炉	L/(h·m^2)	15~30	以受热面积计
13	电焊机25型	L/h	100	实测数据
14	电焊机50型	L/h	150~200	实测数据
15	电焊机75型	L/h	250~350	实测数据
16	对焊机	L/h	300	
17	冷拔机	L/h	300	
18	凿岩机YQ-100	L/min	8~12	

生活用水量(N_4)参考消耗量表 表5-9

序 号	用 水 对 象	单 位	耗 水 量	备 注
1	工地全部生活用水	L/(人·日)	100~120	
2	生活用水	L/(人·日)	25~30	盥洗、生活饮用
3	食堂	L/(人·日)	25~20	
4	浴室(淋浴)	L/(人·次)	50	按出勤人数30%计
5	淋浴带大池	L/(人·次)	30~50	
6	洗衣	L/人	30~35	
7	理发室	L/(人·次)	15	
8	工地医院	L/(病床·日)	100~150	
9	家属	L/(人·日)	50~60	有卫生设备
10	家属	L/(人·日)	25~30	无卫生设备

消防用水量(q_5)参考表　　表 5-10

序号	用水区域	用水名称	火灾同时发生次数	单位	用水量
1	居民区消防用水	5000 人以内	一次	L/s	10
2		10000 人以内	二次	L/s	10 ~ 15
3		25000 人以内	二次	L/s	15 ~ 20
4	施工现场消防用水	施工现场在 $25\times10^4 m^2$ 以内	一次	L/s	10 ~ 15
5		施工现场每增加 $25\times10^4 m^2$	二次	L/s	5

(2)选择水源

建筑工地临时供水水源,分为供水管道和天然水源两种。应尽可能利用现场附近已有供水管道,只有在工地附近没有现成的供水管道或现有给水管道无法使用,以及给水管道供水量难以满足使用要求时,才选用天然水源。天然水源有河水、湖水、水库蓄水等地面水和泉水、井水等地下水。

选择水源时应注意下列因素:水量充沛可靠;生活饮用水、生产用水的水质,应符合要求;与农业、水利综合利用;取水、输水、净水设施要安全、可靠、经济;施工、运转、管理和维护方便。

(五)工地供电组织

工地临时供电组织包括:计算用电总量,选择电源,确定变压器,配电线路布置和导线截面面积的确定。

1. 工地总用电量计算

施工现场用电一般可分为动力用电和照明用电两类。工地总用电量可按下式计算:

$$P = (1.05 \sim 1.10)\left(K_1\sum\frac{\sum P_1}{\cos\varphi} + K_2\sum P_2 + K_3\sum P_3 + K_4\sum P_4\right) \tag{5-19}$$

式中:P——供电设备总需要容量(kV·A);

P_1、K_1——电动机额定功率(kW)、需要系数,$K_1 = 0.5 \sim 0.7$,电动机 10 台以下取 0.7,11 ~ 30 台取 0.6,30 台以上取 0.5;

P_2、K_2——电焊机额定容量(kV·A)、需要系数,$K_2 = 0.5 \sim 0.6$,电焊机 10 台以下取 0.6;

P_3、K_3——室内照明容量(kW)、需要系数,$K_3 = 0.8$;

P_4、K_4——室外照明容量(kW)、需要系数,$K_4 = 1.0$;

$\cos\varphi$——电动机的平均功率因数,根据用电量和负荷情况而定,施工现场最高为 0.75 ~ 0.78,一般为 0.65 ~ 0.75。

2. 选择电源

选择临时供电电源,通常有以下几种方案:

(1)完全由工地附近的电力系统供电。

(2)工地附近的电力系统能供应一部分,工地需增设临时电站以补充不足。

(3)利用附近的高压电网,申请临时加设配电变压器。

(4)工地处于新开发地区,没有电力系统时,电力则应由工地自备临时动力设备供电。

采取何种方案,须根据工程实际情况确定供电方案。一般情况下是将工地附近的高压电网引入工地的变压器降压后进行使用。

3. 确定变压器

工地临时变压器功率可由下式计算：

$$P = K\frac{\sum P_{\max}}{\cos\varphi} \tag{5-20}$$

式中：P——变压器输出功率(kV·A)；

K——功率损失系数，取1.05；

$\sum P_{\max}$——各施工区的不同用电设备最大计算负荷(kW)；

$\cos\varphi$——不同用电设备的功率因数，如果不易逐一求得，可取0.75。

根据计算所得容量，从变压器产品目录中选用略大于该功率的变压器。

4. 选择配电导线截面积

导线的自身强度必须能防止受拉或机械性损伤而损坏；配电导线还必须耐受电流通过所产生的温升；导线还应使得电压损失在允许范围内。这样，导线才能正常传输电流。按以上三项要求，选择配电导线截面最大者。

（六）工地供热组织

工地临时供热的主要对象是：临时房屋(办公室、宿舍、食堂等)的冬季采暖；冬季施工项目供热，如施工用水和材料加热等；预制场供热，如钢筋混凝土构件的蒸汽养生等。

建筑物内部采暖耗热量，按有关建筑采暖设计手册计算。

临时供热的热源，一般都设立临时性的锅炉房或个别分散设备(火炉等)，如有条件，也可利用当地的现有热力管网。临时供热的蒸汽用量按下式计算：

$$W = \frac{Q}{IH} \tag{5-21}$$

式中：W——蒸汽用量(kg/h)；

Q——所需总热(J/h)，按有关建筑采暖设计手册计算；

I——在一定压力下蒸汽的含热量(J/kg)，查有关热工手册；

H——有效利用系数，一般为0.4～0.5。

蒸汽压力根据供热距离确定。供热距离在300m以内时，蒸汽压力为30～50kPa即可，在1000m以内时，则需要200kPa。确定了蒸汽压力后，根据式(5-21)计算的蒸汽用量，可查阅锅炉手册选定锅炉型号。

（七）办公及福利设施组织

1. 办公及福利设施类型

办公及福利设施主要包括行政管理和生产用房、居住生活用房、文化生活用房等。

2. 办公及福利设施建筑面积的确定

建筑施工工地人数确定后，即可按实际使用人数确定建筑面积：

$$S = NP \tag{5-22}$$

式中：S——建筑面积(m^2)；

N——工地人员实际数(人)；

P——建筑面积参考指标(m^2/人),可参照表5-11取定。

行政、生活福利临时建筑面积参考指标(m^2/人) 表5-11

序号	临时建筑名称	指标使用方法	参考指标	序号	临时建筑名称	指标使用方法	参考指标
一	办公室	按使用人数	3~4	3	理发室	按高峰年平均人数	0.01~0.03
二	宿舍			4	俱乐部	按高峰年平均人数	0.01
1	单层通铺	按高峰年平均人数	2.5~3.0	5	小卖部	按高峰年平均人数	0.03
2	双层床	扣除不在工地人数	2.0~2.5	6	招待所	按高峰年平均人数	0.06
三	家属宿舍		16~25	7	子弟学校	按高峰年平均人数	0.06~0.08
四	食堂	按高峰年平均人数	0.5~0.8	8	其他公用	按高峰年平均人数	0.05~0.10
1	食堂兼礼堂	按高峰年平均人数	0.5~0.8	六	小型		
五	其他合计	按高峰年平均人数	0.6~0.9	1	开水房	按高峰年平均人数	10~40
1	医务所	按高峰年平均人数	0.05~0.07	2	厕所	按现场平均人数	0.02~0.07
2	浴室	按高峰年平均人数	0.07~0.1	3	休息室	按现场平均人数	0.15

第七节 公路施工技术组织措施

施工技术组织措施是公路施工组织设计文件的重要内容之一,也是施工方案的补充内容。施工技术组织措施主要是确保施工质量、加快施工进度、保证安全施工和环保、降低工程施工成本等方面的措施。它包括技术方面和组织管理方面的措施。通过施工技术组织措施的编制,能系统完整地反映承包商对工程施工的筹划水平和承诺,使业主更能全面了解承包商的现代化管理水平,增强业主对承包方完成项目的信心。同时施工技术组织措施也是对企业和工程项目施工的一种约束,可减少或杜绝施工过程的随意性,避免施工过程中的重大失误。因此,编制施工技术组织措施,是公路施工组织设计不可缺少的内容。

一、确保工程质量的技术组织措施

公路工程建设中,质量是工程建设的关键,任何一个环节或部位出现质量问题,都会给工程建设带来严重的后果,直接影响到公路的使用年限,甚至会造成巨大的经济损失。因此,公路工程项目建设必须把工程质量放在第一位,进行"全方位、全过程"的施工质量控制。始终把"百年大计、质量第一"作为指导施工的思想,以提高项目全员的质量意识,加强和保证工程建设施工质量。

(一)影响工程质量的主要因素

影响工程质量的因素主要有两个方面,即人为因素和自然因素。

1.人为因素

人员是影响工程质量的重要因素,往往也是容易克服的。人为因素主要体现在人员的素质不高、责任心不强、思想不重视、文化技术水平偏低等方面,具体表现如下:

(1)人员素质不高。主要体现在思想、文化、技术、身体等方面。

(2)管理人员责任心不强或管理水平较低。不认真执行和落实各项管理制度。

(3)技术人员责任心不强或技术水平较低。在施工的每一个环节上可能都会出现问题,影响工程质量,如测量放样时出现偏差、现场试验时不按规程操作。

(4)工人的责任心不强或技术水平较低。施工中不严格按规范要求去做,生产质量会大大降低,达不到验收标准。如土基压实时未按操作要领进行,压实度不够。

2. 自然因素

自然因素主要包括气候、水文与水文地质、地质等因素的影响。

(1)气候的影响。比如同一等级的公路因所在不同自然区划的气候条件不同,其质量控制和要求也会不同。即使是同一区划不同海拔,气候条件也会有所差异,如不区别对待,就会造成质量事故。

(2)水文与水文地质的影响。比如潜水层水位较高而影响到路基工作区,这时就必须设置相应的排水设施,把路基范围内的地下水引排到较深的潜水层或透水层中,以免对路基质量造成影响。

(3)地质的影响。公路沿线岩土的种类、成因、岩层走向、倾向和倾角、风化程度等,都会影响工程构造物的稳定性,从而影响工程质量。

(二)施工质量技术组织措施的主要内容

1. 建立和完善质量保证体系

(1)质量体系。建立与 ISO 9000 系列相一致的质量保证体系。项目设质检部和工程部,作业班组设质检员,实行分级质量管理制度。每道工序都必须经过作业班组质检员自检,班组间质检员互检,工程部、质检工程师联检,在自检、互检、联检基础上,交监理工程师检查、签证后,方可进行下道工序的施工。

(2)试验体系。施工现场设立试验室,为试验室配备与工程任务相适应的仪器、设备和专业技术人员,保证满足工程试验需要。试验室必须严把施工材料进场关,任何结构用材,进场前必须携带厂家出具的产品质量合格证及其主要技术指标文件,经试验室在现场按有关试验规程规定抽检合格,并得到签证批准后,方准进场使用;同时严格执行试验规程,确保每项工程开工前有标准试验,施工中有试验检查,完工后有真实、准确、完整的试验资料,以充分反映结构物实体内部质量状况。

(3)测量体系。施工单位设立测量队,配备 GPS 全站仪、经纬仪、水准仪等测量仪器,以满足工程所需。测量队负责本工程控制测量和施工放样工作。测量工作自始至终必须严格按测量规程进行操作和控制,做到施工前有控制性测量和施工放样,施工中有测量校核,完工后有成品测量检查,确保施工全过程的测量资料真实、准确、完整地反映结构物几何空间尺寸。

2. 实行全员工程质量岗位责任制

成立以项目经理、项目技术负责人和总自检工程师为核心的领导小组,建立严格的质量承包责任制,明确每个员工自己工作范围以及在工程质量方面的责任,确保每个员工的工作质量,以此来保证工程质量。

3. 严格施工过程质量控制工作,确保工作质量

组织有关人员认真学习、会审设计图纸,充分理解设计意图。严格按设计图纸、招标文件、施工技术规范、施工工艺、施工操作规程的要求组织施工,做到各工程项目开工前有详细的施工方案、方法和技术交底,施工操作有施工工艺和施工操作规程做指导,技术、质量、指标有图纸、规范、招标文件等的具体要求,施工过程中有完整的检查签证表格、施工日记及施工总结等记录,确保每一施工过程质量控制来保证项目工程质量。

4. 加强施工人员的技术培训

根据工程特点,适时组织各种技术培训和技术考核工作,做到关键技术工种必须持证上岗,并选派经验丰富、年富力强、技术水平高的工人、技师担当带头人。在提高技术水平的基础上,促进工程质量的提高。

5. 积极采用新技术

结合工程实际积极开展 QC(Quality Control)小组技术、质量攻关活动。采用新的施工技术、新的施工工序、新的施工方法、新设备、新材料、新工艺,推进技术进步,确保工程质量优良。

6. 加强防范意识

实行质量一票否决权制度,坚持预防为主,把质量事故、隐患消灭在萌芽状态。一旦发生质量事故,坚决做到“三不放过”,即事故原因分析不清不放过,事故责任者和群众没有受到教育不放过,没有防范措施不放过。

7. 严格实行质量检查制度及奖罚办法

施工管理部门定期组织大检查一次,并不定期随时抽查,施工人员应及时对已完成单项工程进行检查,发现问题及时整改。对质量工作做出突出贡献的个人或集体给予适当的奖励,出现质量问题的严惩不贷,并与经济处罚挂钩。

8. 充分发挥技术监控机构对工程质量的控制作用

积极配合监理工程师的工作,服从监理工程师的监督,维护监理工程师的权威。每道工序完成转入下一步工序之前,必须请监理工程师签证,确保各工序质量合格。

二、加快施工进度的技术组织措施

按期完成交付使用的工程,不但标志着投资方的投资见效,也标志着投资资金开始回收。未按期完成的工程,不但会增加工程的费用,甚至还会影响到工程的质量,因此制订措施保证工程进度就显得十分必要。制定施工进度技术组织措施首先要弄清影响施工进度的因素,这样才能制订出有效的技术措施。

1. 影响施工进度的主要因素

(1)施工计划的贯彻与实施情况。施工计划是将施工进度计划进行的细化,因此,施工计划的实施情况将直接影响工程的进展情况。

(2)物资供应情况。物资供应不足或供应不及时,都会造成施工的中断,影响整个工程的进度。

(3)机械设备状况。机械在施工过程中因保养不善、未及时维修造成机械设备损坏停机,或机械设备陈旧、状况不佳都会造成施工的中断,影响施工进度。

(4)组织与协调因素。施工单位未按施工方案中的顺序执行或现场施工协调不及时,造成各施工单位互相干扰或倒序;重点、难点工程的工期安排不当造成工期延误;延误拖后工程的进度,调整不及时造成局部工程施工不到位,都会减缓施工速度,甚至停工,从而影响施工进度。

(5)其他因素。气候条件、地质条件、政治原因等,都会干扰工程进度目标的实现。

2. 施工进度技术组织措施的主要内容

针对影响施工进度的因素,可采用以下的技术组织措施:

(1)实行施工进度的控制及动态管理。利用网络计划编制施工进度,优化施工安排,制定最优的关键线路,确定出关键工作。充分利用工程的空间关系,在互不干扰的前提下,可以同步安排多个工程进行立体交叉的平行流水作业。由于施工组织是施工前制订的,所以在施工过程中应结合实际情况对网络计划进行及时调整和优化。

(2)正确处理质量和进度的关系。在施工过程中,当质量和进度关系发生矛盾时,应将质量放在第一位,在保证质量的前提下加快进度。

(3)建立物资保障机构。根据工程的进展情况,制订详细的材料供应计划,保证物资采购渠道的畅通,并且做好材料的检测试验,把好质量关,这样才能为工程的顺利实施提供充足、合格的物资保障。

(4)机械设备的组织。为加快施工进程,尽量使用先进的机械设备,合理调度,开展高效率的机械化生产。现场设立机械维修养护站,备足所需的机械配件,做好机械设备的日常保养及施工前检修,以提高机械设备的完好率、出勤率和利用率。

(5)做好施工现场的组织与协调工作。加强施工现场调度工作,对于现场出现的影响施工进度的情况,可通过调度协调解决;对于控制工期的重点工程优先保证物资供应和机械的使用,加强施工管理和控制;根据地域气候特点,尽可能在最有利季节加快施工进度。

(6)积极开展劳动竞赛,适时掀起施工高潮。在施工中采取层层责任承包、重奖重罚等行政手段,调动职工生产积极性,必要时发挥政治动员作用。做到施工进度日保旬、旬保月,而达到按期或提前完工的目标。

(7)实行施工进度的岗位责任制及管理制度。为保证和加快施工进程,建立目标管理制度,每阶段的进度目标落实到人,明确职责,实行严格的考核奖惩制度;实行技术保证制度,严格执行技术交底制度,使每个人在施工前都要明确每项工程、每道工序的结构、质量要求、施工要领等,从而尽可能地避免误工、返工等现象的发生。

三、保证施工安全的技术组织措施

工程项目的施工往往会存在高空、露天、爆破等危险作业,因此安全生产就占有很重要的位置,施工安全的好与坏直接影响企业的效益和发展。安全生产是指生产过程处于避免人身伤害、设备损坏及其他不可接受的损害风险的状态。工程项目在施工时必须采取一定的措施减少甚至消除事故隐患,尽量把事故消灭在萌芽状态,保证施工人员的健康、安全,避免财产损失。

1. 安全控制的方针与目标

(1)安全控制的方针。“安全第一、预防为主”是安全控制的方针。安全控制的方针中的

“安全第一”,就是生产中要把施工人员的人身安全放在首位,只有人身安全得到保障,安全生产才能得以顺利进行。“预防为主”就是采用一定措施进行安全控制,减少或消除事故隐患,是实现“安全第一”的重要手段,也是安全控制的主导思路。

(2)安全控制的目标。安全控制是以减少或消除不安全行为为目标;以减少或消除设备、材料的不安全状态为目标;以改善生产环境和保护生态环境为目标;以实现安全管理为目标。安全控制的目标旨在减少或消除生产中不安全因素,确保施工人员的人身健康安全和财产安全。

2. 影响施工安全的主要因素

(1)对安全施工的宣传力度不到位,施工人员安全意识淡漠,对可能出现的安全隐患重视不够。

(2)安全保证体系不健全或虽然健全但落实不到位。

(3)施工人员技术水平较低或违反操作章程。

(4)施工安全技术交底工作落实不到位。

3. 施工安全控制措施

(1)开展安全教育,强化安全意识。广泛开展安全施工的宣传教育,组织学习有关安全施工的规则及要求,学习安全操作的规范,使每个施工人员从思想上认识到安全的重要性和必要性,从技能上实行规范化操作。并且安全教育与日常施工一起抓,使施工人员时刻保持安全意识,杜绝一切可能发生的不安全因素,防止事故的发生。

(2)建立健全安全保证体系。按照综合治理、从严治理、标准化管理、抓施工必须抓安全、一票否决制等原则建立健全安全保证体系,强化安全领导机构,充实安全监视人员,从组织上落实安全工作。

(3)实行安全责任制。建立和完善安全岗位责任制,明确各部门在各自职责范围以内对安全应负的责任,严格执行奖惩制度。集思广益,勇于揭露问题、处理问题,把事故消灭在萌芽状态。

(4)实施安全检查。随时检查施工人员对安全施工是否重视;检查工程的安全施工管理是否到位;检查安全设施是否完好;检查施工过程中是否符合安全的要求;对已经发生的事故,应查明其原因,明确责任并做出处理,同时要落实整改措施。

(5)安全控制措施应满足的要求:

①对于易燃、易爆、强腐蚀等危险品要严格执行保存与发放制度。对于其来源、用途、用量做好详细的记录,确保不发生意外。

②现场防火设施的设置应满足消防距离和消防供水量的要求,但也要避免设置不必要的防火设施。

③现场临时用电线路的架设应符合电力安全规范的要求,架设前应对架设的位置、高度进行设计,避免对其他工程的施工造成影响。注意用电安全,非专业电气操作人员不得触动电气设备。

④各种机械必须有专人负责维修、保养、操作、安装,并经常对其关键部位进行检查,避免机械故障产生安全事故。

⑤夜间施工必须配备足够的照明设备,施工人员必须严格遵守作息时间,提高夜间施工的

安全意识,避免因人员夜间精力不足而造成事故。严禁在大风、大雨等不利天气的夜间施工。

⑥跨线施工或与已有线路相近施工时,应采取保证已有线路行车安全的措施。比如搭建防护棚、防护网等。

⑦爆破施工人员必须取得“安全技术合格证”,方可实施爆破工作。

⑧保证施工现场安全防护设施的投入,确保其性能良好,使安全生产建立在科学的管理、先进的技术、可靠的防护设施上。

⑨重点、难点工程施工要有针对性的安全方案。如隧道施工时,必须要有若干处理危石或塌方的施工安全方案,经过方案的研究比对,再确定安全可行的施工方案。

四、施工环境保护技术组织措施

随着社会的进步、经济的发展,施工环境保护日益显得重要。施工环境保护直接影响施工的进展。环境保护就是按照法律法规、各级主管部门和企业的要求,保护和改善作业现场环境,控制现场的各种粉尘、废弃物、噪声、振动等对环境的污染和危害。

1.施工环境保护的意义

(1)施工环境保护是保证人们身体健康和体现社会文明进步的需要。采取专项措施防止粉尘、噪声和水源污染,保护好现场与周边环境,是保证施工人员和周边居民身体健康、体现以人为本和社会进步文明的具体体现。

(2)施工环境保护是现代化生产的客观要求。现代化施工生产中广泛应用的新技术、新工艺、新设备,对环境的质量要求很高,尤其是一些精密仪器。超标的粉尘、振动都有可能损坏设备,影响其效率。

(3)施工环境保护是消除外部干扰和保证施工顺利进行的需要。随着人们法制观念和自我保护意识的增强,施工扰民问题反映越来越突出。减少施工对环境的污染和对居民的干扰,不但可减少因施工造成的与当地居民的矛盾,而且可以保证施工生产的顺利进行。

(4)节约能源,保护人类生存环境,是保证社会与企业可持续发展的需要。现代社会化大生产给人们带来诸多方便的同时,环境污染和能源紧缺等问题也凸现出来。为了保护子孙后代赖以生存的环境条件,社会上每个公民和企业都有义务和责任保护环境、节约能源。

所以保护环境和节约能源不仅造福子孙,也有利于社会和企业的可持续性发展。

2.施工环境保护的技术组织措施

施工环境保护的技术组织措施包括对空气污染、水污染、噪声污染、固体废弃物污染的处理。

(1)空气污染防治措施

①易于引起粉尘的细料或松散料应予覆盖或适当洒水润湿,运输时注意遮盖,施工便道应随时洒水润湿。

②混凝土搅拌站应封闭严密,进料仓应安装除尘装置,且距居民区不宜小于300m,同时应设在居民区主要风向的下风处。

③禁止在施工场地焚烧能产生有害气体或烟尘的物质。如焚烧油毡、橡胶、枯草树叶等。

④拆除建筑物时,为了防止产生扬尘,应适当洒水。

(2)水污染防治措施

①施工废水、生活污水不得直接排入农田、耕地、灌溉渠和水库,不得排入饮用水源。

②施工区域、砂石料场,在施工期间和完工以后应妥善处理,以减少对河道、溪流的侵蚀,防止沉渣进入河道或溪流。

③冲洗集料或含有沉积物的操作用水,应采取过滤、沉淀池处理或其他措施,使其做到达标排放。

④施工期间,施工材料如沥青、水泥、油料、化学品等应堆放管理严格,防止在雨季物料随雨水径流排入地表及附近水域造成污染。

⑤施工机械应防止严重漏油,禁止机械在运转中产生的油污水未经处理就直接排放或维修施工机械时油污水直接排放。

(3)噪声污染防治措施

①尽量采用低噪声设备和工艺,在声源适当位置安装消声设备,这是防止噪声污染的最根本的措施。

②在距居民区较近的施工现场,应严格控制强噪声的作业时间,设置封闭隔声屏等设施。

③处于噪声中的施工人员,应佩戴耳塞、耳罩等防护用品,减少人员在噪声环境中的滞留时间,减少噪声对人身体的危害。

④严格控制人为噪声,不得无故甩打模板,尽量减少使用高音喇叭,最大限度地减少噪声扰民。

⑤凡在人口密集区进行强噪声施工时,必须严格控制施工时间,一般晚 10 点到次日早 6 点之间停止强噪声作业。尽可能地不采取夜间施工,如特殊情况必须夜间施工时,应采取措施最大限度地减少噪声,并与周边居民做好协调。

(4)固体废弃物污染防治措施

①妥善处理废方,应尽量避免破坏或掩埋路基下侧的林木、农田及其他工程设施;沿河弃土应避免壅塞河道、改变水流方向和抬高水位而淹没或冲毁农田、房屋;应重视弃土堆的整修,有条件时,宜在弃土堆顶面绿化,或整平成为耕地。

②弃土场弃土前,先挖除耕植土,弃渣后回填耕植土复耕。弃方严格按设计要求要点弃方,严禁乱挖乱弃。

③弃渣场按设计要求进行防护,防止水土流失。填方路段属农田段时,将耕植土挖除集中堆放,在荒坡处造田,并进行防护。

④制定废渣、泥浆的处理、处置方案,选择有资质的运输单位,采取登记制度,确保运输到指定地点。

⑤生活垃圾不得随意堆放,应协助环卫部门定时清理、清运或经集中收集后运至环保部门指定的地点掩埋。

(5)文物保护

施工期间如发现文物古迹,不得移动和收藏,施工人员应保护好现场,防止文物流失,并暂时停止作业,立即上报业主及有关部门进行处理。

五、文明施工的技术组织措施

文明施工就是在施工场地能保持良好的作业环境、卫生环境和施工秩序。具体表现为施工现场整洁卫生,施工生产科学有序,对周边居民和环境的影响较小,施工人员的健康和安全得以保证等。

1. 文明施工的意义

(1)文明施工有利于企业树立良好形象

文明施工不仅涉及工程沿线人民群众的切身利益,同时又是企业取信于民、维护企业声誉的大事。施工企业只有建立良好的施工环境与施工秩序,才可以得到社会的信赖和支持,进而可以树立起企业的形象,提高企业知名度,增强企业的市场竞争力。

(2)文明施工是适应现代化施工的客观要求

现代化施工需要采用先进的工艺、技术、材料、设备和科学的施工方案;需要密切的组织、严格要求、标准化管理和较好的职工素质等。文明施工能适应现代化施工的需要,是实现优质、高效、安全、低耗、清洁、卫生的有效手段。

(3)文明施工能体现出施工单位综合管理水平

保持良好的施工环境和施工秩序对促进安全生产、加快施工进度、保证工程质量、降低工程成本、提高经济和社会效益有较大的作用。文明施工涉及人、财、物等各方面,贯穿于施工全过程当中,体现了企业在工程项目施工现场的综合管理水平。

(4)文明施工有利于员工身心健康,有利于提高施工队伍的整体素质

文明施工可以提高施工队伍的文化和思想素质,培养员工尊重科学、遵守纪律、团结协作的生产意识,促进企业精神文明建设,从而有利于施工队伍整体素质的提高。

2. 文明施工的技术组织措施

(1)建立文明施工的组织与管理体制

成立文明施工组织管理机构,制定文明施工的相关规定,加强和落实文明施工的检查、考核、奖惩制度。

(2)加强文明施工的宣传、教育

利用多种形式进行文明施工的宣传与教育工作,尤其是新工作人员和临时工的岗前教育;专业管理人员应熟悉和掌握文明施工的制度、规定。

(3)文明施工的基本要求

①在项目部设置公告牌,标明工程项目的名称、概况、技术等级、质量标准、安全重点及建设、设计、施工、监理单位的名称与负责人等。

②施工现场管理与施工人员要佩戴证卡,对待工作热情投入,对人尊敬礼貌。

③加强施工现场安全管理,在施工现场设置"六牌一图",即单位名称牌、工程概况牌、安全措施牌、警卫制度牌、安全质量宣传牌、安全记录牌和现场总平面图,促进现场文明管理。

④施工机械操作人员必须建立机组责任制,并按照有关规定持证上岗,禁止无证人员上岗操作。

⑤场地布置要整齐,材料、成品、半成品和机具要分类放置、标示明确,保持施工现场清洁卫生。

⑥加强安全管理,施工生产及生活用电的管理要落实到人;各种安全设施和防护器材,必须做到定期检查和维护,及时消除隐患,保证其安全有效。

⑦驻地周边要种植适当的花草,加强绿化,美化环境。

⑧加强与当地群众的沟通,做到相互尊重、相互理解,对于群众的合理要求应尽快整改,不

合理的应给予说服教育,避免激化矛盾,教育职工不得扰民。

⑨加强与业主及当地政府部门的联系、交流,共创文明。

⑩施工现场应当设置各类必要的职工生活设施,并符合卫生、通风、照明等要求。职工的膳食、饮水供应等应当符合卫生标准。

⑪健全管理制度,把文明施工列入经济承包责任制中,并采取相应的奖罚制度,严格管理,以达到文明施工的要求。

六、季节性施工技术组织措施

工程项目的施工绝大部分属于野外露天作业,因此受季节变化的影响较大,尤其是雨季、冬季。为了减少这些自然条件给施工带来的影响,需要从技术措施、进度安排等方面来保证施工不受或少受其影响。

1. 冬季施工技术组织措施

当气温达到冬季施工条件,即昼夜平均气温低于5℃和最低气温低于-3℃时,应采取必要的防护措施,严格控制温度的测量,加强外加剂等材料的试验与管理。冬季施工可以采取以下措施:

(1)结合工程所在地的气象资料,由技术人员制订工程的冬季施工方案,经业主和监理工程师同意后方可实施进行。

(2)水源及消火栓提前做好保温工作,防止受冻;暂设的工程水管、供热管在入冬前做好保温工作,保证冬季施工时能正常供水供热。备足冬季施工生产、生活所需的物资,确保冬季施工的顺利进行。

(3)生活和施工取暖要采取安全防火措施,实施安全防火巡检制度,并配备足够的消防器材;室内取暖要采取措施防止一氧化碳中毒。

(4)做好机械的防冻保温工作,保证各种机械保持正常的工作状态。

(5)施工现场在入冬前建立测温组织,每日对大气温度、混凝土温度、砂浆等温度进行观测。测温时间和所测温度值应详细记录,整理归档。每天、每施工段停止测温后,由技术员审阅测温记录,签字后交技术负责人审查。技术员定期将测温记录归入档案,以备存查。

(6)测温人员保持与供热、保温人员联系,如发现供热故障或保温措施不当使温度急剧变化或降温过快等情况,立即向技术负责人报告并进行处理。

(7)混凝土施工需注意:

①冬季施工的外加剂,其技术指标必须符合相应的质量标准,并有产品合格证。新品种外加剂,应进行掺外加剂混凝土和空白混凝土强度对比试验及其他有关外加剂性能的对比试验。

②当原材料的温度不能满足要求时,可考虑对混凝土搅拌用水进行加热。水加热的温度控制在60~80℃,避免温度超过80℃的水与水泥直接接触。混凝土的出料温度一般不低于20℃,并根据其运输方式和运输距离适当地调整拌和点的位置。

③混凝土运输过程中,应注意保温,防止运输过程中热量损失过快,保证混凝土的入模温度。

④浇筑好的混凝土要经常进行洒水养护,温度太低时应覆盖保温保水薄膜养生。未达到受冻临界强度前不得拆除保温设施。重点及特殊要求的部位要进行拆模前强度验算。

(8)运输沥青混合料的车辆要采用覆盖设备保温,以保证混合料到达工地时的温度不能过低;做到快卸料、快摊铺、快碾压;摊铺机的熨平板及其他与沥青混合料接触的机具要经常加热;摊铺前应对已压实的沥青层进行预热,摊铺后在接茬处用热夯夯料、热烙铁熨平,并用压路机沿接缝加强碾压。

2. 雨季施工技术组织措施

(1)成立雨季影响工作小组,加强雨季前的设备维修、材料供应以及相关人员的培训工作。

(2)注意收听天气预报,做好汛前和暴风雨来临前的检查工作,及时认真整改存在的隐患,做到防患于未然。汛期和暴风雨期间要组织昼夜值班,做好记录。

(3)保证现场排水设施通畅,做好防护与排水工作。比如钢筋、水泥等物资的存放应注意防潮、防雨。

(4)做好雨季施工工程材料和必备物资的储备工作。对水泥库进行重点加固并做好防潮处理。

(5)路基在施工过程中,在路基两侧挖置排水沟,及时将路基的雨水顺排水沟排除。及时做好梁板预制场地的排水工作。

(6)基坑周围应挖排水沟,防止地表雨水直接汇入基坑、冲刷边坡;基坑底应修集水沟和集水坑并及时排水,配备足够的水泵及时抽水。

(7)雨量较大时应立即停止大面积作业,并对新作业段采用塑料薄膜或篷布等进行保护;较小面积施工时应使用篷布等遮雨设施。

(8)注意边坡防护,防止塌方,发现问题应立即停止施工,隐患排除之前不得继续施工。

第八节 公路施工组织设计案例

公路施工组织设计可分为投标阶段的施工组织设计和施工阶段的施工组织设计。本实例是竞标性施工组织设计。这类施工组织设计要求高,它反映了施工企业的技术和管理水平、综合实力水平,也反映了企业的竞争力和企业素质。编制这类施工组织设计,要求人员应有较高的综合素质。

本例编制的是我国某国道的投标施工组织设计。为适应教学要求,对原设计做了适当的简化。对施工方法和施工方案见相关的技术规范,不做介绍。

一、编制原则

(1)遵守招标文件各项条款,全面响应招标文件及范本要求,贯彻业主的要求意图。

(2)严格遵守招标文件规定的技术规范、施工规范和《公路工程质量检验评定标准》(JTG F80/1—2004)中的有关规定和规则。

(3)坚持在实事求是的基础上,力求技术先进、方案科学可行、经济合理的原则。

(4)坚持自始至终对施工现场全过程、全方位严密监控,以科学的方法实行动态管理,灵活实施动静结合的管理原则。

(5)实施项目法管理,通过对劳动力、设备、材料、资金、技术、方案、时间与空间条件的优化处置,实现成本、工期、质量及社会信誉的预期目标。

(6)坚持对进度、质量、安全全方位的管理,坚持科学技术是第一生产力的原则,确保实现既定目标。

(7)对标书中的预期目标和行动纲领,坚持言必行、行必果。充分考虑各种不利施工进度和质量的因素,在工期安排、人员设备配置、施工方法等方面综合考虑时留有余地。并针对本合同段的施工特点、难点,着重考虑相应的施工方案和措施。

(8)全面贯彻集团质量方针和质量目标,确保工程质量达到优良。

二、工程概况

(一)工程说明

该合同段起点桩号为 K201 +000,终点桩号为 K225 +030,全长 24.03km,为一级公路,路基宽度 26m。本标段沿线设通道 1 处,互通式立体交叉 1 处,小桥 3 座,盖板涵 8 道。

(二)地质、气象、水文特征

路线地处松辽平原,属东北地槽系,为中新生沉地层。沿线地质大多为低液限黏土、粉土质砂或黏土质砂、细砂、盐渍土。环境工程地质特征为草原碱化,风积沙垄或砂地遍布,浅层介质松散,含盐度高,易发生沙土液化。沿线大部分地段水位较深,对路基稳定不会产生较大影响。

路线经过地区属中温带半湿润大陆性季风气候区,受西伯利亚高压和蒙古燥风影响,春季干燥多风,风向多为西北或北西北,平均风速 3 ~5m/s,最大风速 29m/s,夏季酷热多雨,秋季温和凉爽,冬季漫长,严寒少雪。年平均气温 4.5 ~6.8℃,最高气温 36℃,最低气温 -37.8℃。年平均降雨量 460mm 左右,雨量 70% 集中在 6、7、8 三个月,初雪时间在 10 月下旬,冻结期一般在 11 月份至次年的 4 月份,最大冻结深度 1.5 ~2.0m,最大积雪厚度为 120mm。

(三)本标段主要工程量

1. 路基工程

本段路基土方工程量为 699209m^3,其中路基挖方 302454m^3,路基利用土方 302454m^3,借土填方 396755m^3。

2. 路面工程

(1)砂砾垫层:本合同段人工砂砾垫层工程数量为 33296m^2。

(2)底基层:本合同段路面底基层为石灰粉煤灰稳定土(掺加 1/10 水泥),厚 200mm 石灰粉煤灰稳定土数量为 215015m^2;厚 250mm 石灰粉煤灰稳定土数量为 85856m^2。

(3)基层:本合同段基层为石灰粉煤灰稳定碎石,厚度为 300mm 的基层数量为 286277m^2;厚度为 200mm 的基层数量为 12769.02m^2。

(4)透层、黏层:本合同段透层数量为 299046m^2;黏层数量为 271989m^2。

(5)下面层:本合同段下面层为厚 60mm 粗粒式沥青混凝土,数量为 270685m^2。

(6)上面层:本合同段上面层为厚 40mm 沥青玛蹄脂碎石混合料,数量为 271337m^2。

3. 桥涵工程

本合同段全线共设钢筋混凝土空心板梁桥 3 座，结构形式上部为钢筋混凝土空心板，下部为轻型台、打入桩基础，全长为 33.22m，中心桩号分别为 K205 +450、K209 +372、K210 +118。

本合同段全线设通道 1 座，结构形式上部为钢筋混凝土空心板，下部为轻型台扩大基础。中心桩号为 K203 +964，全长为 13.74m。

4. 排水、防护工程

本合同段排水工程数量为边沟 32328m，急流槽 5.85m^3；防护工程数量为预制混凝土护坡 1416.7m^3，现浇混凝土护坡 3716.9m^3，蒸发池挖方 5774.9m^3。

三、总体施工安排

本着“少占用地、方便施工”的原则进行场地布置，具体布置情况参见《施工总体平面布置图》。

1. 项目经理部

根据现场勘察，拟在主线 K215 +900 右侧设置项目经理部，生活房屋采用活动板房并进行绿化。该处交通便利，利于指挥生产及采购生产和生活用品，占地面积 10000m^2，其他各施工队驻地按各自所担负的工作任务就近布置。

2. 施工场地布置

在 K215 +900 项目经理部旁边设置拌和场，占地面积共为 40000m^2，其中混凝土拌和场和梁板预制场为 10000m^2，基层拌和场为 20000m^2。稳定土底基层拌和场 2005 年作为基层拌和场，空心板预制场和混凝土拌和场后期作为沥青混凝土拌和场。预制场及拌和场的料场用 20cm 厚 8% 石灰土和 10cm 厚水泥混凝土进行硬化处理。

3. 施工便道、便桥

为保证全线施工畅通及进场材料、设备的交通运输，在路线右侧设纵向便道 31.2km，土场便道 0.6km。便道宽 4.5m，便道两侧设排水沟，便于及时排水，并设直径为 ϕ75cm 的临时圆管涵 84m。

4. 施工用电

施工中与当地用电部门联系，2003 年至 2004 年拌和站及生活用电配备 1 台 300kV · A 变压器，2005 年配备 1 台 800kV · A 变压器，从附近高压电网引入施工用电，架设输电线路共计 2500m。另配备 1 台 200kW 发电机组作为备用电源，路上临时用电配备 3 台 75kW 发电机。

5. 施工用水

拌和站内设泵站、蓄水池，安设管道从机井中引入施工用水，在拌和站内打两口机井，至少打四口机井供施工、生活用水。用水均需先进行水质分析，合格后再使用。

6. 临时通信

施工临时通信系统与当地电信部门联系，拌和站、项目部和各施工队驻地安设程控电话机，另配移动电话和手持式无线对讲机，保证项目部、拌和站、各施工队、各工作点之间及时联络。

7.项目部组织机构及各分项工程人员配置

(1)项目经理部

由项目经理、副经理、总工、工程、质检、试验、设备、材料、财务、办公、综合等科室组成,共70人。负责现场施工组织与管理,施工指挥,技术指导,服务与协调等工作。

(2)路基土石方施工

安排五个作业组。设道路工程师1人,技术员5人,工长5人,测量6人,试验4人,质检3人,力工150人。

(3)桥涵工程

安排四个作业组。设桥梁工程师1人,工长4人,技术员4人,质检2人,测量3人,试验3人,力工160人,技工60人。

(4)路面工程

①砂砾垫层:安排一个作业组,设路面工程师1人,工长1人,技术员1人,测量员2人,试验员2人,质检员1人,力工30人。

②石灰粉煤灰稳定土底基层:安排一个作业组,设路面工程师1人,质检员2人,工长2人,测量员2人,试验员3人,劳动力40人,其中拌和场20人,摊铺现场20人。

③石灰粉煤灰稳定碎石基层:安排一个作业组,设路面工程师1人,拌和站站长1人,技术负责人1人,工长2人,技术员2人,测量4人,试验5人,质检4人,工人45人,其中拌和站工人20人,施工现场工人25人。

④透层、黏层:安排一个作业组,设路面工程师1人,工长1人,技术员1人,测量员1人,试验员2人,工人20人。

⑤沥青混凝土面层:安排一个作业组,设路面工程师1人,拌和站站长1人,技术负责人1人,工长3人,技术员3人,测量4人,试验4人,质检2人,普通工人46人,拌和站工人18人,施工现场工人28人。

(5)排水防护工程

安排一个作业组,设工程师1人,技术员1人,工长1人,力工100人,技工30人。

四、设备、人员动员周期和设备、人员、材料运到施工现场的方法

1.设备、人员动员周期

某公司接到中标通知书后,立即进行设备、人员调配。签订合同书3天内由项目经理率工程技术、企划、质检、试验、人劳、设备、材料、财务、综合科等各职能部门人员进入现场迅速展开工作。5天内可由省内各施工项目调配急需的施工人员200名及施工急需的主要施工设备如推土机、挖掘机、压路机、自卸汽车、平地机、发电机、混凝土搅拌站、混凝土搅拌机、砂浆搅拌机、打桩机、试验、测量仪器运到工地。其余人员及设备根据工程进度安排,陆续提前组织进场,确保满足施工需要。

进场后,先进行征地和临建的筹备,测量人员进行路基导线点和水准点的测量及中线的测设,工程技术人员熟悉招标文件和设计图纸,并对沿线实际情况及特殊路段全面掌握,为能够顺利进行施工生产做好准备。试验人员对土场和料场进行材料的取样、检验,并进行材料的各项指标的鉴定,同时着手试验室的组建和筹备,对各项试验全面掌握,选择试验仪器,以能够满

足招标文件要求,为直接进行施工生产做好准备。通过各项筹备工作的及时落实,能够保证主体工程的按期开工。

2. 设备、人员、材料运到施工现场的方法

(1)本工程所需设备采用公路运输的方式运至工地。

(2)人员乘坐汽车到达施工现场,部分管理人员将乘坐项目指挥车直接进入施工现场。

(3)材料由汽车运输直接到达工地。

五、各分项工程的施工顺序

根据本工程工作内容多、地形复杂的特点,施工中应突出抓住重点、难点项目。根据现场实际情况,制订先进的施工工艺、合理编排工序,运用科学的管理手段和网络技术,组织多工序平行作业,确保按计划工期完工。具体施工顺序安排如图 5-8 所示。

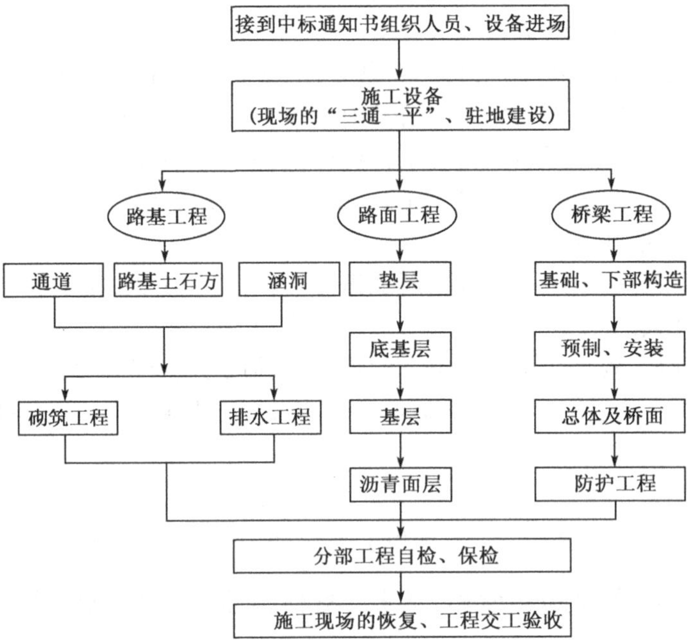

图 5-8　分项工程施工顺序图

六、施工进度安排

本合同段招标文件规定业主要求工期为 2003 年 10 月至 2005 年 9 月,路面基层于 2004 年 8 月末前完成;路面面层(含桥面)工程在 2005 年 8 月末前完成;其他附属工程于 2005 年 9 月 15 日前结束。投标人计划路基土方工程于 2004 年 8 月 20 日前完成,桥涵工程于 2004 年 8 月 10 日前结束,路面底基层于 2004 年 8 月 30 日前完成,路面工程于 2005 年 8 月 15 日前完成,比业主要求总工期提前 15 天。各分项工程进度率计划图(斜率图)和总体形象进度图分别如图 5-9 和图 5-10 所示。

各分项工程施工进度计划安排如下:

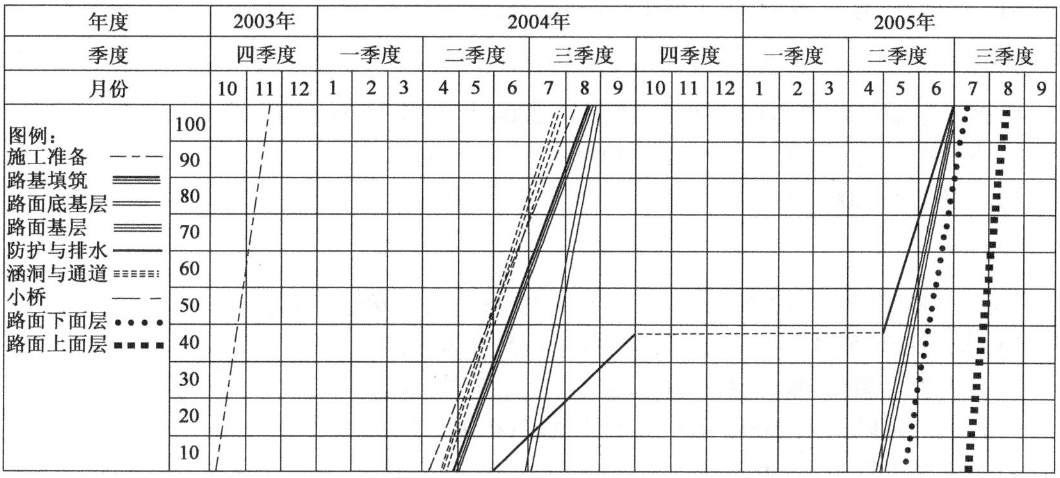

图 5-9　分项工程进度率计划图(斜率图)

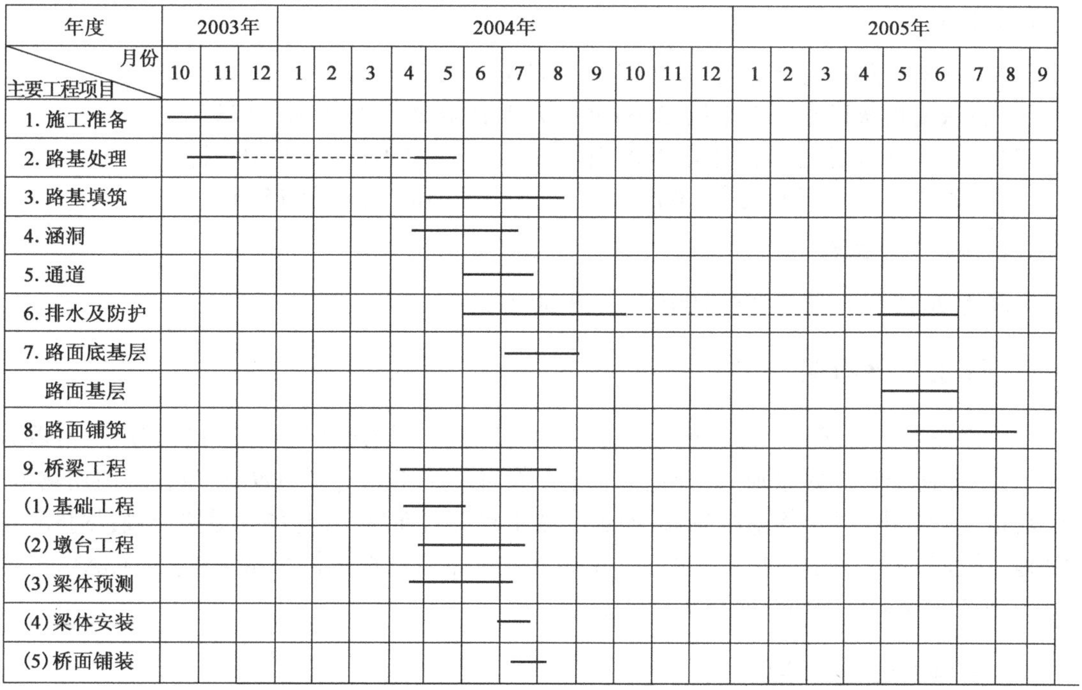

图 5-10　施工总体形象进度图(横线图)

1. 施工准备

时间为2003年10月5日至2003年11月20日(主要是人员、设备进场,临时设施的搭建,拌和场的筹建,场地清理,施工便道、便桥的修建等)。

2. 路基施工

(1)路基填前处理:2003年10月15日至2004年5月25日。
(2)路基挖方:2004年5月1日至2004年6月20日。
(3)路基填方:2004年5月1日至2004年8月20日。

3. 桥涵施工

时间为2004年4月10日至2004年8月10日。具体安排如下:
(1)开挖基础:2004年4月20日至2004年5月30日。
(2)打入桩预制:2004年4月10日至2004年5月10日。
(3)打入桩基础施工:2004年5月1日至2004年5月30日。
(4)基础及下部施工:2004年4月25日至2004年7月20日。
(5)空心板及盖板预制:2004年4月20日至2004年7月10日。
(6)空心板及盖板安装:2004年6月25日至2004年7月30日。
(7)桥面铺装:2004年7月10日至2004年8月10日。

4. 路面工程

(1)石灰粉煤灰稳定土底基层:2004年7月1日至2004年8月30日。
(2)石灰粉煤灰稳定碎石基层:2005年5月1日至2005年6月30日。
(3)粗粒式沥青混凝土下面层:2005年5月20日至2005年7月10日。
(4)沥青玛蹄脂碎石上面层:2005年7月15日至2005年8月15日。

5. 排水及防护工程

时间为2004年6月1日至2005年6月30日。

七、施工总平面图

根据线路所经区域的水文、地质、地形、地貌及交通等情况,结合工程量的分布,本着方便适用、合理和便于管理的原则,进行施工总平面布置。施工总平面布置时,应合理使用场地,保证现场道路、水、电、排水等系统畅通;便道与各工点综合布置,并与场外道路连接;尽量利用永久征地;拌和站考虑分散与集中相结合,混凝土集中拌和设置在桥涵密集处;施工队伍尽量靠近施工现场。施工总平面布置详见图5-11。

八、资源需要量计划

根据本合同段提供的工程数量清单及工期的安排,提出具体使用计划。

1. 主要人员配备表

主要人员配备表见表5-12。

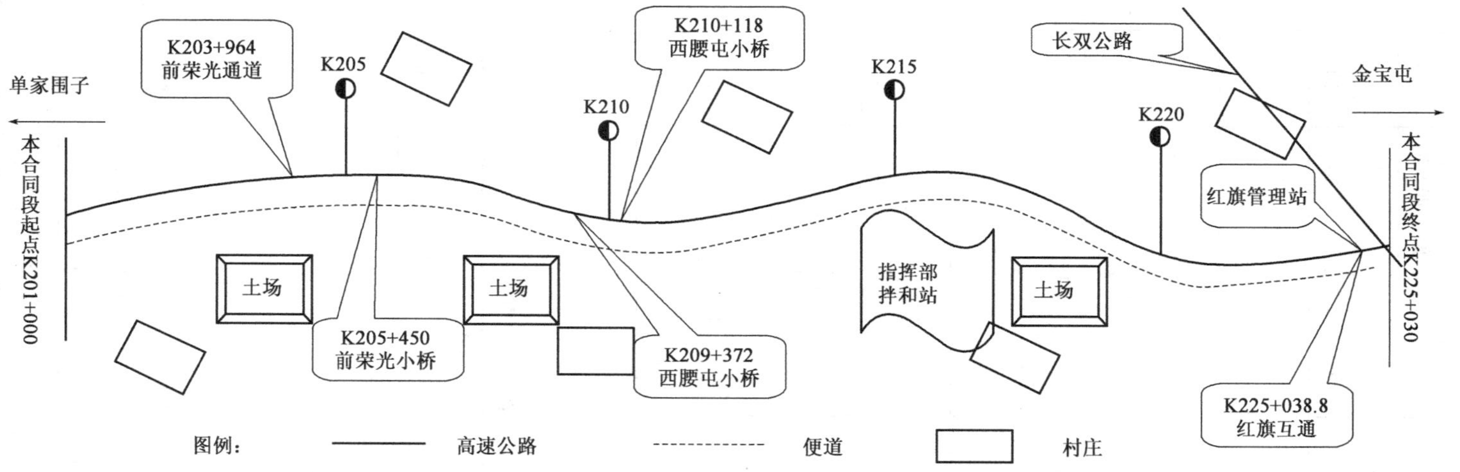

料场名称	上路桩号	临时设施名称	位置
土场	K201+650右	预制场及拌和站	K215+900右
土场	K211+150右	指挥部	K215+900右
土场	K213+300右	支线便道	支取土场
块片石	K225+208、K202+755		
山皮石	K225+208		
水泥、碎石	K225+028、K202+755		
生石灰、粉煤灰、矿粉	K225+208		
砂土	K201+650		

图5-11 施工总平面布置图

主要人员配备表 表 5-12

名称		高峰人数	2003 年	2004 年				2005 年		
			四季度	一季度	二季度	三季度	四季度	一季度	二季度	三季度
管理人员		17	17	17	17	17	12	12	17	17
工程技术人员		35	35	35	35	35	20	20	25	25
技术工人	试验人员	6	6	6	6	6	6	6	6	6
	测量人员	6	6	6	6	6	6	6	6	6
	电焊工	5	5	5	5	5	2	1	1	1
	钢筋工	4	4	4	4	4				
	混凝土工	5	5	5	5	5	2	2	2	2
	木工	10	10	10	10	10	3	3	3	3
	起重工	3	3	3	3	3				
	修理工	2	2	2	2	2	2	2	2	2
	压路机驾驶员	30	30	30	30	30	5	10	18	15
	推土机驾驶员	12	12	12	12	12	5	5	6	3
	挖掘机驾驶员	7	7	7	7	7	2	2	1	1
	平地机驾驶员	5	5	5	5	5	2	1	1	
	装载机驾驶员	10	10	10	10	10	4	4	8	6
	汽车驾驶员	130	40	130	130	130	60	50	80	50
普通工		400	400	400	400	370	80	80	120	100

2. 主要材料使用计划表

主要材料使用计划表见表 5-13。

主要材料使用计划表 表 5-13

序号	材料名称	单位	计划用量	2003 年	2004 年				2005 年		
				四季度	一季度	二季度	三季度	四季度	一季度	二季度	三季度
1	原木	m^3	63	17	25	21					
2	锯材	m^3	423	152	170	101					
3	Ⅰ级钢筋	t	115	30	60	25					
4	Ⅱ级钢筋	t	131	30	35	45	21				
5	42.5 级水泥	t	4403	600	600	2000	1203				
6	柴油	kg	2051535	200000	200000	500000	400000	101535	150000	300000	200000
7	生石灰	t	28636	2000	9000	5000	1000	2000	6000	3636	
8	中(粗)砂	m^3	22356	4000	8000	7000	3356				
9	砂砾	m^3	31869	6000	12000	11000	2869				
10	片石	m^3	1314	500	500	500	500	300	214	200	
11	碎石(基层)	m^3	98438				5000	40000	35000	18438	

续上表

序号	材料名称	单位	计划用量	2003 年	2004 年				2005 年		
				四季度	一季度	二季度	三季度	四季度	一季度	二季度	三季度
12	路面用碎石（1.5cm）	m^3	4057					2000	1500	557	
13	路面用碎石（2.5cm）	m^3	5685					2500	2500	685	
14	路面用碎石（3.5cm）	m^3	4057					2000	1500	557	
15	路面用碎石（16mm）	m^3	13123					2000	6500	4623	
16	粉煤灰	m^3	80329		15000	15000	15000	20000	10000	10329	
17	石油沥青（AH-90）	t	1579						100	800	679
18	石屑	m^3	9719					1000	3000	4000	1719
19	矿粉	t	4944					500	2000	2000	444

3. 主要材料试验、测量、质检仪器设备表

拟配备本合同工程主要材料试验、测量、质检仪器设备表见表 5-14。

拟配备本合同工程主要材料试验、测量、质检仪器设备表 表 5-14

序 号	仪器设备名称	规 格 型 号	单 位	数 量	备 注
1	万能材料试验机	WE-30KN	台	1	
2	强制式搅拌机	NJB-52 型	台	1	
3	混凝土振动台	100cm × 100cm	台	1	
4	回弹仪	HT225	台	6	
5	混凝土凝结时间测定仪	CHV-1 型	台	4	
6	大小台秤		台	4	
7	磅秤	TCT-50	台	2	
8	电子天平	称量 2000g	台	2	
9	胶砂振动台	CZ-85 型	台	1	
10	净浆搅拌机	HJ160 型	台	1	
11	胶砂搅拌机	HJ160 型	台	1	
12	电动式重型击实仪	ZC-2	台	1	
13	土壤含水量测定仪	HKC-30	台	1	
14	土壤标准击实仪	70 型	台	2	
15	砂浆稠度仪	SE145	台	2	
16	核子湿度密度仪	MC-3 3440 型	台	2	
17	集料压碎值试验仪器		台	1	

续上表

序　号	仪器设备名称	规 格 型 号	单　位	数　量	备　注
18	烘箱	300℃	台	2	
19	沥青闪点仪	LR-SIV	台	2	
20	沥青自动针入度仪	LZR-2	台	2	
21	沥青自动控温延伸度仪	ZLY-79M	台	2	
22	沥青黏度仪	电控	台	2	
23	沥青抽提仪	电控	台	2	
24	沥青软化点测定仪	电脑控制	台	2	
25	沥青含蜡测定仪	离心式	台	1	
26	沥青脆点仪	EXS-1 型	台	2	
27	沥青混合料温度测定仪	EXS-1 型	台	2	
28	全站仪	徕卡	台	2	
29	水准仪	S3	台	8	
30	经纬仪	J2	台	6	
31	电子测距设备及附件	WTTLD D15	台	1	
32	土壤筛	$\phi300_{0.1\sim10}$	只	4	
33	碎石筛	$\phi300_{方孔}$	只	1	
34	石灰剂量测定仪	第五代	台	1	
35	材料试验机	100T	台	1	购置
36	压力试验机	200T	台	1	购置
37	马歇尔试验机	数显	台	1	购置
38	马歇尔试验机附件		套	1	购置
39	马歇尔电动击实机	LD136 型	台	1	购置
40	分析天平	万分之一	台	4	购置
41	路面材料强度试验仪	LD127-Ⅱ型	台	1	购置

4. 主要机械使用计划表

主要机械使用计划表见表5-15。

主要机械使用计划表　　表5-15

机 械 名 称	规 格 型 号	额定功率(kW)、容量、吨位	厂牌及出厂时间	数量(台)				新旧程度(%)
				小计	其中			
					拥有	新购	租赁	
1　路基工程机械								
1.1　推土机	T120	120hp	郑州1999	13	11	2		90
1.2　平地机	PY180	180kW	天津2000	5	5			85
1.3　挖掘机	小松220-3 型	$1m^3$	日本1999	11	9	2		90
1.4　装载机	ZL50		柳州2000	16	10	6		90

续上表

机械名称	规格型号	额定功率(kW)、容量、吨位	厂牌及出厂时间	数量(台)				新旧程度(%)
				小计	其中			
					拥有	新购	租赁	
1.5 光轮压路机	3Y18/21	18~21t	徐州 2001	20	16	4		85
1.6 振动压路机	CA25	30t	常州 1999	10	8	2		90
1.7 拖式振动压路机	CA50	50t	常州 2001	2		2		100
1.8 洒水车		6000L	一汽 2001	5	5			90
1.9 自卸汽车		12t	一汽 2001	90	30		60	85
2 桥涵工程机械								
2.1 挖掘机	小松 220-3 型	$2m^3$	日本 1999	3	3			85
2.2 龙门吊		25t	北京 1999	1	1			85
2.3 吊车		25t	南京 2000	1	1			90
2.4 混凝土搅拌站	HZW25	$50m^3/h$	埠新 1998	1	1			80
2.5 混凝土输送泵		$60m^3$	武汉 1999	1	1			85
2.6 洗石机			武汉 2000	1	1			80
2.7 钢筋调直机	TQ4-14	7kW	南京 2000	4	4			90
2.8 钢筋弯曲机			南京 2000	4	2	2		95
2.9 钢筋切断机			南京 2000	4	2	2		90
2.10 电焊机	BX1-400	400A	济南 1999	4	4			95
2.11 卷扬机		5t	天津 1998	12	4	4	4	85
2.12 平板运输车		60t	一汽 2000	2			2	85
2.13 发电机		75kW	天津 1998	3	3			90
2.14 变压器		300kV·A	昆明 2000	1	1			90
2.15 打桩机			武汉 1999	2			2	90
2.16 插入式振捣器	ZN30		北京 2001	24	24			90
2.17 附着式振捣器			北京 2001	18	18			90
2.18 水泵			南京 2001	6	6			80
2.19 混凝土运输车		6t	一汽 2000	3	3			90
2.20 自卸汽车		12t	一汽 2000	6	6			90
3 路面机械								
3.1 推土机	T140	140hp	郑州 1999	2	2			90
3.2 推土机		105kW	郑州 1999	3	3			85
3.3 平地机	PY180	180kW	天津 2000	1	1			85
3.4 二灰稳定碎石拌和站	WCB200	400t/h	西安 1999	2	1		1	80
3.5 装载机	Z150		柳州 2000	15	10	5		95
3.6 沥青洒布机			天津 1999	1	1			90

续上表

机械名称	规格型号	额定功率(kW)、容量、吨位	厂牌及出厂时间	数量(台)				新旧程度(%)
				小计	其中			
					拥有	新购	租赁	
3.7 沥青混凝土拌和站	西姆 220	240t/h	意大利	1	1			80
3.8 双驱双振压路机		10t	德国 2000	1	1			90
3.9 双驱双振压路机		12t	德国 1999	2		2		100
3.10 振动压路机	CA25		常州 1999	2	2			90
3.11 振动压路机	CA30		常州 1999	2	2			90
3.12 手扶振动压路机			常州 1998	1	1			85
3.13 木质纤维素添加机			锦州 2000	1			1	90
3.14 森林灭火载风机			徐州 2001	5	5			80
3.15 自卸汽车		12t	一汽 2000	30	15		15	95
3.16 自卸汽车		15t	一汽 2000	40	15		25	95
3.17 洒水车		6000L	一汽 2001	5	5			90
3.18 光轮压路机		6~8t	徐州 2001	1	1			90
3.19 光轮压路机	3Y18/21	18~21t	徐州 2001	10	10			85
3.20 沥青洒布机	LS-7500		锦州 1999	1		1		100
3.21 轮胎压路机	Y214	9~16t	徐州 1999	1	1			90
3.22 轮胎压路机	Y214	16~20t	徐州 1999	3	2		1	90
3.23 轮胎压路机	Y214	25t	徐州 1999	4	2		2	90
3.24 沥青摊铺机	C-450S 型		锦州 1999	4	2		2	95
3.25 沥青摊铺机	ABC423 型		德国 1999	2	1	1		95
4 排水防护工程机械								
4.1 挖掘机	小松 220-3 型	$1m^3$	日本 1999	1	1			90
4.2 混凝土搅拌机		350L	天津 1998	2	2			85
4.3 砂浆搅拌机		250L	天津 1999	2	2			90
4.4 发电机		50kW	天津 1998	2	2			90
4.5 装载机	ZL50		柳州 2000	1	1			90
4.6 水泵			南京 2001	2	2			95
4.7 自卸汽车		15t	一汽 2000	8	8			95

九、质量、工期、安全及其他技术组织措施

(一)质量保证措施

1. 质量保证体系

建立以项目经理为首的质量保证体系。在各施工队、作业组建立质量管理小组,项目经理

部设置总工程师岗位,负责本段的施工技术的质量管理,负责组织解决关键疑难问题,建立健全内部质量检查机构,认真执行质量“四检制”,质量检查部门负责日常施工的质量管理、工程报验及配合驻地监理的各项监理活动,各施工队、作业组设兼职质检员,负责本施工队、班组的内部施工自检。

2. 主要措施

(1)组织、管理措施

①建立健全质量保证体系。

②在质量管理上,项目经理统管全盘,全面负责现场施工,其他领导成员按照工程结构和分类进行分工,实行领导干部分段、分片质量管理责任制。

③建立质量目标责任制。根据工程项目的标准要求,确定项目经理的质量目标,并将此目标分解,具体落实到各部门的工作中,从而保证质量目标的贯彻实施。

(2)思想教育措施

①教育全员要认清当前狠抓质量和建筑市场激烈竞争的形势,深刻理解质量、效益、进度之间的关系,明确质量就是生命、质量就是效益、质量就是信誉、质量就是发展、质量就是企业实力的最好证明。

②对全员进行 TQC(Tortal Quality Control,全面质量管理)教育,使全员了解 TQC 活动的基本知识,建立“以预防为主、防检结合、为用户服务、用数据说话”的观念。

(3)施工保证措施

①完善质量检测手段,用检测控制工序,让工序控制过程,靠过程控制整体。从施工每一道工序,每一个细节入手,全过程地跟踪检测,确保工程质量依数据说话。

②严格质量标准,实施标准化作业,做到全部工序有标准、有检查,并把新技术、新工艺、新方法运用到各项施工生产中去,切实保证标准化的作业质量。

③严格工序控制,施工中严格执行“五不施工”制度,即施工桩号不清不施工、无技术交底不施工、无复测资料不施工、无质检工程师签证不施工、无监理批复不施工。

④严格执行“三检”制度:即工序自检、监理检验、交工互检,不经三检合格不得转入下道工序施工,使工程质量在施工全过程都处于受控状态之中。

⑤严格质量验收。在日常检查或月份验工计价时,对存在个别缺点和不足的工程,限期改正。对不符内控标准,影响创优的工程,坚持推倒重来,并追究责任人的责任。

(二)工期保证措施

(1)建立从公司指挥部到各项目队的生产调度指挥系统,全面及时反馈影响施工进度的各种问题,加强对工程交叉和施工干扰的指挥与协调,保证工程的连续性和均衡性。

(2)建立生产计划考核制度,编制周密、详尽的施工生产计划,以日保旬,以旬保月,每季对各项目队生产计划的完成情况进行考核。

(3)实行工期奖惩制度。对完成好的给予表彰奖励,完成差的要查找原因,制订整改措施并给予必要的经济处罚,以充分发挥参战员工的积极性与主动性。

(4)根据现场实际情况和建设单位的安排,进一步优化和调整实施性施工组织设计,为实现工期目标提供更加科学、合理和有序的施工组织方案。

(5)当因环境条件变化而影响计划完成时,运用网络技术,及时找出新的关键线路,重新确定重点工程或工序，采取有力措施，使施工进度满足计划要求，使项目始终处于受控状态。

(6)经常与气象部门取得联系，掌握天气情况，合理组织工程或工序施工，尽量避免恶劣天气对施工造成影响和损失。

(三)安全保证措施

(1)建立完善以项目经理为首的安全生产领导小组，有组织、有领导地开展安全管理活动。建立各级人员安全生产责任制度，明确各级人员的安全责任，抓制度落实，抓责任落实，定期检查安全责任落实情况，及时反馈。

(2)加强全员的安全教育，使广大职工牢固树立"安全第一，预防为主"的意识，克服麻痹思想，组织职工有针对性地学习有关安全方面的规章和安全生产知识，做到思想上重视，生产上严格执行操作规程。

(3)坚持经常和定期安全检查，及时发现事故隐患，堵塞事故漏洞，奖罚当场兑现；坚持以自罚为主，互查为辅，边查边改的原则。

(4)实施性施工组织设计的编制要综合考虑安全生产的要求；对采用的新技术、新材料、新结构、新工艺、新设备，要认真编制安全技术规程。

(5)不断改善劳动条件，搞好劳动保护，定期对职工进行体检，预防疾病的发生。

(6)施工现场设临时围墙和门卫，做好防盗、防火、防破坏工作；施工现场入口及危险作业部位设安全生产标志、宣传画、标语，随时提醒职工注意安全生产；任何人不得擅自拆动场内各种安全设备、设施、标志等。

(7)加强线路管理。施工现场内电线与其所经过的建筑物或工作地点保持安全距离，同时加大电线的安全系数。各种电动机械设备，必须有可靠有效的安全接地和防雷装置，严禁非专业人员操作机电设备。

(8)加强对机械设备的检查、保养、维修，保证安全装置完备、灵敏、可靠，确保设备的正常安全运转。各类机械设备的操作工必须经专门安全操作技术训练，考试合格后方可持证上岗。严禁酒后操作。

(9)实行交通安全管制，定期对施工便道进行维护，尤其在雨季加强养护整修，杜绝交通事故。

(10)建立伤亡事故及时报告制度，做到"三不放过"，即：事故原因分析不清不放过；事故责任人和当事人未受到教育不放过；没有防范措施不放过。

(四)其他技术组织措施

1. 文明施工措施

在文明施工方面，积极响应"诚信赢市场，质量创品牌，管理求发展"的质量方针。在施工过程中严格遵守ISO 9000族质量认证标准及"文明在交通"活动的各项细则，认真执行国家的有关法律法规，有效地利用时间和空间，科学地组织施工，实现人、物、场地等在时间和空间上优化组合，保证良好的施工现场环境，做到工完、料净、场地清，在施工过程中，加强施工人员的技术培训及思想道德教育，做好思想政治工作，定期召集党员学习，开展五学活动，定期召开安全会议，使职工充分认识到安全为生产，生产必须安全，同时对在文明施工过程中表现良好的个人给予一定的物质补助。

2. 环保措施

本标段进场后做好全面规划，对环保工作综合治理，并与地方环保部门取得联系，按环保规定，做好施工现场的环境保护工作，具体措施如下：

(1)根据技术规范拌和设备配备有较好的密封，或有防尘设备。

(2)施工便道、拌和站便道经常进行洒水处理。

(3)路面施工注意保持水分，以免扬尘。

(4)施工废水、生活污水不得直接排入农田、耕地、灌溉渠和水库，不得排入饮用水源。

(5)施工期间，施工物料如沥青、水泥、油料、化学品等堆放管理严格，防止在雨季或暴雨时将物料随雨水径流排入地表及附近水域造成污染，沥青拌和场要控制空气中苯的含量。

(6)施工期间工程破坏植被的面积应严格控制，除了不可避免的工程占地、砍伐以外，不再发生其他形式的人为破坏。

(7)为保护施工现场附近居民的夜间休息，对居民区150m以内的施工现场，施工时间加以控制。

3. 消防措施

(1)消除一切可能造成火灾、爆炸事故的根源，严格控制火源、易燃物和易爆物的储存。

(2)生活区及施工现场特别是材料场地配备足够的灭火器材，并同当地消防部门联系，加强安全防范工作。

(3)施工场地布置符合防火规程要求，电器动力线路设置要规范化、标准化。

(4)对职工进行防火安全教育，使职工杜绝用电炉，杜绝乱扔烟头的不良习俗。

(5)对工地及生活区的支线及照明系统派人随时检查维修养护，防止漏电失火引起火灾。

4. 治安措施

(1)进场后与当地治安部门取得联系，充分了解本地区的一些治安条例和重点防范内容。与地方治安部门成立联防小组，保证施工期间治安稳定。

(2)加强职工内部教育、管理，未经领导许可，晚上不准外出，不得与群众发生冲突、打架等。

5. 防汛措施

(1)成立安全防汛领导小组，组成有经验的10～20人的抢险队，配置必要的抢险器材，警钟长鸣，常抓不懈，随时应急处理突发事件。

(2)健全通信系统，保证全线联络畅通，在事故易发点设专人巡查。

(3)专门设立一名预报员，进行天气预报的信息收集，每天与气象部门保持联系，对有暴风雨、大风大水的情况，尽早通知防汛领导小组，以便做出相应的预防准备工作。

6. 廉政建设措施

为进一步贯彻落实好省厅、公司有关廉政建设工作的指示精神，推动项目部基层廉政建设的顺利发展，结合本项目施工的实际情况，特制订如下实施方案：

(1)项目部在与上级单位和各业务部门来往时，不能以任何理由向其工作人员行贿或馈赠礼金、有价证券、贵重礼品等。

(2)在选择录用包工队时，要严格按照ISO 9001国际质量标准体系中的标准要求，严格评审内容，规范工程劳务分承包方的录用制度。

(3)在施工机具、车辆使用方面遵照公司有关规定，领导成员的车辆、机具一律不准使用，严格执行签订合同、验收制度，不搞事后结算人情账。

(4)加强材料管理。原材料选购时，要货比三家，择优选用。在材料采购业务中，一经发现收受对方礼金、中介费、回扣等，要严肃处理，甚至开除。

(5)严格财务现金、支票的管理，强化监督，严禁用公款支付非业务接待和娱乐活动。

(6)严格限额领料制度，加强现场管理力度，堵塞材料浪费漏洞，节支增收。

(7)严格工程结算手续，以原始记录和合同为依据，杜绝结算人情账，一经发现问题，严肃处理。

7. 冬季和雨季施工措施

(1)冬季施工措施。冬季不安排正常施工，我们主要进行备料和修补工作。并对底基层过冬做好防御措施。

(2)雨季施工措施。雨季做好路面排水和防汛设施，及时掌握天气情况，适时安排施工，以确保工期内顺利完成。

①路基在施工过程中，在路基两侧挖置排水沟，及时将路基的雨水顺排水沟排除。及时做好梁板预制场地的排水工作。

②雨季修筑土方路堤时，要做到随挖、随运、随填、随压。

③承台等明挖基础工程尽量避开雨季施工，积极做好混凝土浇筑过程中突降大雨的应急措施。

④做好雨季施工工程材料和必备物资的储备工作。对水泥库进行重点加固并做好防潮处理。

⑤设专人与当地气象台联系和收听当天气象预报，及时通知施工现场，现场用报话机与拌和场互相通报。遇雨，立即停止拌和与摊铺混合料，提前在外侧路肩上挖好临时排水沟，以缩短雨后停工时间。

【思考题】

1. 公路施工组织设计文件编制的基本原则是什么？
2. 公路施工组织设计文件编制程序有哪些？
3. 实施性施工组织设计文件的主要内容有哪些？
4. 公路施工组织设计资料调查的主要内容是什么？
5. 拟定施工方案时应主要研究哪几个方面的问题？
6. 施工进度图的主要形式有哪几种？斜线图的编制步骤是什么？
7. 编制作业工期计算标的基本步骤有哪些？
8. 施工平面图设计参考资料包括哪些内容？
9. 施工技术组织措施的作用有哪些？

10. 施工质量技术组织措施的主要内容是什么?
11. 影响施工进度的因素有哪些? 针对这些因素如何保证施工进度?
12. 施工安全的保证措施有哪些?
13. 施工环境保护的技术组织措施有哪些?
14. 为什么要进行文明施工?
15. 冬季和雨季施工时可采取哪些技术组织措施?

第六章

公路工程施工项目成本管理

现代化公路建设项目，具有规模大、技术复杂、分工细、协作面广、机械自动化程度高等特点，不仅需要现代的科学技术，而且更需要现代的科学管理。在施工项目管理中，最终是要使项目达到质量高、工期短、消耗低、安全好等目标，而成本是这四项目标经济效果的综合反映。因此，施工项目成本是施工项目管理的核心之一。本章从公路施工的实际需要出发，论述了施工项目成本管理方面的基本内容与方法。

第一节　公路工程施工项目成本管理概述

一、公路工程造价的构成

公路工程造价通常是指公路建设工程投资费用或称投资额，是指完成一个公路建设项目从立项开始到建成交付使用前预期开支或实际开支的全部固定资产投资费用，也就是一项公路工程通过建设形成相应的固定资产、无形资产所需用的一次性费用总和。它包括建筑工程费、安装工程费、设备工器具购置费及其他相关费用。

公路建筑工程又常称为公路土建工程，是公路建筑业按照预定的建设目的直接完成的施工生产成果，而公路安装工程则是对购置的机械、设备进行定位、安装、调试的工作。在公路建设项目中,公路建筑工程包括:路基工程、路面工程、隧道工程、桥涵工程、交叉工程、其他工程及沿线设施以及管理、养护、服务房屋工程等;公路安装工程包括:高等级公路中的管理设施的安装,如收费站的收费设施安装,通信系统的设施安装,监控系统的设施安装,供电系统的设备安装,以及某些隧道的通风设备、供电设备的安装等。但桥涵工程及其他混凝土工程中的预制构件的安装,不属于设备安装工程,而是公路建筑工程中混凝土工程施工的一种方法。

公路设备工器具购置费包括设备购置费和工具、器具及生产家具购置费。为了公路的营运、服务、管理和养护,需要购置必要的设备和工具、器具,如渡口设备、养护用的设备、工器具等,以及为了保证公路新建、改建项目初期的正常生产、使用和管理,必须购置办公和生活用家具、用具等。

公路其他相关费用,是指除建筑安装工程费用和设备、工具、器具购置费用以外的一些费用,是根据国家有关规定应在基本建设投资中列支,并且构成工程造价的一个组成部分。公路其他相关费用由公路工程建设其他费用和预留费组成。公路建设项目工程建设其他费用包括:土地、青苗等补偿费和安置补助费,建设单位管理费,研究试验费,勘察设计费,施工机构迁移费,大型专用机械设备购置费,固定资产投资方向调节税,建设期贷款利息等。公路预留费是为了对一些在开工前不可能预见到而必须增加的公路工程费用以及在公路建设期间由于自然灾害、物价变动和国家政策的调整对工程造价的影响准备的费用。由于预留费属于有条件开支的费用,当发生所列情况时经有权部门批准才能动用。公路工程建设项目预留费包括:工程造价增长费和预备费两项。

公路工程建设施工项目费用,一般控制在建筑安装工程费(即工程建设项目概、预算总额的第一部分费用)以内,在项目业主的管理之下,由施工企业具体组织实施完成项目施工任务。因此,施工企业应该明确地界定施工项目成本及成本管理的概念,按照成本管理的程序原则,系统地做好公路施工项目成本管理工作。

二、公路工程施工项目成本及成本管理的概念

公路施工企业的基本活动是建造交通建筑产品,如公路、桥梁以及其他交通工程设施等。在建造交通建筑产品过程中,要发生各种生产耗费,包括劳动对象的耗费、劳动手段的耗费以及劳动力的耗费等,这些耗费的货币表现称为生产费用。公路工程施工项目成本是施工企业以公路工程施工项目作为成本核算对象的施工过程中所耗费的生产资料转移价值和劳动者的必要劳动所创造的价值的货币形式。也就是某公路工程施工项目在施工中所发生的全部生产费用的总和,包括所消耗的主、辅材料,构配件,周转材料的摊销费或租赁费,施工机械的台班费或租赁费,支付给生产工人的工资、奖金以及项目经理部(或分公司、工程处)一级为组织和管理工程施工所发生的全部费用支出。公路工程施工项目成本不包括劳动者为社会所创造的价值(如计划利润),也不包括不构成施工项目价值的一切非生产性支出。

公路工程施工项目成本是施工企业的主要产品成本,亦称工程成本,一般以项目的单位工程作为成本核算对象,通过各单位工程成本核算的综合来反映施工项目成本。

公路工程施工项目成本管理是根据企业的总体目标和工程项目的具体要求,在公路工程项目实施过程中,对公路工程项目的成本进行有效的组织、实施、控制、跟踪、分析和考核的管理活动。它是施工企业项目管理系统中的一个子系统,也是项目管理的核心。加强公路工程项目成本管理,有助于实现目标利润,提高成本管理水平,降低工程成本,创造良好经济效益,

是公路施工企业积蓄财力，增强企业竞争力的必由之路。

三、施工项目成本的分类

为了明确认识和掌握成本的特性，搞好成本管理，可以根据公路工程施工项目的特点、计算标准的不同和成本管理的要求，对施工项目成本按以下几种标准进行分类。

（一）按成本管理的要求分类

1. 预算成本

公路工程项目的产品具有多样性、固定性和生产周期长的特点，对公路工程项目的建设需要通过编制预算来确定产品价格。预算成本是根据施工图，按分部、分项工程的预算单价和取费标准计算的工程预算费用。公路工程预算成本加间接费、计划利润和税金，即为公路工程项目的预算造价。在招标投标时，预算造价是施工企业与发包单位签订承包合同和进行工程价款结算的主要指标。

预算成本是确定工程造价的基础，也是公路编制计划成本的依据和评价实际成本的依据。

2. 计划成本

公路工程施工项目计划成本，是指施工项目经理部根据计划期有关资料（如工程的具体条件和施工企业为实施该项目的各项技术组织措施），在实际成本发生前预先计算的成本，也就是施工企业考虑降低成本措施后的成本计划数。

计划成本反映了企业在计划期内应达到的成本水平，对于加强施工企业和项目经理部的经济核算，建立和健全施工项目成本管理责任制，控制施工过程中生产费用，降低施工项目成本具有十分重要的作用，是公路施工项目成本分析和考核的重要依据之一。

3. 实际成本

实际成本是施工项目在报告期内实际发生的各项生产费用的总和。它是反映施工企业施工管理水平和考核企业成本降低任务完成情况的重要依据。

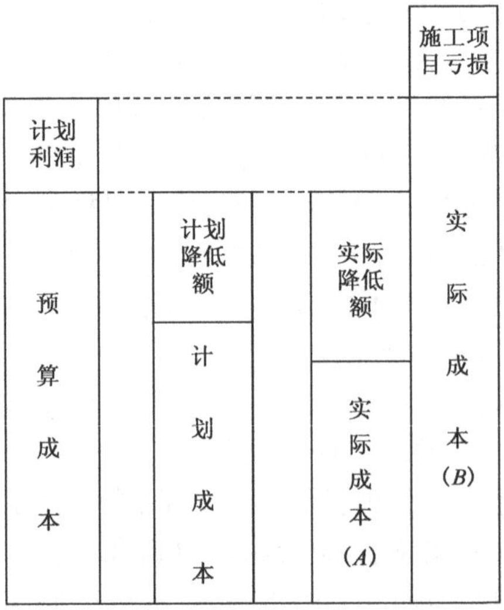

图6-1　三种成本的关系图

实际成本与计划成本比较，可揭示成本的节约和超支，考核企业施工技术水平及技术组织措施的贯彻执行情况和企业的经营效果。实际成本与预算成本比较，可以反映工程盈亏情况。计划成本和实际成本都是反映施工企业成本水平的，它受企业本身的生产技术、施工条件及生产经营管理水平所制约。

以上三种成本的关系可用图6-1来说明。

（二）按计入成本的方法分类

按照《公路工程概（预）算定额》，公路施工项目成本可分为直接费、间接费和税金三大类。

1. 直接费

直接费是指施工过程中耗费的构成工程实体和有助于工程形成的各项费用，包括人工费、材料费、施工机械使用费和其他直接费,是构成施工项目成本的主要部分,是成本管理的重点。

(1)人工费。人工费是指列入概、预算定额的直接从事建筑安装工程施工的生产工人开支的各项费用。

(2)材料费。材料费是指施工过程中耗用的构成工程实体的原材料、辅助材料、构(配)件、零件、半成品、成品的用量和周转材料的摊销量,按工程所在地的材料预算价格计算的费用。材料费在直接费中占有较大的比重。

(3)施工机械使用费。施工机械使用费是指列入概、预算定额的施工机械台班数量按相应台班费用定额计算的施工机械使用费和小型机具使用费。随着施工机械化程度的提高,该项费用占直接费的比重在逐步增大。

(4)其他直接费。其他直接费是指直接费以外施工过程中发生的直接用于工程的费用。内容包括冬季施工增加费、雨季施工增加费、夜间施工增加费、高原地区施工增加费、沿海地区工程施工增加费、行车干扰工程施工增加费、施工辅助费七项。通过合理的施工组织,尽量避开冬雨季施工,减少对施工的干扰因素,可以减少其他直接费的开支,降低工程成本。

2. 间接费

间接费由施工管理费和其他间接费组成。

(1)施工管理费。施工管理费是为施工管理和施工服务支出的各项费用,包括管理和服务人员的工资、生产工人辅助工资、办公费、差旅费、固定资产使用费、工具用具费、检验试验费等。该费用按工程性质的不同以不同的比例提取。

(2)其他间接费。包括临时设施费、劳动保险基金和施工队伍调遣费三项。它同施工现场的生活条件和福利条件有关。

3. 税金

税金系指按国家规定应计入工程造价内的营业税、城市建设维护税及教育费附加。它有一个固定的数额标准。

按上述分类方法,能正确反映施工项目成本的构成,考核各项生产费用的使用是否合理,便于找出降低成本的途径。

(三)按费用与完成工程数量间的关系分类

施工项目成本按其与完成工程数量间的关系,可分为变动费用和固定费用两类。

固定费用即固定成本,是指与工程量增减没有直接联系的相对固定的费用,如折旧费、大修费、管理人员工资、办公费等。这一成本是为了保持企业一定的生产经营条件而发生的。一般来说,对于企业的固定成本每年基本相同。但是,当工程量超过一定范围则需要增添机械设备和管理人员,此时固定成本将会发生变动。此外,所谓固定,指对其总额而言,对于分配到每个单位工程量上的固定费用则是变动的。

变动费用即变动成本,是指随工程量的增减变动而相应发生的与工程量成比例增减变动的费用,如直接用于工程的材料费、实行计划工资制的人工费等。所谓变动,也是就其总额而言,对于单位分项工程上的变动费用往往是不变的。

将成本划分为固定成本和可变成本两类,有助于进行成本预测、计划和分析,也有助于寻求降低成本的途径。在招投标情况下,还有助于合理确定投标报价策略。

四、施工项目成本管理系统的组成

施工项目成本是一项综合指标,其管理贯穿于公路工程施工生产经营活动的全过程,涉及物资消耗、劳动效率、技术水平、施工管理等各个方面,内容十分广泛。施工项目经理部在项目施工过程中,对所发生的各种成本信息,通过有组织、有系统地进行预测、计划、控制、核算和分析等一系列工作,促使施工项目系统内各种要素,按照一定的目标运行,使施工项目的实际成本能够控制在预定的计划成本范围内。从成本管理的各个环节来看,施工项目成本管理系统主要内容包括成本预测、成本计划、成本控制、成本核算、成本分析和成本考核。

1. 施工项目成本预测

施工项目成本预测是通过成本信息和施工项目的具体情况,并运用一定的专门方法,对未来的成本水平及其可能发展趋势做出科学的估计。通过成本预测,可以使项目经理部在满足业主和企业要求的前提下,选择成本低、效益好的最佳成本方案,并能够在施工项目成本形成过程中,针对薄弱环节,加强成本控制,克服盲目性,提高预见性。因此,施工项目成本预测是施工项目成本决策与计划的依据。

2. 施工项目成本计划

施工项目成本计划是项目经理部对项目施工成本进行计划管理的工具。它是以货币形式编制施工项目在计划期内的生产费用、成本水平、成本降低率以及为降低成本所采取的主要措施和规划的书面方案。它是该施工项目降低成本的指导性文件,是建立施工项目成本管理责任制、开展成本控制和核算的基础,也是设立目标成本的依据。

3. 施工项目成本控制

施工项目成本控制是按照成本计划制定的成本水平和降低成本目标,对成本形成过程的生产耗费进行严格的计算、调节和监督,及时发现与预定的成本目标之间的差异,并采取措施解决存在的问题,使公路工程的实际成本控制在预定的目标范围内,促使成本降低的管理活动。通过成本控制,最终达到实现甚至超过预期的成本目标的目的。

施工项目成本控制应贯穿在施工项目从招投标阶段开始直到项目竣工验收的全过程,它是企业全面成本管理的重要环节。

4. 施工项目成本核算

施工项目成本核算是指对项目施工过程中所发生的生产费用进行事后核算,以便确定产品实际成本和归集期间费用,及时反映成本目标和成本计划的完成情况。施工项目成本核算所提供的各种成本信息,是成本预测、成本计划、成本控制、成本分析和成本考核等各个环节的依据。因此,加强施工项目成本核算工作,对降低施工项目成本、提高企业的经济效益有积极的作用。

5. 施工项目成本分析

施工项目成本分析是指在成本形成过程中,对施工项目成本进行的对比评价和剖析总结工作。也就是说,施工项目成本分析主要是利用施工项目的成本核算资料(成本信息),与目标成本(计划成本)、预算成本以及类似的施工项目的实际成本等进行比较,了解成本的变动情况,同时也要分析主要技术经济指标对成本的影响,系统地研究成本变动的因素,检查成本计划的合理性;并通过成本分析,深入揭示成本变动规律,寻找降低施工项目成本的途径。它贯穿于施工项目成本管理的全过程。

6. 施工项目成本考核

所谓成本考核,就是施工项目完成后,对施工项目成本形成中的各责任者,按施工项目成本目标责任制的有关规定,将成本的实际指标与计划、定额、预算进行对比和考核,评定施工项目成本计划的完成情况和各责任者的业绩,并以此给予相应的奖励和处罚。通过成本考核,做到有奖有惩,赏罚分明,才能有效地调动企业的每一个职工在各自的施工岗位上努力完成目标成本的积极性,为降低施工项目成本和增加企业的积累做出自己的贡献。

综上所述,在公路工程施工项目成本管理系统中每一个环节都是相互联系和相互作用的。成本预测是成本计划的前提,成本计划是成本目标的具体化。成本控制则是对成本计划的实施进行监督,保证成本目标实现,而成本核算又是成本计划是否实现的最后检验,它所提供的成本信息又对下一个施工项目成本预测和决策提供基础资料。公路工程中成本考核是实现成本目标责任制的保证和实现决策目标的重要手段。

五、施工项目成本管理的程序

公路工程施工项目成本管理的程序是指从成本预测开始,经编制成本计划,采取降低成本的措施,进行成本控制,直到成本核算与分析为止的一系列管理工作步骤,一般程序如图 6-2 所示。

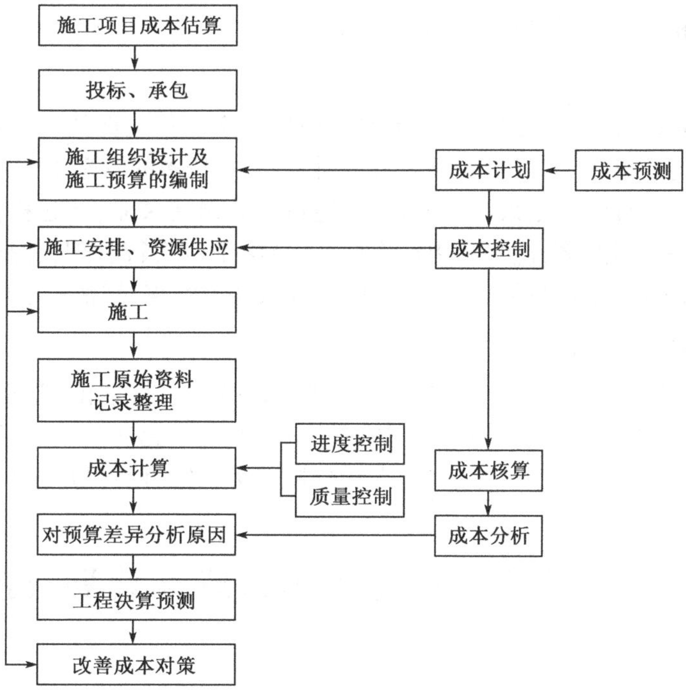

图 6-2 施工项目成本管理程序

六、施工项目成本管理的基本原则

施工项目成本管理是企业成本管理的基础和核心,施工项目经理部在对项目施工过程进行成本管理时，必须遵循以下基本原则：

1. 成本最低化原则

施工项目成本管理的根本目的，在于通过成本管理的各种手段，促进不断降低施工项目成本，以达到可能实现最低的目标成本的要求。但是，在实行成本最低化原则时，应注意研究降低成本的可能性和合理的成本最低化，一方面挖掘各种降低成本的潜力，使可能性变为现实；另一方面要从实际出发，制定通过主观努力可能达到合理的最低成本水平，并据此进行分析、考核和评比。

2. 全面成本管理原则

全面成本管理是全企业、全员和全过程的管理，亦称“三全”管理。长期以来，在公路施工项目成本管理中，存在“三重三轻”问题，即重实际成本的核算和分析，轻全过程的成本管理和对其影响因素的控制；重施工成本的计算分析，轻采购成本、工艺成本和质量成本；重财会人员的管理，轻群众性的日常管理。为了确保不断降低施工项目成本，达到成本最低化目的，必须实行全面成本管理。

3. 成本责任制原则

为了实行全面成本管理，必须对施工项目成本进行层层分解，以分级、分工、分人的成本责任制作保证。施工项目经理部应对企业下达的指标负责，班组和个人对项目经理部的成本目标负责，以做到层层保证，定期考核评定。成本责任制的关键是划清责任，并与奖惩制度挂钩，使各部门、各班组和个人都来关心施工项目成本。

4. 成本管理有效化原则

所谓成本管理有效化，在公路工程中主要有两层含义。一是促使施工项目经理部以最少的投入，获得最大的产出；二是以最少的人力和财力，完成较多的管理工作，提高工作效率。

提高成本管理有效性，一是采用行政方法，通过行政隶属关系，下达指标，制订实施措施，定期检查监督；二是采用经济方法，利用经济杠杆、经济手段实行管理；三是用法制方法，根据国家的政策方针和规定，制定具体的规章制度，使人人照章办事，用法律手段进行成本管理。

5. 成本管理科学化原则

成本管理是企业管理学中一个重要内容，企业管理要实行科学化，必须把有关自然科学和社会科学中的理论、技术和方法运用于成本管理。例如，在公路工程施工项目成本管理中，可以运用预测与决策方法、目标管理方法、量本利分析方法和价值工程方法等。

第二节 公路工程施工项目成本计划与控制

一、公路工程施工项目成本计划

在公路工程施工企业的综合经营计划中，不仅要有工作量完成计划、机械使用计划和劳动力调配计划等，而且还要有成本计划、利润计划。公路工程施工企业的施工项目成本计划是在成本预测的基础上进行的，是施工企业为确定计划年度降低成本水平和成本目标而编制的指导性计划，是计划年度施工企业各项降低成本措施及其经济效益的综合反映。它是施工单位进行成本管理的基础和重要手段之一。编制公路工程施工项目成本计划，必须指标先进、切实可行、有科学论证、能落实到具体部门去实行。

（一）公路工程施工项目成本计划的内容

公路工程施工项目成本计划由降低成本计划、技术组织措施计划、管理费用计划三部分组成。

1. 降低成本计划

降低成本计划主要以预算成本为基础，按成本内容项目划分并汇总计算施工项目成本、计划降低率及降低额。编制公路施工项目成本计划时，其内容和项目划分应与施工预算相一致，以便于比较。编制时应详细分析上年度的成本资料或以往工程中积累的有关成本费用方面的资料，提出降低成本措施，拟定出各项费用的降低率，并由预算成本计算出计划成本，按式(6-1)、式(6-2)计算：

$$\text{计划成本} = \text{预算成本} \times (1 - \text{降低率}) \tag{6-1}$$

$$\text{成本计划降低率} = \frac{\sum \text{预算成本} - \sum \text{计划成本}}{\sum \text{预算成本}} \times 100\% \tag{6-2}$$

【例题 6-1】 某公司的公路工程施工项目中，已知预算成本为 300 万元，降低率为 4%，计算该项目的计划成本。

解 计划成本 =300 ×(1 −4%) =288 万元。

2. 技术组织措施计划

技术组织措施计划，主要反映公路施工项目施工单位各职能部门为保证降低成本计划实现而采用的技术组织措施及其预计经济效果。

3. 管理费用计划

管理费用计划则是反映根据节约要求确定的非生产性费用支出指标及其节约数额。

（二）公路工程施工项目成本计划表

公路工程施工项目成本计划的内容可以通过成本计划任务表、技术组织措施表、降低成本计划表以及公路工程施工现场管理费计划表等表格来反映。

1. 公路工程施工项目成本计划任务表

它主要是反映公路工程项目预算成本、计划成本、成本降低额、成本降低率。成本降低额能否实现主要取决于企业采取的技术组织措施。因此，计划成本降低额这一栏要根据技术组织措施表和降低成本计划表来填写。项目成本计划任务表见表 6-1。

项目成本计划任务表 表 6-1

工程名称： 项目经理： 日期： 单位：

项　目	预算成本	计划成本	计划成本降低额	计划成本降低率
1. 直接费				
人工费				
材料费				

续上表

项　　目	预 算 成 本	计 划 成 本	计划成本降低额	计划成本降低率
施工机械使用费				
其他直接费				
2. 间接费				
施工管理费				
其他间接费				
合计				

2. 公路工程施工技术组织措施表

它是预测项目计划期内公路工程施工项目成本各项直接成本计划降低额的依据，它提出各项节约措施并确定各项措施的经济效益。公路工程施工技术组织措施表见表6-2。

公路工程施工技术组织措施表　　表6-2

工程名称：　　项目经理：　　日期：　　单位：

措施项目	措施内容	涉及对象			降低成本来源		成本降低额				
		实物名称	单位	数量	预算收入	计划开支	人工费	材料费	机械费	其他直接费	合计

3. 公路工程降低成本计划表

它是根据企业下达给该公路工程施工项目的降低成本任务和项目经理部自己确定的降低成本指标而制订出的项目成本降低计划，是编制成本计划任务的重要依据。公路工程降低成本计划表见表6-3。

公路工程降低成本计划表　　表6-3

工程名称：　　项目经理：　　编制日期：　　单位：

分项工程名称	成本降低额					
	合计	直接成本				间接成本
		人工费	材料费	机械使用费	其他直接费	

4. 公路工程施工现场管理费计划表

它主要是反映公路工程施工项目间接成本中有关公路工程施工现场管理费用的计划数及降低额。施工现场管理费计划表见表6-4。

施工现场管理费计划表 表6-4

项　　目	预算收入	计划数	降低额	降低率
1. 工作人员工资				
2. 生产工人辅助工资				
3. 工资附加费				
4. 办公费				
5. 差旅交通费				
6. 固定资产使用费				
7. 工具用具使用费				
8. 劳动保护费				
9. 检验试验费				
10. 工程保养费				
11. 财产保险费				
12. 取暖、水电费				
13. 排污费				
14. 其他				
合计				

(三)公路工程施工项目成本计划的编制程序

1. 资料准备与分析

公路工程施工项目成本计划的编制过程是充分利用资料、研究分析资料和利用各种资料对规划计划年度降低成本水平和成本目标进行决策分析的过程。资料是编制成本计划的基础和主要信息来源。编制成本计划所必需的基础资料有:

(1)国家和上级主管部门下达的降低成本计划指标及其相关指标。

(2)公路施工单位年度与制订成本计划有关的各项经营管理计划,主要包括公路施工生产计划、劳动工资计划、物资供应计划、技术组织措施方案、年度报表和成本表等,以及施工图预算、施工预算和施工组织计划等资料。

(3)材料、工时、施工机械台班消耗等市场信息的各项技术经济定额和费用开支标准。

(4)施工单位以前年度有关施工项目成本计划、实际和分析资料。

(5)其他有关资料。

上述资料经收集后,还要进行初步整理与分析,检查资料的真实性、完整性、代表性,剔除虚假因素和排除偶发因素干扰,认真比较,分析历史成本资料之间的差异,从中找出成本变化的一般规律。

2. 确定计划成本目标

项目经理部的财务部门在掌握了丰富的资料,并加以整理分析,特别是在对基期成本计划完成情况进行分析的基础上,根据有关的设计、施工等计划,按照工程项目应投入的物资、材料、劳动力、机械、能源及各种设施等,结合计划期内各种因素的变化和准备采取的各种增产节约措施,进行反复测算、修订、平衡后,估算生产费用支出的总水平,进而提出全项目的成本计划控制指标,以确定目标成本。然后把目标成本以及总的目标分解落实到各个相关部门、班组。

3. 编制成本计划草案

对大中型的公路工程施工项目,经项目经理部批准下达成本计划指标后,各职能部门应充分发动群众进行认真的讨论,在总结上期成本计划完成情况的基础上,结合本期计划指标,找出完成本期计划的有利和不利因素,提出挖掘潜力、克服不利因素的具体措施,以保证计划任务的完成。

为了使指标真正落实,各部门应尽可能将指标分解落实下达到各班组及个人,使得目标成本的降低额和降低率得到充分讨论、反馈、再修订,使成本计划既能够切合实际,又成为群众共同奋斗的目标。

各职能部门亦应认真讨论项目经理部下达的费用控制指标,拟定具体实施的技术经济措施方案,编制各部门的费用预算。

4. 综合平衡,编制正式的成本计划

在各职能部门上报了部门成本计划和费用预算后,项目经理部首先应结合各项技术经济措施,检查各计划和费用预算是否合理可行,并进行综合平衡,使各部门计划和费用预算之间相互协调、衔接;其次,要从全局出发,在保证企业下达的成本降低任务或本项目目标成本实现的情况下,以生产计划为中心,分析研究成本计划与生产计划、劳动工时计划、材料成本与物资供应计划、工资成本与工资基金计划、资金计划等的相互协调平衡。经反复讨论多次综合平衡,最后确定的成本计划指标,即可作为编制正式成本计划的依据。项目经理部正式编制的成本计划,上报企业有关部门后即可正式下达至各职能部门执行。

(四)公路工程施工项目成本计划的编制方法

公路工程施工项目成本计划工作主要是在项目经理负责下,在成本预、决策基础上进行的。其关键是确定计划成本或计划成本降低额或计划成本降低率,常用的方法如下。

1. 定额估算法

定额估算法是一种最常见的成本计划编制方法。在概、预算编制力量较强、定额比较完备的情况下,特别是施工图预算与施工预算编制经验比较丰富的施工企业,成本目标可由定额估算法产生。

过去,通常以两算对比差额与技术组织措施带来的节约来估算计划成本的降低额,公式见式(6-3)。

$$计划成本降低额 = 两算对比差额 + 技术组织措施计划节约额 \tag{6-3}$$

【例题 6-2】 某公司的公路施工项目中,已知两算对比定额差为 326 万元,技术组织措施计划节约额为 182 万元,计算计划成本降低额。

解 计划成本降低额 $=326+182=508$(万元)。

随着社会主义市场经济体制的建立,一些公路施工单位对这种定额估算法又作了一些修改,其步骤及计算公式如下:

(1)根据已有的投标、预算资料,确定中标合同价与施工图预算的总价格差,或确定施工图预算与施工预算的总价格差。

(2)根据技术组织措施计划确定技术组织措施带来的项目节约数。

(3)对施工预算未能包容的项目,包括施工有关项目和管理费用项目,参照定额加以估算。

(4)对实际成本可能明显超出或低于定额的主要子项,按实际支出水平估算出其实际与定额水平之差。

(5)充分考虑不可预见因素、工期制约因素以及风险因素、市场价格波动因素,加以试算调整,得出一个综合影响系数。

(6)综合计算整个项目的目标成本降低额及降低率。即

$$目标成本降低额=[(1)+(2)-(3)\pm(4)]\times[1+(5)] \tag{6-4}$$

2. 计划成本法

公路工程施工项目成本计划中的计划成本法,通常有以下几种:

(1)施工预算法

施工预算法,是指主要以公路施工图中的工程实物量,套以施工工料消耗定额,计算工料消耗量,并进行工料汇总,然后统一以货币形式反映其施工生产耗费水平施工图中的工程实物量。以施工工料消耗定额所计算的施工生产耗费水平,基本是一个不变的常数。一个施工项目要实现较高的经济效益(即提高降低成本水平),就必须在这个常数基础上采取技术节约措施,以降低消耗定额的单位消耗量和降低价格等措施,来达到成本计划的目标成本水平。

因此,采用施工预算法编制成本计划时,必须考虑结合技术节约措施计划,以进一步降低施工生产耗费水平。用公式(6-5)来表示:

$$施工预算法的计划成本(目标成本)=施工预算施工生产耗费水平(工料消耗费用)-技术节约措施计划节约额 \tag{6-5}$$

【例题 6-3】 某公路工程施工项目按照施工预算的工程实际量,套以施工工料消耗定额,所计算消耗费用为 570.59 万元,技术节约措施计划节约额为 44.37 万元。计算计划成本。

解 施工项目计划成本 $=570.59-44.37=526.22$(万元)。

(2)技术节约措施法

技术节约措施法是指以公路工程施工项目计划采取的技术组织措施和节约措施所能取得的经济效果为施工项目成本降低额,然后求施工项目的计划成本的方法。用公式(6-6)表示:

$$施工项目计划成本=施工项目预算成本-技术节约措施计划节约额(降低成本额) \tag{6-6}$$

【例题 6-4】 某公路工程施工项目造价为 662.2 万元,扣除计划利润和税金以及企业管理独立费,经计算其预算成本为 584.82 万元,该施工项目的技术节约措施节约额为 28.75 万元。计算计划成本。

解 施工项目计划成本 $=584.82-28.75=556.07$(万元)。

(3)成本习性法

成本习性法,是固定成本和变动成本在编制成本计划中的应用。按照成本习性,将成本分成固定成本和变动成本两类,以此作为计划成本。

在按成本习性划分为固定成本和变动成本后,可用公式(6-7)计算:

$$施工项目计划成本=施工项目变动成本总额+施工项目固定成本总额 \tag{6-7}$$

【例题6-5】 某公路工程施工项目,经过分部分项测算,测得其变动成本总额为593.01万元,固定成本总额为63.07万元。计算计划成本。

解 施工项目计划成本=593.01+63.07=656.08(万元)。

(4)按实计算法

按实计算法,就是施工项目经理部有关职能部门(人员)以该项目施工图预算的工料分析资料作为控制计划成本的依据,根据施工项目经理部执行施工定额的实际水平和要求,由各职能部门归口计算各项计划成本。

3. 定率估算法

当项目过于庞大或复杂,可采用定率估算法。即先将工程项目分为少数几个子项,然后参照同类项目的历史数据,采用数学平均数法计算子项目标成本降低率,然后算出子项成本降低额,汇总后得出整个项目成本降低额、成本降低率。

二、公路工程施工项目成本控制

公路工程施工项目成本控制具有三方面的含义:一是对目标成本本身的控制;二是对目标成本形成过程的控制和监督;三是在过程控制的基础上,着眼于未来,为今后成本的降低指明方向。

(一)公路工程施工项目成本控制的依据

1. 计划指标

公路施工企业分解下达的成本计划指标是控制成本的基本依据,它包括单位工程成本计划、工程成本计划降低额和工程成本计划降低率等。为了便于掌握,还应根据需要将上述计划指标进行必要的分解。按分级管理要求可将成本计划指标进行纵向分解落实到基层单位;按归口管理要求可将成本计划指标分解落实到各个职能部门。在以上各部门、各基层单位控制的指标中,有的指标直接和成本相联系,属于成本指标;也有些指标,如质量、工期、安全、劳动生产率、设备利用率等,其本身虽然不是成本指标,但这些指标完成的好坏,必然引起成本水平的升降。所以,成本控制不应局限于几个成本指标,而必须同时从增产和节约两方面着手,这样才能抓好成本控制工作。

2. 施工定额

施工定额具体包括劳动定额、材料消耗定额、机械台班定额以及间接费用定额,这些定额是控制成本的辅助依据。

(1)劳动定额是企业编制施工预算、施工组织设计和作业计划的依据,也是施工队向班组签发工程任务单、控制人工支出的依据。

(2)材料消耗定额也是编制施工预算、施工组织设计和作业计划的依据,是确定材料和工程用料的标准。

(3)机械台班定额是完成单位工程所必需的机械台班消耗标准。在编制施工预算时,应根据施工组织设计、工期和现场实际情况计算出所需台班数,并据以控制台班支出。

(4)间接费用定额是工程施工现场管理机构为组织管理施工生产所发生的费用消耗标准,是编制间接费计划和控制间接费支出的依据。

3. 其他内部管理制度

施工企业其他内部管理制度,如材料领用、退回、盘点、奖励制度等,也是控制成本的辅助依据。

(二)公路工程施工项目成本控制的一般方法

公路工程施工项目成本控制的方法很多,但一般来说有如下几种:

(1)以施工预算控制成本支出。在施工项目成本控制中,按施工预算实行“以收定支”,或者称“量入为出”,是最有效的方法之一。如假定预算定额规定的人工费单价为13.8元,合同规定人工费补贴为20元/工日,两者相加,人工费的预算收入为33.8元/工日。在这种情况下,项目经理部与施工队签订劳务合同时,应该将人工费单价定在30元以下(辅工还可再低一些),其余部分考虑用于定额外人工费和关键工序的奖励费。如此安排,人工费就不会超支,而且还留有余地,以备关键工序的不时之需。

(2)以公路工程施工项目成本计划控制人力资源和物质资源的消耗。资源消耗数量的货币表现就是成本费用。因此,资源消耗的减少,就等于成本费用的节约;控制了资源消耗,也等于控制了成本费用。

(3)建立资源消耗台账,实行资源消耗的中间控制。在公路施工过程中,各成本责任部门、作业班组或个人,应及时记录各自成本责任范围内的各种资源消耗和原始记录,做到日清日算,对各种资源消耗实施有效的中间控制。

例如,可建立如表6-5所示的材料消耗台账。

材料消耗台账 表6-5

时间		摘要	水泥	水泥	水泥	黄砂	碎石	碎石	统一砖
			32.5级(t)	42.5级(t)	52.5级(t)	(t)	5.25(t)	5.40(t)	甲级(千块)
年	月	施工图预算	280	500	150	1400	300	1500	235.5
		施工预算	270	480	130	1350	290	1400	220.0
2006	8	本月耗用	30	50	—	120	—	220	—
2006	9	本月耗用	15	60	—	110	—	250	3.2
		本月累计	45	110	—	230	—	470	3.2
2006	10	本月耗用	10	50	40	150	60	220	20.5
		本月累计	55	160	40	380	60	690	23.7

(4)应用成本与进度同步的方法控制分部分项工程成本。成本控制与计划管理、成本与进度之间存在着必然的同步关系。即施工到什么阶段,就应该发生相应的成本费用。如果成本与进度不对应,就要作为“不正常”现象进行分析,找出原因,加以纠正。

(5)建立项目月度财务收支计划制度,以用款计划控制成本费用支出。

(6)建立项目成本审核签证制度,控制成本费用支出。在发生经济业务的时候,首先要由有关项目管理人员审核,最后经项目经理签证后支付。这是项目成本控制的最后一关,必须十分重视。

(7)加强质量管理,控制质量成本。质量成本是指项目为了保证和提高产品质量而支出的一切费用,以及未达到质量标准而产生的一切损失费用之和。质量成本包括预防成本、鉴定成本、内部故障成本和外部故障成本。

(8)坚持现场管理标准化,堵塞浪费漏洞。

(9)定期开展“三同步”检查,防止项目成本盈亏异常。公路工程施工项目经济核算的“三同步”,就是统计核算、业务核算、会计核算的“三同步”。统计核算即产值统计,业务核算即人力资源和物质资源的消耗统计,会计核算即成本会计核算。具体表现为:完成多少产值、消耗多少资源和发生多少成本,三者应该同步。否则,项目成本就会出现盈亏异常情况。

(10)应用成本控制的财务方法——成本分析表法来控制项目成本。作为成本分析控制手段之一的成本分析表,包括月度成本分析表和最终成本控制报告表。月度成本分析表又分直接成本分析表和间接成本分析表两种。通过这些分析表可发现实际完成工程量与成本相对应的情况,预算成本与计划成本的情况,本月成本水平与上月成本水平的情况,以发现问题和趋势,及时采取纠正行动。

(三)降低公路工程施工项目成本的途径

公路工程施工项目是在事先设计的标准要求和规定,以及质量和工期的要求下,以确定的价格来组织施工生产的,在组织和管理项目施工过程中稍有失误就会造成亏损。因此必须加强公路工程施工项目成本的控制,从降低成本的角度出发考虑项目施工各个方面、各种问题的决策和计划,才能保证项目的盈利。降低施工项目成本的可能途径可以从以下几个方面考虑:

1.确定先进、经济合理的施工方案

施工方案不同,工期就会不同,所需的施工机械也不同,导致发生的成本不同。应根据项目的规模、性质、复杂程度、工艺条件和现场条件、装备情况、人员素质等具体情况,选择先进、经济合理,而又能保证工程质量和合同工期要求的施工方案,做到采用先进施工方法,合理安排工艺流程和布置施工现场,保持施工的均衡性、连续性。这是降低工程成本、实现成本管理目标的基础。

2.加强技术管理,提高工程质量

主要是研究推广新产品、新技术、新结构、新材料、新机器及其他技术革新措施,制订并贯彻降低成本的技术组织措施,提高经济效果,加强施工过程的技术质量检验制度,提高工程质量,避免返工损失。

3.加强劳动工资管理,提高劳动生产率

在公路项目施工中,成本的高低很大程度上取决于劳动生产率的高低,而劳动生产率的高低又取决于劳动组织、技术装备和劳动者的素质。因此,一方面应该学习国内外先进的项目管理理论和方法,提高技术装备、劳动者的操作熟练程度和科学文化水平,另一方面应该改善劳动组织,加强劳动工资管理,严格执行劳动定额,加强落实经济责任制,把员工的劳动成果与其

收入紧密联系起来，以充分调动劳动积极性，挖掘潜力，达到降低成本的目的。

4. 加强材料管理，降低材料费支出

材料费在公路工程成本中占据较大比重，历来受到项目管理人员的重视。降低公路材料费，不仅从节约材料使用出发，还应该在材料的采购、运输、收发、保管及回收等各个环节，综合考虑降低成本费支出的措施。

5. 提高机械设备的使用率

在公路工程中，提高机械设备的使用率，合理进行机械施工的组织，提高施工生产效率，对降低工程成本有直接影响。为提高使用率，首先，应结合施工方案的制订，选择最适合施工特点的机械设备，包括性能、数量、台班成本等方面；其次，做好配合机械施工的组织工作，提高机械操作人员的技术水平，保证机械设备发挥最大效能；最后，应统筹考虑机械使用费，不可片面强调节约成本，而忽视维修管理工作，应提高机械设备的完好率，使之始终处于最佳工作状态。

6. 节约间接成本

间接成本的降低主要从公路现场管理费用的节约入手。现场管理费无定额可循，一般是根据不同工程类别按一定费率匡算。在施工过程中应严格控制，不得超过计划数。特别是现场管理人员的数量配备，按照“精简、高效率”的原则组建项目管理班子，减少管理层次，提高工作质量和效率。做好办公费、差旅交通费、工具用具使用费计划，并按计划执行。还应实行责任制，实行奖惩。

7. 正确划分成本中心，使用先进的成本管理方法和手段

要有效地控制成本，就必须正确划分成本中心，落实各成本中心的成本责任，合理确定其核算和考核方法。如果成本中心划分不合理，成本责任的确定也就不合理，成本中心履行成本责任变得困难，成本核算和考核也易流于形式。

此外，为了有效地做好成本管理工作，应尽可能采用先进的成本信息收集、整理手段，如电子计算机的使用，建立和使用成本数据库等。

第三节 公路工程施工项目成本核算、分析与考核

一、公路工程施工项目成本核算

公路工程施工项目成本核算是公路工程施工项目成本管理中最基本的职能，离开了成本核算，就谈不上成本管理，也就谈不上其他职能的发挥。公路工程施工项目成本核算在施工项目成本管理中的这种重要地位体现为两方面：首先，它是公路工程施工项目进行成本预测，制订成本计划和实行成本控制所需信息的重要来源；其次，它是公路工程施工项目进行成本分析和成本考核的基本依据。

1. 公路工程施工项目成本核算的任务

鉴于公路工程施工项目成本核算在施工项目成本管理中所处的重要地位，公路工程施工项目成本核算应完成以下基本任务：

(1)执行国家有关成本开支范围、费用开支标准、工程预算定额和企业施工预算、成本计划的有关规定,控制费用,促使项目合理、节约地使用人力、物力和财力。这是公路工程施工项目成本核算的先决前提和首要任务。

(2)正确及时地核算施工过程中发生的各项费用,计算施工项目的实际成本。这是公路工程施工项目成本核算的主体和中心任务。

(3)反映和监督施工项目成本计划的完成情况,为项目成本预测、技术经济评价、参与经营决策提供可靠的成本报告和有关信息,促进项目改善经营管理,降低成本,提高经济效益。这是公路工程施工项目成本核算的根本目的。

2. 公路工程施工项目成本核算对象的确定

成本核算对象是指在计算工程成本时,确定归集和分配生产费用的具体对象,即生产费用承担的客体。合理地划分公路工程施工项目成本核算对象,是正确组织工程项目成本核算的前提条件。

确定公路工程施工项目成本核算对象的原则,应以每一独立施工图预算所列的单位工程为依据,并结合施工现场条件和施工管理要求,因地制宜地确定成本核算对象。实际成本核算中,施工项目成本核算对象的确定,一般有以下几种方法:

(1)在一般情况下,应以每一独立编制施工图预算的单位工程为成本核算对象。

(2)如果两个或两个以上施工单位共同承担一项单位工程施工任务的,以单位工程为成本核算对象,各自核算其自行施工的部分。

(3)对于个别规模大、工期长的工程,可以结合经济责任制的需要,按一定的部位划分成本核算对象。

(4)对于同一个施工项目,同一施工地点、结构类型相同、开竣工时间接近的几个单位工程,可以合并为一个成本核算对象。

(5)改、扩建的零星工程,可以将开竣工时间接近、属于同一施工项目的几个单位工程合并为一个成本核算对象。

(6)土石方工程、打桩工程,可以根据实际情况和管理需要,以一个单位工程作为成本核算对象,或将同一施工地点的若干个工程量较小的单位工程合并作为一个成本核算对象。

成本核算对象确定以后,在成本核算过程中不能任意变更。所有原始记录都必须按照确定的成本核算对象填写清楚,以便于归集和分配施工生产费用。为了集中反映和计算各个成本核算对象本期应负担的施工费用,财会部门应该为每一成本核算对象设置工程成本明细账,并按成本项目分设专栏来组织成本核算。

3. 公路工程施工项目成本核算的内容及工作流程

工程施工过程中发生的各项施工费用,首先按照确定的成本核算对象和成本项目进行归集,能够直接计入有关成本核算对象的,直接计入;不能直接计入的,采用一定的分配方法分配计入各成本核算对象的成本,然后计算出各施工项目的实际成本,将实际成本与预算成本、计划成本对比核算。

对比核算的内容,包括项目总成本和各个成本项目的相互对比,用以观察分析成本升降情况,同时作为考核的依据。比较的方法有两种:

(1)通过实际成本与预算成本的对比,考核工程项目成本的降低水平。

(2)通过实际成本与计划成本的对比,考核工程项目成本的管理水平。

成本核算和管理的流程见图6-3。

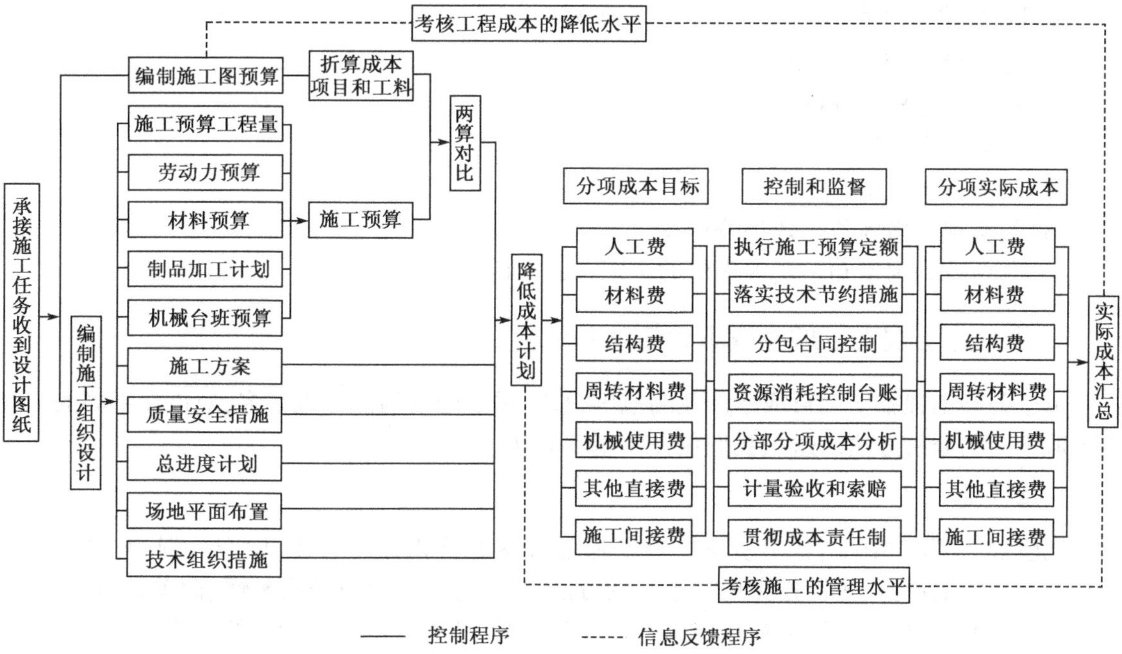

图6-3 公路施工项目成本核算和管理的流程图

二、公路工程施工项目成本分析

通过公路工程施工项目的成本分析,一方面对成本管理工作进行评价,并寻求进一步降低成本的途径(包括项目成本中的有利偏差的挖潜和不利偏差的纠正);另一方面,可从账簿、报表反映的成本现象看清成本的实质,从而增强项目成本的透明度和可控性,为加强成本控制,实现项目成本创造条件。由此可见,公路工程施工项目成本分析是施工项目成本管理的重要组成内容。

(一)公路工程施工项目成本分析的内容

从总体上说,公路工程施工项目成本分析的内容应该包括以下三个方面:

1. 按项目施工的进展进行的成本分析

(1)分部分项工程成本分析。

(2)月(季)度成本分析。

(3)年度成本分析。

(4)竣工成本分析。

2. 按成本项目进行的成本分析

(1)人工费分析。

(2)材料费分析。

(3)机械使用费分析。

(4)其他直接费分析。

(5)间接成本分析。

3. 针对特定问题和与成本有关事项的分析

(1)施工索赔分析。

(2)成本盈亏异常分析。

(3)工期成本分析。

(4)资金成本分析。

(5)技术组织措施节约效果分析。

(6)其他有利因素和不利因素对成本影响的分析。

(二)公路工程施工项目成本分析的方法

由于公路工程施工项目成本涉及的范围很广,需要分析的内容也很多,应该在不同的情况下采取不同的分析方法。这里我们仅介绍基本方法。

1. 比较法

比较法,又称"指标对比分析法",就是通过技术经济指标的对比,检查计划的完成情况,分析产生差异的原因,进而挖掘内部潜力的方法。这种方法,具有通俗易懂、简单易行、便于掌握的特点,因而得到了广泛的应用,但在应用时必须注意各技术经济指标的可比性。

比较法的应用,通常有下列形式:

(1)将实际指标与计划指标对比,以检查计划的完成情况,分析完成计划的积极因素和影响计划完成的原因,以便及时采取措施,保证成本目标的实现。在进行实际与计划对比时,还应注意计划本身的质量。如果计划本身出现质量问题,则应调整计划,重新正确评价实际工作的成绩,以免挫伤人的积极性。

(2)本期实际指标与上期实际指标对比。通过这种对比,可以看出各项技术经济指标的动态情况,反映施工项目管理水平的提高程度。在一般情况下,一个技术经济指标只能代表施工项目管理的一个侧面,只有成本指标才是施工项目管理水平的综合反映。因此,成本指标的对比分析尤为重要,一定要真实可靠,而且要有深度。

(3)与本行业平均水平、先进水平对比。通过这种对比,可以反映本项目的技术管理和经济管理与其他项目的平均水平和先进水平的差距,进而采取措施赶超先进水平。

以上三种对比,可以在一张表上同时反映(表6-6)。

实际指标与上期指标、先进水平对比表(单位:元)　　表6-6

指　标	本年计划数	上年实际数	企业先进水平	本年实际数	差　异　数		
					与计划比	与上年比	与先进比
"三材"节约额	200000	195000	210000	220000	+20000	+25000	+10000

【例题6-6】　某高速公路项目本年计划节约"三材"100000元,实际节约120000元,上年节约95000元,本企业先进水平节约130000元。根据上述资料编制分析表。

2. 因素分析法

因素分析法是利用指数分析法,通过指数体系,分析各种因素的变动对施工项目工程成本的影响程度,从数量上说明成本变动的具体原因。因素分析法按照所分析变动因素的多少,分为两因素分析法和多因素分析法。在进行分析时,首先要假定众多因素中的一个因素发生了变化,而其他因素不变,然后逐个替换,并分别比较其计算结果,以确定各个因素的变化对成本的影响程度。

因素分析法的计算步骤如下:

(1)确定分析对象(即所分析的技术经济指标),并计算出实际与计划(预算)数的差异。

(2)确定该指标是由哪几个因素组成的,并按其相互关系进行排序。

(3)以计划(预算)数为基础,将各因素的计划(预算)数相乘,作为分析替代的基数。

(4)将各因素的实际数按照上面的顺序进行替换计算,并将替换后的实际数保留下来。

(5)将每次替换计算所得的结果,与前一次的计算结果相比较,两者的差异即为该因素对成本的影响程度。

(6)各个因素的影响程度之和,应与分析对象的总差异相等。

【例题 6-7】 某桥梁桥墩浇筑混凝土,实际成本比计划成本超支 39736.25 元。用因素分析法分析产量、单价、损耗率等因素的变动对实际成本的影响程度,如表 6-7 所示。

计划成本与实际成本对比表 表 6-7

项　目	单　位	计　划	实　际	差　额
产量	m^2	400	450	+50
单价	元	760	765	+5
损耗率	%	3	2.5	-0.5
成本	元	313120	352856.25	+39736.25

根据表 6-7 所列资料,进行多因素分析,求出产量、单价、损耗率等因素的变动对工程实际成本的影响程度,如表 6-8 所示。必须说明,在应用因素分析法进行成本分析时,各个因素的排列顺序应该固定不变。否则,就会得出不同的计算结果,也会产生不同的结论。

商品混凝土成本变动因素分析表 表 6-8

项　目	连环替代计算	差　异	因 素 分 析
计划数	400×760×(1+3%)=313120		
第一次替代	450×760×(1+3%)=352260	41140	由于产量增加 50m^2 成本增加 41140 元
第二次替代	450×765×(1+3%)=354577.5	2317.5	由于单价提高 5 元成本增加 2317.5 元
第三次替代	450×765×(1+2.5%)=352856.25	-1721.25	由于损耗率降低 0.5% 成本下降 1721.25 元
合计	41140+2317.5-1721.25=39736.25		

3. *差额计算法*

差额计算法是因素分析法的一种简化形式,它利用各因素的计划与实际的差额来计算其对成本的影响程度。

【例题 6-8】 某高速公路施工项目某月的实际成本降低额比计划提高了 2.40 万元,有关资料如表 6-9 所示。根据资料,应用"差额计算法"分析预算成本和成本降低率对成本降低额的影响程度。

成本降低计划与实际对比表　　表6-9

项　目	单　位	计　划	实　际	差　额
预算成本	万元	300	320	+20
成本降低率	%	4	4.5	+0.5
成本降低额	万元	12	14.40	-2.40

解　预算成本增加对成本降低额的影响程度：

$$(320-300)\times4\%=0.80\ 万元$$

成本降低率提高对成本降低额的影响程度：

$$(4.5\%-4\%)\times320=0.60\ 万元$$

以上两项合计：　$0.80+1.60=2.40$ 万元

4. 比率法

比率法，是指用两个以上的指标的比例进行分析的方法。它的基本特点是先把对比分析的数值变成相对数，再观察其相互之间的关系。常用的比率法有以下几种：

(1)相关比率

由于项目经济活动的各个方面是互相联系，互相依存，又互相影响的，因而将两个性质不同而又相关的指标加以对比，求出比率，并以此来考察经营成果的好坏。例如：产值和工资是两个不同的概念，但它们的关系又是投入与产出的关系。在一般情况下，都希望以最少的人工费支出完成最大的产值。因此，用产值工资率指标来考核人工费的支出水平，就很能说明问题。

(2)构成比率

又称比重分析法或结构对比分析法。通过构成比率，可以考察成本总量的构成情况以及各成本项目占成本总量的比重，同时也可看出量、本、利的比例关系(即预算成本、实际成本和降低成本的比例关系)，从而为寻求降低成本的途径指明方向(表6-10)。

成本构成比例分析表(单位：万元)　　表6-10

成本项目	预算成本		实际成本		降低成本		
	金额	比重	金额	比重	金额	占本项(%)	占总量(%)
一、直接成本	1263.79	93.20	1200.31	92.38	63.48	5.02	4.68
1. 人工费	113.36	8.36	119.28	9.18	-5.92	-1.09	-0.44
2. 材料费	1006.56	74.23	939.67	72.32	66.89	6.65	4.93
3. 机械费	87.60	6.46	89.65	6.90	-2.05	-2.34	-0.15
4. 其他直接费	56.27	4.15	51.71	3.98	4.56	8.10	0.34
二、间接成本	92.21	6.80	99.01	7.62	-6.80	-7.37	-0.50
成本总量	1356.00	100.00	1299.32	100.00	56.68	4.18	4.18
量本利比例(%)	100.00	—	95.82	—	4.18	—	—

(3)动态比率

动态比率法，就是将同类指标不同时期的数值进行对比，求出比率，以分析该项指标的发展方向和发展速度。动态比率的计算,通常采用基期指数(或稳定比指数)和环比指数两种方法(表6-11)。

指标动态比较表 表6-11

指 标	第一季度	第二季度	第三季度	第四季度
降低成本(万元)	45.60	47.80	52.50	64.30
基期指数(%)(一季度=100)	—	104.82	115.13	141.01
环比指数(%)(上一季度=100)	—	104.82	109.83	122.48

三、公路工程施工项目成本考核

公路工程施工项目成本考核的目的,在于贯彻落实责任权利相结合的原则,促进成本管理工作的健康发展,更好地完成施工项目的成本目标。

在公路工程施工项目的成本管理中,项目经理和所属部门、施工队直到生产班组,都有明确的成本管理责任,而且有定量的责任成本目标。通过定期和不定期的成本考核,既可对他们加强督促,又可调动他们成本管理的积极性。

公路工程施工项目成本管理是一个系统工程,而成本考核则是系统的最后一个环节。如果对成本考核工作抓得不紧,或者不按正常的工作要求进行考核,前面的成本预测、成本控制、成本核算、成本分析都将得不到及时正确的评价。这不仅会挫伤有关人员的积极性,而且会给今后的成本管理带来不可估量的损失。

公路工程施工项目的成本考核,可以分为两个层次:一是企业对项目经理的考核;二是项目经理对所属部门、施工队和班组的考核(对班组的考核,平时以施工队为主)。通过以上的层层考核,督促项目经理、责任部门和责任者更好地完成自己的责任成本,从而形成实现项目成本目标的层层保证体系。

(一)公路工程施工项目成本考核的内容

1.企业对项目经理考核的内容

(1)项目成本目标和阶段成本目标的完成情况。

(2)建立以项目经理为核心的成本管理责任的落实情况。

(3)成本计划的编制和落实情况。

(4)对各部门、各施工队和班组责任成本的检查和考核情况。

(5)在成本管理中贯彻责任权利相结合原则的执行情况。

2.项目经理对所属各部门、各施工队和班组考核的内容

(1)对各部门的考核内容

①本部门、本岗位责任成本的完成情况。

②本部门、本岗位成本管理责任的完成情况。

(2)对各施工队的考核内容

①对劳动合同规定的承包范围和承包内容的执行情况。

②劳动合同以外的补充收费情况。

③对班组施工任务单的管理情况，以及班组完成施工任务后的考核情况。

3. 对生产班组的考核内容(平时可由施工队考核)

以分部分项工程成本作为班组的责任成本，以施工任务单和限额领料单的结算资料为依据，与施工预算进行对比，考核班组责任成本的完成情况。

(二)公路工程施工项目成本考核的实施

1. 公路工程施工项目的成本考核采取评分制

具体方法先按考核内容评分，然后按七与三的比例加权平均。即：责任成本完成情况的评分占七成，成本管理工作业绩的评分占三成。这是一个经验比例，施工项目可以根据自己的具体情况进行调整。

2. 公路工程施工项目的成本考核要与相关指标的完成情况相结合

成本考核的评分是奖罚的依据，相关指标的完成情况是奖罚的条件。也就是，在根据评分计奖的同时，还要参考相关指标的完成情况加奖或扣罚。

与成本考核相结合的相关指标，一般有工期、质量、安全和现场标准化管理。以工期指标的完成情况为例说明如下：

(1)工期提前，每提前一天，按应得奖金加奖5%。

(2)按期完成，奖金不加不扣。

(3)工期推迟，扣除应得奖金的50%。

3. 强调项目成本的中间考核

项目成本的中间考核，可从两方面考虑：

(1)月度成本考核。一般是在月度成本报表编制以后，根据月度成本报表的内容进行考核。在进行月度成本考核的时候，不能单凭报表数据，还要结合成本分析资料和施工生产、成本管理的实际情况，然后才能作出正确的评价，带动今后的成本管理工作，保证项目成本目标的实现。

(2)阶段成本考核。按项目的形象进度划分项目的施工阶段，阶段成本考核的优点在于能对施工告一段落后的成本进行考核，可与施工阶段其他指标(如工期、质量等)的考核结合得更好，也更能反映施工项目的管理水平。

4. 正确考核公路工程施工项目的竣工成本

公路工程施工项目的竣工成本，是在工程竣工和工程款结算的基础上编制的，它是竣工成本考核的依据。

公路工程施工项目的竣工成本是项目经济效益的最终反映。它既是项目上缴利税的依据，又是进行职工分配的依据。由于公路工程施工项目的竣工成本关系到国家、企业、职工的利益，必须做到核算正确、考核正确。

5. 公路工程施工项目成本的奖罚

公路工程施工项目的成本考核，如上所述，可分为月度考核、阶段考核和竣工考核三种。对成本完成情况的经济奖罚，也应分别在上述三种成本考核的基础上立即兑现。不能只考核不奖罚,或者考核后拖了很久才奖罚。

公路工程施工项目成本奖罚的标准,应通过经济合同的形式明确规定。这就是说,经济合同规定的奖罚标准具有法律效力,任何人都无权中途变更,或者拒不执行。另一方面,通过经济合同明确奖罚标准以后,职工群众就有了争取目标,因而也会在实现项目成本目标中发挥更积极的作用。

此外,企业领导和项目经理还可对完成项目成本目标有突出贡献的部门、施工队、班组和个人进行随机奖励。这是项目成本奖励的另一种形式,不属于上述成本奖罚范围。而这种奖励形式,往往能起到立竿见影的效用。

【思考题】

1. 谈谈公路工程施工项目成本管理的必要性。

2. 简述公路工程造价的组成。

3. 什么是公路工程施工项目成本?什么是施工项目成本管理?

4. 为什么要对公路工程施工项目成本进行分类?分类的标准是什么?不同的标准下公路工程施工项目成本如何分类?

5. 施工项目成本管理是一个系统过程,试分析各个不同的环节在成本管理中的不同作用和地位。

6. 试述公路工程施工项目成本管理的程序。

7. 公路工程施工项目成本管理的基本原则是什么?试分析如果违背这些原则会带来什么后果?

8. 试述成本计划的内容,成本计划表如何反映了这些内容?

9. 试述成本计划的编制程序。

10. 成本控制的依据和方法是什么?

11. 试述成本控制的一般方法及降低途径。

12. 试述公路施工项目成本核算的内容及工作流程。

13. 成本考核有几个层次?每个层次包括哪些内容?

14. 试述成本分析的内容和方法。

15. 作为一个具有良好成本观念的项目管理者,有哪些方面的机会和要点需要很好地去把握?

第七章 公路工程施工项目进度管理

控制公路工程施工进度,不仅能够确保公路工程项目按预定时间交付使用,及时发挥投资效益,而且有益维护国家良好的经济秩序。

第一节 公路工程施工进度控制概述

一、施工进度控制的概念

公路工程施工进度控制是指对工程项目施工阶段的工作内容、工作程序、持续时间和衔接关系根据施工进度总目标及资源优化配置的原则,在既定的工期内,编制出最优的施工进度计划并付诸实施,然后在施工进度计划的实施过程中经常检查实际施工进度是否按计划要求进行,并将其与施工计划进度相比较,若出现偏差,便分析产生的原因和对工期的影响程度,采取补救措施或调整、修改原计划后再付诸实施,如此循环,直到公路工程竣工验收交付使用。公路工程施工进度控制的最终目的是确保工程项目按预定的时间动用或提前交付使用,公路工程施工进度控制应以实现施工合同约定的交工日期为最终目标。

公路工程施工进度控制的总目标是确保工程施工的既定目标工期的实现,或者在保证施工质量和不因此而增加施工实际成本的条件下,适当缩短施工工期。公路工程施工进度控制的总目标应进行层层分解，形成实施进度控制、相互制约的目标体系。目标分解可按单项工程分解为交工分目标，按承包的专业或按施工阶段分解为完工分目标，按年、季、月计划分解为时间分目标。

公路工程施工进度控制应建立以项目经理为首的进度控制体系，各子项目负责人、计划人员、调度人员、作业队长和班组长都是该体系的成员。各承担施工任务者和生产管理者都应承担进度控制目标，对进度控制负责。

由于在工程建设过程中存在着许多影响进度的因素，这些因素往往来自不同的部门和不同的时期，它们对工程进度产生着复杂的影响。因此，进度控制人员必须事先对影响工程进度的各种因素进行调查分析，预测它们对工程进度的影响程度，确定合理的进度控制目标，编制可行的施工进度计划，使工程建设工作始终按计划进行。

但是，不管进度计划的周密程度如何，其毕竟是人们的主观设想，在其实施过程中，必然会因为新情况的产生、各种干扰因素和风险因素的作用而发生变化，使人们难以执行原定的进度计划。为此，进度控制人员必须掌握动态控制原理，在计划执行过程中不断检查工程实际施工进展情况，并将实际状况与计划安排进行对比，从中得出偏离计划的信息。然后在分析偏差及其产生原因的基础上，通过采取组织、技术、经济等措施，维持原计划，使之能正常实施。如果采取措施后不能维持原计划，则需要对原进度计划进行调整或修正，再按新的进度计划实施。这样在进度计划的执行过程中进行不断地检查和调整，以保证公路工程施工进度得到有效控制。

二、影响施工进度的因素

由于公路工程具有规模庞大、工程结构与工艺技术复杂、建设周期长及相关单位多等特点，决定了公路工程进度将受到许多因素的影响。要想有效地控制公路工程进度，就必须对影响进度的有利因素和不利因素进行全面、细致的分析和预测。这样，一方面可以促进对有利因素的充分利用和对不利因素的妥善预防；另一方面也便于事先制订预防措施，事中采取有效对策，事后进行妥善补救，以缩小实际进度与计划进度的偏差，实现对公路工程进度的主动控制和动态控制。

影响公路工程进度的不利因素有很多，如人为因素，技术因素，设备、材料及构配件因素，机具因素，资金因素，水文、地质与气象因素，以及其他自然与社会环境等方面的因素。其中，人为因素是最大的干扰因素。从产生的根源看，有的来源于建设单位及其上级主管部门；有的来源于勘察设计、施工及材料、设备供应单位；有的来源于政府、建设主管部门、有关协作单位和社会；有的来源于各种自然条件。在工程建设过程中，常见的影响因素如下：

1. 业主因素

业主使用要求改变而进行设计变更；应提供的施工场地条件不能及时提供或所提供的场地不能满足公路工程施工的正常需要；不能及时向施工承包单位或材料供应商付款等使施工进度中断或速度减慢。

2. 勘察设计因素

勘察资料不准确，特别是地质资料错误或遗漏；设计内容不完善，规范应用不恰当，设计有缺陷或错误；设计对施工的可能性未考虑或考虑不周；施工图纸供应不及时、不配套，或出现重大差错等，都将影响施工进度计划的执行。

3. 施工技术因素

施工工艺错误；不合理的施工方案；施工安全措施不当；不可靠技术的应用；施工中发生技术事故；应用新技术、新材料、新结构缺乏经验，不能保证质量等都会影响施工进度。

4. 自然环境因素

复杂的工程地质条件，不明的水文气象条件，地下埋藏文物的保护、处理，洪水、地震、台风等不可抗力等，造成临时停工或破坏都对施工进度产生影响。

5. 社会环境因素

外单位临近工程干扰施工；节假日交通、市容整顿的限制；临时停水、停电、断路；以及在国外常见的法律及制度变化，经济制裁，战争、骚乱、罢工、企业倒闭等，都将影响施工进度计划。

6. 组织管理因素

向有关部门提出各种申请审批手续的延误；合同签订时遗漏条款、表达失当；计划安排不周密，组织协调不力，导致停工待料、相关作业脱节；领导不力，指挥失当，使参加工程建设的各个单位、各个专业、各个施工过程之间交接、配合上发生矛盾等，都会影响施工进度计划。

7. 材料、设备因素

材料、构配件、机具、设备供应环节的差错，品种、规格、质量、数量、时间不能满足工程的需要；特殊材料及新材料的不合理使用；施工设备不配套，选型失当，安装失误，有故障等，都将使施工停顿。

8. 资金因素

有关方拖欠资金，资金不到位，资金短缺；汇率浮动和通货膨胀等经济事件都会影响施工进度计划。

三、施工进度控制的方法和措施

公路工程施工进度的控制方法主要是规划、控制和协调。规划是指确定公路工程施工总进度控制目标和分进度控制目标，并编制其施工进度计划。控制是指在公路工程施工实施的全过程中，进行施工实际进度与施工计划进度的比较，出现偏差及时采取措施调整。协调是指疏通、优化与施工进度有关的单位、部门和工作队组之间的进度关系。

公路工程施工进度控制采取的主要措施有组织措施、技术措施、经济措施和合同措施等。

（一）组织措施

进度控制的组织措施主要包括：

(1)建立进度控制目标体系，明确公路工程现场组织机构中进度控制人员及其职责分工。

(2)建立工程进度报告制度及进度信息沟通网络。

(3)建立进度计划审核制度和进度计划实施中的检查分析制度。

(4)建立进度协调会议制度，包括协调会议举行的时间、地点，协调会议的参加人员等。

(5)建立图纸审查、工程变更和设计变更管理制度。

(二)技术措施

进度控制的技术措施主要包括:

(1)审查进度计划,保证公路工程项目在合理的状态下施工。

(2)编制进度控制工作细则,保证进度控制的有效实施。

(3)采用网络计划技术及其他科学适用的计划方法,并结合电子计算机的应用,对公路工程进度实施动态控制。

(三)经济措施

进度控制的经济措施主要包括:

(1)及时办理工程预付款及工程进度款支付手续。

(2)对应急赶工给予经济保障。

(3)对工期提前给予奖励。

(4)对工程延误实施处罚。

(四)合同措施

进度控制的合同措施主要包括:

(1)加强合同管理,协调合同工期与进度计划之间的关系,保证合同中进度目标的实现。

(2)加强工程变更和设计变更的管理,并补入合同文件之中。

(3)加强风险管理,在合同中应充分考虑风险因素对进度的影响,以及相应的处理方法。

四、施工进度控制的任务

公路工程施工进度控制的主要任务是编制施工总进度计划并控制其执行,按期完成整个公路工程项目的施工任务;编制单位工程施工进度计划并控制其执行,按期完成单位工程的施工任务;编制分部分项工程施工进度计划,并控制其执行,按期完成分部分项工程的施工任务;编制季度、月(旬)作业计划,并控制其执行,完成规定的目标等。

项目经理部的进度控制应按下列程序进行:

(1)根据施工合同确定的开工日期、总工期和竣工日期确定施工进度目标,明确计划开工日期、计划总工期和计划竣工日期,确定公路工程项目分期分批的开、竣工日期。

(2)编制施工进度计划,具体安排实现前述目标的工艺关系、组织关系、搭接关系、起止时间、劳动力计划、材料计划、机械计划和其他保证性计划。

(3)向监理工程师提出开工申请报告,按监理工程师开工令指定的日期开工。

(4)实施施工进度计划,在实施中加强协调和检查,如出现偏差(不必要的提前或延误)及时进行调整,并不断预测未来进度状况。

(5)公路工程项目竣工验收前抓紧收尾阶段进度控制;全部任务完成后进行进度控制总结,并编写进度控制报告。

五、施工进度控制的原理

公路工程施工进度控制受以下原理支配:

(一)动态控制原理

公路工程施工进度控制是一个不断进行的动态控制,也是一个循环进行的过程。它是从公路工程项目施工开始,实际进度就出现了运动的轨迹,也就是计划进入执行的状态。实际进度按照计划进度进行时,两者相吻合;当实际进度与计划进度不一致时,便产生超前或落后的偏差。分析偏差的原因,采取相应的措施,调整原来的计划,使两者在新起点上重合,继续按其进行施工活动,并且充分发挥组织管理的作用,使实际工作按计划进行。但是在新的干扰因素作用下,又会产生新的偏差。施工进度计划的控制就是采用这种动态循环的控制方法。

(二)系统原理

1. 公路工程项目施工计划系统

为了对公路工程施工实际进度计划实施控制,首先必须编制公路工程项目施工的各种进度计划。其中有公路工程项目施工总进度计划、单位工程施工进度计划、分部分项工程施工进度计划、季度和月(旬)作业计划,这些计划组成一个公路工程项目施工进度计划系统。计划的编制对象由大到小,计划的内容从粗到细。编制时从总体计划到局部计划,逐层进行控制目标分解,以保证计划控制目标的落实。执行计划时,从月(旬)作业计划开始实施,逐级按目标控制,从而达到对公路工程项目施工整体进度目标的控制。

2. 公路工程施工进度实施组织系统

建设工程项目施工实施的全过程,各专业队伍都是按照计划规定的目标去努力完成一个个任务。施工项目经理和有关劳动调配、材料设备、采购运输等职能部门都按照施工进度规定的要求进行严格管理、落实和完成各自的任务。施工组织各级负责人,从项目经理、施工队长、班组长及其所属全体成员组成了公路工程项目施工实施的完整组织系统。

3. 公路工程施工进度控制组织系统

为了保证公路工程项目施工进度的实施,还有一个公路工程项目进度的检查控制系统。从公司经理、项目经理,一直到作业班组都设有专门职能部门或人员负责检查、统计、整理实际施工进度的资料,并与计划进度比较分析和进行调整。当然不同层次人员负有不同进度控制职责,分工协作,形成一个纵横连接的公路工程项目施工控制组织系统。事实上有的领导可能既是计划的实施者又是计划的控制者。实施是计划控制的落实,控制是保证计划按期实施。

(三)信息反馈原理

信息反馈是公路工程项目施工进度控制的主要环节,施工的实际进度通过信息反馈给基层施工进度控制的工作人员,在分工的职责范围内,经过对其加工,再将信息逐级向上反馈,直到主控制室,主控制室整理统计各方面的信息,经比较分析做出决策,调整进度计划,使其符合预定工期目标。若不应用信息反馈原理,不断地进行信息反馈,则无法进行计划控制。公路工程项目施工进度控制的过程就是信息反馈的过程。

(四)弹性原理

公路工程项目施工的工期长、影响进度的因素多,其中有的已被人们掌握。根据统计资料和经验,可以估计出影响进度的程度和出现的可能性,并在确定进度目标时,进行实现目标的风险分析。在计划编制者具备了这些知识和实践经验之后,编制公路工程项目施工进度计划时就会留有余地,即施工进度计划具有弹性。在进行公路工程项目施工进度控制时,便可以利用这些弹性,缩短有关工作的时间,或者改变它们之间的搭接关系,使检查之前拖延的工期,通过缩短剩余计划工期的方法,达到预期的计划目标。这就是公路工程项目施工进度控制中对弹性原理的应用。

(五)封闭循环原理

公路工程项目施工进度计划控制的全过程是计划、实施、检查、比较分析、确定调整措施、再计划。从编制公路工程项目施工进度计划开始,经过实施过程中的跟踪检查,收集有关实际进度的信息,比较和分析实际进度与施工计划进度之间的偏差,找出产生原因和解决办法,确定调整措施,再修改原进度计划,形成一个封闭的循环系统。

(六)网络计划技术原理

在公路工程项目施工进度控制中,利用网络计划技术原理编制进度计划,根据收集的实际进度信息,比较和分析进度计划,又利用网络计划的工期优化、工期与成本优化和资源优化的理论调整计划。网络计划技术原理是公路工程项目施工进度控制完整的计划管理和分析计算的理论基础。

第二节 公路工程施工进度控制目标

施工阶段是公路工程实体的形成阶段,对其进度实施控制是公路工程进度控制的重点。做好施工进度计划与公路工程项目总进度计划的衔接,并跟踪检查施工进度计划的执行情况,在必要时对施工进度计划进行调整,对于公路工程进度控制总目标的实现具有十分重要的意义。

一、施工进度控制目标体系

保证公路工程项目按期建成交付使用,是公路工程施工阶段进度控制的最终目的。为了有效地控制施工进度,首先要将施工进度总目标从不同角度进行层层分解,形成施工进度控制目标体系,从而作为实施进度控制的依据。

公路工程施工进度控制目标体系如图 7-1 所示。

从图中可以看出,公路工程不但要有项目建成交付使用的确切日期这个总目标,还要有各单位工程交工动用的分目标以及按承包单位、施工阶段和不同计划期划分的分目标。各目标之间相互联系,共同构成公路工程施工进度控制目标体系。其中,下级目标受上级目标的制约,下级目标保证上级目标,并最终保证施工进度总目标的实现。

(一)按项目组成分解,确定各单位工程开工及动用日期

各单位工程的进度目标在公路工程项目总进度计划及公路工程年度计划中都有体现。在施工阶段应进一步明确各单位工程的开工和交工动用日期,以确保公路施工总进度目标的实现。

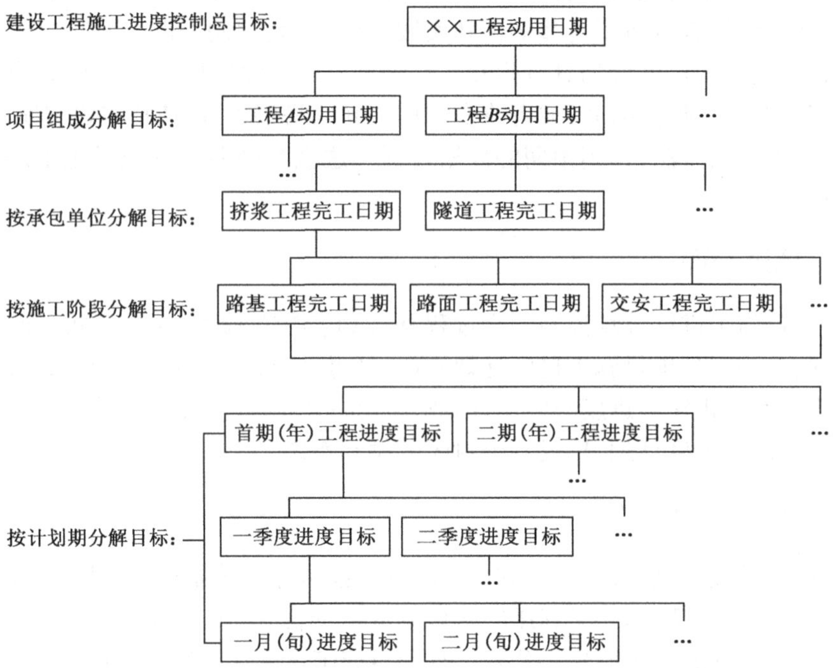

图 7-1 公路工程施工进度目标分解图

(二)按承包单位分解,明确分工条件和承包责任

在一个单位工程中有多个承包单位参加施工时,应按承包单位将单位工程的进度目标分解,确定出各分包单位的进度目标,列入分包合同,以便落实分包责任,并根据各专业工程交叉施工方案和前后衔接条件,明确不同承包单位工作面交接的条件和时间。

(三)按施工阶段分解,划定进度控制分界点

根据公路工程项目的特点,应将其施工分成几个阶段,如路基路面工程可分为路基、基层、路面三个阶段的施工,桥梁工程可分为下部结构和上部结构两个阶段的施工。每一阶段的起止时间都要有明确的标志。特别是不同单位承包的不同施工段之间,更要明确划定时间分界点,以此作为形象进度的控制标志,从而使单位工程动用目标具体化。

(四)按计划期分解,组织综合施工

将公路工程项目的施工进度控制目标按年度、季度、月(或旬)进行分解,并用实物工程量、货币工作量及形象进度表示,将更有利于明确各承包单位的进度要求。同时还可以据此监督、检查其完成情况。计划期越短,进度目标越细,进度跟踪就越及时,发生进度偏差时也就更能有效地采取措施予以纠正。这样,就形成一个有计划、有步骤协调施工、长期目标对短期目标自上而下逐级控制、短期目标对长期目标自下而上逐级保证、逐步趋近进度总目标的局面,最终达到公路工程项目按期竣工交付使用的目的。

二、施工进度控制目标的确定

为了提高公路工程施工进度计划的预见性和施工进度控制的主动性,在确定公路工程施工进度控制目标时,必须全面细致地分析与公路工程施工进度有关的各种有利因素和不利因素,只有这样,才能制订出一个科学、合理的进度控制目标。确定公路工程施工进度控制目标的主要依据有:

(1)公路工程总进度目标对施工工期的要求。

(2)工期定额、类似公路工程项目的实际进度。

(3)公路工程难易程度和公路工程条件的落实情况等。

在确定施工进度分解目标时,还要考虑以下各个方面:

(1)对于大型公路工程项目,应根据尽早提供可动用单元的原则,集中力量分期分批建设,以便尽早投入使用,尽快发挥投资效益。这时,为保证每一动用单元能形成完整的生产能力,就要考虑这些动用单元交付使用时所必需的全部配套项目。因此,要处理好前期动用和后期建设的关系、每期工程中主体工程与辅助及附属工程之间的关系等。

(2)合理安排主线工程(如路基路面、桥涵、隧道工程)和附属工程(如服务区、绿化、机电工程)的施工。要按照它们各自施工的特点,合理安排它们之间的先后顺序及搭接、交叉或平行作业。

(3)结合公路工程的特点,参考同类公路工程的经验来确定施工进度目标。避免只按主观愿望盲目确定进度目标,从而在实施过程中造成进度失控。

(4)做好资金供应能力、施工力量配备、物资(材料、构配件、设备)供应能力与施工进度的平衡工作,确保公路工程进度目标的要求而不使其落空。

(5)考虑外部协作条件的配合情况。包括公路工程施工过程中及公路工程项目竣工动用所需的水、电、气、通信、道路及其他社会服务项目的满足程序和满足时间,它们必须与有关项目的进度目标相协调。

(6)考虑公路工程项目所在地区地形、地质、水文、气象等方面的限制条件。

总之,要想对公路工程项目的施工进度实施控制,就必须有明确、合理的进度目标(进度总目标和进度分目标);否则,控制便失去了意义。

第三节 公路工程施工进度计划的实施与检查

一、公路工程施工进度计划的实施

公路工程施工进度计划的实施就是公路工程施工活动的进展,也就是用施工进度计划指导施工活动、落实和完成计划。施工进度计划逐步实施的过程就是公路工程项目建造的逐步完成过程。为了保证公路工程施工进度计划的实施,并尽量按编制的计划时间逐步进行,保证各进度目标的实现,应做好如下工作。

(一)施工进度计划的审核

项目经理应进行施工进度计划的审核,其主要内容包括:

(1)进度安排是否符合公路工程施工承包合同确定的公路工程项目总目标和分目标的要求,是否符合其开、竣工日期的规定。

(2)公路工程施工进度计划中的内容是否有遗漏,分期施工是否满足分批交工的需要和配套交工的要求。

(3)施工顺序安排是否符合公路工程施工程序的要求。

(4)资源供应计划是否能保证公路工程施工进度计划的实现,供应是否均衡,分包人供应的资源是否满足进度要求。

(5)公路施工图设计的进度是否满足公路工程施工进度计划要求。

(6)总分包之间的进度计划是否相协调,专业分工计划的衔接是否明确、合理。

(7)对公路工程施工进度计划的风险是否分析清楚,是否有相应的对策。

(8)各项保证进度计划实现的措施设计得是否周到、可行、有效。

(二)公路工程施工进度计划的贯彻

1.检查各层次的计划,形成严密的计划保证系统

公路工程项目的所有施工进度计划,包括施工总进度计划、单位工程施工进度计划、分部(分项)工程施工进度计划,都是围绕一个总任务而编制的,它们之间关系是高层次计划为低层次计划提供依据。低层次计划是高层次计划的具体化。在其贯彻执行时,应当首先检查是否协调一致,计划目标是否层层分解、互相衔接,组成一个计划实施的保证体系,以施工任务书的方式下达施工队,保证施工进度计划的实施。

2.层层明确责任并充分利用施工任务书

施工项目经理、作业队和作业班组之间分别签订责任书,按计划目标明确规定工期、承担的经济责任、权限和利益。用施工任务书将作业任务下达到施工班组,明确具体施工任务、技术措施、质量要求等内容,使施工班组必须保证按作业计划时间完成规定的任务。

3.进行计划的交底,促进计划的全面、彻底实施

公路工程施工进度计划的实施是全体工作人员的共同行动,要使有关人员都明确各项计划的目标、任务、实施方案和措施,使管理层和作业层协调一致,将计划变成全体员工的自觉行动,在计划实施前可以根据计划的范围进行计划交底工作,以使计划得到全面、彻底的实施。

(三)公路工程施工进度计划的实施

1.编制月(旬)作业计划

为了实施公路工程施工进度计划,应将规定的任务结合现场施工条件,如施工场地的情况、劳动力与机械等资源条件和施工的实际进度,在施工开始前和过程中不断地编制本月(旬)作业计划,这是使公路工程施工进度计划更具体、更实际和更可行的重要环节。在月(旬)计划中要明确:本月(旬)应完成的任务;所需要的各种资源量;提高劳动生产率和节约措施等。

2.签发施工任务书

编制好月(旬)作业计划后,将每项具体任务通过签发公路工程施工任务书的方式下达班

组进一步落实、实施。施工任务书是向班组下达任务,实行责任承包、全面管理和原始记录的综合性文件,施工班组必须保证指令任务的完成,它是计划和实施的纽带。

公路工程施工任务书在实施过程中要做好记录,任务完成后回收,作为原始记录和业务核算资料。

公路工程施工任务书应按班组编制和下达。它包括施工任务单、限额领料单和考勤表。施工任务单包括:分项工程施工任务、工程量、劳动量、开工日期、完工日期、工艺、质量和安全要求。限额领料单是根据施工任务单编制的控制班组领用材料的依据,应具体列明材料名称、规格、型号、单位和数量、领用记录、退料记录等。考勤表可附在施工任务单背面,按班组人名排列,供考勤时填写。

3. 做好施工进度记录,填好施工进度统计表

在计划任务完成的过程中,各级公路工程施工进度计划执行者都要跟踪做好施工记录,及时记载计划中的每项工作开始日期、每日完成数量和完成日期,记录施工现场发生的各种情况、干扰因素的排除情况;跟踪做好形象进度、工程量、总产值、耗用的人工、材料和机械台班等的数量统计与分析,为施工进度检查和控制分析提供反馈信息。因此,要求实事求是记载,并据以填好上报统计报表。

4. 做好施工中的调度工作

公路工程施工中的调度是组织施工中各阶段、环节、专业和工种的互相配合、进度协调的指挥核心。调度工作是使施工进度计划实施顺利进行的重要手段。其主要任务是掌握计划实施情况,协调各方面关系,采取措施,排除各种矛盾,加强各薄弱环节,实现动态平衡,保证完成作业计划和实现进度目标。

调度工作内容主要有:监督作业计划的实施、调整协调各方面的进度关系;监督检查施工准备工作;督促资源供应单位按计划供应劳动力、施工机具、运输车辆、材料构配件等,并对临时出现问题采取调配措施;按施工平面图管理施工现场,结合实际情况进行必要的调整,保证文明施工;了解气候、水、电、汽的情况,采取相应的防范和保证措施;及时发现和处理施工中各种事故和意外事件;调节各薄弱环节;定期、及时地召开现场调度会议,贯彻施工项目主管人员的决策,发布调度令。

二、公路工程施工进度计划的检查

在公路工程项目的实施过程中,为了进行施工进度控制,进度控制人员应经常地、定期地跟踪检查施工实际进度情况,主要是收集施工进度资料,进行统计整理和对比分析,确定实际进度与计划进度之间的关系,其主要工作包括:

(一)跟踪检查公路工程施工实际进度

为了对施工进度计划的完成情况进行统计、进行进度分析和调整计划提供信息,应对公路工程施工进度计划依据其实施记录进行跟踪检查。

跟踪检查施工实际进度是公路工程项目施工进度控制的关键措施。其目的是收集实际施工进度的有关数据。跟踪检查的时间和收集数据的质量,直接影响进度控制工作的质量和效果。

一般检查的时间间隔与公路工程项目的类型、规模、施工条件和对进度执行要求程度有关。通常可以每隔月、半月、旬或周进行一次。若在施工中遇到天气、资源供应等不利因素的严重影响,检查的时间间隔可临时缩短,次数应频繁,甚至可以每日进行检查,或派人员进驻现场督阵。检查和收集资料的方式一般采用进度报表方式或定期召开进度工作汇报会。为了保证汇报资料的准确性,进度控制的工作人员,要经常到现场察看公路工程项目的实际进度情况,从而保证经常地、定期地准确掌握施工的实际进度。

根据不同需要,进行日常检查或定期检查的内容包括:

(1)检查期内实际完成和累计完成工程量。

(2)实际参加公路工程施工的人力、机械数量和生产效率。

(3)窝工人数、窝工机械台班数及其原因分析。

(4)进度偏差情况。

(5)进度管理情况。

(6)影响进度的特殊原因及分析。

(二)整理统计检查数据

对收集到的公路工程项目施工实际进度数据,要进行必要的整理、按计划控制的工作项目进行统计,形成与计划进度具有可比性的数据、相同的量纲和形象进度。一般可按实物工程量、工作量和劳动消耗量以及累计百分比整理和统计实际检查的数据,以便与相应的计划完成量相对比。

(三)对比实际进度与计划进度

将收集的资料整理和统计成具有与计划进度可比性的数据后,用公路工程施工实际进度与计划进度的比较方法进行比较。通常采用的比较方法有:横道图比较法、S形曲线比较法、“香蕉”形曲线比较法、前锋线比较法和列表比较法等。通过比较得出实际进度与计划进度相一致、超前、拖后三种情况。

(四)施工进度检查结果的处理

公路工程施工进度检查的结果,按照检查报告制度的规定形成进度控制报告,向有关主管人员和部门汇报。

进度控制报告是把检查比较的结果,有关公路工程施工进度现状和发展趋势,提供给项目经理及各级业务职能负责人的最简单的书面形式报告。

进度控制报告是根据报告的对象不同,确定不同的编制范围和内容而分别编写的。一般分为项目概要级进度控制报告、项目管理级进度控制报告和业务管理级进度控制报告。

项目概要级的进度报告是报给项目经理、企业经理或业务部门以及建设单位或业主的。它是以整个公路工程项目为对象说明进度计划执行情况的报告。

项目管理级的进度报告是报给项目经理及企业业务部门的。它是以单位工程或公路工程项目分区为对象说明进度计划执行情况的报告。

业务管理级的进度报告是就某个重点部位或重点问题为对象编写的报告,供项目管理者及各业务部门为其采取应急措施而使用的。

进度报告由计划负责人或进度管理人员与其他项目管理人员协作编写。报告时间一般与进度检查时间相协调，也可按月、旬、周等间隔时间进行编写上报。

通过检查应向企业提供月度施工进度报告的内容主要包括：公路工程项目实施概况、管理概况、进度概要的总说明；公路工程项目施工进度、形象进度及简要说明；施工图纸提供进度；材料、物资、构配件供应进度；劳务记录及预测；日历计划；对建设单位、业主和施工者的工程变更指令、价格调整、索赔及工程款收支情况；进度偏差的状况和导致偏差的原因分析；解决问题的措施；计划调整意见等。

第四节 公路工程施工进度计划的调整

一、公路工程施工进度计划的比较

公路工程施工进度计划的比较分析与计划调整是施工进度控制的主要环节，其中施工进度计划的比较是调整的基础。常用的比较方法有以下几种。

（一）横道图比较法

用横道图编制公路工程施工进度计划，指导施工的实施已是人们常用的、很熟悉的方法。它形象简明和直观，编制方法简单，使用方便。

横道图比较法，是把在公路工程项目施工中检查实际进度收集的数据，经加工整理后直接用横道线平行绘于原计划的横道线处，进行实际进度计划与计划进度直观比较的方法。

例如某桥梁基础工程的施工实际进度计划与计划进度比较，如图7-2所示。其中双线条表示该工程计划进度，粗实线表示该工程施工的实际进度。从图中比较可以看出，在第9周末进行施工进度检查时，挖土方和做垫层两项工作已经完成；支模板的工作按计划进度应当完成，而实际施工进度只完成了75%的任务，已经拖后了25%；绑扎钢筋按计划应该完成60%，而实际只完成了20%的任务，任务量拖后了40%。

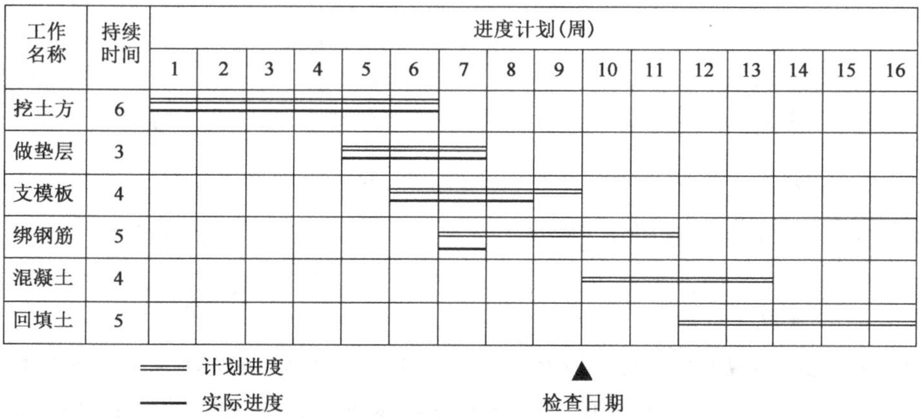

图7-2 某桥梁基础工程实际进度与计划进度比较图

通过上述记录与比较,发现了实际施工进度与计划进度之间的偏差,进度控制者可以采取相应的纠偏措施对计划进度进行调整,以确保该工程按期完成。这是人们公路工程施工中进行施工进度控制经常采用的一种最简单、熟悉的方法。但是它仅适用于施工中各项工作都是按均匀的速度进行,即是每项工作在单位时间里完成的任务量都是相等的情况。

完成任务量可以用实物工程量、劳动消耗量和工作量三种物理量表示。为了比较方便,一般用实际完成量的累计百分比与计划应完成量的累计百分比进行比较。

由于公路工程项目施工中各项工作的速度不一定相同,以及进度控制要求和提供的进度信息不同,可以采用以下几种方法:

1. 匀速施工横道图比较法

匀速施工是指公路工程项目施工中,每项工作的施工进展速度都是匀速的,即在单位时间内完成的任务量都是相等的,累计完成的任务量与时间成直线变化,如图 7-3 所示。采用匀速施工横道图比较法时,其作图步骤为:

(1)编制横道图进度计划。

(2)在进度计划上标出检查日期。

(3)将检查收集的实际进度数据,按比例用粗实线标于计划进度线的下方,如图 7-2 所示。

(4)对比分析实际进度与计划进度。

①如果涂黑的粗实线右端与检查日期相重合,表明实际进度与计划进度相一致。

②如果涂黑的粗实线右端在检查日期的左侧,表明实际进度拖后。

③如果涂黑的粗实线右端在检查日期的右侧,表明实际进度超前。

必须指出:该方法只适用于工作从开始到完成的整个过程中,其施工速度是不变的,累计完成的任务量与时间成正比,如图 7-3 所示。若工作的施工速度是变化的,则这种方法不能进行工作的实际进度与计划进度之间的比较。

2. 非匀速施工横道图比较法

当工作在不同的单位时间里的进展速度不同时,累计完成的任务量与时间的关系不是成直线变化的,如图 7-4 所示,按匀速施工横道图比较法绘制的实际进度涂黑粗实线,不能反映实际进度与计划进度完成任务量的比较情况。这种情况的进度比较可以采用双比例单侧横道图比较法。

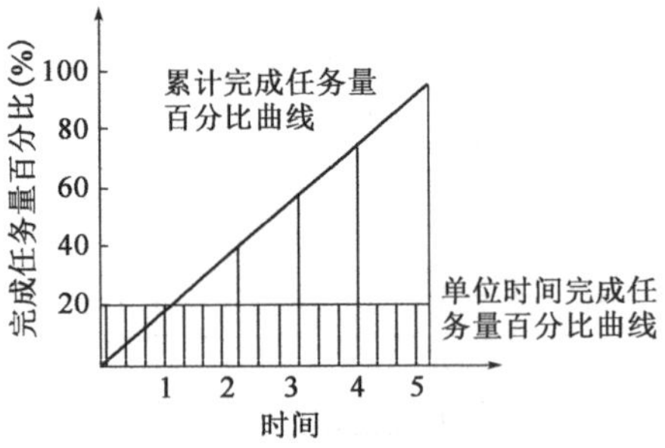

图 7-3 工作匀速进展时完成任务量与时间关系曲线

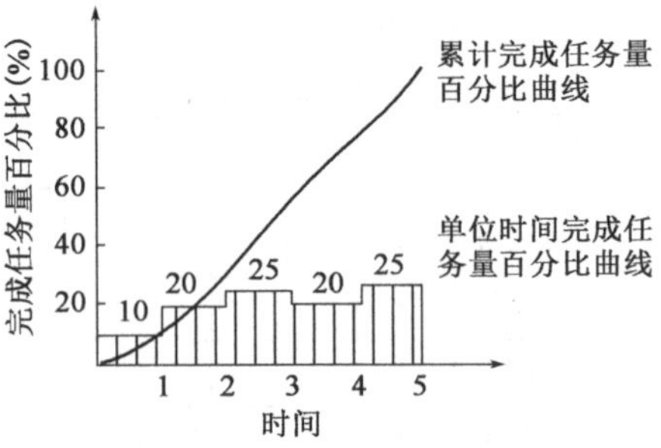

图 7-4 工作非匀速进展时完成任务量与时间关系曲线

双比例单侧横道图比较法是适用工作的进度按变速进展的情况下,工作实际进度与计划进度进行比较的一种方法。它是在表示工作实际进度的涂黑粗实线同时,在表上标出某对应时刻完成任务的累计百分比,将该百分比与其同时刻计划完成任务累计百分比相比较,判断工作的实际进度与计划进度之间的关系的一种方法。其比较方法的步骤为:

(1)编制横道图进度计划。

(2)在横道线上方标出各工作主要时间的计划完成任务量累计百分比。

(3)在横道线的下方标出相应时间工作的实际完成任务量累计百分比。

(4)用涂黑的粗实线标出工作的实际进度,从开工之日标起,同时反映出该工作在实施过程中的连续与间断情况。

(5)对照横道线上方计划完成任务量累计百分比与同时间的下方实际完成任务量累计百分比,比较出实际进度与计划进度之偏差。

①当同一时刻横道线上下两个累计百分比相等,表明实际进度与计划进度一致。

②当同一时刻横道线上面的累计百分比大于横道线下面的累计百分比,表明该时刻实际施工进度拖后,拖后的任务量为两者之差。

③当同一时刻横道线上面的累计百分比小于横道线下面的累计百分比,表明该时刻实际施工进度超前,超前的任务量为两者之差。

这种比较法,不仅适合于施工速度是变化情况下的进度比较,同时除找出检查日期进度比较情况外,还能提供某一指定时间两者比较情况的信息。当然,要求实施部门按规定的时间记录当时的完成情况。

值得指出:由于工程项目的施工速度是变化的,因此横道图中进度横线,不管计划的还是实际的,都是表示工作的开始时间、持续天数和完成时间,并不表示计划完成量和实际完成量,这两个量分别通过标注在横道线上方及下方的累计百分比数量表示。实际进度的涂黑粗实线是从实际工程的开始日期画起,若工作实际施工间断,也可以在图中将涂黑粗实线做相应的空白。

【例题 7-1】 某桥墩的绑扎钢筋工程按施工计划安排需要9d完成,每天计划完成任务量百分比、每天工作的实际进度和检查日累计完成任务的百分比,如图7-5所示。

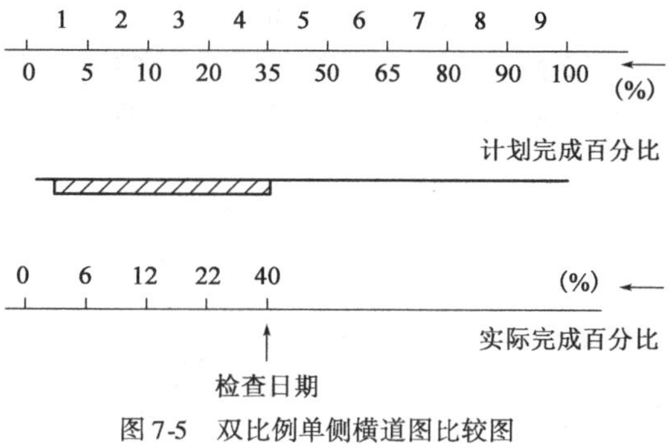

图7-5 双比例单侧横道图比较图

其比较方法的步骤为:

(1)编制横道图进度计划,如图7-5中的黑横道线所示。

(2)在横道线上方标出钢筋工程每天计划完成任务的累计百分比分别为5%、10%、20%、35%、50%、65%、80%、90%、100%。

(3)在横道线的下方标出工作1d、2d、3d末和检查日期实际完成任务的百分比,分别为:6%、12%、22%、40%。

(4)用涂黑粗实线标出实际进度线。从图7-5中看出,实际开始工作时间比计划时间晚半天,进程中连续工作。

(5)比较实际进度与计划进度的偏差。从图7-5中可以看出,第1天末实际进度比计划进度超前1%,以后各天末分别为2%、2%和5%。

综上所述可以看出:横道图比较法的优点是方法简单,形象直观,容易掌握,应用方便,被广泛地应用于简单的进度监测工作中。但是，由于它以横道图进度计划为基础，因此，带有其不可克服的局限性，如各工作之间的逻辑关系不明显，关键工作和关键线路无法确定，一旦某些工作进度产生偏差时，难以预测其对后续工作和整个工期的影响，以及确定调整方法。

（二）S 形曲线比较法

S 形曲线比较法是以横坐标表示进度时间，纵坐标表示累计完成任务量，绘制出一条按计划时间累计完成任务量的 S 形曲线，然后将工程项目实施过程中各检查时间实际累计完成的任务量 S 形曲线也绘制在同一坐标系中，进行实际进度与计划进度相比较的一种方法。

从整个工程项目的施工全过程看，一般是开始和结尾阶段，单位时间投入的资源量较少，中间阶段单位时间投入的资源量较多，与其相对应，单位时间完成的任务量也是呈同样变化的，如图 7-6a）所示，而随时间进展累计完成的任务量则应该呈 S 形变化，如图 7-6b）所示。

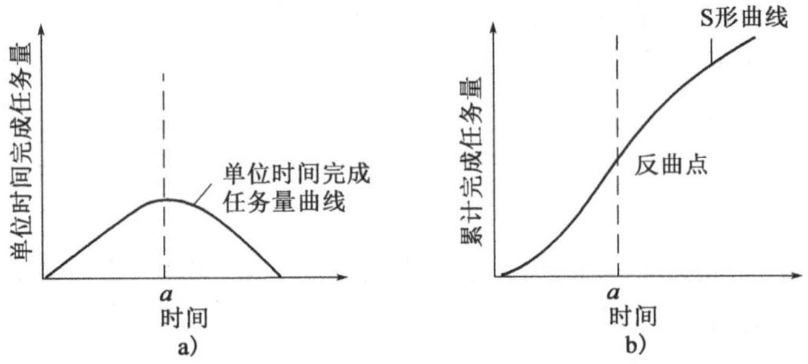

图 7-6　时间与完成任务量关系曲线

1. S 形曲线绘制

下面以例题说明 S 形曲线的绘制方法。

【例题 7-2】 某桥梁的单个盖梁混凝土浇筑工程的浇筑总量为 $30m^3$，按照施工方案，计划 3.5h 完成，每半小时计划完成的混凝土浇筑量如图 7-7 所示，试绘制半个盖梁混凝土浇筑的计划进度 S 形曲线。

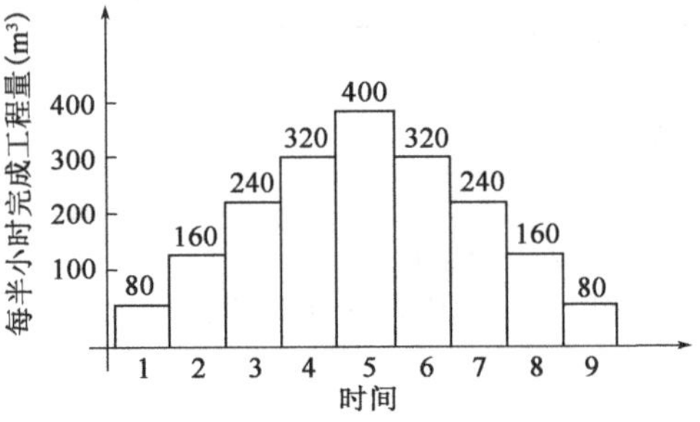

图 7-7　每半小时完成工作量图

解　根据已知条件：

（1）确定单位时间计划完成任务量。在实际工程中计划进度曲线，很难找到如图 7-6a）所示的定性分析的连续曲线，但可以根据每单位时间内完成的实物工程量或投入的劳动力与费用，计算出计划单位时间的量值 q_i，则 q_i 为离散型的，如图 7-7所示。

在本例中，将每半小时计划完成混凝土浇筑量列于表 7-1 中。

完成工程量汇总表　　　表 7-1

时间（半小时）	0.5	1	1.5	2	2.5	3	3.5
每半小时完成量（m^3）	2.4	3.6	5.4	7.2	5.4	3.6	2.4
累计完成量（m^3）	2.4	6	11.4	18.6	24	27.6	30

(2)计算不同时间累计完成任务量。其计算方法等于各单位时间完成的任务量累加求和。

在本例中,依次计算每半小时计划累计完成的混凝土浇筑量,结果列于表7-1中。

(3)根据累计完成任务量绘制S形曲线。在本例中,根据每半小时计划累计完成混凝土浇筑量而绘制的S形曲线如图7-8所示。

2. S形曲线比较

S形曲线比较法同横道图一样,是在图上直观地进行公路工程项目实际进度与计划进度的比较。一般情况,计划进度控制人员在计划实施前绘制计划进度S形曲线。在公路工程项目实施过程中,按规定时间将检查收集到的实际累计完成任务量绘制在与计划S形曲线同一张图上,可得出实际进度S形曲线,如图7-9所示。比较两条S形曲线,可以得到如下信息:

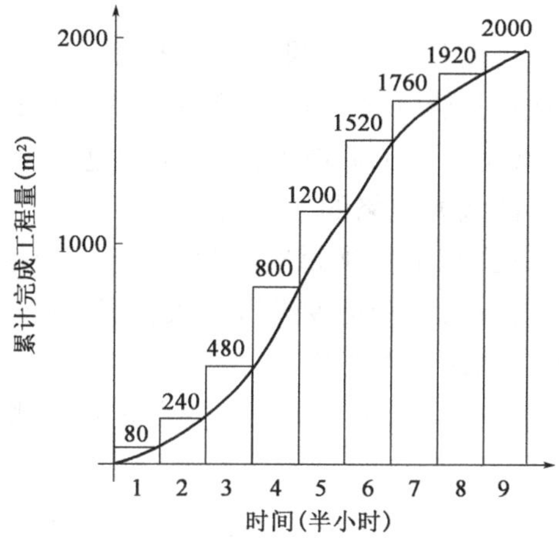

图7-8 S形曲线

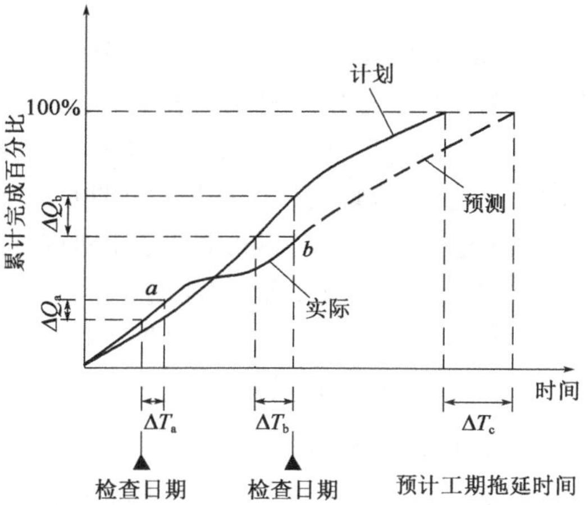

图7-9 S形曲线比较图

(1)公路工程项目实际进度与计划进度比较。公路工程中,如果工程实际进展点落在计划S形曲线左侧,则表示此时实际进度比计划进度超前,如图7-9中的a点;如果工程实际进展点落在计划S形曲线右侧,则表示此时实际进度比计划进度拖后,如图7-9中的b点;如果工程实际进展点落在计划S形曲线上,则表示此时实际进度与计划进度一致。

(2)公路工程项目实际进度比计划进度超前或拖后的时间。如图7-9所示,ΔT_a表示T_a时刻实际进度超前的时间;ΔT_b表示ΔT_b时刻实际进度拖后的时间。

(3)公路工程项目实际进度比计划进度超前或拖后的任务量。如图7-9所示,ΔQ_a表示T_a时刻超额完成的任务量;ΔQ_b表示在T_b时刻拖欠的任务量。

(4)预测工程进度。如图7-9所示,如果后期工程按原计划速度进行,则工期拖延预测值为ΔT_c。

(三)香蕉形曲线比较法

香蕉形曲线是两条S形曲线组合成的闭合曲线。从S形曲线比较法中得知,按某一时间开始的公路工程项目的进度计划,其计划实施过程中进行时间与累计完成任务量的关系都可以用一条S形曲线表示。对于一个公路工程项目的网络计划,在理论上总是分为最早和最迟两种开始与完成时间的。因此,一般情况,任何一个公路工程项目的网络计划,都可以绘制出

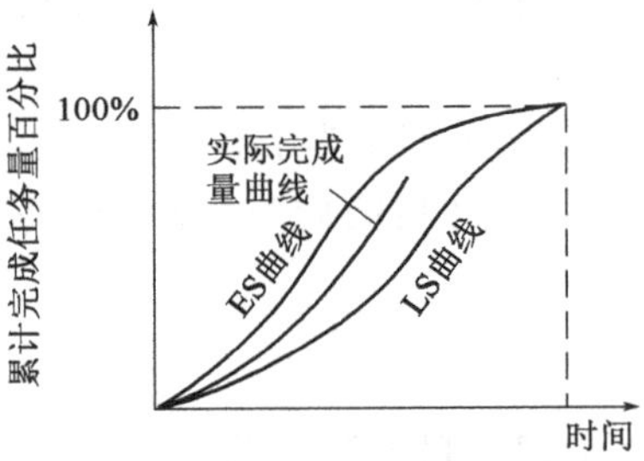

图 7-10　香蕉形曲线比较图

两条 S 形曲线。其一是计划以各项工作的最早开始时间安排进度而绘制的 S 形曲线,称为 ES 曲线;其二是计划以各项工作的最迟开始时间安排进度而绘制的 S 形曲线,称 LS 曲线。两条 S 形曲线都是从计划的开始时刻开始和完成时刻结束,因此两条曲线是闭合的。一般情况,其余时刻,ES 曲线上的各点均落在 LS 曲线相应点的左侧,形成一个形如香蕉的曲线,故此称为香蕉形曲线,如图 7-10所示。

在公路工程项目的实施中,进度控制的理想状况是任一时刻按实际进度描绘的点,均应落在该香蕉形曲线的区域内。如图 7-10 中的实际进度线。

1. 香蕉形曲线比较法的作用

(1)利用香蕉形曲线,合理安排公路工程项目施工进度计划。如果公路工程项目中的各项工作都按最早开始时间安排进度,将导致公路工程项目投资加大;而如果各项工作都按最迟开始时间安排进度,则一旦受到进度影响因素的干扰,又将导致工期拖延,加大工程进度风险。因此,一个科学合理的进度计划优化曲线应处于香蕉形曲线所包络的区域内。

(2)定期进行施工实际进度与计划进度的比较。在公路工程项目实施过程中,可根据每次收集到的实际完成任务量,绘制实际进度 S 形曲线,便可与计划进度进行比较。实际进度的理想状态是任一时刻工程实际进展点均应落在香蕉形曲线图的范围内。

(3)预测工程后期的进展趋势。利用香蕉形曲线可以对工程后期的进展情况进行预测。

2. 香蕉形曲线的绘制方法

香蕉形曲线的绘制方法与 S 形曲线的绘制方法基本一致,所不同之处在于香蕉形曲线是分别以工作的最早开始和最迟开始时间而绘制的两条 S 形曲线组合而成。其具体步骤如下:

(1)以建设工程项目的网络计划为基础,计算各项工作的最早开始时间 ES 和最迟开始时间 LS。

(2)确定各项工作在各单位时间内的计划完成任务量。按两种情况考虑:

①根据各项工作按最早开始时间安排的进度计划,确定各项工作在各单位时间的计划完成任务量。

②根据各项工作按最迟开始时间安排的进度计划,确定各项工作在各单位时间的计划完成任务量。

(3)计算建设工程项目总任务量,即对所有工作在各单位时间计划完成的任务量累加求和。

(4)分别根据各项工作按最早开始时间、最迟开始时间安排的进度计划,确定公路工程项目在各单位时间计划完成的任务量,即将各项工作在某一单位时间内计划完成的任务量求和。

(5)分别根据各项工作按最早开始时间、最迟开始时间安排的进度计划,确定不同时间累计完成的任务量或任务量的百分比。

(6)绘制香蕉形曲线。分别根据各项工作按最早开始时间、最迟开始时间安排的进度计划而确定的累计完成任务量或任务量的百分比描绘各点,并连接各点得 ES 曲线和 LS 曲线,由 ES 曲线和 LS 曲线组成香蕉形曲线。

在公路工程项目实施过程中,按同样的方法,将每次检查的各项工作实际累计完成的任务量,在香蕉形曲线图上绘出实际进度曲线,便可以进行实际进度与计划进度的比较。

3. 举例说明香蕉形曲线的具体绘制步骤

【例题 7-3】 已知某高速公路工程项目网络计划如图 7-11 所示,图中箭线上方括号内的数字表示各项工作计划完成的任务量,完成任务量以劳动量消耗数量表示;箭线下方数字表示各项工作持续时间(周),试绘制香蕉形曲线。

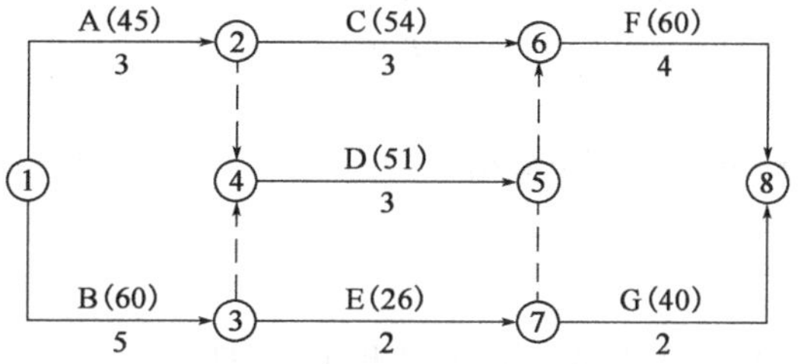

图 7-11 某工程项目网络计划图

解 (1)确定该高速公路工程项目各项工作每周的劳动消耗量:

工作 A:45 ÷3 =15　　工作 B:60 ÷5 =12

工作 C:54 ÷3 =18　　工作 D:51 ÷3 =17

工作 E:26 ÷2 =13　　工作 F:60 ÷415

工作 G:40 ÷2 =20

(2)计算高速公路工程项目劳动消耗量 Q:

$$Q = 45 + 60 + 54 + 51 + 26 + 60 + 40 = 336(\text{工日})$$

(3)根据各项工作按最早开始时间安排的进度计划,确定高速公路工程项目每周计划劳动消耗量及每周累计劳动消耗量,如图 7-12 所示。

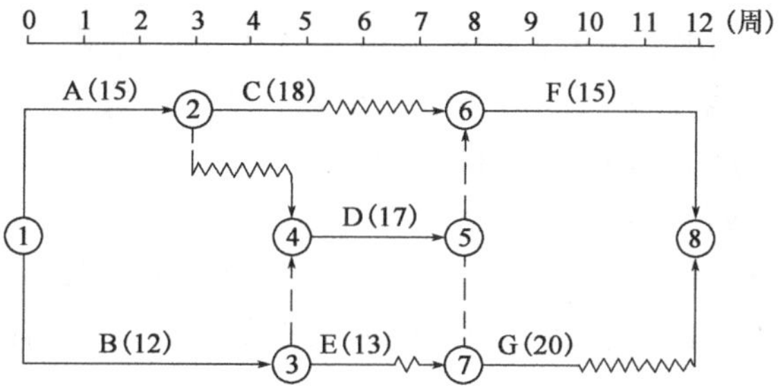

每周劳动消耗量	27	27	27	30	30	48	30	17	35	35	15	15
累计劳动消耗量	27	54	81	111	141	189	219	236	271	306	321	336

图 7-12 按最早开始时间安排的进度计划及劳动消耗量

(4)根据各项工作按最迟开始时间安排的进度计划,确定高速公路工程项目每周计划劳动消耗量及每周累计劳动消耗量,如图 7-13 所示。

(5)根据不同的累计劳动消耗量,分别绘制 ES 和 LS 曲线,便可得到香蕉形曲线,如图 7-14所示。

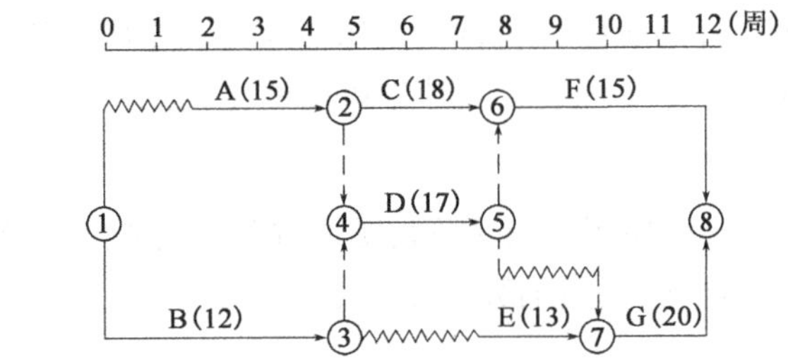

每周劳动消耗量	12	12	27	27	27	35	35	35	28	28	35	35
累计劳动消耗量	12	24	51	78	105	140	175	210	238	266	301	336

图 7-13　按最迟开始时间安排的进度计划及劳动消耗量

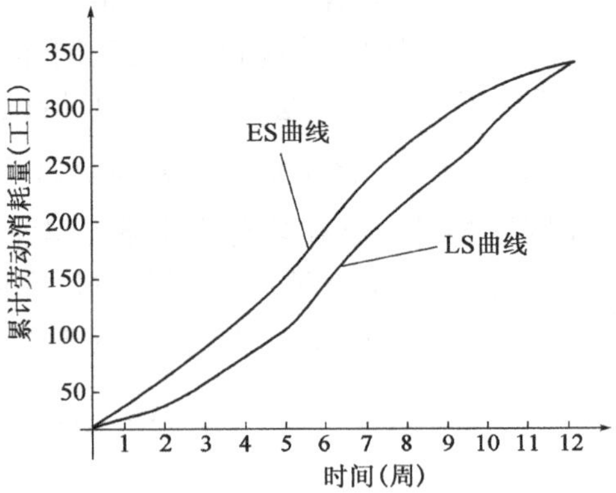

图 7-14　香蕉形曲线图

(四)前锋线比较法

公路工程项目的进度计划用时标网络计划表达时,还可以采用实际进度前锋线法进行实际进度与计划进度比较。

前锋线比较法是从计划检查时间的坐标点出发,用点划线依次连接各项工作的实际进度点,最后到计划检查时间的坐标点为止,形成前锋线。按实际进度前锋线与工作箭线交点的位置判定施工实际进度与计划进度偏差。简言之,实际进度前锋线法是通过建设工程项目实际进度前锋线,判定施工实际进度与计划进度偏差的方法。

采用前锋线比较法进行实际进度与计划进度的比较,其步骤如下:

1.绘制时标网络计划图

建设工程项目实际进度前锋线是在时标网络计划图上标示,为清楚起见,可在时标网络计划图的上方和下方各设一时间坐标。

2.绘制实际进度前锋线

一般从时标网络计划图上方时间坐标的检查日期开始绘制,依次连接相邻工作的实际进展位置点,最后与时标网络计划图下方坐标的检查日期相连接。

工作实际进展位置点的标定方法有以下两种:

(1)按该工作已完成任务量比例进行标定

假设建设工程项目中各项工作均为匀速进展,根据实际进度检查时刻该工作已完成任务量占其计划完成总任务量的比例,在工作箭线上从左至右按相同的比例标定其实际进展位置点。

(2)按尚需作业时间进行标定

当某些工作的持续时间难以按实物工程量来计算而只能凭经验估算时,可以先估算出检查时刻到该工作全部完成尚需作业的时间,然后在该工作箭线上从右向左逆向标定其实际进展位置点。

3.进行实际进度与计划进度的比较

前锋线可以直观地反映出检查日期有关工作实际进度与计划进度之间的关系。对某项工作来说,其实际进度与计划进度之间的关系可能存在以下三种情况:

(1)工作实际进展位置点落在检查日期的左侧,表明该工作实际进度拖后,拖后的时间为二者之差。

(2)工作实际进展位置点与检查日期重合,表明该工作实际进度与计划进度一致。

(3)工作实际进展位置点落在检查日期的右侧,表明该工作实际进度超前,超前的时间为二者之差。

4. 预测进度偏差对后续工作及总工期的影响

通过实际进度与计划进度的比较确定进度偏差后,还可根据工作的自由时差和总时差预测该进度偏差对后续工作及建设工程项目总工期的影响。由此可见,前锋线比较法既适用于工作实际与计划进度之间的局部比较,又可分析和预测建设工程项目整体进度状况。

【例题 7-4】 某多跨连续梁桥桩基工程项目时标网络计划如图 7-15 所示。该计划执行到第 6 周末检查实际进度时,发现工作 A 和 B 已经全部完成,工作 D、E 分别完成计划任务量的 20% 和 50%,工作 C 尚需 3 周完成,试用前锋线法进行实际进度与计划进度的比较。

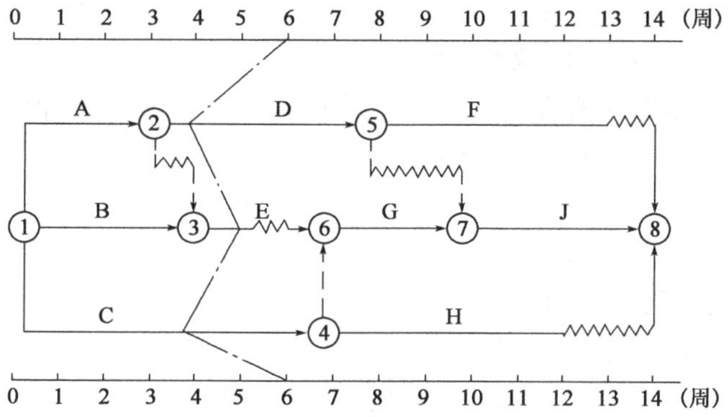

图 7-15 某工程前锋线比较图

解 根据第 6 周末实际进度的检查结果绘制前锋线,如图 7-15 中点划线所示。通过比较可以看出:

(1)工作 D 实际进度拖后 2 周,将使其后续工作 F 的最早开始时间推迟 2 周,并使总工期延长 1 周。

(2)工作 E 实际进度拖后 1 周,既不影响总工期,也不影响其后续工作的正常进行。

(3)工作 C 实际进度拖后 2 周,将使其后续工作 G、H、J 的最早开始时间推迟 2 周。由于工作 G、J 开始时间的推迟,从而使总工期延长 2 周。

综上所述:如果不采取措施加快施工进度,该多跨连续梁桥桩基工程项目的总工期将延长 2 周。

(五)列表比较法

当公路工程项目施工进度计划用非时标网络图表示时,可以采用列表比较法进行实际进度与计划进度的比较。这种方法是记录检查日期应该进行的工作名称及其已经作业的时间,然后列表计算有关时间参数，并根据工作总时差进行实际进度与计划进度比较的方法。

采用列表比较法进行实际进度与计划进度比较，其步骤如下：

(1)对于实际进度检查日期应该进行的工作，根据已经作业的时间，确定其尚需作业时间。

(2)根据原进度计划计算检查日期应该进行的工作从检查日期到原计划最迟完成时尚余时间。

(3)计算工作尚有的总时差，其值等于工作从检查日期到原计划最迟完成时间尚余时间与该工作尚需作业时间之差。

(4)比较实际进度与计划进度，可能有以下几种情况：

①如果工作尚有总时差与原有总时差相等，说明该工作实际进度与计划进度一致。

②如果工作尚有总时差大于原有总时差，说明该工作实际进度超前，超前的时间为二者之差。

③如果工作尚有总时差小于原有总时差，且仍为非负值，说明该工作实际进度拖后，拖后的时间为二者之差，但不影响总工期。

④如果工作尚有总时差小于原有总时差，且为负值，说明该工作实际进度拖后，拖后的时间为二者之差，此时工作实际进度偏差将影响总工期。

【例题 7-5】 某公路工程项目施工进度计划如图 7-15 所示。该计划执行到第 11 周末检查实际进度时，发现工作 A、B、C、D、E 已经全部完成，工作 F 已进行 2 周，工作 H 和工作 G 均已进行 3 周，试用列表比较法进行实际进度与计划进度的比较。

解 根据公路工程项目进度计划及实际进度检查结果，可以计算出检查日期应进行工作的尚需作业时间、原有总时差及尚有总时差等，计算结果见表 7-2。通过比较尚有总时差和原有总时差，即可判断目前建设工程实际进展状况。

建设工程进度检查比较表 表 7-2

工作代号	工作名称	检查计划时尚需作业周数	到计划最迟完成时尚余周数	原有总时差	尚有总时差	情况判断
5 - 8	F	3	3	1	0	拖后 1 周，但不影响工期
7 - 8	G	2	3	2	1	拖后 1 周，影响工期 1 周
4 - 8	H	1	3	0	2	提前 2 周

二、公路工程项目施工进度计划的调整

(一)分析进度偏差的影响

在公路工程项目实施过程中，当通过施工实际进度与计划进度的比较，发现有进度偏差时，应当分析该偏差对后续工作和对总工期的影响，从而采取相应的调整措施对原进度计划进行调整，以确保工期目标的顺利实现。

1. 分析出现进度偏差的工作是否为关键工作

若出现进度偏差的工作为关键工作，则无论偏差大小，都对后续工作及总工期产生影响，必须采取相应的调整措施；若出现进度偏差的工作不为关键工作，需要根据偏差值与总时差和

自由时差的大小关系,确定对后续工作和总工期的影响程度。

2. 分析进度偏差是否大于总时差

若工作的进度偏差大于该工作的总时差,说明此进度偏差必将影响后续工作和总工期,必须采取相应的调整措施;若工作的进度偏差小于或等于该工作的总时差,说明此进度偏差对总工期无影响,但它对后续工作的影响程度,需要根据比较偏差与自由时差的情况来确定。

3. 分析进度偏差是否大于自由时差

若工作的进度偏差大于该工作的自由时差,说明此偏差对后续工作产生影响,应该如何调整,要根据后续工作允许影响的程度而定;若工作的进度偏差小于或等于该工作的自由时差,则说明此偏差对后续工作无影响,因此,原进度计划可以不必调整。

经过如此分析,进度控制人员可以确认应该调整产生进度偏差的工作和调整偏差值的大小,以便确定采取相应调整措施,获得新的符合实际进度情况和计划目标的新进度计划。

(二)公路工程项目施工进度计划的调整方法

在对实施的进度计划分析的基础上,应确定调整原进度计划的方法,一般主要有以下几种:

1. 改变某些工作间的逻辑关系

若检查的实际施工进度产生的偏差影响了总工期,在工作之间的逻辑关系允许改变的条件下,可改变关键线路和超过计划工期的非关键线路上的有关工作之间的逻辑关系,达到缩短工期的目的。用这种方法调整的效果是很显著的,例如可以把依次进行的有关工作改成平行的或互相搭接的,以及分成几个施工段进行流水施工等,都可以达到缩短工期的目的。

2. 缩短某些工作的持续时间

这种方法是不改变工作之间的逻辑关系,而是缩短某些工作的持续时间,使施工进度加快,并保证实现计划工期的方法。这些被压缩持续时间的工作是位于由于实际施工进度的拖延而引起总工期增长的关键线路和某些非关键线路上的工作。同时这些工作又是可压缩持续时间的工作,这种方法实际上就是网络计划优化中工期优化方法和工期与成本优化的方法,不再赘述。

3. 资源供应的调整

如果资源供应发生异常,应采用资源优化方法对计划进行调整,或采取应急措施,使其对工期影响最小。

4. 增减施工内容

增减施工内容应做到不打乱原计划的逻辑关系,只对局部逻辑关系进行调整。在增减施工内容以后,应重新计算时间参数,分析对原网络计划的影响。当对工期有影响时,应采取调整措施,保证计划工期不变。

5. 增减工程量

增减工程量主要是指改变施工方案、施工方法,从而导致工程量的增加或减少。

6. 起止时间的改变

起止时间的改变应在相应工作时差范围内进行。每次调整必须重新计算时间参数,观察该项调整对整个施工计划的影响。调整时可在下列方法中进行：

(1)将工作在其最早开始时间与其最迟完成时间范围内移动。

(2)延长工作的持续时间。

(3)缩短工作的持续时间。

(三)公路工程施工进度控制总结

1. 施工进度控制总结的依据

项目经理部应在施工进度计划完成后，及时进行施工进度控制总结，为进度控制提供反馈信息。总结时应依据以下资料：

(1)施工进度计划。

(2)施工进度计划执行的实际记录。

(3)施工进度计划检查结果。

(4)施工进度计划的调整资料。

2. 施工进度控制总结的内容

施工进度控制总结应包括以下内容：

(1)合同工期目标和计划工期目标完成情况。

(2)施工进度控制经验。

(3)施工进度控制中存在的问题。

(4)科学的施工进度计划方法的应用情况。

(5)施工进度控制的改进意见。

【思考题】

1. 何谓公路工程施工进度控制？
2. 影响公路工程施工进度的因素有哪些？
3. 简述公路工程施工进度控制的措施。
4. 简述公路工程施工进度控制的程序。
5. 简述公路工程施工进度控制的原理。
6. 简述确定公路工程施工目标的依据。
7. 简述公路工程施工进度计划检查的内容。
8. 公路工程施工进度计划调整的方法有哪些？有何特点？
9. 如何分析公路工程施工进度偏差对工期和后续工作的影响？有哪些调整方法？

第八章

工程项目的质量控制与竣工验收

第一节　概　　述

由于公路项目的建设投资巨大,同时还要消耗大量的人工、材料、能源。因此,必须要求其有满足交通运输需要的工程质量,以期在预定的营运期内能发挥作用。公路建设项目工程质量的优劣,直接影响国家经济建设的速度。工程质量差本身就是最大的浪费,低劣的质量一方面需要大幅度增加返修、加固等费用,另一方面还将增加使用过程中的养护、改造费用。更有甚者,如果工程质量低劣,不但不能使项目发挥应有的效用,而且还会因质量、安全等问题导致交通事故。所以在公路项目建设过程中,加强质量管理、确保国家和人民生命财产安全是业主管理工作中的头等大事。

一、公路建设项目的质量与质量形成的影响因素

(一)质量

我国国家标准《质量管理体系　基础和术语》(GB/T 19000—2008)对质量的定义是:产品、体系或过程的一组固有特性满足顾客和其他相关方要求的能力,包括要满足明示的要求、隐含的要求和必须履行的需求或期望的能力。简单地说,质量既要符合规定的要求,又要满足

用户的期望。

1. 明示的要求

一般是指在合同环境中，用户明确提出的需要或要求，通常是通过合同、标准、规范、图纸、技术文件等所作出的明文规定，由供方保证实现。

2. 隐含的要求

一般是指非合同环境（即市场环境）中，用户未提出或未明确提出，而由生产企业通过市场调研进行识别或探明的要求或需要。这种需要虽然从法律、法规或技术标准上尚未作出明确规定，然而随着经济的发展和科学技术的进步及人们消费观念的变化，是客观上已经存在的某些需求。这是用户或社会对产品服务的“期望”，也就是人们公认的、不言而喻的那些“需要”。

（二）公路建设项目质量形成的影响因素

公路建设项目一般都是按照合同条件承包建设的，因此，工程项目质量是在“合同环境”下形成的。合同条件中对工程项目的功能、使用价值及设计、施工质量等的明确规定都是业主的“需要”，因而都是质量的内容。从功能和使用价值来看，工程项目质量又体现在适用性、可靠性、经济性、外观质量与环境协调等方面。

公路建设项目质量贯穿于项目实施的全过程。包括项目决策质量、项目设计质量、项目施工质量、项目保修质量。人的质量意识和质量能力、决策、勘察设计、建筑材料、构配件及相关工程用品的质量、施工方案、施工环境等因素，对项目质量的形成起着不同的作用和影响。

（1）人的质量意识和质量能力。公路建设项目各参与方如建设单位、勘察设计单位、施工承包单位、监理及咨询服务单位、政府主管及工程质量监督、监测单位对工程质量的形成有着决定性的影响。

因此，为保证公路的建设质量，根据国家的有关规定，公路项目建设必须实行资质管理制度、市场准入制度、执业资格注册制度、持证上岗制度以及质量责任制度等。

（2）决策因素。项目决策阶段是影响公路工程项目质量的关键阶段，要能充分反映业主对质量的要求和意愿。在项目决策阶段，主要是确定公路建设项目应达到的质量目标及水平。在进行项目决策时，应从整个国民经济角度出发，根据国民经济发展的长期计划和交通运输规划，有效地控制投资规模，以确定工程项目最佳的投资方案、质量目标和建设周期，使工程项目的预定质量标准，在投资、进度目标下能顺利实现。

（3）勘察设计因素。公路建设项目的勘察设计是具体确定其质量目标值，直接将建设意图变成工程蓝图，将适用、经济、美观融为一体，为建设施工提供质量标准和依据。设计在技术上是否可行、经济上是否合理、设备是否配套、结构是否安全可靠等，都将决定着公路建设项目建成后的使用价值和功能。

（4）建筑材料、构配件及相关工程用品的质量因素。公路的建设质量的水平在很大程度上取决于材料的质量。因此正确、合理地选择材料，控制材料、构配件及工程用品的质量规格、性能特性是否符合设计规定标准，直接关系到项目的质量形成。

（5）施工方案因素。施工阶段是根据设计文件和图纸的要求，通过施工形成工程实体。这一阶段直接影响公路建设项目最终质量。施工方案包括施工技术方案和施工组织方案。施工技术落后、方法不当、机具有缺陷,以及施工程序、工艺顺序有错,都将对工程质量的形成产生影响。

(6)施工环境因素。包括地质、水文、气候等自然环境及施工现场的通风、照明、安全卫生防护设施等劳动作业环境,以及由工程承、发包合同结构所派生的多单位多专业共同施工的管理关系、组织协调方式及现场施工质量控制系统等构成的管理环境,对工程质量的形成产生相当大的影响。

二、公路建设项目质量管理原则

1. 坚持质量第一的原则

公路建设项目质量不仅关系到工程的适用性和建设项目投资效果,而且关系到人民群众生命财产的安全。所以,业主应始终坚持“百年大计,质量第一”的原则。

2. 坚持以人为核心的原则

人是公路建设项目建设的决策者、组织者、管理者和操作者。公路建设中各单位、各部门、各岗位人员的工作质量水平和完善程度,都直接和间接地影响工程质量。所以在质量管理中,要以人为核心,重点控制人的素质和人的行为,充分发挥人的积极性和创造性,以人的工作质量保证工程质量目标的实现。

3. 坚持预防为主的原则

质量管理应该是积极主动的,应事先对影响质量的各种因素加以控制,而不能是消极被动地等出现质量问题再进行处理。所以,要重点做好质量的事先控制和事中控制,以预防为主,加强过程和中间产品的质量检查和控制。

4. 坚持质量标准的原则

质量标准是评价产品质量的尺度,工程质量是否符合合同规定的质量标准要求,应通过质量检验并和质量标准对照,符合质量标准要求的才是合格产品。

三、公路工程项目质量管理的基本原理

1. PDCA 循环的原理

PDCA 循环是人们在管理实践中形成的基本理论方法。

(1)P(计划,Plan)。就是明确目标并制订实现目标的实施方案。即在分析和找出存在的质量问题的基础上,分析产生这些质量问题的原因和影响因素及主要影响因素,针对主要影响因素制订措施,提出行动计划。对公路建设项目质量管理而言,计划阶段是要求项目的各参与方根据其任务目标和责任范围,确定质量控制的组织制度、工作程序、技术方法、业务流程、资源配置、检验试验要求、质量记录方式、不合格处理、管理措施等具体内容和做法的文件。同时,对其实现预期目标的可行性、有效性、经济合理性进行分析论证,按照规定的程序与权限审批执行。

(2)D(实施,Do)。就是执行计划或措施。首先,对计划的实施方案进行交底,使各参与者明确计划的意图和要求,掌握标准,规范行为;然后,按计划规定的方法与要求开展作业技术活动。

(3)C(检查,Check)。就是调查和统计所采取措施的效果,即对计划实施过程进行的各种检查。包括检查是否严格执行了计划的行动方案、实际条件是否发生了变化、不执行计划的原因以及检查产品的质量是否达到标准的要求,对此进行确认和评价。

(4)A(处置,Action)。就是对质量检查中所发现的质量问题或质量不合格状态,及时进行原因分析,采取应急措施,解决当前的质量问题,保持质量形成的受控状态。同时,通过总结经验,制订相应的标准或制度,并且提出尚未解决的质量问题,将质量信息反馈到管理部门,反思问题症结或计划时的不周,为今后类似问题的质量预防提供借鉴。

PDCA 的四个阶段周而复始,循环一次,质量改善一次,质量水平提高一步,呈螺旋式上升。对一个公路建设项目而言,质量管理是一个 PDCA 循环,而勘察设计、施工等又要进行多个 PDCA 循环。就施工阶段而言,项目业主、承包人、监理单位等也有其 PDCA 循环,当然,他们的下级机构也有其 PDCA 循环。也就是说,通过 PDCA 循环,把项目的各参与方、各项工作有机地联系起来,彼此协同,相互促进,形成大环套小环,一层层地解决问题。PDCA 循环的原理如图 8-1 所示。

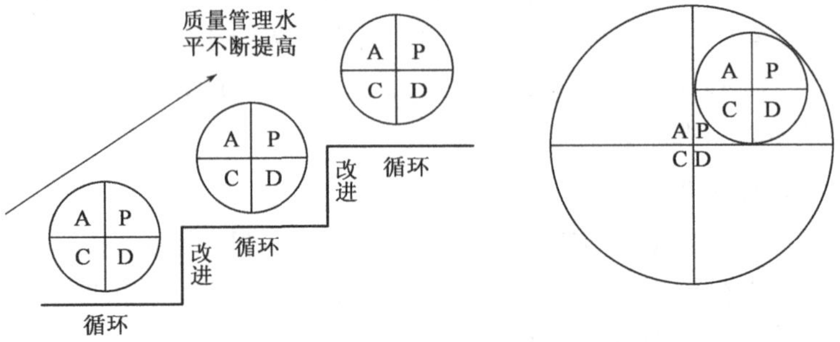

图 8-1 质量管理中的 PDCA 循环的原理图

2. 三阶段控制的原理

三阶段控制指的是事前控制、事中控制和事后控制。这三个阶段构成了质量控制的一个完整的系统过程。

(1)事前控制。即预先制订周密的质量计划,并按质量计划进行质量活动前的准备工作。

(2)事中控制。即要求项目的实施者应在质量计划的约束下,充分发挥其技术能力,去完成预定质量目标的任务。在施工阶段,通过开工前的检查,工序交接检查与工序检查,隐蔽工程检查,停工后复工前的检查,分项、分部工程完工后的检查,成品、材料、机械设备等的检查,巡视检查,使产品生产质量处于受控状态。

(3)事后控制。包括对质量活动结果的评价认定和对质量偏差的纠正。

四、高速公路建设项目验收的目的和方式

高速公路建设项目验收分为交工验收和竣工验收两个阶段,是项目施工周期的最后一个环节,也是建设成果转入生产使用的标志。交工验收是检查施工合同的执行情况,评价工程质量是否符合技术标准及设计要求,是否可以移交下一阶段施工或是否满足通车要求,对各参建单位工作进行初步评价。竣工验收是综合评价工程建设成果,对工程质量、参建单位和建设项目进行综合评价。

(一)验收的目的

(1)全面考察工程施工质量。竣工验收阶段通过对已竣工工程的检查和试验,考核承包商的施工成果是否达到了设计的要求。通过竣工验收及时发现和解决影响生产和使用方面的问题,以保证高速公路建设项目按照设计要求的各项技术经济指标正常投入运行。

(2)明确合同责任。能否顺利通过竣工验收,是判别承包商是否按施工承包合同约定的责任范围完成了施工义务的标志。在完满地通过竣工验收后,承包商即可与业主办理竣工结算手续,将所施工的工程移交给业主使用和照管。

(3)高速公路建设项目转入投产使用的必备程序。竣工验收是国家全面考核高速公路项目建设成果,检验项目决策、设计、施工、设备制造和管理水平,以及总结建设项目建设经验的重要环节。一个高速公路建设项目建成投产交付使用后,能否取得预想的宏观效益,需要经过国家权威管理部门按照技术规范、技术标准组织验收确认。《公路工程竣(交)工验收办法》(交通部令2004年第3号)中规定:公路工程应进行竣(交)工验收,未经验收或者验收不合格的,不得交付使用。

(二)验收的方式

为了保证高速公路建设项目竣工验收的顺利进行,必须遵守一定的程序,并按照建设项目总体计划的要求,以及施工进展的实际情况分阶段进行。项目施工达到验收条件的验收方式,可分为项目中间验收、单项工程验收和全部工程验收三大类,见表8-1。

不同阶段工程验收的特点 表8-1

类　型	验收条件	验收组织
中间验收	(1)按照施工承包合同的约定,施工完成到某一阶段后要进行中间验收; (2)重要的工程部位施工已完成了隐蔽前的准备工作,改建工程部位将置于无法查看的状态	由监理单位组织,业主和承包商派人参加。该部位的验收资料将作为最终验收的依据
单项工程验收(交工验收)	(1)建设项目中的某个合同工程已全部完成; (2)合同内约定有分部分项移交的工程已达到竣工验收标准,可移交给业主投入试运行	由业主组织,会同施工单位、监理单位、设计单位及使用单位等有关部门共同进行
全部工程的竣工验收(动用验收)	(1)建设项目按设计规定全部建成,达到竣工验收条件; (2)初验结果全部合格; (3)交工验收所需全部资料已准备齐全	竣工验收委员会由交通运输主管部门、公路管理机构、质量监督机构、造价管理机构等单位代表组成。大中型项目及技术复杂工程,应邀请有关专家参加。国防公路应邀请军队代表参加

虽然项目的中间验收也是工程验收的一个组成部分,但它属于施工过程中的管理内容。以下仅就竣工验收(单项工程验收和全部工程验收)的有关问题予以介绍。

五、验收依据

(1)批准的工程可行性研究报告。

(2)批准的工程初步设计、施工图设计及变更设计文件。

(3)批准的工程设计、概算、预算文件。

(4)批准或确认的招标文件及合同文本。

(5)上级机关对工程的各种指示文件,行政主管部门的有关批复、批示文件。

(6)公路工程标准、规范及国家有关规定等。

六、高速公路建设项目交(竣)工验收的主要工作

(1)项目法人、勘察设计单位和施工单位(包括各主要的工程分包单位)要分别对工程项目的决策和论证、勘察设计以及施工的全过程,进行最后的评价,实事求是地总结各自在工程项目建设中的经验和教训。这项工作,实际上也是对工程项目管理全过程进行系统的检验。作为工程项目项目法人和总承包单位,还应该组织有关人员对整个工程项目进行工期分析、质量分析、造价分析。

(2)办理建设工程的验收和交接手续,办理竣工结算和竣工决算,办理工程档案资料的移交,办理工程保修手续等。总之,在这个阶段,要把整个工程项目的结束工作、移交工作和善后清理工作办理完毕。

(3)项目经理在做好施工项目的收尾工作的前提下,还应做好以下各项验收准备工作:

①组织工程技术人员绘制竣工图,清理和准备各项需要向项目法人移交的工程档案资料,并编制工程档案资料移交清单。

②组织以预算人员为主,生产、管理、技术、财务、材料、劳资等人员参加或提供资料,编制竣工结算表。

③准备工程竣工通知书、工程竣工报告、工程竣工验收证明书、工程保修证书等。

④组织好工程的自验、自检工作,报请上级领导部门进行交(竣)工验收检查,对检查出的问题,及时进行处理和修补。

⑤准备好工程质量评定的各项资料。并按结构性能、使用功能、外观效果等方面进行分类。应包括分项工程质量检验评定、分部工程质量检验评定、单位工程质量检验评定、隐蔽工程验收记录、吊装及试压记录以及工程质量事故发生情况和处理结果等方面的资料,为正式评定工程质量提供资料和依据,也为技术档案资料移交归档作准备。

第二节　公路建设项目施工阶段质量管理

一、公路建设项目施工阶段质量管理概述

(一)施工阶段质量管理的系统过程

施工阶段是使工程设计意图最终实现并形成工程实体的阶段,是最终形成工程实体质量的过程。施工阶段的质量管理包括对投入的资源和条件的质量管理、生产过程及各环节质量管理、完成的产品的质量检验等工作。施工阶段质量管理层次划分如表8-2所示。

施工阶段质量管理层次划分 表 8-2

施工阶段质量管理层次	内　容
按工程实体质量形成过程的时间阶段划分	施工准备控制,竣工过程控制,竣工验收控制
按工程实体形成过程中物质形态转化的阶段划分	对原材料、半成品、构配件、设备的质量的控制、施工过程质量管理、交工验收与竣工验收
按工程项目施工层次划分的系统控制过程	单项工程、单位工程、分部工程、分项工程等

(二)施工阶段质量管理控制程序

施工阶段质量管理不仅涉及最终产品的检查、验收,而且涉及施工过程的各环节及中间产品的监督、检查与验收。

(1)每道工序或每项工程开工前,承包人必须首先提交工程开工申请报告,除按规定的“工程开工申请报告”表格内容填写外,还应提出工程实施计划,依据技术规范列明本项目工程的质量管理指标及检查频率和方法,施工方案及施工工艺,到达现场材料供应情况及材料试验报告,施工机械型号、数量、劳动力,组织安排及承包人质量自检系统,并提供放样、测量标准、试验等基础资料。

对开工申请报告审查时,一般应掌握以下原则:

①所采用的设计图纸必须经过复核无误。

②材料、人力、机械设备不足不准开工。

③未经检验认可的材料不准使用。

④未经批准的施工工艺不准采用。

⑤前道工序未经检验,后道工序不准进行。

(2)在施工过程中,单位、分项或分部工程完工后,承包人的质量自检人员应根据规范要求进行系统自检,合格后汇总各道工序的检查记录及测量和抽样试验的结果,并填报“中间交工证书”。监理工程师检查汇总各道工序的质量检验单,并进行一次系统的检查验收,必要时应做测量或抽检试验,合格后签认“中间交工证书”,并对该项工程进行计量。如验收不合格,承包人应进行缺陷修补、返工或采取其他补救措施。

(三)施工质量管理的依据

(1)工程合同文件。工程施工承包合同文件和委托监理合同文件中分别规定了参与建设各方在质量管理方面的权利和义务,有关各方必须履行在合同中的承诺。

(2)设计文件。《建设工程质量管理条例》规定,承包人必须“按图施工”。也就是说,经过批准的设计图纸和技术说明书等设计文件,是质量管理的重要依据。

(3)国家及政府有关部门颁布的有关质量管理方面的法律、法规性文件。如《中华人民共和国公路法》《建设工程质量管理条例》等。

(4)有关质量检验与控制的专门技术法规性文件。包括各种有关的标准、规范、规程或规定。如《公路工程施工检验评定标准》、有关工程材料、半成品和构配件质量管理方面的专门技术法规、有关的施工作业技术规程。

二、公路建设项目施工准备阶段的质量管理

1. 施工承包人资质的核查

按照《建筑业企业资质等级标准》规定，交通运输部对公路工程施工总承包企业、路基工程专业、路面工程专业、桥梁工程专业、隧道工程专业及公路交通工程交通安全设施、通信系统、监控系统、收费系统、综合系统工程等的企业等级及承包工程范围进行了规定，如表8-3～表8-8所示。

公路工程施工总承包企业承包工程范围 表8-3

序号	企业等级	承包工程范围
1	特级企业	可承担各等级公路及其桥梁、隧道工程的施工
2	一级企业	可承担单项合同额不超过企业注册资本金5倍的各等级公路及其桥梁、长度3000m及以下的隧道工程的施工
3	二级企业	可承担单项合同额不超过企业注册资本金5倍的一级标准及以下公路、单跨跨度＜100m的桥梁、长度＜1000m的隧道工程的施工
4	三级企业	可承担单项合同额不超过企业注册资本金5倍的二级标准及以下公路、单座桥长＜500m、单跨跨度＜40m的桥梁工程的施工

公路路面工程专业承包企业承包工程范围 表8-4

序号	企业等级	承包工程范围
1	一级企业	可承担各级公路的各类路面和钢桥面工程的施工
2	二级企业	可承担单项合同额不超过企业注册资本金5倍的一级标准及以下公路路面工程的施工
3	三级企业	可承担单项合同额不超过企业注册资本金5倍的二级标准及以下公路路面工程的施工

公路路基工程专业承包企业承包工程范围 表8-5

序号	企业等级	承包工程范围
1	一级企业	可承担各级公路的土石方、单跨跨度小于100m、单座桥长小于500m的桥梁、防护及排水、软基处理工程的施工
2	二级企业	可承担单项合同额不超过企业注册资本金5倍的一级标准及以下公路的土石方、中小型桥涵、防护及排水、软基处理工程的施工
3	三级企业	可承担单项合同额不超过企业注册资本金5倍的二级标准及以下公路的土石方、中小型桥涵、防护及排水、软基处理工程的施工

桥梁工程专业承包企业承包工程范围 表8-6

序号	企业等级	承包工程范围
1	一级企业	可承担各类桥梁工程的施工
2	二级企业	可承担单跨100m及以下桥梁工程的施工

隧道工程专业承包企业承包工程范围 表8-7

序号	企业等级	承包工程范围
1	一级企业	可承担各类隧道工程施工
2	二级企业	可承担断面20m^2及以下且长度1000m以下的隧道工程施工

公路交通工程专业承包企业承包工程范围 表8-8

序号	企业等级	承包工程范围
1	交通安全设施分项	可承担各级公路标志、标线、护栏、隔离栅、防眩板等工程施工及安装
2	通信系统工程分项	可承担各级公路干线传输系统、程控交换系统、移动通信系统、光(电)缆敷设工程、紧急电话系统的施工及安装
3	监控系统工程分项	可承担各级公路交通信息采集系统、信息发布系统、中央控制系统、供电配套设施系统的施工及安装
4	收费系统工程分项	可承担收费公路收费车道及附属配套设备、收费管理系统及配套设备的施工及安装
5	通信、监控、收费综合系统工程分项	可承担各级公路干线传输系统、程控交换系统、移动通信系统、光(电)缆敷设工程、紧急电话系统的施工及安装,交通信息采集系统、信息发布系统、中央控制系统、供电配套设施系统的施工及安装和收费公路收费车道及附属配套设备、收费管理系统及配套设备的施工及安装

同时规定,公路施工企业不得跨资质序列、越级、超范围承包工程;公路施工企业参与专业工程(路基、路面、桥梁、隧道、公路交通工程交通安全设施、通信系统、监控系统、收费系统、综合系统工程等)投标和施工的,应具备相应的专业工程承包资质;公路施工企业参与施工总承包工程(路基、路面、桥梁、隧道工程中任意两个及两个以上的工程一起招标的工程)投标和施工的,应具备公路工程施工总承包资质;公路施工企业若以联合体形式参与投标,主办人应具备与所投标段工程内容相适应的资质,成员单位应具备与其承担的工程内容相适应的资质;对依法分包的工程,分包人应具备与其分包的工程内容相适应的资质;施工总承包工程中的桥梁、隧道,若其规模(总长、跨径)超出公路工程施工总承包资质规定的承包工程范围,则施工企业还应同时具备相应的桥梁、隧道工程专业承包资质;对公路交通工程通信、监控、收费系统中任意两个及两个以上系统一起招标的,施工企业应具备公路交通工程专业承包通信、监控、收费综合系统工程资质;对公路交通工程交通安全设施纳入土建工程一起招标的,施工企业应同时具备公路工程的相应资质和交通安全设施资质。

2. 现场施工准备工作的质量控制

(1)工程定位及测量放线控制

承包人应对业主给定的原始基准点、基准线和高程等测量控制点进行复核,并将复测结果报监理工程师审核,经批准后承包人据以进行准确的测量放线,建立施工测量控制网,并应对其正确性负责,同时做好基桩的保护。

(2)施工平面布置的控制

施工现场总体布置要合理,要有利于保证施工正常、顺利地进行,有利于保证质量,特别是要对场区的运输道路、防洪排水、器材存放、给水及供电、原料堆放等有合理的安排。

(3)原材料、构配件质量的控制

①凡由承包人负责采购的原材料、半成品或构配件,在采购订货前应向监理工程师申报;对于重要的材料,还应提交样品,供试验或鉴定,有些材料则要求供货单位提交理化试验单,经审查认可后,方可进行订货采购。

②对于半成品或构配件,应按经过审批认可的设计文件和图纸要求采购订货,质量应满足有关标准和设计的要求,交货期应满足施工及安装进度安排的需要。

③优选合格的供货厂家,大宗器材或材料的采购应当实行招标采购的方式。供货厂方应向订货方提供质量文件,用以表明其提供的货物能够完全达到质量要求。

④进口材料的检查、验收,应会同国家商检部门进行。

⑤材料构配件进场后,在使用之前应达到规定的存放条件。

(4)施工机械配置的控制

施工机械设备的选择,除应考虑施工机械的技术性能、工作效率、工作质量、可靠性及维修难易、能源消耗,以及安全、灵活等方面对施工质量的影响与保证外,还应考虑其数量配置对施工质量的影响与保证条件。此外,要注意设备形式应与施工对象的特点及施工质量要求相适应。在选择机械性能参数方面,也要与施工对象特点及质量要求相适应。

(5)分包单位资格的审核确认

①分包单位向总承包人提交《分包单位资质报审表》。

②审查总承包人提交的《分包单位资质报审表》。审查时,主要是审查施工承包合同是否允许分包,分包的范围和工程部位是否可进行分包,分包单位是否具有按工程承包合同规定的条件完成分包工程任务的能力。

③对分包单位进行调查,核实其情况是否属实。

(6)设计交底与施工图纸的现场核对

3. 工序开工前准备状态的控制

1)质量控制点的设置

质量控制点是指为了保证工序作业过程质量而确定的重点控制对象、关键部位或薄弱环节。对于质量控制点,一般要事先分析可能造成质量问题的原因,再针对原因制订对策和措施进行预控。以下工序或部位可作为质量控制点:

①一般施工过程中的关键工序或环节以及隐蔽工程。

②施工中的薄弱环节,或质量不稳定的工序、部位或对象。

③对后续工程施工或对后续工序质量或安全有重大影响的工序、部位或对象。

④采用新技术、新工艺、新材料的部位或环节。

⑤施工上无足够把握的、施工条件困难的或技术难度大的工序或环节。

2)质量预控对策

所谓工程质量预控,就是针对所设置的质量控制点或分部、分项工程,事先分析施工中可能发生的质量问题和隐患,分析可能产生的原因,并提出相应的对策,采取有效的措施进行预先控制,以防在施工中发生质量问题。

(1)检查承包人的工序质量管理体系

检查内容有:施工承包人的质量管理体系和质量控制自检系统是否处于良好的状态,系统的组织结构、管理制度、检测制度、检测标准、人员配备等方面是否完善和明确,质量责任制是否落实。

(2)工序作业技术交底

关键部位、技术难度大、施工复杂的工序和分项工程施工前,承包人的技术交底书(作业指导书)要报监理工程师。经监理工程师审查后,如技术交底书不能保证工序的质量要求,承包人要进行修改补充。没有做好技术交底的工序或分项工程,不得进入正式实施。

(3)工序现场施工条件

①施工作业环境的控制。

主要从施工过程需要的诸如水、电或动力供应、施工照明、安全防护设备、施工场地空间条件和通道以及交通运输和道路条件等是否良好,承包人对此进行的有关准备工作是否已做好,发生问题的应急处理对策是否有效等方面进行检查。

②施工机械设备性能及工作状态的控制。

从施工机械设备的进场检查、机械设备工作状态的检查等方面进行控制。

③大型临时设备的检查。

在跨越大江、大河的桥梁施工中,经常会涉及承包人在现场组装的大型临时设备,如轨道式龙门吊机、挂篮、架梁吊机、吊索塔架、缆索吊机等。这些设备使用前,承包人必须取得本单位上级安全主管部门的审查批准,办好相关手续后,方可批准投入使用。

4. 施工测量及计量器具性能、精度的控制

(1)工程作业开始前,承包人应向项目监理机构报送工地试验室(或外委试验室)的资质证明文件,列出本试验室所开展的试验、检测项目、主要仪器、设备,法定计量部门对计量器具的标定证明文件,试验检调人员上岗资质证明,试验室管理制度等。

(2)施工测量开始前,承包人应向项目监理机构提交测量仪器的型号、技术指标、精度等级、法定计量部门的标定证明,以及测量人的上岗证明,经审核确认后,方可进行正式的测量作业。

5. 施工现场劳动组织及作业人员上岗资格的控制

施工现场的操作人员工种、数量等要合理。管理人员的管理活动要落实责任制。从事特殊作业的人员必须持证上岗。

三、公路建设项目施工阶段质量管理

工程施工质量是在施工过程中形成的,而施工过程又是由一系列相互联系与制约的工序所构成的,因此,保证工序的效果与质量是施工过程质量管理的基础。

(一)施工阶段质量监控系统

1. 承包人自检

承包人是施工质量的直接实施者和责任者,因此,必须建立起完善的质量自检体系并保证运转有效。一般来说,承包人的自检体系是工序结束后必须自检;不同工序交接、转换必须由相关人员交接检查;承包人专职质检员的专检。

承包人为做好自检工作,应严格执行 ISO 9000:2005(GB/T 19000—2008)系统标准,运用全面质量管理原理,抓好施工全过程质量管理,确保工程一次合格,一次成优,质量优良率达90%以上;认真执行质量管理制度,把施工图审签制,技术交底制,质量自检、互检、工序交接检验(三检)制,隐蔽工程检查签证制,安全、质量检查评比奖罚制,工程计量质量签证制,分项工程质量评定制,质量事故(隐患)报告处理制等行之有效的质量管理制度,具体落实到施工活动中,使质量管理做到群、专结合,上下结合,内外结合,贯彻施工全过程;坚持"预防为主,检验把关相结合"的方针;工程质量、工作质量与分配挂钩,奖罚分明;开展技术培训,成立 QC 小

组，组织技术攻关，解决质量管理中的难点，解决施工技术难关，确保工程创优。

2. 监理工程师的检查

监理工程师的质量检查与验收，是对承包人工序质量的复核与确认。监理工程师的检查不能代替承包人的自检，而且，监理工程师的检查必须是在承包人自检并确认合格的基础上进行的。专职质检员没检查或检查不合格不能报监理工程师，不符合上述规定，监理工程师应一律拒绝进行检查。

（二）中间产品的质量监控

公路建设项目施工中，均会涉及一些中间产品的生产。如混凝土工程中，砂、石集料本身的组分级配，混凝土拌制的配合比；路基填料的级配、配合及拌制；路面工程中沥青摊铺料的级配、配比。不同原材料的级配、配比及拌制后的产品对最终工程质量有重要的影响。

1. 拌和原材料的质量管理

使用的原材料除材料本身质量要符合规定要求外，材料本身的级配也必须符合相关规定，如粗集料的粒径级配、细集料的级配曲线要在规定的范围内。

2. 材料配合比的审查

根据设计要求，承包人首先进行理论配合比设计，进行试配试验后，确认 2 ~3 个能满足要求的理论配合比提交监理工程师审查。报送的理论配合比必须附有原材料的质量证明资料（现场复验及见证取样试验报告）、现场试块抗压强度报告及其他必需的资料。监理工程师经审查后确认其符合设计及相关规范的要求后，予以批准。

3. 现场制备料的质量管理

首先，要检查拌和设备状态及相关拌和料计量装置；其次，要使投入使用的原材料（如水泥、砂、外加剂、水、粉煤灰、粗集料）与批准的配合比一致；制成品的实际配合比要符合设计的理论配合比。

4. 预制场及自行制作的预制构件的质量管理

对预制场及自行制作的预制构件，设专职监理工程师对生产全过程进行监理，重点检查水泥、钢筋、碎石、预应力钢材、外掺剂及锚具的质量，审查混凝土的设计配合比，生产中对每道工序要严格检查验收，不合格的构件禁止运到施工现场。

（三）现场监督和检查

1. 现场监督、检查的内容

（1）开工前的检查。主要是检查开工前准备工作的质量，能否保证正常施工及工程施工质量。

（2）工序施工中的跟踪监督、检查与控制。主要是监督、检查在工序施工过程中，人员、施工机械设备、材料、施工方法及工艺或操作以及施工环境条件等是否均处于良好的状态，是否符合保证工程质量的要求，若发现有问题及时纠偏和加以控制。

（3）对于重要的和对工程质量有重大影响的工序和工程部位，还应在现场进行施工过程的旁站监督与控制，确保使用材料及工艺过程质量。

2. 现场监督检查的方式

(1)测量、复测

测量工作要贯穿于施工的全过程,特别是对放线所依据的基准点、基准线都要实地严格复查。在各项工程开工前,监理工程师对承包人的施工放线测量进行监督、检查和认可;在各项工程施工进行中,对控制工程线位、高程和尺寸的各个环节进行监督、检查、认定;在各分项、分部工程完工后的中间交工验收时进行测量检查,并提出各单位工程测量成果资料;与相邻承包人取得联系,协调工作,以便相邻工程导线点和水准点的衔接。

(2)旁站与巡视

旁站是指在关键部位或关键工序施工过程中由监理人员在现场进行的全过程主动、动态跟踪监督活动。通过旁站能随时检查材料质量、施工方法、施工程序、机械设备和数量是否与被批准的相符,并对承包人的试验方法、取样方法及测试数据进行检查、监督。同时,旁站还能检查隐蔽工程和关键工序的质量。对工程质量有重大影响,或有特殊要求的工序,或质量不稳定的工序,通过旁站能及时发现隐患,避免或减少质量缺陷的发生。巡视是指监理人员对正在施工的部位或工序现场进行的定期或不定期的监督活动,巡视是一种"面"上的活动,它不限于某一部位或过程,而旁站则是"点"的活动,它是针对某一部位或工序。

在施工阶段,很多工程的质量问题是由于现场施工或操作不当或不符合规程、标准所致,有些施工操作不符合要求的工程质量,虽然在表面上似乎影响不大,或外表上看不出来,但却隐藏着潜在的质量隐患与危险。例如浇筑混凝土时振捣时间不够或漏振,都会影响混凝土的密实度和强度,而只凭抽样检验并不一定能完全反映出实际情况。此外,抽样方法和取样操作如果不符合规程及标准的要求,其检验结果也同样不能反映实际情况。上述这类不符合规程或标准要求的违章施工或违章操作,只有通过监理人员的现场旁站监督与检查,才能发现问题与得到控制。旁站的部位或工序要根据工程特点,也应根据承包人内部质量管理水平及技术操作水平决定。一般而言,混凝土灌注、预应力张拉过程及压浆、基础工程中的软基处理、复合地基施工(如搅拌桩、悬喷桩、粉喷桩)、路面工程的沥青混合料摊铺、沉井施工过程、桩基的打桩过程、防水施工、隧道衬砌施工中超挖部分的回填、边坡喷锚、打锚杆等要实施旁站。

在施工过程中,通过监理人员的现场巡视、旁站监督与检查,可以及时发现违章操作和不按设计要求、不按施工图纸或施工规范、规程或质量标准施工的现象,对不符合质量要求的要及时进行纠正和严格控制。

(3)抽样检验

每道工序完工后,承包人自检合格,监理工程师按合同规定的频率抽样检验,用数据反映工程质量水平,及时对缺陷工程处理,保证每道工序的质量。

(4)成品检查验收

对已完成的分部、分项工程,监理工程师抽查其外观质量,并按规定的频率抽检各分部、分项工程的各项质量指标,对合格的工程,监理工程师签认"中间交工证书"。

(四)试验工作

1. 工地试验室的管理工作

(1)原材料、砂浆、混凝土及混合料设计配合比的试验有关材料进行试验后，应出具材料试验报告单，无论是抽样检查还是取样送检，所出具的报告必须符合政府质量监督部门关于资质规格的要求。若发现原材料不合格，工地试验室要及时向监理工程师反映，由监理工程师提出处理意见。

承包人必须根据施工进展情况，超前适时进行砂浆、混凝土及混合料设计配合比的试验，向监理中心试验室提出推荐的配合比。

(2)现场检测试验

施工前总监办与承包人的试验人员，按规范确定检测项目，施工中共同按规范要求的频率进行试验或在工地试验室旁站监督承包人的试验过程，检查原始记录并按规定频率对现场进行独立抽查，将抽查结果填入质量检验单，对无条件做的试验项目在监理中心试验室或在政府有关部门认定了资质的试验室进行。施工中试验人员重点检查工程的关键部位及隐蔽工程部位。工地试验室应将抽查情况和旁站监督的资料及承包人自查的原始试验记录，以规定频率对分项工程进行复查检验，并将检查结果反馈给承包人。

2. 监理中心试验室工作

(1)分项工程验收

承包人对分项工程自检合格后，提出中间交验申请，同时向监理中心试验室提出验收申请。监理中心试验室首先检查承包人的自检记录和监理的抽查记录，然后对已完成的分项工程进行抽查，通过驻地办高监向承包人发出分项工程质量评定，签发“中间交工证书”。

(2)设计配合比的复核试验

混合料、砂浆及混凝土等配合比的复核试验，由监理中心试验室完成。当承包人推荐的设计配合比复核试验结果不符合要求时，通知承包人重新选取合格材料再进行推荐配合比设计，复试完毕应提出复核试验报告，作为监理批准配合比的依据。施工中应以批准的配合比控制各项技术指标。

(3)工程质量抽验

业主或政府质量监督部门在巡视现场检查工程质量的过程中，如怀疑质量上有问题而下达抽样检验指令时，监理中心实验室应根据检查内容、要求，做好准备，检查时各驻地办应予以配合，检查结果应及时报告公司，总监办同时留底存档。

(4)试验段的监督

试验段开工前，监理中心试验室对试验段的试验资料进行审查，并对送来的原材料及其混合料进行试验。在施工中，监理中心试验室要与承包人共同取样检查，最后验收。由监理中心试验室再进行试验，并提出试验报告，以此作为验收的依据。

(五)工序质量检查验收方法与隐蔽工程的验收

1. 施工阶段工序质量检查验收方法

对于现场所用原材料、半成品、工序过程或工程产品质量进行检验的方法，一般可分为三类，即目测法、检测工具量测法以及试验法。

(1)目测法：主要是根据质量要求，采用看、摸、敲、照等手法对检查对象进行检查，“看”就是根据质量标准要求进行外观检查；“摸”就是通过触摸手感进行检查、鉴别；“敲”就是运用敲击方法进行声感检查；“照”就是通过人工光源或反射光照射，仔细检查难以看清的部位。

(2)量测法:就是利用量测工具或计量仪表,通过实际量测结果与规定的质量标准或规范的要求相对照,从而判断质量是否符合要求。

(3)试验法:指通过进行现场试验或试验室试验等理化试验手段,取得数据,分析、判断质量情况。包括理化试验、无损测试或检验等。

2. 隐蔽工程验收

隐蔽工程是指将被其后工程施工所隐蔽的分项、分部工程,在隐蔽前所进行的检查验收。它是对一些已完分项、分部工程质量的最后一道检查,由于检查对象就要被其他工程覆盖,给以后的检查、整改造成障碍,所以它是质量管理的一个关键过程。隐蔽工程验收的程序为:

(1)隐蔽工程施工完毕,承包人按有关技术规程、规范、施工图纸先进行自检,自检合格后,填写《报验申请表》,附上相应的工程检查证(或隐蔽工程检查记录)及有关材料证明、试验报告、复试报告等,报送项目监理机构。

(2)监理工程师收到报验申请后首先对质量证明资料进行审查,并在合同规定的时间内到现场检查(检测或核查),承包人的专职质检员及相关施工人员应随同一起到现场。

(3)经现场检查,如符合质量要求,监理工程师在《报验申请表》及工程检查证(或隐蔽工程检查记录)上签字确认,准予承包人隐蔽、覆盖,进入下一道工序施工。如经现场检查发现不合格,监理工程师签发"不合格项目通知",指令承包人整改,整改后自检合格再报监理工程师复查。

(六)质量记录资料的管理

质量记录资料是施工或安装期间,实施质量管理活动的记录,它详细地记录了工程施工阶段质量管理活动的全过程。因此,它不仅在工程施工期间对工程质量的控制有重要作用,而且在工程竣工和投入运行后,对于查询和了解工程建设的质量情况以及工程维修和管理也能提供大量有用的资料和信息。质量记录资料包括以下三方面内容:

1. 施工现场质量管理检查记录资料

主要包括承包人现场质量管理制度,质量责任制;主要专业工种操作上岗证书;分包单位资质及总包单位对分包单位的管理制度;施工图审查核对资料(记录),地质勘测资料;施工组织设计、施工方案及审批记录;施工技术标准;工程质量检验制度;混凝土搅拌站(级配填料拌和站)及计量设置;现场材料、设备存放与管理等。

2. 工程材料质量记录

主要包括进场工程材料、半成品、构配件、设备的质量证明资料,各种试验检验报告(如力学性能试验、化学成分试验、材料级配试验等),各种合格证,设备进场维修记录或设备进场运行检验记录。

3. 施工过程工序质量记录资料

施工或安装过程可按分项、分部、单位工程建立相应的质量记录资料。在相应质量记录资料中应包含有关图纸的图号、设计要求,质量自检资料,监理工程师的验收资料,各工序作业的原始施工记录,检测及试验报告,材料、设备质量资料的编号、存放档案卷号。此外,质量记录资料还应包括不合格项的报告、通知以及处理和检查验收资料等。

质量记录资料应在工程施工或安装开始前,由监理工程师和承包人一起,根据建设单位的要求及工程竣工验收资料组卷归档的有关规定,研究列出各施工对象的质量资料清单。以后,随着工程施工的进展,承包人应不断补充和填写关于材料、构配件及施工工序的有关内容,记录新的情况。当每一阶段(如检验批,一个分项或分部工程)施工或安装工作完成后,相应的质量记录资料也应随之完成,并整理组卷。施工质量记录资料应真实、齐全、完整,相关各方人员的签字齐备、字迹清楚、结论明确,与施工过程的进展同步。在对工序效果的验收中,如缺少资料或资料不全,监理工程师应拒绝验收。

(七)工地例会、专题会议的管理

工地例会是施工过程中参加建设项目各方沟通情况、解决分歧、形成共识、作出决定的主要渠道。通过工地例会,可以检查、分析施工过程的质量状况,指出存在的问题,提出整改的措施。由于参加工地例会的人员较多,层次也较高,会上容易就问题的解决达成共识。

针对某些专门质量问题,还可组织专题会议,集中解决较重大或普遍存在的问题。实践表明,采用这样的方式比较容易解决问题,使质量状况得到改善。

(八)停、复工令的实施

(1)出现下列情况需要停工处理时,应下达停工指令:

施工工序存在重大隐患,可能造成质量事故或已经造成质量事故;承包人未经许可擅自施工或拒绝监理工程师管理;施工中出现质量异常情况,经提出后,承包人未采取有效措施,或措施不力未能扭转异常情况者;隐蔽作业未经依法检查确认合格,而擅自封闭者;已发生质量问题迟迟未按监理工程师要求进行处理,或者是已发生质量缺陷或问题,如不停工则质量缺陷或问题将继续发展的情况;未经审查同意,而擅自变更设计或修改图纸进行施工者;未经技术资质审查的人员或不合格人员进入现场施工;使用的原材料、构配件不合格或未经检查确认者,或擅自采用未经审查认可的代用材料者;擅自使用未经项目监理机构审查认可的分包单位进场施工。

(2)承包人经过整改具备恢复施工条件时,承包人向项目监理单位报送复工申请及有关材料,证明造成停工的原因已消失。经监理工程师现场复查,认为已符合继续施工的条件,造成停工的原因确已消失,总监理工程师应及时签署工程复工报审表,指令承包人继续施工。

第三节　公路建设项目质量检验与评定

公路建设项目质量验收与评定是公路建设项目质量管理的一个重要环节,它包括工程施工质量的中间验收和工程的竣工验收两个方面。通过质量的检验与评定,从过程控制和最终控制两个方面把握项目的质量,以确保达到业主所要求的功能和使用价值,实现建设投资的经济效益和社会效益。

一、现行公路工程施工质量验收标准与施工质量检验验收有关的规范和规程

(1)《公路工程质量检验评定标准》(土建工程)(JTG F80/1)。

(2)《公路工程质量检验评定标准》(机电工程)(JTG F80/2)。

(3)《水泥混凝土路面施工技术规范》(JTG F30)。

(4)《公路工程施工监理规范》(JTG G10)。

(5)《公路路基设计规范》(JTG F10)。

(6)《公路软土地基路堤设计与施工技术规范》(JTG/T D31—02)。

(7)《公路路基施工技术规范》(JTG F10)。

(8)《公路路面基层施工技术规范》(JTG/T F20)。

(9)《公路沥青路面施工技术规范》(JTG F40)。

(10)《公路桥涵施工技术规范》(JTG/T F50)。

(11)《公路隧道施工技术规范》(JTG F60)。

(12)《公路土工试验规程》(JTG E40)。

(13)《公路工程沥青及沥青混合料试验规程》(JTG E20)。

(14)《公路工程水泥及水泥混凝土试验规程》(JTG E30)。

(15)《公路工程岩石试验规程》(JTG E41)。

(16)《公路工程金属试验规程》(JTJ 055)。

(17)《公路土工合成材料应用技术规范》(JTG/T D32)。

(18)《公路工程无机结合料稳定材料试验规程》(JTG E51)。

(19)《公路工程集料试验规程》(JTG E42)。

(20)《公路路基路面现场测试规程》(JTG E60)。

(21)《公路工程土工合成材料试验规程》(JTG E50)。

(22)《公路交通安全设施设计及施工技术规范》(JTG D81)。

(23)《公路工程施工安全技术规范》(JTG F90)。

二、公路工程施工质量验收的划分

《公路工程质量检验评定标准》(JTG F80/1)包括公路工程的质量标准和评定标准,是检验评定公路工程质量和等级的标准尺度。适用于公路工程质量监督部门对工程质量的检查鉴定、监理工程师对工程质量的抽查认定、施工单位自检和分项工程的交接验收,是公路工程交工验收和竣工验收的质量评定依据。

根据建设任务、施工管理和质量检验评定需要,应在施工准备阶段将建设项目划分为单项工程、单位工程、分部工程和分项工程。

(1)单项工程。它是建设项目的组成部分,具有独立的设计文件,竣工后可以独立发挥能力和效益的工程。

(2)单位工程。在建设项目中,根据签订的合同,具有独立施工条件,可以单独作为成本计算对象的工程。

(3)分部工程。在单位工程中,应按结构部位、路段长度及施工特点或施工任务划分为若干个分部工程。

(4)分项工程。在分部工程中,应按不同的施工方法、材料、工序及路段长度等划分为若干个分项工程。

三、公路工程交工验收和竣工验收的程序及条件

1. 交工和竣工验收程序

公路工程验收分为交工验收和竣工验收两个阶段。

交工验收由建设单位主持，主要是检查施工合同的执行情况、监理工作情况，提出工程质量等级建议。

竣工验收由交通运输部或批准工程初步设计文件的地方交通主管部门主持，主要是全面考核建设成果，总结经验、教训，对建设项目进行综合评价，确定工程质量等级。

小型工程或简易工程项目，经主持竣工验收单位批准可合并为一次竣工验收。

(1)交工验收程序

①施工单位在全面完成承包的工程经监理工程师同意后，应向建设单位提出申请，建设单位核实具备交工验收条件时，应及时组织验收。

②交工验收组应认真听取和审议以下报告：建设单位关于工程项目执行情况的报告，设计单位关于工程设计情况的报告，施工单位关于工程施工情况的报告，监理单位关于工程监理(含变更设计)情况的报告。

③交工验收组在听取报告、审查资料和实地察看的基础上，对质量监督部门提出的工程质量鉴定意见和评分进行审议和确认。

④通过交工验收的工程必须写出交工验收报告，由建设单位按隶属关系报请上级交通主管部门或竣工验收主持单位核定。

对交工验收合格以上的工程，应安排养护管理。对于交工验收不合格或有缺陷的工程及未完工程，应由原承包单位限期修复、补救、完成，其费用自理。

(2)竣工验收程序

①竣工验收主持单位收到建设单位申请验收报告后，应及时核查交工验收的工程及竣工文件，符合竣工验收条件的应及时组织验收。

竣工验收委员会由验收主持单位、建设单位、交工验收组代表、接管养护、质量监督、造价管理、有关银行、土地管理、环境保护等有关单位的代表组成。大、中型项目和技术复杂的工程，应邀请有关专家参加验收工作。国防公路应邀请军队代表参加。

②竣工验收委员会为全面掌握工程建设情况，应认真听取和审议如下报告：建设单位关于工程项目执行情况的报告，设计单位关于工程设计情况的报告，施工单位关于工程施工情况的报告，监理单位关于工程监理情况(含变更设计)工作的报告，质量监督部门关于工程质量监督工作的报告，交工验收组(代表)关于工程交工验收情况的报告。

以上各单位报告中应对建设管理、设计、施工、监理单位的工作情况作出综合评价。

③竣工验收委员会在全面听取报告及检查有关资料、现场察看的基础上，对工程质量和建设、设计、施工、监理等单位进行综合评分。

④竣工验收委员会对合格以上的建设项目签发“公路工程竣工验收鉴定书”，由主持验收单位负责印发各有关单位。

经竣工验收的工程，各标段“工程质量鉴定书”由工程所在地公路工程质量监督部门签发。

2. 公路工程交工验收和竣工验收应具备的条件

(1)公路工程交工验收必须具备的条件

①工程已按施工合同和设计文件要求建成,具有独立使用价值。

②按相关要求编制完成竣工文件。

③设计、施工、监理等单位已准备好总结报告材料。

④质量监督部门已完成工程质量检测、检验并编写完成了工程质量鉴定书。

(2)公路工程竣工验收应具备的条件

①经过交工验收,各标段均达到合格以上的工程。

②对未完工程或交工验收时提出的修复、补救工程已处理完毕,并经监理工程师和质量监督部门检验合格。

③按国家《基本建设项目档案资料管理暂行规定》和相关要求已编制完成竣工文件。

④按规定已编制好工程竣工决算。

⑤施工、监理、设计、建设、监督等单位已编写完成汇报材料。

四、公路工程施工质量验收评定方法

1. 工程质量评分方法

施工单位应对各分项工程按本标准所列基本要求、实测项目和外观鉴定进行自查,按"分项工程质量检验评定表"提交真实、完整的自查资料,对工程质量进行自我评分。监理工程师应按规定要求对工程质量进行检查,对施工自查资料进行签认和评分。质量监督部门根据抽查资料和确认的施工自查资料以及监理工程师的质量管理资料对工程质量逐级进行评定,作为交工、竣工验收评定质量等级的依据。

公路工程质量检验评分以分项工程为评定单元,采用100分制评分方法进行评分。在分项工程评分的基础上,逐级计算各相应分部工程、单位工程评分值,建设项目的单位工程优良率和评分值。

(1)分项工程评分方法

分项工程质量检验内容包括基本要求、实测项目、外观鉴定和质量保证资料四个部分,只有在其使用的材料、半成品、成品及施工工艺符合基本要求的规定且无严重外观缺陷和质量保证资料真实并基本齐全时,才能对分项工程质量进行检验评定。

分项工程的实测项目分值之和为100分,外观缺陷或资料不全时,须予以扣分。

$$\text{分项工程评分} = \text{实测项目中各检查项目得分之和} - \text{外观缺陷扣分} - \text{资料不全扣分} \tag{8-1}$$

①基本要求检查。各分项工程所列基本要求,包括了有关规范的要点,对施工质量优劣具有关键作用,应按基本要求对工程进行认真检查,经检查不符合基本要求规定时,不得进行工程质量的检验和评定。

②实测项目是对规定检查项目采用现场抽样方法,按照规定频率和下列计分方法对分项工程的施工质量直接进行检测评分。

检查项目除按数理统计方法评定的项目以外,均应按单点(组)测定值是否符合标准要求进行评定并按合格率计分。

$$\text{检验项目合格率}(\%)=\frac{\text{检查合格点(组)数}}{\text{该检查项目的全部检查合格点(组)数}}\times 100\% \tag{8-2}$$

$$\text{检查项目评定分数}=\text{检查项目规定分数}\times\text{合格率} \tag{8-3}$$

对于路基路面压实度、弯沉值、路面结构层厚度、水泥混凝土抗压和抗弯拉强度、半刚性材料强度等检查项目，则采用数理统计方法进行评定计分。

③外观缺陷扣分。

对工程外表状况进行检查评定时，如发现外观缺陷，应区分档次进行扣分。对于较严重的外观缺陷，施工单位须采取合适的措施进行整修处理。

④资料不全扣分。

分项工程的施工资料和图表残缺，缺乏最基本的数据，或有伪造、涂改资料者，不予检验和评定。资料不全者应予以扣分，扣分幅度可按提交保证资料逐款检查，视资料不全情况，每款扣1～3分。

(2)分部工程和单位工程评分方法

分项工程和分部工程区分为一般工程和主要(主体)工程，分别给予1和2的权值。进行分部工程和单位工程评分时，采用加权平均值计算法确定相应的评分值。

$$\text{分部(单位)工程评分}=\frac{\sum[\text{分项(分部)工程评分}\times\text{相应权值}]}{\sum\text{分部(分项)工程权值}} \tag{8-4}$$

(3)建设项目工程质量评分方法

建设项目工程质量的评分，采用单位工程优良率和建设项目工程质量评分值两个指标。

$$\text{单位工程优良率}(\%)=\frac{\text{被评为优良的单位个数}}{\text{建设项目中单位工程总数}}\times 100\% \tag{8-5}$$

建设项目工程质量评分值按《公路工程竣交工验收办法》计算。

2. 施工单位应提交的质量保证资料

施工单位应有完整的施工原始记录、试验数据、分项工程自查数据等质量保证资料，并进行整理分析，负责提交齐全、真实和系统的施工资料和图表。监理工程师负责提交齐全、系统的监理资料。质量保证资料应包括以下六个方面：

①所用材料、半成品和成品质量检验结果。

②材料配比、拌和加工控制检验和试验数据。

③地基处理和隐蔽工程施工记录。

④各项质量控制指标的试验记录和质量检验汇总图表。

⑤施工过程中遇到的非正常情况记录及其对工程质量影响分析。

⑥施工中如发生质量事故，经处理补救后，达到设计要求的认可证明文件等。

3. 工程质量等级评定办法

工程质量评定分为优良、合格和不合格三个等级，应按分项、分部、单位工程和建设项目逐级评定。

(1)分项工程质量等级评定

分项工程评分不小于85分者为优良，小于85分而不小于70分者为合格，小于70分者为不合格。

经质量监督部门检查评为不合格的分项工程，经加固、补强、返工或进行整修，满足设计要求后，可以重新评定其质量等级，但只可复评为合格。分项工程质量检验评定表如表8-9所示。

分项工程质量检验评定表 表8-9

分项工程名称：							所属分部工程名称：							所属建设项目：			
工程部位：							施工单位：							监理单位：			
（桩号、墩台号、孔号）																	
基本要求																	
实测项目	项次	检查项目	规定值或允许偏差	实测值或实测偏差值										质量评定			
				1	2	3	4	5	6	7	8	9	10	平均、代表值	合格率（%）	规定分	实得分
	合计															100	
外观鉴定			减分		监理意见												
质量保证资料			减分														
工程质量等级评定	得分：								质量等级								

检验负责人： 检测： 记录： 复核： 年 月 日

（2）分部工程质量等级评定

所属各分项工程全部合格，其加权平均分不小于85分，且所含主要分项工程全部评为优良时，则该分部工程评为优良；如分项工程全部合格，但加权平均分小于85分，或加权平均分虽不小于85分，但主要分项工程未全部达到优良标准时，则该分部工程评为合格；如分项工程未全部达到合格标准时，则该分部工程为不合格。分部工程质量检验评定表如表8-10所示。

分部工程质量检验评定表 表8-10

分部工程名称： 所属单位工程：

所属建设项目： 工程部位：

（桩号、墩台号、孔号）

施工单位： 监理单位：

施工单位	分项工程					备　注
	工程名称	质量评定				
		实得分数	权值	加权得分	等级	

续上表

施工单位	分项工程					备　注
	工程名称	质量评定				
		实得分数	权值	加权得分	等级	
加权平均分					质量等级	
评定意见						

检验负责人：　　　　计算：　　　　复核：　　　　年　月　日

(3)单位工程质量等级确定

所属各分部工程全部合格，其加权平均分不小于85分，且所含主要分部工程全部评为优良时，则该单位工程评为优良；如分部工程全部合格，但加权平均分小于85分，或加权平均分虽不小于85分，但主要分部工程未全部达到优良标准时，则该单位工程评为合格；如分部工程未全部达到合格标准时，则该单位工程不合格。单位工程质量检验评定表如表8-11所示。

单位工程质量检验评定表　　　　表8-11

单位工程名称：　　　　所属建设项目：

路线名称：　　　　工程地点、桩号：

施工单位：　　　　监理单位：

施工单位	分项工程					备　注
	工程名称	质量评定				
		实得分数	权值	加权得分	等级	
	合计					
加权平均分					质量等级	
评定意见						

检验负责人：　　　　计算：　　　　复核：　　　　年　月　日

(4)建设项目(或标段)质量等级评定

建设项目(或标段)工程质量等级评定,采用单位工程优良率和建设项目(或标段)工程质量评分值双指标控制。

建设项目(或标段)所含单位工程全部合格,其工程质量等级为合格;建设项目(或标段)所含单位工程全部合格,单位工程优良率不小于80%,且建设项目(或标段)的工程质量评分值不小于85分时,其工程质量等级才可评为优良;所含任一单位工程不合格时,则建设项目(或标段)的工程质量为不合格。建设项目或标段质量检验评定表如表8-12、表8-13所示。

建设项目或标段质量检验评定表 表8-12

项目名称: 路线名称:

起讫桩号: 完工日期:

标段名称	单位工程					标段权值
	工程名称	实得分数	质量等级	标段单位工程		
				优良率	平均分	
建设项目单位工程优良率(%)				建设项目质量评分		
建设项目质量等级						

检验负责人: 计算: 复核: 年 月 日

______工程汇总表 表8-13

工程	实得分数	权值	加权得分	等级	备注
加权平均分				质量等级	

计算: 复核: 年 月 日

4.与相关规范的关系

公路工程质量检验评定应以《公路工程质量检验评定标准》(JTG F80/1)为准。少数质量标准与施工规范不一致者,宜以颁布年份最新者为准。

在公路施工、质量管理和工程质量检验评定中,除应符合《公路工程质量检验评定标准》(JTG F80/1)外,尚应符合现行交通运输部颁布和国家颁布的相关设计、施工技术规范和试验规程的规定。

第四节　公路建设项目质量问题和质量事故的处理

一、公路建设项目质量事故的分类

(一)公路建设项目工程质量事故的分类

公路工程质量事故分质量问题、一般质量事故及重大质量事故三类。

第一类,质量问题:质量较差、造成直接经济损失(包括修复费用)在20万元以下。

第二类,一般质量事故:质量低劣或达不到合格标准,需加固补强,直接经济损失(包括修复费用)在20万~300万元之间。一般质量事故分三个等级。

(1)一级一般质量事故,直接经济损失在150万~300万元之间。

(2)二级一般质量事故,直接经济损失在50万~150万元之间。

(3)三级一般质量事故,直接经济损失在20万~50万元之间。

第三类,重大质量事故:由于责任过失造成工程倒塌、报废和造成人身伤亡或者重大经济损失的事故。重大质量事故分为三个等级。

(1)具备下列条件之一者为一级重大质量事故:

①死亡30人(含30人)以上。

②直接经济损失1000万元以上。

③特大型桥梁主体结构垮塌。

(2)具备下列条件之一者为二级重大质量事故:

①死亡10人(含10人)以上,29人以下。

②直接经济损失500万元以上,不满1000万元。

③大型桥梁主体结构垮塌。

(3)具备下列条件之一者为三级重大质量事故:

①死亡1人以上,9人以下。

②直接经济损失300万元以上,不满500万元。

③中小型桥梁主体结构垮塌。

(二)公路工程质量事故报告制度

国务院交通主管部门归口管理全国公路工程质量事故,省级交通主管部门归口管理本辖区内的公路工程质量事故。质量事故的调查处理实行统一领导、分级负责的原则。重大质量事故由国务院交通主管部门会同省级交通主管部门负责调查处理,一般质量事故由省级交通主管部门负责调查处理,质量问题原则上由建设单位或企业负责调查处理。

任何单位和个人均有权力和义务将工程质量事故的情况及时报告有关部门。公路工程在建项目,施工单位为事故报告单位;交付使用的工程,接养单位为事故报告单位。

质量事故发生后,事故发生单位必须以最快的方式,将事故的简要情况同时向建设单位、监理单位、质量监督站报告。在质量监督站初步确定质量事故的类别性质后,再按下述要求进行报告:

(1)质量问题:问题发生单位应在2d内书面上报建设单位、监理单位、质量监督站。

(2)一般质量事故:事故发生单位应在3d内书面上报质量监督站,同时报企业上级主管部门、建设单位、监理单位和省级质量监督站。

(3)重大质量事故:事故发生单位必须在2h内速报省级交通主管部门和国务院交通主管部门,同时报告省级质量监督站和部质监总站,并在12h内报出《公路工程重大质量事故快报》。质量事故书面报告内容如下:

①工程项目名称,事故发生的时间、地点,建设、设计、施工、监理等单位名称。

②事故发生的简要经过、造成工程损伤状况、伤亡人数和直接经济损失的初步估计。

③事故发生原因的初步判断。

④事故发生后采取的措施及事故控制情况。

⑤事故报告单位。

发生重大质量事故的现场保护措施:

事故发生后,事故发生单位和该工程的建设、施工、监理等单位,应严格保护事故现场,采取有效措施抢救人员和财产,防止事故扩大。

因抢救人员、疏导交通等原因,需要移动现场物件时,应当作出标志,绘制现场简图并作出书面记录,妥善保存现场重要痕迹、物证,并应采取拍照或录像等直录方式反映现场原状。

质量事故处理实行"三不放过"原则:事故原因不清不放过,事故责任者和群众没有受到教育不放过,没有防范措施不放过。

质量事故发生后,事故发生单位隐瞒不报、谎报、故意拖延报告期限的,故意破坏现场的,阻碍调查工作正常进行的,拒绝提供与事故有关情况、资料的,提供伪证的,由上级主管部门按有关规定给予行政处分。构成犯罪的,由司法机关依法追究刑事责任。

二、公路建设项目质量问题的分析处理

(一)公路建设项目质量问题的成因

1. 违背建设程序和有关法律、法规

基本建设程序是工程项目建设过程及其客观规律的反映,如不经可行性论证,不作调查分析就拍板定案;没有搞清工程地质、水文地质就仓促开工;无证设计;无证施工;越级设计;越级施工;无图施工;工程招投标中的不公平竞争;超常的低价中标;非法分包;转包、挂靠;任意修改设计,不按图纸施工;不经验收就交付使用等蛮干现象,会对工程项目质量带来极大的影响。

2. 工程地质勘察原因

未认真进行地质勘察,提供地质资料、数据有误;地质勘察时,钻孔间距太大,不能全面反映地基的实际情况,如当基岩地面起伏变化较大时,软土层厚薄相差亦甚大;地质勘察钻孔深

度不够,没有查清地下软土层、滑坡、墓穴、孔洞等地层构造;地质勘察报告不详细、不准确等,均会导致采用错误的基础方案,造成地基不均匀沉降、失稳,使上部结构及墙体开裂、破坏、倒塌。

3. 未加固处理好地基

对软弱土、冲填土、杂填土、湿陷性黄土、膨胀土、岩层出露、溶岩、土洞等不均匀地基未进行加固处理或处理不当,均是导致重大质量问题的原因。必须根据不同地基的工程特性,按照地基处理应与上部结构相结合,使其共同工作的原则,从地基处理、设计措施、结构措施、防水措施、施工措施等方面综合考虑治理。

4. 设计计算差错

盲目套用图纸,采用不正确的结构方案,计算图与实际受力情况不符,荷载取值过小,内力分析有误,计算错误等,都是引发质量问题的原因。

5. 施工和管理问题

许多工程质量问题,往往是由施工和管理所造成的。例如:不熟悉图纸,盲目施工,图纸未经会审,仓促施工;未经监理、设计部门同意,擅自修改设计;不按图施工,如挡土墙不按图设滤水层、留排水孔,致使土压力增大,造成挡土墙倾覆;不按有关施工验收规范和操作规程施工,如用插入式振捣器捣实混凝土时,不按插点均布、快插慢拔、上下抽动、层层扣搭的操作方法,致使混凝土振捣不实,整体性差;缺乏基本结构知识,施工蛮干,如结构构件吊点选择不合理,不了解结构使用受力和吊装受力的状态不同;施工管理紊乱,施工方案考虑不周,施工顺序错误;技术组织措施不当,技术交底不清,违章作业;不重视质量检查和验收工作等,都是导致质量问题的祸根。

6. 使用不合格的原材料、制品

如钢筋物理力学性能不良,水泥安定性不合格,水泥受潮、过期、结块,砂石含泥量及有害物含量超标,外加剂掺量等不符合要求,预制构件截面尺寸不足,支承锚固长度不足,未可靠地建立预应力值。

7. 自然环境因素

施工项目周期长、露天作业多,受自然条件影响大,温度、湿度、日照、雷电、供水、大风、暴雨等都能造成重大的质量事故,施工中应特别重视,采取有效措施予以预防。

(二)公路建设项目质量问题的分析方法

由于影响工程质量的因素众多,一个工程质量问题的实际发生,可能是多种原因的作用。要分析究竟是哪种原因所引起,必须针对质量问题的特征表现,以及其在施工中和使用中所处的实际情况和条件进行具体分析。分析的基本步骤是:

(1)进行细致的现场调查研究,观察、记录全部实况,充分了解与掌握引发质量问题的现象和特征。

(2)收集、调查与质量问题有关的全部设计和施工资料,分析、摸清工程在施工或使用过程中所处的环境及面临的各种条件和情况。

(3)找出可能产生质量问题的所有因素。

(4)分析、比较和判断,找出最可能造成质量问题的原因。

(5)进行必要的计算分析或模拟试验予以论证、确认。

(三)公路建设项目质量问题的处理程序

当公路建设项目发现工程质量问题后,应按图8-2所示程序进行处理。

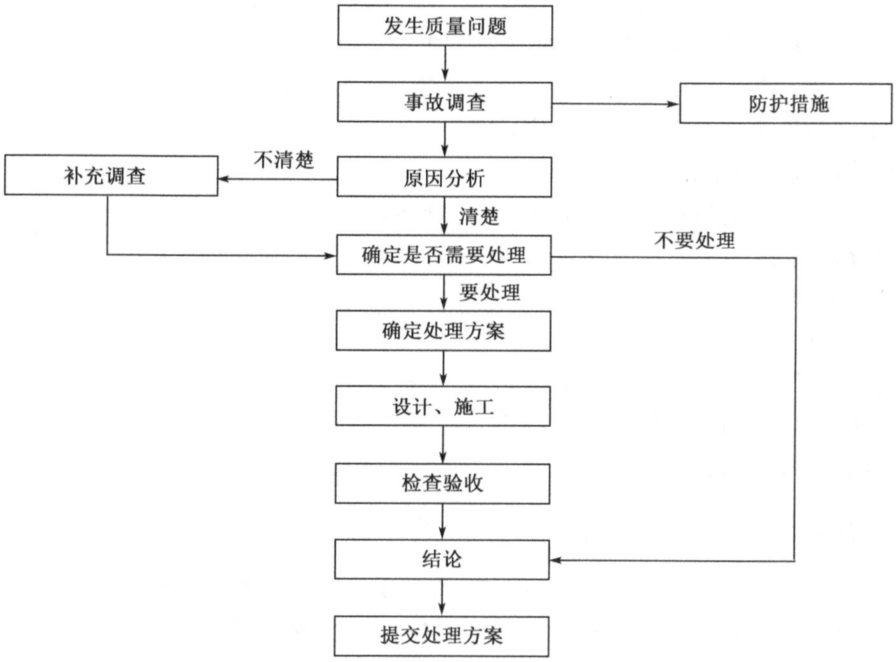

图8-2 公路建设项目质量问题的处理程序

(1)当发生工程质量问题时,首先应判断其严重程度。对可以通过返修或返工弥补的质量问题可责成承包人写出质量问题调查报告,提出处理方案,经业主和设计单位认可,根据处理结果重新进行验收。

(2)对需要加固补强的质量问题,或质量问题的存在影响下道工序和分项工程的质量时,应签发《工程暂停令》,指令承包人停止有质量问题部位和与其有关联部位及下道工序的施工。必要时,应要求承包人采取防护措施,责成承包人写出质量问题调查报告,由设计单位提出处理方案,并征得业主同意,由承包人处理。根据处理结果重新进行验收。

(3)承包人接到通知后,在监理工程师的组织参与下,尽快进行质量问题调查并完成报告编写。调查报告主要内容应包括:

①与质量问题相关的工程情况。

②质量问题发生的时间、地点、部位、性质、现状及发展变化等详细情况。

③调查中的有关数据和资料。

④原因分析与判断。

⑤是否需要采取临时防护措施。

⑥质量问题处理、补救的建议、方案。

⑦涉及的有关人员和责任及预防该质量问题重复出现的措施。

(4)监理工程师审核、分析质量问题调查报告,判断和确认质量问题产生的原因。在原因分析的基础上,认真审核签认质量问题处理方案。

(5)承包人按既定的处理方案实施处理并进行跟踪检查。

发生的质量问题不论是否由于承包人原因造成,通常都是先由承包人负责实施处理。对因设计单位原因等非承包人责任引起的质量问题,应通过业主要求设计单位或责任单位提出处理方案,处理质量问题所需的费用或延误的工期,由责任单位承担,若质量问题属于承包人责任,承包人应承担各项费用损失和合同约定的处罚,工期不予顺延。

(6)质量问题处理完毕,对处理的结果进行严格的检查、鉴定和验收,写出质量问题处理报告,报业主和监理单位存档。主要内容包括:

①基本处理过程描述。

②调查与核查情况,包括调查的有关数据、资料。

③原因分析结果。

④处理的依据。

⑤审核认可的质量问题处理方案。

⑥实施处理中的有关原始数据、验收记录、资料。

⑦对处理结果的检查、鉴定和验收结论。

⑧质量问题处理结论。

(四)公路建设项目工程质量事故处理的依据

质量事故处理的主要依据有三个方面:质量事故的实况资料,具有法律效力的、得到有关当事各方认可的工程承包合同、设计委托合同、材料或设备购销合同以及监理合同或分包合同等合同文件,有关的技术文件、档案和相关的建设法规。

1. 质量事故的实况资料

(1)承包人的质量事故调查报告

质量事故发生后,承包人有责任就所发生的质量事故进行周密的调查、研究已掌握情况,并在此基础上写出调查报告,提交监理工程师和业主。在调查报告中首先就与质量事故有关的实际情况作详尽说明,其内容应包括:

①质量事故发生的时间、地点。

②质量事故状况的描述。

③质量事故发展变化的情况(其范围是否继续扩大,程度是否已经稳定等)。

④有关质量事故的观测记录、事故现场状态的照片或录像。

(2)监理单位调查研究所获得的第一手资料

其内容大致与承包人调查报告中有关内容相似,可用来与承包人所提供的情况对照、核实。

2. 有关合同及合同文件

如工程承包合同,设计委托合同,设备与材料购销合同,监理合同等。

3. 有关的技术文件和档案

(1)有关的设计文件

如施工图纸和技术说明等,它是施工的重要依据。在处理质量事故中,其作用一方面是可以对照设计文件,核查施工质量是否完全符合设计的规定和要求;另一方面是可以根据所发生的质量事故情况,核查设计中是否存在问题或缺陷,成为导致质量事故的一方面原因。

(2)有关的技术文件、档案和资料

①施工组织设计或施工方案、施工计划。

②施工记录、施工日志等。根据它们可以查对发生质量事故的工程施工时的情况。

③有关建筑材料的质量证明资料。例如,材料批次、出厂日期、出厂合格证或检验报告、承包人抽检或试验报告等。

④现场制备材料的质量证明资料。例如,混凝土拌和料的级配、水灰比、坍落度记录;混凝土试块强度试验报告,沥青拌和料配比、出机温度和摊铺温度记录等。

⑤质量事故发生后,对事故状况的观测记录、试验记录或试验报告等。

⑥其他有关资料。

4. 相关的建设法规

(1)勘测、设计、施工、监理等单位资质管理方面的法规。

(2)从业者资格管理方面的法规。

(3)建筑市场方面的法规。

(4)施工方面的法规。

(5)工程建设强制性标准。

(五)公路建设项目工程质量事故处理方案类型

1. 修补处理

某个分项或分部工程的质量虽未达到规定的规范、标准或设计要求,存在一定缺陷,但通过修补或更换器具、设备后还可达到要求的标准,又不影响使用功能和外观要求,在此情况下,可以进行修补处理。

2. 返工处理

当工程质量未达到规定的标准和要求,存在严重的质量问题,对结构的使用和安全构成重大影响,且又无法通过修补处理的情况下,可对分项、分部甚至整个工程作返工处理。例如,路堤填筑压实后,其压实土的干密度未达到规定值,经核算将影响土体的稳定且不满足抗渗能力要求,可挖除不合格土,重新填筑,进行返工处理;某公路桥梁工程预应力按规定张力系数偏小,属于严重的质量缺陷,也无法修补,只有返工处理。

3. 不作处理

某些工程质量问题虽然不符合规定的要求和标准,构成质量事故,但视其严重情况,经过分析、论证、法定检测单位鉴定和设计等有关单位认可,对工程或结构使用及安全影响不大,也可不作专门处理。通常不用专门处理的情况有以下几种:

(1)不影响结构安全和正常使用。

(2)经过后续工序可以弥补。

(3)经法定检测单位鉴定合格。

第五节　高速公路建设项目验收的组织和程序

一、总体要求

根据交通运输部规定，公路工程在按照批准的设计文件和技术要求完成后进行验收，验收分为交工验收和竣工验收两个阶段。

高速公路建设项目交工验收由项目法人负责，设计、监理、接管养护、质量监督、造价管理等有关部门参加，组成交工验收小组，按照交通部颁发的《公路工程竣(交)工验收办法》，对施工合同的执行情况和建立工作情况进行检查，提出工程质量等级建议。

竣工验收由交通主管部门按项目管理权限负责。交通运输部负责国家、部重点公路工程项目中100km以上的高速公路、独立特大型桥梁和特长隧道工程的竣工验收工作；其他公路工程建设项目，由省级人民政府交通主管部门确定的相应交通主管部门负责竣工验收工作。竣工验收委员会由交通主管部门、公路管理机构、质量监督机构、造价管理机构等单位代表组成。大中型项目及技术复杂工程，应邀请有关专家参加。国防公路应邀请军队代表参加。

公路工程建设项目建成后，施工单位、监理单位、项目法人应负责编制工程竣工文件、图表、资料，并装订成册，其编制费用分别由施工单位、监理单位、项目法人承担。

各合同段交工验收工作所需的费用由施工单位承担。整个建设项目竣(交)工验收期间质量监督机构进行工程质量检测所需的费用由项目法人承担。

对通过验收的工程，由项目法人按照国家规定，分别向档案管理部门和公路管理机构、接管养护单位办理有关档案资料和资产移交手续。

验收工作必须严肃认真，实事求是。通过验收对工程质量和建设项目作出恰当的评价，对有争议的问题，要从全局出发，充分合理协商解决。

项目法人违反《公路工程竣(交)工验收办法》，对不具备交工验收条件的公路工程组织交工验收，交工验收无效，由交通主管部门责令其改正。对未进行交工验收、交工验收不合格或未备案的工程开放交通进行试运营的，由交通主管部门责令其停止试运营，并予以警告处罚。

项目法人对试运营期超过3年的公路工程不申请组织竣工验收的，由交通主管部门责令其改正。对责令改正后仍不申请组织竣工验收的，由交通主管部门责令其停止试运营。

二、高速公路建设项目交工验收的程序和内容

(一)交工验收必须具备的条件

公路工程(合同段)进行交工验收应具备以下条件：

(1)合同约定的各项内容已完成。

(2)施工单位按《公路工程质量检验评定标准》(JTG F80)及相关规定的要求对工程质量自检合格。

(3)监理工程师对工程质量的评定合格。

(4)质量监督机构按交通运输部规定的公路工程质量鉴定办法对工程质量进行检测(必

要时可委托有相应资质的检测机构承担检测任务),并出具检测意见。

(5)竣工文件已按交通运输部规定的内容编制完成。

(6)施工单位、监理单位已完成本合同段的工作总结。

公路工程各合同段符合交工验收条件后,经监理工程师同意,由施工单位向项目法人提出申请,项目法人应及时组织对该合同段进行交工验收。

(二)交工验收程序

当承包单位认为拟申请交工的合同工程已实质上完工并具备交验条件后,应尽早通知监理工程师,并提出交工申请的意向。在驻地监理处进行初步检查,并认为已具备交工验收条件后,承包单位可按合同要求向项目法人提出正式对交工验收申请报告;制订未完工程详细施工、机械设备配备计划;在短时间内难以修缮或完善的工程内容,在不影响交工验收的情况下,可列入未完工程及遗留问题清单中,经交工验收小组认可后,转入缺陷责任期内完成;对临时占地清理和移交的协议,也作为交工验收报告的附件一并上报。

承包人提交交工验收时,应该积极准备以下质量保证资料:

(1)所用材料、半成品和成品质量检验结果。

(2)材料配比、拌和加工、控制检验和试验数据。

(3)地基处理和隐蔽工程施工记录。

(4)各项质量控制指标的试验记录和质量检验汇总图表。

(5)施工过程中遇到的非正常情况记录及其对工程质量影响的分析。

(6)施工中如发生质量事故,经处理补救后,达到设计要求的认可证明文件等。

项目法人在收到交工验收申请后,及时对其交工验收条件进行核实,具备交工验收条件后,成立交工验收小组组织验收。

交工验收组在听取报告、审查资料和实地察看的基础上,对质量监督部门提出的工程质量鉴定意见和评分进行审议和确认,并就是否发放交工证书做出决定。验收小组在完成上述工作后,要将验收小组的全部工作、对该项目的检验及评审结论汇总,形成交工验收报告。

交工验收报告应根据检查结果、评审会议纪要撰写,最后由验收小组代表签字确认,由项目法人按隶属关系报请上级交通主管部门或竣工验收主持单位核定。

(三)交工验收的主要工作内容

(1)检查合同执行情况。

(2)检查施工自检报告、施工总结报告及施工资料。

(3)检查监理单位独立抽检资料、监理工作报告及质量评定资料。

(4)检查工程实体,审查有关资料,包括主要产品质量的抽(检)测报告。

(5)核查工程完工数量是否与批准的设计文件相符,是否与工程计量数量一致。

(6)对合同是否全面执行、工程质量是否合格作出结论,按交通主管部门规定的格式签署合同段交工验收证书。

(7)按交通运输部规定的办法对设计单位、监理单位、施工单位的工作进行初步评价。

项目法人负责组织公路工程各合同段的设计、监理、施工等单位参加交工验收。拟交付使用的工程,应邀请运营、养护管理单位参加。参加验收单位的主要职责是:

(1)项目法人负责组织各合同段参建单位完成交工验收工作的各项内容,总结合同执行过程中的经验,对工程质量是否合格作出结论。

(2)设计单位负责检查已完成的工程是否与设计相符,是否满足设计要求。

(3)监理单位负责完成监理资料的汇总、整理,协助项目法人检查施工单位的合同执行情况,核对工程数量,科学公正地对工程质量进行评定。

(4)施工单位负责提交竣工资料,完成交工验收准备工作。

交工验收组应认真听取和审议以下报告:

(1)项目法人关于工程项目执行情况的报告。

(2)设计单位关于工程设计情况的报告。

(3)施工单位关于工程施工情况的报告。

(4)监理单位关于工程监理(含变更设计)情况的报告。

(四)交工验收的工程质量评定

项目法人组织监理单位按《公路工程质量检验评定标准》(JTG F80/1)的要求对各合同段的工程质量进行评定。

监理单位根据独立抽检资料对工程质量进行评定,当监理按规定完成的独立抽检资料不能满足评定要求时,可以采用经监理确认的施工自检资料。

项目法人根据对工程质量的检查及平时掌握的情况,对监理单位所做的工程质量评定进行审定。

各合同段工程质量评分采用所含各单位工程质量评分的加权平均值。即

$$\text{合同段工程质量评分值} = \frac{\sum(\text{单位工程质量评分值} \times \text{该单位工程投资额})}{\text{合同段总投资额}}$$

工程各合同段交工验收结束后,由项目法人对整个工程项目进行工程质量评定,工程质量评分采用各合同段工程质量评分的加权平均值。即

$$\text{工程项目质量评分值} = \frac{\sum(\text{合同段工程质量评分值} \times \text{该合同投资额})}{\sum\text{施工合同段投资额}}$$

工程质量等级评定分为合格和不合格,工程质量评分值大于等于 75 分的为合格,小于 75 分的为不合格。

(五)交工验收报告

公路工程各合同段验收合格后,项目法人应按交通运输部规定的要求及时完成项目交工验收报告,并报交通主管部门备案。国家、部重点公路工程项目中 100km 以上的高速公路、独立特大型桥梁和特长隧道工程报省级人民政府交通主管部门备案,其他公路工程按省级人民政府交通主管部门的规定报相应的交通主管部门备案。

公路工程各合同段验收合格后,质量监督机构应向交通主管部门提交项目的检测报告。交通主管部门在 15d 内未对备案的项目交工验收报告提出异议,项目法人可开放交通进入试运营期。试运营期不得超过 3 年。

交工验收报告分为正文和附件两部分。

1. 正文部分

(1)交工验收工作的组织情况。简述组成交工验收小组的单位及人员,负责的具体工作,设备仪器配备等情况。

(2)工程概述。简述本工程的总体情况,包括起、讫桩号,路线趋向,途经主要控制点,主要工程量和经济技术指标等。

(3)工程检验情况及工程(含各标段)评审意见。简述各合同段工程检验及评分情况,验收领导小组对质量监督部门提出的工程质量鉴定意见和评分的确认情况。

(4)存在的问题及建议。对未完工程及遗留问题,验收检验中发现的工程缺陷应逐一列明,并提出处理意见。

(5)关于修复、补修等事项的。对交工验收不合格或有缺陷的工程,应责令原承包单位限期进行修复补救。

(6)关于交工验收及养护管理问题的意见。在完成工程质量检验,听取和审议建设、设计、施工、质监部门的报告和实地察看的基础上,由验收组对交工验收及养护管理中需进一步落实的问题提出意见。

(7)项目档案自检报告。

2. 附件

(1)质量监督部门关于工程质量鉴定书(含各标段)。

(2)质量监督部门对工程质量的检验材料。

(3)各标段工程质量评分表。

(4)各标段交工申请书、交工证书、未完工程及遗留问题清单、剩余工作计划和技术保证措施(格式如下)。

①交工申请书等式样示例,如图8-3所示。

××高速公路交工申请书

桩号:

承包单位:

监理单位:

由我部承担的下述工程已达到基本竣工条件,并进行了全面的自检工作,根据合同条款第×条,特此提出交工验收申请。我们将保证在缺陷责任期内按期完成本申请附件所列工程计划,维修缺陷或不合格之处(由我方责任所致),履行合同有关的责任和义务。
本证书申请的工程:
本证书未包含的工程:
在交工前检查中驻地工程师提出的问题执行或完成情况:
附件: 一、为完成工程及遗留问题清单、工程计划。 二、缺陷责任期人员、设备配备情况。 三、档案自检报告。
承包商(签字): 年 月 日

图8-3 交工申请书式样示例

②交工证书式样示例，如图8-4所示。

××高速公路交工证书

第　　号

本证书包括的工程：			
本证书未被包括的工程：			
检查人(单位)			
合同交接日期	年　月　日	实际交接日期	年　月　日
我们保证在缺陷责任期内按经批准的计划完成本证书附件所列全部工作。 承包人： 年　月　日			
驻地监理工程师(签字)： 年　月　日			
总监理工程师(签字)： 年　月　日			
设计单位代表(签字)： 年　月　日			
业主(代表)(签字)： 年　月　日			

图8-4　交工证书式样示例

三、高速公路建设项目竣工验收程序

(一)竣工验收必须具备的条件

(1)通车试运营2年后。

(2)交工验收提出的工程质量缺陷等遗留问题已处理完毕，并经项目法人验收合格。

(3)工程决算已按交通运输部规定的办法编制完成，竣工决算已经审计，并经交通主管部门或其授权单位认定。

(4)竣工文件已按交通运输部规定的内容完成。

(5)对需进行档案、环保等单项验收的项目，已经有关部门验收合格。

(6)各参建单位已按交通运输部规定的内容完成各自的工作报告。

(7)质量监督机构已按交通运输部规定的公路工程质量鉴定办法对工程质量检测，并鉴定合格，形成工程质量鉴定报告。

公路工程符合竣工验收条件后，项目法人应按照项目管理权限及时向交通主管部门申请验收。交通主管部门应当自收到申请之日起30日内，对申请人递交的材料进行审查，对于不符合竣工验收条件的，应当及时退回并告知理由；对于符合验收条件的，应自收到申请文件之日起3个月内组织竣工验收。

竣工验收委员会为全面掌握工程建设情况，要认真听取和审议如下报告：

(1)项目法人关于工程项目执行情况的报告。

(2)设计单位关于工程设计情况的报告。

(3)施工单位关于工程施工情况的报告。

(4)监理单位关于工程监理(含变更设计)情况的报告。
(5)质量监督部门关于工程质量检验评定情况的报告。
除此以外还要听取交工验收(代表)关于工程交工验收情况的报告。

(二)竣工验收的程序

竣工验收程序流程如图 8-5 所示。

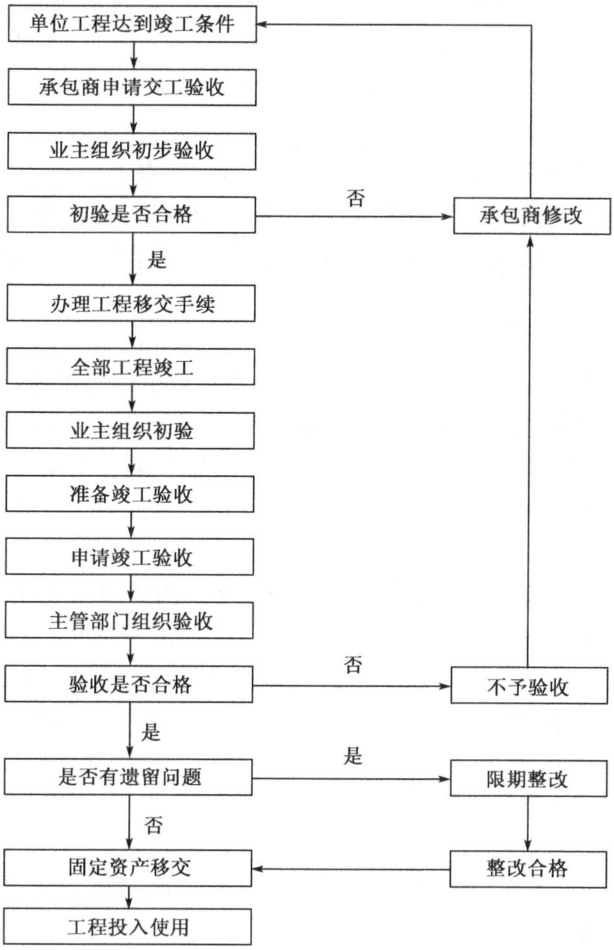

图 8-5　竣工验收程序流程图

(三)竣工验收的主要工作内容

(1)成立竣工验收委员会。
(2)听取项目法人、设计单位、施工单位、监理单位的工作报告。
(3)听取质量监督机构的工作报告及工程质量鉴定报告。
(4)检查工程实体质量,审查有关资料。
(5)按交通运输部规定的办法对工程质量进行评分,并确定工程质量等级。
(6)按交通运输部规定的办法对参建单位进行综合评价。
(7)对建设项目进行综合评价。

(8)形成并通过竣工验收鉴定书。

竣工验收委员会由交通主管部门、公路管理机构、质量监督机构、造价管理机构等单位代表组成。大中型项目及技术复杂工程,应邀请有关专家参加。国防公路应邀请军队代表参加。

项目法人、设计单位、监理单位、施工单位、接管养护等单位参加竣工验收工作。参加竣工验收工作各方的主要职责是:

(1)竣工验收委员会负责对工程实体质量及建设情况进行全面检查。按交通运输部规定的办法对工程质量进行评分,对各参建单位进行综合评价,对建设项目进行综合评价,确定工程质量和建设项目等级,形成工程竣工验收鉴定书。

(2)项目法人负责提交项目执行报告及验收所需资料,协助竣工验收委员会开展工作。

(3)设计单位负责提交设计工作报告,配合竣工验收检查工作。

(4)监理单位负责提交监理工作报告,提供工程监理资料,配合竣工验收检查工作。

(5)施工单位负责提交施工总结报告,提供各种资料,配合竣工验收检查工作。

(四)竣工验收的工程质量评定

竣工验收建设项目综合评分分为工程质量评分和参建单位的工作评分。

(1)竣工验收工程质量评分采取加权平均法计算,其中交工验收工程质量得分权值为0.2,质量监督机构工程质量鉴定得分权值为0.6,竣工验收委员会对工程质量评定得分权值为0.2。工程质量评定得分大于等于90分为优良,小于90分且大于等于75分为合格,小于75分为不合格。

(2)竣工验收委员会按交通运输部规定的办法对参建单位的工作进行综合评价。评定得分大于等于90分且工程质量等级优良的为好,大于等于75分为中,小于75分为差。

(3)竣工验收建设项目综合评分采取加权平均法计算,其中竣工验收工程质量得分权值为0.7,参建单位工作评价得分权值为0.3(项目法人占0.15,设计、施工、监理各占0.05)。

评定得分大于等于90分且工程质量等级优良的为优良,大于等于75分为合格,小于75分为不合格。

负责组织竣工验收的交通主管部门,对通过验收的建设项目按交通运输部规定的要求签发《公路工程竣工验收鉴定书》。

通过竣工验收的工程,由质量监督机构依据竣工验收结论,按照交通运输部规定的格式对各参建单位签发工作综合评价等级证书。

(五)竣工验收报告

(1)工程概况:工程名称;工程地点(包括主要控制点);建设依据(计划、设计、概算、施工各阶段批准文号);建设规模及性质(全长、新建、改建);技术标准(包括主要技术指标);开工及竣工日期;工程概预算情况及实际造价;工程建设重要内容(包括主要工程数量);实际消耗主要材料;实际征用土地数量。

(2)评价和鉴定:建设项目工程质量鉴定结论(评分及等级);建设、设计、施工、单位综合评价;建设项目综合评价及等级(对工期、质量、投资等综合评价、评分及等级)。

(3)决定和建议：竣工验收委员会的决定和建议(关于工程缺陷的处理决定对养护管理的意见或建议；对有关问题的决定或建议)。

(4)竣工验收委员会名单及建设项目有关单位代表签名。

【思考题】

1. 在施工阶段影响工程质量的因素主要有哪几个方面?
2. 高速公路建设项目质量管理原则有哪些?
3. 如何控制设计变更?
4. 施工质量管理的依据有哪些?
5. 交工验收与竣工验收的区别有哪些?
6. 竣工验收需要具备哪些条件?
7. 公路建设项目交(竣)工验收的主要工作有哪些?

第九章

施工组织管理新方法简介

第一节 "大数据"在工程项目施工组织与管理中的应用

近年来,大数据在工程项目施工组织与管理中逐步受到重视,在施工招投标、施工组织编制、方案优化、参数优化、施工工艺、计量支付、设计变更、资金拨付、工程决算等方面都得到了初步应用。

一、"大数据"具体决策数据分析步骤

(1)数据采集。数据采集是按照确定的数据分析内容,收集相关数据的过程,它为数据分析提供了素材和依据。

(2)数据存储。数据存储是数据在加工过程中产生的临时文件或加工过程中需要查找的信息。数据以某种格式记录在计算机内部或外部存储介质上。

(3)数据处理。数据处理在数据分析产业链上,有两个子环节。第一个子环节是数据的清洁。数据处理的第二个环节是通过数据的运算,统计汇总,呈现最原始的数据表征,解读数据背后的"事实"和"过程"。

(4)数据分析。数据分析要求按照企业的经营模式、运营管理流程,然后通过建立数据模型,对以上获得的内外部数据进行深度的挖掘,为企业的经营管理决策提供决策依据。

(5)工程决策。数据分析完成后,就需要进行固化模型、形成长期检测、自动更新相关数据,并用直观的图形图表呈现出来,形成规范的文档或者报告,或者动态的可视图。这些可视化的图形是企业经营管理者形成决策的基础。

二、大数据在公路施工组织与管理中的优势及其应用

1. 招投标

招投标报价数据的特点:

(1)易采集。目前电子招投标已经开始普及。电子招投标大大提升了招投标的工作效率,有助于实现招标投标活动的公开、公平、公正,同时也可以把工程招标投标过程中的报价信息以电子文件的方式保存下来,有利于数据收集。

(2)数据量大。招投标过程中的数据包括招标控制价及投标报价。大量的招投标项目及投标报价也产生了海量的工程造价数据。

(3)能反映市场情况。投标报价中有完整的价格构成,能反映出企业的成本情况,虽然有部分企业报价存在偏差,但通过离散度、概率等手段过滤、分析后,其数据基本能反映市场的真实情况。

(4)数据分析方法及成果。

数据就是资产,如何通过大数据和云计算等技术把造价数据资产盘活,如何为投标更好的服务呢?首先就要分析数据。包括以下内容:单项工程造价;清单项综合单价分析;工料机消耗量;不平衡报价;投标总报价。单项工程造价反映了某单项工程完整的造价组成,对工程造价分析可生成单项工程造价指标,对多个单项工程指标综合分析可生成综合指标和造价指数。以此提高施工企业的中标率,提高施工企业的行业竞争力。大数据整理与分析示意图如图9-1所示。

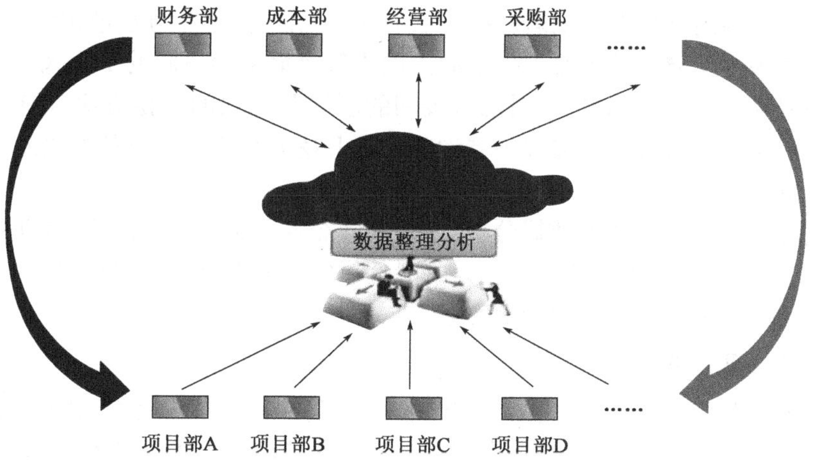

图9-1 大数据整理与分析示意图

2. 成本管理

传统的管理方法缺乏对成本历史数据的积累和分析,由于企业缺乏数字化成本管理系统,以往项目开发过程中发生的各类成本数据都隐藏在纸质文档或者电脑文件中,无法对历史数据进行进一步的加工、提炼和深层次的统计分析,使以往的宝贵经验或教训不能在新项目中得

到有效的应用，难以持续提高企业的成本管理水平，传统施工企业缺乏有效的信息化应用，无法通过传统方法管理海量工程数据，及时共享信息资源，实现全过程成本管控。

成本管理借力大数据，优化工程数据的使用模式管理的支撑是数据。大数据平台，能够帮助施工企业及时、准确地获取、储存和分析相关工程数据，提升项目管理的核心竞争力。目前国内首家建设行业大数据服务平台——造价通，推出企业云造价服务，定制专属的企业数据库，实现工程数据一键上传、存储、历史数据查询和分析，优化传统工程数据的使用模式，实现成本数据的有效管理和使用。

只有真正搞好了成本管理，施工企业才能得以良好的经济效益，实现可持续发展。

3. 计量支付与资金拨付

当前基础设施的建设特点：一是规模大，济青高速铁路投资600亿元、济青高速公路扩建投资300亿元、渤海湾隧道投资2000亿元；二是工程大标段划分，山东高速集团所属的项目，每个合同段都在40亿～60亿元之间，济青高速公路扩建工程每个标段造价也在50亿元左右。如何满足如此巨大的投资分期拨付和资金需求，同时不造成资金沉淀而使资金得不到有效的利用，是一个科学的问题。通过大数据的分析，根据工程进度可以得到施工各个阶段的资金的需求量和比率，使资金得到合理利用。

4. 设计变更

在工程项目建设中，由于种种原因时常发生设计变更，如在威乳高速公路建设项目中，便发生300多处的设计变更。这些设计变更中，往往存在清单中没有的子目，如何确定这类子目的单价？利用大数据中相似工程中的单价结合实际情况来进行定价。

5. 方案优化

例如京沪高速公路济南连接线港沟隧道开挖方法选择。一般来讲，围岩等级是决定开挖方法的主要因素。国内外现有的围岩分级方法有定性、定量、定性与定量相结合三种方法，且多以前两种方法为主。隧道暗挖段根据不同的围岩等级而采用不同的工法施工。如何通过大量数据进行围岩级别的判定，如何针对围岩级别的不同及不同的开挖方法，进行数据分析，以此得到适合京沪高速公路济南连接线中港沟隧道的开挖方法将对隧道的建设施工及后续运营产生巨大的影响。

根据我国隧道建设工程的大数据分析，京沪高速公路济南连接线港沟隧道采用以下方法最适宜，Ⅴ级浅埋和Ⅴ级加强衬砌段采用设临时仰拱的双侧壁导坑法，Ⅳ级加强和Ⅳ级一般衬砌段采用CD工法，Ⅲ级围岩段采用台阶法。

6. 工程项目决算问题及对策

目前工程决策中存在的主要问题：结算准确率偏高、签证资料不完善、对施工合同的重要性认证不足、开工前未进行预算审查、结算资料数据不完善、施工合同订立中相关内容规范性不高。

对策：在工程决算中利用大数据平台对各种信息加以分析和对比，获得第一手资料，才能识别工程决算中的错误，查明问题，从而找到有效的解决办法，大大提高工程决算的效率。大数据技术的运用前景是十分光明的。当前，我国正处在全面建成小康社会征程中，铁路、公路、城市基础建设任务很重，建设下一代信息基础设施，发展现代信息技术产业体系，健全信息安全保障体系，推进信息网络技术广泛运用，是实现工程建设项目科学管理的保证。大数据分析对我们深刻领会世情和国情、把握规律、实现科学发展、做出科学决策具有重要意义，我们必须重新认识数据的重要价值。

【例题 9-1】 某高速公路沥青路面项目，路线长 36km，行车道宽度 22m，沥青混凝土厚度 18cm。在距路线两端 1/3 处较平整场地适宜设置沥青拌和场，上路距离均为 200m，根据经验估计每设置 1 处拌和场的费用约为 90 万元。施工组织提出了设 1 处和 2 处拌和场的两种施工组织方案。

问题：假设施工时工、料、机价格水平与定额基价一致，请从经济角度出发，选择费用较省的施工组织方案。

解 (1)混合料综合平均运距计算

①设置 1 处拌和场：

拌和场设置在路线 1/3 处，距路线起终点分别为 12km 和 24km，平均运距分别为 6km 和 12km，其混合料综合平均运距为：

$$(6\times12+12\times24)\div36+0.2=10.2\text{km}$$

0.2km 不足一个增运定额单位(0.5km)的半数，平均运距按 10km 计算。

②设置 2 处拌和场：

拌和场设置在距路线两端 1/3 处，两个拌和场供料范围均为 18km，每个拌和场距其供料路段的起终点分别为 12km 和 6km，平均运距分别为 6km 和 3km，其混合料综合平均运距为：

$$(6\times12+3\times6)\div18+0.2=5.2\text{km}$$

0.2km 不足一个增运定额单位(0.5km)的半数，平均运距按 5km 计算。

(2)混合料运输费用计算

$$\text{混合料工程量}=0.18\times22\times36000=142560\text{m}^3$$

设置 1 处拌和场混合料运输费用为：

$$(5473+445\times18)\times142560\div1000=1922136\ \text{元}$$

设置 2 处拌和场时混合料运输费用为：

$$(5473+500\times8)\times142560\div1000=1350471\ \text{元}$$

(3)两方案的经济性比较

设置 1 处拌和场时的综合费用为：

$$900000+1922136=2822136\ \text{元}$$

设置 2 处拌和场时的综合费用为：

$$900000\times2+1350471=3150471\ \text{元}$$

由于设置 1 处拌和场的综合费用低于设置 2 处拌和场的综合费用，从经济角度出发，推荐设置 1 处拌和场的施工组织方案。

第二节 BIM 技术在桥梁施工组织与管理中的应用

一、概述

近几年国内建筑工程领域的最热门技术非 BIM(建筑信息模型，Building Information Modeling，BIM)莫属，BIM 技术在建筑行业取得了不错的应用成效后，国家开始大力推进 BIM 技术在工程领域如铁路、公路、水利水电行业的应用研究，而桥梁工程在工程建设领域所占的比重又相当大，尤其是在高速铁路、山区铁路和公路等工程中，桥梁占比往往较大。在桥梁工程中应用 BIM 技术对整个工程项目的意义重大，BIM 作为一种新兴的高新技术在工程建设领域得到了越来越多的推广应用，许多大型建筑工程项目如上海中心、深圳机场等应用 BIM 技术均取得了不俗的成效。在铁路基础设施建设领域，由中国铁路总公司等部门推进的一系列标准、规范也在紧锣密鼓的编制中，新建项目的 BIM 应用试点等研究工作也在加紧进行。随着应用研究的不断深入，BIM 技术必将为工程建设领域带来一次全新的技术革命，在桥梁工程等项目的应用前景也将十分广阔，虽然目前还面临对口软件、执行标准的缺乏，但随着开发研究的不断深入，必将逐步解决上述问题，并取代传统的建设方法。只有充分掌握了 BIM 技术的企业才能在日趋激烈的市场竞争中站稳脚跟。

二、BIM 技术在桥梁工程设计阶段的应用

设计阶段分为前期设计及后期设计两个阶段，前期设计主要包括项目立项、可行性研究及方案比选等部分内容，通过利用：Revit 等参数化建模工具建立的桥梁三维实体模型可以很方便地根据实际需要调整尺寸，并将实际成桥效果实时动态展现，达到所见即所得，能够直观地将设计理念、设计效果直接以三维可视化模型为载体传递给项目决策者，极大地方便设计方案的调整，根据修改意见及时修改并呈现，并且可通过添加成本控制信息及时了解改动后的投资增减情况，使前期桥型桥式方案的快速确定十分便捷高效。图 9-2 为某铁路桥矮塔斜拉桥主桥模型，建模采用：Revit 软件，需要根据桥梁结构特点建立专门的族库。对于复杂的桥梁结构利用 BIM 模型三维表达较传统二维图纸更清楚、更易理解。

模型建立完成后可通过三维渲染软件以真实场景渲染图的形式表达，或者生产三维漫游动画，方便业主决策方充分理解设计意图、设计理念，真实地反映项目与周围环境的立体关系。

图 9-3 为某公路桥梁方案设计阶段采用 BIM 模型生成的模拟真实场景的桥梁三维漫游动画，汇报方案时生动、直观，远比以往呆板的三维渲染图信息量大、效果好，并且普通设计人员即可完成。

图 9-2　某铁路桥梁全桥 BIM 模型三维透视图

图 9-3　某公路桥梁三维可视化漫游动画

后期设计阶段建立详细的桥梁 BIM 模型以满足设计碰撞检查、纠错以及出图需求。由于桥梁结构内部三向预应力管道、斜拉索等空间相对关系错综复杂，而二维 CAD 图纸通常用不同的图纸表示不同的构件，容易导致设计时考虑不周发生管道碰撞、部件位置冲突等现象，项目不同人员之间沟通、协同也比较困难，设计质量得不到保证；部分特殊结构的复杂部位二维

表示困难，具体实施时施工单位难以理解设计意图，造成不必要的损失；图纸表达造成的信息传递丢失，设计人员的设计信息不能完整地传递至施工单位、运营管理部门。从图 9-4 可以清楚地看到桥梁的纵、横、竖三向预应力钢束按原布置方式发生的位置冲突，设计人员可以及时进行调整以避免后期设计变更，提高设计质量。

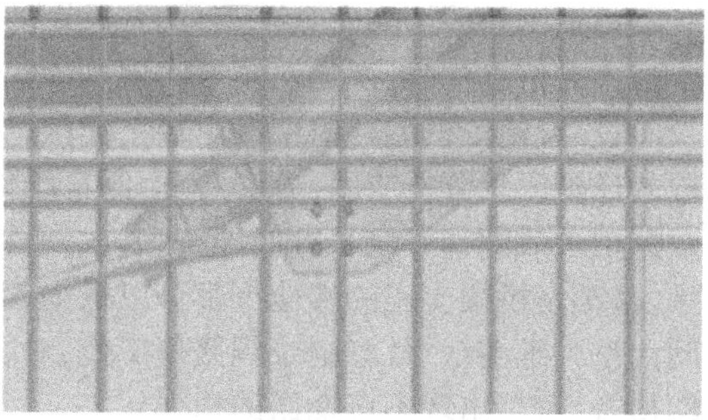
图 9-4 碰撞检查发现钢束位置冲突

在设计阶段利用 BIM 技术可以完全避免上述现象的发生，桥梁结构部件均以真实的三维实体表达，利用软件自动进行碰撞检查、三维可视化技术交底等，设计信息可以很方便地保存在项目模型中提交给施工单位及业主，并且施工单位的施工信息和后期养护维修信息都能够很方便地添加进去，完整的信息传递方便了后期对结构部件追溯，及时发现问题成因。

BIM 设计从根本上改变了传统的设计习惯，多专业、多人员协同设计平台使得在设计过程中，各专业并行设计，沟通及时准确，避免了大量的重复性返工。同时由于二维图纸均基于三维 BIM 模型所建立并与之相关联，模型局部修改后相关联图纸自动更新，极大地提高了设计效率，使设计人员从繁重的修改工作中解脱出来，将更多的精力投入项目设计方案的优化中。

BIM 技术的先进性和可扩展性决定了从传统的 CAD 二维设计向 BIM 设计转变是大势所趋，其意义甚至比当年的“甩图板”即手工绘图向 CAD 计算机辅助设计的转换更为重大，堪称勘察设计行业的又一次技术革命。

三、BIM 技术在桥梁工程施工阶段的应用

技术交底期间，施工单位可通过 BIM 模型的可视化和附着信息充分理解设计思路，避免由于图纸理解偏差造成的问题，同时也能及时发现设计方案不合理、难以施工等问题并及时与设计方协调修正，减少后期变更设计等造成的废弃工程和浪费。

施工组织设计应用 BIM 技术的 4D、5D 特性，不仅可以更直观地展现施工进度信息，更可以结合工程量信息整合项目成本控制，在施工备料、人力资源安排、资金与进度控制等方面动态精细化管理，节约工程成本，提高项目总体收益和工程施工质量。以动画形式模拟桥梁施工步骤，方便施工技术交底及计划进度安排等。

利用 BIM 模型还可进行施工机具的碰撞检查以及移动路径检查，确定合理的施工方案，更好地与业主、设计单位沟通协商，减少施工方案引起的工程变更，降低工程成本。施工过程中根据现场自动化采集的桥梁位移数据，利用三维 BIM 模型对应显示相应位置位移值，并与理论计算数据进行比较，对于超出允许范围的位移及时在 BIM 模型中给予警示信息，提醒用户及时采取措施加以修正，并将最终成桥线型与理论数据通过图形 + 数据方式直观体现。根据桥梁施工过程中由监控单位量测的应力、应变数据实时反映桥梁的结构安全性以及与理论计算结果的差值，及时纠正施工出现的偏差，确保桥梁工程的施工质量，降低施工风险。

施工过程中在 BIM 模型中添加施工信息，对施工过程质量管理以及后期项目运营阶段的养护维修都十分重要，利用 BIM 模型作为施工信息的载体，较以往的施工工程日志等更为直观，更方便查询管理，可根据部件的 ID 信息进行快速检索、分类，及时发现问题并进行相应调整。

四、BIM 技术在桥梁运营管理阶段的应用

桥梁工程的结构安全至关重要，后期的养护维修、运营管理、档案管理都可以利用 BIM 技术强大的信息化、可视化功能来实现。

设计、施工模型与信息经由数字化信息模型无损地传递给运管部门，对结构使用过程中发现的风险因素分析成因，分清责任，制订维修整改实施方案并记录在 BIM 模型信息中，所有的数据记录后期都可以很方便地查询，大到桥梁墩台、梁部大体积混凝土，小到预应力钢束的锚具，甚至是桥梁支座的螺栓等都可以根据其 ID 信息和可视化图形界面调阅，避免低效率的查阅大量二维图纸、日志记录等繁琐工作，对一些易出现问题的部位也可以通过添加提醒功能按期检查，避免出现不可挽回的损失。

第三节　3D 建模技术在公路互通立交施工组织与管理中的应用

一、概述

计算机三维技术的应用领域越来越广泛。现已广泛地应用在影视、广告、动画、网络、游戏等各个领域。3D 建模技术在公路行业的应用，是在有的公路、桥梁、互通立交等设计方法的基础上，提出了 3D 建模的思路。互通立体交叉设计作为一个复杂的系统工程，涉及很多方面，同时也涵盖道路、桥梁、交通、管线、照明、绿化等专业，一旦建成，不易改建，所以方案的确定是非常重要的，互通立交方案的 3D 效果设计就为立交选型提供了一个非常直观的效果。3D 效果的立交模型对立交方案的选型、设计研究及线型的优化具有非常重要的作用和意义。给出了 3D 建模的方法和流程，并利用 AutoCAD、3DMAX、Photoshop 等软件，制作出三堆效果图及动画效果，从而以更直观的形式为方案设计及景观分析提供有利条件。

二、立体交叉中枢纽形式的三维应用

互通立交的形式多种多样，有枢纽型、单喇叭型、双喇叭型、苜蓿叶型、菱型等。下面就立体交叉中枢纽形式的三维应用做一个浅显的举例说明，大致分为：①建立模型；②材质编辑；③渲染输出；④后期处理等。

1. 建立模型

首先在 CAD 中处理掉不需要的部分，只留下线形部分，处理的高低层次要分清，否则在以后制作模型时会出现和原先设计思路不相符的情况，而且在制作中，变换处理时会带来一些不必要的麻烦。然后，进入 3DMAX 中开始建模。由于在外业踏勘过程中拍摄了大量的实地照片，所以可以根据照片来建立模拟的实际地形，当然也可以根据从测绘局得到的地模数据来生成模型，然后导入到 3DMAX 中。

最后在 3DMAX 导入 CAD 中处理好的基础图形，根据线形的要求和标准逐一开始建模。

2. 材质编辑

模型建好后，就可以对材质进行编辑并附于各个模型中。在编辑各个材质时，可以根据模

型的不同定义不同的材质;也可在模型类型相近的情况下把材质球复制,然后在新的材质球上进行微调,以达到想要呈现的效果;也可以参照以前使用过的材质球,导入即可。将材质球附于模型后,接下来就可以在场景中加入灯光和摄像机,并对其进行定义和位置的调整,以便为之后的渲染作准备。

3. 渲染输出

在灯光的参数设置中,根据场景需要对灯光类型、阴影、强度、颜色、衰减等参数进行调整,使其在场景中达到所需的光线环境。

接着设置摄像机。首先在需要最后渲染的视图窗口中摆放,定义最终的 CAMERA 视图;然后调节具体的参数,包括镜头、视野、摄像机类型、环境范围、景深等。这些需要设置的参数完成后,就可以进行渲染的设置。可以使用 3DMAX 中自带的默认扫描线渲染器。

4. 后期处理

通过以上工作,3DMAX 中的操作就结束了,接下来就是在 PS 中的操作。在 PS 中,首先对图片的亮度、对比度、色阶等参数进行大概的调整,然后分别为布景作准备,建立所需的各个图层,最后合成。也可根据实际需要在 3DMAX 中调整摄像机的高度、角度、位置来达到所需的视觉效果。以上就是一个实例的基本制作过程。

以上是以现行立交设计为基础,并运用了多种制作图形的专业工具,CAD 精确绘图功能,3DMAX 建模、VRay 渲染,PHO-TOSHOP 的后期平面处理效果,提出了多种三维建模思路,从而制作出立交三维模型及动画效果。3D 技术在交通领域中的运用不仅仅可以运用到互通立体交叉方面,也可以运用到桥梁的景观设计、路基路面结构图、横纵断面图、桥面施工动画、施工过程动画演示等方面。

【思考题】

1. 将来在公路工程施工组织管理中的新技术主要有哪些?你还了解有哪些?

参 考 文 献

[1] 中国建筑学会　建筑统筹管理分会. 工程网络计划技术规程教程[M]. 北京:中国建筑工业出版社,2000.

[2] 钱昆润,葛筠圃,张星. 公路施工组织设计[M]. 南京:东南大学出版社,2000.

[3] 从培经. 工程项目管理[M]. 北京:中国建筑工业出版社,2002.

[4] 黄展东. 公路施工组织与管理[M]. 北京:中国环境科学出版社,2002.

[5] 全国建筑业企业项目经理培训教材编写委员会. 施工组织设计与进度管理(修订版)[M]. 北京:中国建筑工业出版社,2001.

[6] 周建国,张焕. 公路施工组织[M]. 北京:中国电力出版社,2004.

[7] 刘志才,张守健,许程杰. 公路工程施工项目管理[M]. 黑龙江:黑龙江科学技术出版社,1995.

[8] 中华人民共和国行业标准. JTG F80/1—2004　公路工程质量检验评定标准[S]. 北京:人民交通出版社,2004.

[9] 中国建设监理协会. 建设工程质量控制[M]. 北京:中国建筑工业出版社,2003.

[10] 赖少武,李文华. 公路施工组织与管理[M]. 北京:人民交通出版社,2007.

[11] 刘建生,张劲文. 高速公路建设项目业主管理指南[M]. 北京:人民交通出版社,2005.

人民交通出版社股份有限公司 公路教育出版中心
土木工程/道路桥梁与渡河工程类本科及以上教材

一、专业基础课

1. 材料力学(郭应征) …… 25元
2. 理论力学(周志红) …… 29元
3. 理论力学(上册)(李银山) …… 52元
4. 工程力学(郭应征) …… 25元
5. 结构力学(肖永刚) …… 32元
6. 材料力学(上册)(李银山) …… 49元
7. 材料力学(下册)(李银山) …… 45元
8. 材料力学(石晶) …… 42元
9. 材料力学(少学时)(张新占) …… 36元
10. 弹性力学(孔德森) …… 20元
11. 水力学(第二版)(王亚玲) …… 25元
12. 结构动力学讲义(第二版)(曾庆元) …… 36元
13. 土质学与土力学(第五版)(钱建国) …… 35元
14. 土木工程制图(第三版)(林国华) …… 39元
15. 土木工程制图习题集(第三版)(林国华) …… 25元
16. 土木工程制图(第二版)(丁建梅) …… 39元
17. 土木工程制图习题集(第二版)(丁建梅) …… 22元
18. ◆土木工程计算机绘图基础(第二版)(袁　果) …… 45元
19. ▲道路工程制图(第五版)(谢步瀛) …… 46元
20. ▲道路工程制图习题集(第五版)(袁　果) …… 28元
21. 交通土建工程制图(第二版)(和丕壮) …… 39元
22. 交通土建工程制图习题集(第二版)(和丕壮) …… 22元
23. 工程制图(龚　伟) …… 38元
24. 工程制图习题集(龚　伟) …… 15元
25. 现代土木工程(第二版)(付宏渊) …… 59元
26. 土木工程概论(项海帆) …… 32元
27. 道路概论(第二版)(孙家驷) …… 20元
28. 桥梁工程概论(第三版)(罗　娜) …… 32元
29. 道路与桥梁工程概论(第二版)(黄晓明) …… 40元
30. 道路与桥梁工程概论(第二版)(苏志忠) …… 49元
31. 公路工程地质(第四版)(窦明健) …… 30元
32. 工程测量(胡伍生) …… 25元
33. 交通土木工程测量(第四版)(张坤宜) …… 48元
34. ◆测量学(第四版)(许娅娅) …… 45元
35. 测量学(姬玉华) …… 34元
36. 测量学实验及应用(孙国芳) …… 19元
37. 现代测量学(王腾军) …… 55元
38. ◆道路工程材料(第五版)(李立寒) …… 45元
39. ◆道路工程材料(第二版)(申爱琴) …… 48元
40. ◆基础工程(第四版)(王晓谋) …… 37元
41. 基础工程(丁剑霆) …… 40元
42. ◆基础工程设计原理(袁聚云) …… 36元
43. 桥梁墩台与基础工程(第二版)(盛洪飞) …… 49元
44. ▲结构设计原理(第三版)(叶见曙) …… 59元
45. ◆Principle of Structural Design(结构设计原理)(第二版)(张建仁) …… 60元
46. 混凝土结构设计原理(薛兴伟) …… 45元
47. ◆预应力混凝土结构设计原理(第二版)(李国平) …… 30元
48. 专业英语(第三版)(李　嘉) …… 39元
49. 土木工程材料(孙　凌) …… 48元
50. 岩体力学(晏长根) …… 38元
51. 道路与桥梁设计概念(程国柱) …… 42元

二、专业核心课

1. ◆路基路面工程(第五版)(黄晓明) …… 65元
2. 路基路面工程(何兆益) …… 45元
3. ◆▲路基工程(第二版)(凌建明) …… 25元
4. ◆道路勘测设计(第四版)(许金良) …… 49元
5. ◆道路勘测设计(第三版)(孙家驷) …… 52元
6. 道路勘测设计(裴玉龙) …… 38元
7. ◆公路施工组织及概预算(第三版)(王首绪) …… 32元
8. 公路施工组织与概预算(靳卫东) …… 45元
9. 公路施工组织与管理(赖少武) …… 35元
10. 公路施工组织与管理(吕国仁) …… 45元
11. 公路工程施工组织学(第二版)(姚玉玲) …… 38元
12. ◆桥梁工程(第二版)(姚玲森) …… 62元
13. 桥梁工程(土木、交通工程)(第四版)(邵旭东) …… 65元
14. ◆桥梁工程(上册)(第三版)(范立础) …… 54元
15. ◆桥梁工程(下册)(第三版)(顾安邦) …… 49元
16. 桥梁工程(第三版)(陈宝春) …… 49元
17. ◆桥涵水文(第五版)(高冬光) …… 35元
18. 水力学与桥涵水文(第二版)(叶镇国) …… 46元
19. ◆公路小桥涵勘测设计(第五版)(孙家驷) …… 35元
20. ◆现代钢桥(上)(吴　冲) …… 34元
21. ◆钢桥(第二版)(徐君兰) …… 45元
22. 钢桥(吉伯海) …… 53元
23. ▲桥梁施工及组织管理(上)(第三版)(魏红一) …… 45元
24. ▲桥梁施工及组织管理(下)(第二版)(邬晓光) …… 39元
25. ◆隧道工程(第二版)(上)(王毅才) …… 65元
26. 公路工程施工技术(第二版)(盛可鉴) …… 38元
27. 桥梁施工(第二版)(徐　伟) …… 49元
28. ▲隧道工程(杨林德) …… 55元
29. 道路与桥梁设计概论(程国柱) …… 42元
30. ◆桥梁工程控制(向中富) …… 38元
31. 桥梁结构电算(周水兴) …… 35元
32. 桥梁结构电算(第二版)(石志源) …… 35元
33. 土木工程施工(王丽荣) …… 58元
34. 桥梁墩台与基础工程(盛洪飞) …… 49元

三、专业选修课

1. 土木规划学(石　京) …… 38元
2. 道路规划与设计(符锌砂) …… 46元
3. ◆道路工程(第二版)(严作人) …… 46元
4. 道路工程(第三版)(凌天清) …… 42元
5. ◆高速公路(第三版)(方守恩) …… 34元

注:◆教育部普通高等教育“十一五”、“十二五”国家级规划教材
▲建设部土建学科专业“十一五”规划教材